RÈGLES

SUR LA

PROFESSION D'AVOCAT.

Ouvrages du même auteur :

***

BOURSES DE COMMERCE,

AGENTS DE CHANGE ET COURTIERS,

OU

LÉGISLATION, PRINCIPES ET JURISPRUDENCE QUI LES ORGANISENT, QUI LES
RÉGISSENT EN FRANCE ET DANS LES COLONIES, ET PEUVENT ÊTRE APPLICABLES
A D'AUTRES OFFICIERS PUBLICS, TELS QUE RECEVEURS GÉNÉRAUX, NOTAIRES,
COMMISSAIRES-PRISEURS, ETC.

DEUXIÈME ÉDITION.

Un vol. in-8.

LADRANGE, Libraire, quai des Augustins, n° 23.

***

DE LA COMPÉTENCE

DES CONSEILS DE PRUD'HOMMES ET DE LEUR ORGANISATION;

Avec un appendice

CONTENANT :

LES LOIS ET RÈGLEMENTS SUR LA MATIÈRE,
LES ÉCRITS DE L'AUTEUR SUR LE PROJET DE L'INSTITUTION A PARIS.

Un vol. in-8.

JOUBERT, Libraire, rue des Grès, n° 14, près l'École de Droit.

***

DE L'IMPRIMERIE DE CRAPLLET,
rue de Vaugirard, n° 9.

RÈGLES

SUR LA

PROFESSION D'AVOCAT,

SUIVIES

1°. DES LOIS ET RÈGLEMENTS QUI LA CONCERNENT ;
2°. DES PRÉCÉDENTS DU CONSEIL DE L'ORDRE DES AVOCATS
A LA COUR ROYALE DE PARIS ;

AVEC DES NOTES HISTORIQUES ET EXPLICATIVES.

PAR MOLLOT,

AVOCAT A LA COUR ROYALE,
MEMBRE DU CONSEIL DE L'ORDRE.

A PARIS,

CHEZ JOUBERT, LIBRAIRE,

RUE DES GRÈS, N° 14, PRÈS L'ÉCOLE DE DROIT,

1842.

TABLE DES CHAPITRES.

TROISIÈME PARTIE.

Précédents du Conseil de l'Ordre des Avocats à la Cour royale de Paris.

INTRODUCTION.

LES institutions d'un pays constituent sa gloire, sa force, sa durée. Sans les institutions, il n'est pour le peuple aucun principe d'ordre ni de moralité; sans les institutions, ce qu'on appelle la politique intérieure est un mot vide de sens, parce qu'elle ne repose sur aucune base solide; ou plutôt, elle est un agent de toutes les mauvaises passions, publiques et privées, parce que, vivant au jour le jour, elle en est réduite à n'avoir d'action que sur les individus par la corruption ou par l'intrigue. Si l'on veut que l'organisation de ce pays prospère, ou même se soutienne, il faut donc que les institutions qui lui manquent soient établies, que celles qui existent soient maintenues, protégées, améliorées.

L'accomplissement d'une telle œuvre n'appartient pas seulement à la sagesse et au patriotisme du Gouvernement qui représente tous les intérêts de la nation, il réclame le concours, le zèle et le dévouement des citoyens, surtout de ceux-là que les institutions doivent plus particulièrement régir.

Lorsque, pendant un siècle de discussions, l'esprit de doute, en se mêlant à l'attaque que la raison livrait aux abus, en lui prêtant des armes perfides, a mis en question tous les principes ; lorsque, pendant un demi-siècle, des luttes violentes se sont succédé, dans lesquelles le fait est resté lui-même plus d'une fois incertain, au milieu des désordres de la pensée ; il ne faut pas s'étonner qu'une grande nation en soit venue à se demander encore quel est le moyen d'anéantir les illusions du scepticisme, de féconder les progrès sortis de la tempête, d'asseoir l'organisation sociale sur des bases durables. Il ne faut pas s'étonner si le relâchement, produit par tant de controverses et de fatigues, a jeté dans les cœurs une dangereuse tendance à l'isolement, fléau destructeur de toutes les sociétés. Il est dans la nature de l'homme, qu'il recherche son bien-

être partout où il espère le rencontrer. Sa générosité le porte sans doute à faire des efforts
et des sacrifices pour arriver au but; mais, s'il
s'est épuisé vainement à le poursuivre, s'il n'a
pas trouvé, dans cette communauté d'intérêts
que la civilisation lui présentait sous des cou-
leurs rassurantes, la pureté, l'ordre, la protection qui devaient garantir ses intérêts particuliers; il s'émeut, il s'inquiète, il se resserre;
son élan naturel s'arrête; il ne fait plus une
transaction, une démarche, sans en avoir
soumis les conséquences au calcul. On tombe
sous le règne déplorable de la spéculation in-
dividuelle!

En France, il doit être plus facile qu'ailleurs
de ranimer les idées de morale, de fixité, de gé-
néralisation. L'expérience du passé, les conquêtes de la Révolution, le développement de
l'industrie, le calme de la paix, le principe
du gouvernement, en ouvrant à la prospérité
publique une carrière immense, font sentir
vivement le besoin de consacrer ces résultats
par les institutions et la pratique des devoirs qu'elles établissent. Les citoyens sont
d'eux-mêmes entrés dans cette voie. De là,
les vastes et nombreuses associations d'in-

térêts et de personnes, qui, saisissant toutes
les formes de la loi et toutes les conditions
de la vie, s'élèvent de toutes parts à l'om-
bre de la loi, ou même qui, la devançant,
se donnent des règlements qu'elle ratifiera
plus tard, puisqu'ils reposent sur les règles
immuables du travail, de la justice, de la
famille. Mais où sera la sauvegarde de toutes
ces sociétés, n'importe leur but? Dans l'ordre
et la discipline. Eux seuls peuvent protéger,
exciter ce sentiment d'honneur, sans lequel
les choses, comme les hommes, végètent,
pour périr un peu plus tard dans le découragement et la misère.

Parmi les associations les plus importantes,
il est permis de ranger la profession d'avocat,
et c'est d'elle que je veux m'occuper. Pour
elle, il n'est plus rien à créer. Il ne s'agit
que de la maintenir sur ses antiques bases;
que de la faire connaître à ceux qui se destinent à y entrer, à ceux qui ont avec elle
des rapports obligés. Bien qu'elle ait une
origine ancienne, elle n'a pas vieilli, elle
peut s'harmoniser avec les idées et les besoins
nouveaux. Bien que régulièrement constituée,
elle n'est ni une fonction publique, ni un mo-

nopole [1], elle a conservé sa nature libre, indépendante : nous verrons si les règlements ont toujours respecté ce caractère. Je vais expliquer les motifs, l'objet, le plan de mon ouvrage.

Il existe, sur notre profession, un grand nombre de livres que chacun de nous a dû consulter, avant même d'arriver au Palais, mais l'expérience de chaque jour démontre l'insuffisance de ces documents. Plus ils sont nombreux, plus ils deviennent difficiles à retrouver. Beaucoup d'entre eux sont loin des temps actuels, et la mine la plus riche renferme un alliage qu'il convient d'en dégager.

En 1831, le conseil de l'Ordre [2] arrêta que deux commissions seraient nommées, l'une, pour recueillir et classer les *Précédents* du Conseil depuis 1810, date de la réorganisation

---

[1] *Voir* 2ᵉ partie, tit. XI.

[2] Je me sers et me servirai presque toujours de cette dénomination, en parlant du conseil de *discipline*, parce qu'elle est plus usitée parmi nous que celle-ci ; elle est aussi plus exacte, car, heureusement, la discipline, c'est-à-dire l'application des peines, n'est pas, comme nous le reconnaîtrons, le seul objet dont il ait à s'occuper.

de l'Ordre[1] ; l'autre, pour rechercher et exposer aux jeunes confrères *les Règles de notre profession* [2].

Ces deux commissions n'ont pas pu s'occuper de leur travail ; il réclamait un temps considérable, et, d'un autre côté, l'urgence de la mesure ne semblait pas imminente. Dans les premières années qui ont suivi 1830, nous avions l'avantage de posséder les traditions *vivantes* de l'ordre supprimé en 1790. Plusieurs des avocats qui avaient appartenu à l'ancien barreau, qui en avaient étudié les règles et les avaient religieusement gardées pendant leurs vingt années d'exil, siégeaient au Conseil. Ils ne se connaissaient pas mieux que nous en délicatesse, en honneur, mais, sur toutes les questions de discipline et d'administration, ils pouvaient nous éclairer de leurs lumières et de leur expérience, il était rarement besoin de consulter les précédents du Conseil : fâcheuse sécurité, qui, en

---

[1] On entend, par *précédents*, les décisions et usages du conseil. Voir *infrà*, 3e partie.

[2] Cette seconde commission était composée de MM. Mauguin, bâtonnier, Delacroix-Frainville, Archambaud, Gayral, Parquin, Mollot et Dupin jeune.

ajournant le présent, pouvait compromettre l'avenir! La mort, qui n'attend pas, est venue nous enlever, un à un, ces patriarches du barreau!...

Onze ans se sont écoulés.

Cependant le Conseil a reconnu, par les faits survenus dans ce long intervalle, par la nécessité où il s'est vu d'exercer trop souvent un pouvoir de discipline rigoureux, que les jeunes avocats, et en particulier les stagiaires, ne savent pas bien les devoirs de la profession.

En 1841, il a chargé une nouvelle commission [1] « d'examiner s'il n'est pas opportun de prendre enfin des mesures, pour transmettre aux avocats du stage les instructions qui leur manquent. »

Il paraît que la commission dont le rapport n'a pas été fait, a pensé qu'il convient de diviser les stagiaires [2] en colonnes ou sections, et de placer à la tête de chacune d'elles deux membres du Conseil, qui devront spécialement,

[1] Le 16 février 1841, sont nommés commissaires MM. Marie, bâtonnier, Odilon Barrot, Dupin, de Vatisménil.

[2] On en compte 850. *Voir* la note, n° 241 des *Précéd.*, sur les colonnes.

selon le vœu des règlements, surveiller la conduite des stagiaires compris dans leur colonne, et leur apprendre nos règles. Cette division des stagiaires par sections ou colonnes ne rappellera, en aucune façon, le système vicieux qui s'appliquait à la formation du tableau, et que l'ordonnance du 27 août 1830 a rapporté [1]. Dès à présent, j'approuve le projet de la commission, et je crois qu'il produira de précieux résultats ; mais ce ne sera point assez. Pour atteindre complétement le but que le Conseil se propose, il ne suffit pas de donner aux jeunes avocats des instructions verbales et fugitives, si précises et si éloquentes qu'elles soient, il faut leur communiquer un enseignement écrit, dont ils puissent faire l'objet toujours présent de leurs méditations, le modèle toujours actif de leur conduite.

Nommé archiviste, presque sans fonctions [2], j'ai pensé qu'il était possible de rendre

---

[1] Voir *infrà*, 2ᵉ partie, tit. VII, art. 3.

[2] *Sans archives, sans registres,* disait Camus, « nous avons cependant nos titres. » 1ʳᵉ Lettre sur la *profession d'Avocat.* Nous pourrions encore répéter aujourd'hui que nous n'avons ni archives, ni registres. *Voir* ci-après, 3ᵉ partie des *Précédents.*

mon titre plus utile, en exécutant le travail qui a été demandé aux deux premières commissions et que le résultat de la dernière ne remplirait pas entièrement. D'autres motifs m'ont déterminé.

L'exécution d'un travail aussi important m'a paru réclamer, avant tout, *l'unité de vues* sans laquelle il n'est pas permis de donner à des principes didactiques l'ordre et la liaison qui en constituent la force. Il s'agissait, ce qui est difficile dans une collaboration commune, de compulser, avec une exactitude minutieuse, les livres anciens et nouveaux, les recueils de lois et de jurisprudence, les procès-verbaux et les arrêtés du Conseil (qui embrassent les trente années révolues depuis 1810), en analysant tous ces matériaux, en les coordonnant entre eux, en les expliquant au besoin, de manière à former du tout un enseignement positif, concis, complet. Je me suis encore décidé par l'urgence qui résulte des circonstances : il importe de prévenir un relâchement funeste, en ramenant les jeunes avocats à la pratique sévère des devoirs de la profession.

Il serait inutile de leur indiquer les études

graves et multipliées auxquelles ils doivent se
livrer, pour exercer avec succès une profession
aussi ardue que la nôtre. Je n'aurais ni la
science ni l'habileté nécessaires. Sans parler
des grands ouvrages de l'antiquité [1], cet enseignement leur est offert par d'excellents écrits
qu'un de nos orateurs les plus éminents a rassemblés et enrichis de son propre fonds [2]. Ce
n'est pas, d'ailleurs, le point le plus essentiel à
fortifier dans l'éducation des jeunes avocats.
Si la jeunesse, cédant à l'entraînement naturel
de son âge, est en général légère et inappli-
quée [3], on peut dire avec vérité que le zèle ne

[1] En reproduisant les principes de Cicéron, Quintilien les a
étendus et perfectionnés ; il leur a donné une forme plus didac-
tique avec plus de force et d'agrément. Toute la science de l'orateur est là. Un avocat, suivant Cicéron, doit être universel.
Oratorem plenum atque perfectum eum esse dicam, qui DE OM-
NIBUS REBUS *possit variè, copiosèque dicere ; is orator erit, meâ
sententiâ, qui,* QUÆCUMQUE *res inciderit, prudenter et compositè
et ornatè et memoriter dicat, etc.* (DE ORATORE.)

[2] M. Dupin aîné, aujourd'hui procureur général à la Cour
de cassation, dans sa *profession d'Avocat.*

[3] Au dire du philosophe Laurus, les jeunes avocats de son
temps, *Platonem et Ciceronem legebant, non vitæ ornandæ, sed
linguæ orationisque commendandæ gratia, nec ut modestiores,
sed lepidiores fierent.* LAROCHE-FLAVIN, *des Parlements de
France,* n° 8, p. 241. Nos pères ne valaient donc pas mieux
que nous.

lui manque point au Palais; ceux qui se destinent sérieusement à la profession, sentent la
nécessité des efforts à faire ; ils se livrent aux
études sérieuses; ils s'exercent à l'art de la
parole : la conférence des samedis le prouve
souvent avec éclat [1].

Je ne dois pas non plus essayer d'écrire
l'histoire de l'Ordre, pendant la période des
trente dernières années. Cette histoire aurait
un puissant intérêt, mais, pour être complète, elle devrait se lier à une époque antérieure, à des événements politiques et à des
faits personnels qui s'éloignent de mon sujet; elle ne trouvera ici que des matériaux
curieux.

Ce que je me propose d'exposer à mes jeunes confrères, ce sont les usages, les mœurs,
les obligations et les droits de l'avocat, car
l'exposition de nos Règles et de nos Précédents renferme tout cela. S'il n'est pas ré-

---

[1] Cette conférence, présidée par le bâtonnier, et dont je parlerai avec tout le développement qu'elle mérite, est vraiment
une scène oratoire; le temps de ses séances ne suffit pas toujours
pour satisfaire l'ardeur de ceux qui réclament la parole, et c'est
l'impartialité du jeune auditoire qui décerne les premières cou-
ronnes. *Voir* 3e partie, tit. Ier.

servé à tous les membres du barreau de par-
venir au premier rang, il est exigé de tous
qu'ils possèdent et mettent en œuvre ces notions essentielles, dès le début de leur carrière.
L'honneur de l'Ordre est attaché à une telle
condition, l'honneur de l'Ordre est solidaire
entre tous ses membres.

Pour présenter mon travail avec méthode,
voici le plan que j'ai adopté :

En première ligne, je tracerai les Règles
proprement dites, qu'on ne trouve pas, à
beaucoup près, dans les lois et règlements.
Je ne m'étudierai point à revêtir ces propositions d'une forme brillante ; il me suffit, je
crois, de les exposer avec précision, avec simplicité, avec calme : *priùs est docere.*

Ensuite, je rapporterai, à l'appui des règles :

1º. Les Lois et Règlements qui sont trop
peu connus, et que j'expliquerai par des faits,
par des observations ;

2º. Les Précédents du Conseil de notre
ordre, c'est-à-dire l'application des Règles,
des Lois et Règlements [1] ; je me permettrai

---

[1] Le barreau de Paris n'a pas la présomption de penser qu'il
entende mieux la profession que les autres barreaux de France ;

d'accompagner aussi ces décisions des re-
marques dont elles me paraîtront susceptibles.

Partout, je chercherai à éclairer le présent
par le passé, en rattachant d'une manière sommaire les faits historiques à l'état actuel des
choses. « Outre le corps même du droit, dit
« le chancelier Bacon, on se trouvera bien de
« reviser *ses antiquités.* Si elles ont perdu leur
« autorité, il leur reste encore le respect des
« peuples. [1] »

Je viens de dire que les lois et règlements
ne suffiraient point pour donner la connaissance entière des règles de la profession. En
effet, le plus grand nombre de ces règles,
qui ont pour nous force de lois, d'après une
disposition générale et formelle du dernier
règlement [2], n'existent que dans les faits an-

et je ne leur offre ses décisions que comme des exemples dont ils
apprécieront la valeur. J'aurais vivement désiré connaître leurs
usages, leurs décisions, pour pouvoir les comparer aux nôtres,
et tirer de ce rapprochement des données plus générales ou des
amendements utiles ; mais auraient-ils consenti à me fournir ces
communications, et, d'autre part, comment les réunir toutes
par correspondance, avec le soin que commandait mon travail ?

[1] De *la justice criminelle*, sur l'autorité des exemples.

[2] Art. 45 de l'ordonnance du 20 novembre 1822. *Voir* ci-
après, 2e partie, tit. VII.

ciens, dans les traditions, dans les souvenirs, dans la conscience. C'est une belle et noble institution, il faut le reconnaître, que celle qui puise à de telles sources son principe et sa vie! Dans ce monde où le temps dévore tout, les peuples, les gouvernements, les cités, l'honneur est la seule chose qui ne périt pas. Si notre profession a pu conserver ses antiques statuts, à travers les siècles et les ruines, c'est que l'honneur en est l'âme.

Il est certain, pourtant, que les règles du barreau ont subi, à diverses époques, les modifications que l'état de la civilisation a dû produire chez les divers peuples, parce qu'il est dans la nature et le besoin de toutes les institutions humaines de s'harmoniser avec les mœurs publiques, mais, à quelques nuances près, les grands principes du barreau sont demeurés les mêmes; et c'est pour cela qu'après tant d'années de révolutions, nous les retrouverons aujourd'hui plus purs, plus puissants que jamais.

Les annales judiciaires embrassent trois périodes capitales dont il m'importe de saisir le caractère, pour en faire la base de mon travail : les conséquences sortiront d'elles-mêmes.

A la première époque, appartient l'ancienne Grèce. Je ne parle pas des temps presque fabuleux où se placent les Chaldéens, les Perses, les Égyptiens. On ne saurait douter que ces nations, dont les sages et les philosophes furent célèbres par leurs lumières, eurent aussi leur justice, et par conséquent, sous une dénomination quelconque, leur barreau qui est inséparable de toute justice. Mais alors le talent de la parole n'était point un art régulier, il découlait d'une éloquence naturelle et instinctive : aussi l'histoire ne décerne-t-elle point le titre d'orateurs à ceux qui se vouaient, dans ces temps, à la défense de leurs concitoyens. Athènes fut la première école du barreau, comme elle fut la première école des beaux-arts et des sciences morales. C'est là que, dans le même berceau, à côté des artistes modèles, des savants illustres, des guerriers fameux, des grands hommes d'État, se formèrent les orateurs sublimes : les Isocrate, les Lysias, les Eschine, les Démosthènes, les Périclès. En dictant les lois immortelles qui élevèrent sa patrie à un si haut degré de gloire, Solon ne manqua pas de prescrire des règles pour la discipline du barreau; et ces règles, on le comprend sans peine, furent à la hauteur de la législation et des magistrats chargés de l'appliquer. Chez un peuple de demi-dieux, toutes les institutions devaient être empreintes de leur grandeur.

D'ailleurs, les fonctions de l'orateur ne consistaient pas seulement à défendre la fortune, l'honneur, la vie des citoyens; elles l'appelaient, par la nature même du gouvernement, à traiter, au tribunal ou dans l'aréopage, toutes les questions de la politique et les intérêts les plus graves du pays.

Je citerai ces lois sur la discipline grecque, je les citerai d'autant plus volontiers que, de tous les peuples de l'antiquité, les Athéniens sont ceux dont le caractère ressemble le plus à notre caractère national. Je me borne à dire ici, qu'avant tout, l'orateur grec devait être d'une condition libre, la loi proclamant par là, tout à la fois, l'indépendance et la dignité de la profession. Une autre loi plus sévère en excluait, comme infâmes, ceux qui avaient manqué de respect pour leurs parents, ceux

qui avaient refusé de se charger de la défense
de la patrie ou de quelque fonction publique,
ceux qui faisaient un commerce scandaleux ou
contraire à la pudeur, ceux qui avaient notoirement des mœurs dissolues, etc. Une dernière, qui à elle seule aurait renfermé toutes
les autres, appliquait au ministère une forme
presque religieuse, elle considérait l'enceinte
du barreau et de l'aréopage comme un lieu
saint, et ordonnait qu'avant l'audience on y
répandît une eau lustrale, pour avertir les juges
et les orateurs qu'il ne devait y entrer rien que
de pur [1].

A Rome, la profession ne fut ni moins
brillante, ni moins honorée, ni moins austère,
bien qu'elle y ait éprouvé des vicissitudes diverses. Chacun sait que cette maîtresse du
monde eut la sagesse de calquer ses lois sur
celles des Grecs. Pourtant, on commença par
faire, de la défense des citoyens, l'objet d'une
institution particulière au peuple romain ;
les patrons s'en trouvèrent exclusivement
chargés. Le patronage que le premier de
ses rois, Romulus, avait fondé dans des
vues aristocratiques, établissait, ainsi que

[1] BOUCHER D'ARGIS, p. 15 et 16, *Histoire des Avocats.*

je l'indiquerai plus loin [1], entre le patron et les clients, des rapports et des obligations bien autrement absolus que ceux qui existèrent depuis, même à Rome, entre l'avocat et ses clients. Les patrons ne pouvaient être pris que dans la classe des patriciens; c'était donc une sorte de dignité officielle, où le talent n'avait pas toujours la grande part. Plus tard, on donna aux patrons le titre d'orateurs, que l'éloquence des hommes éminents sut acquérir et justifier. Les lois s'étant multipliées, l'ancien droit ayant été abrogé par le droit prétorien, la science du barreau se compliqua, devint difficile, et exigea des études spéciales. On vit alors le barreau entrer dans une voie plus large et plus digne. Les orateurs se distinguèrent des anciens patrons, et furent à la fois d'habiles jurisconsultes. Les plébéiens, chez qui l'ardeur du travail ne tarda pas à suppléer la naissance, furent admis à parcourir une carrière que la prospérité toujours croissante du pays avait immensément agrandie; et dans les beaux temps de la république, le barreau ouvrit, comme jadis en Grèce, un vaste théâtre à l'éloquence. Là encore, la discussion des

[1] Règle 58, à la note.

affaires criminelles, des affaires politiques, des intérêts nationaux, tomba dans le patrimoine des orateurs jurisconsultes; le barreau fut le premier degré pour monter aux premières dignités de la république. On n'offrit pas d'autre rémunération à leurs services. Hortensius, Caton, et Cicéron, le Démosthènes de Rome, brillèrent de toute leur gloire. Pompée et César préludèrent par le barreau à leur illustration militaire.

Sous les empereurs, la profession subit quelques modifications par suite du changement survenu dans la forme du gouvernement. Jaloux de leur pouvoir suprême, ils virent, avec ombrage, avec inquiétude, une profession toute libérale qui distribuait presque à son gré les fonctions publiques. Ils voulurent, sinon l'abaisser, du moins l'affaiblir, en la divisant, en créant à côté des orateurs une classe d'hommes versés dans les mêmes études, mais dont la mission, moins éclatante, se bornerait à l'interprétation des lois, sous la qualification de *prudentes* ou consultants. Le barreau romain n'en conserva pas moins de fait son unité, sa splendeur; les orateurs et les jurisconsultes restèrent unis dans leurs principes et dans leurs succès, ils rivalisèrent les uns et les autres en mérite, en conscience, en dévouement. Les jurisconsultes consacrèrent aussi leurs lumières à la défense des citoyens; ils occupèrent les hautes places de la magistrature; c'est à eux que nous devons ce corps admirable de droit qui forme la base indispensable des législations modernes et qui vivra éternellement pour la postérité; c'est de leurs rangs que sortit le célèbre Papinien qui à la gloire du jurisconsulte ajouta celle du martyr, en préférant la mort à la honte de défendre le crime d'un empereur [1].

Enfin, au temps du bas-empire, on adopta un système spécial d'organisation. Tous ceux qui se livraient à la profession du barreau, reçurent le titre d'avocats, *advocati*, sans distinction entre les orateurs et les jurisconsultes; on en forma une sorte de milice ou plutôt de collége, que l'empereur Justin décora du nom d'*ordre*. Leur indépendance fut at-

---

[1] Du temps de Tacite, tous ces titres différents, orateurs, rhétoriciens, patrons, déclamateurs et jurisconsultes, sont fondus et confondus avec le titre d'avocat. Dial. *de Oratoribus.* LAROCHE-FLAVIN, *Hist. des Parlements*, lib. III, chap. I, n° 15.

teinte par l'effet inévitable de la décadence universelle ; mais leurs règles furent respectées, leur considération maintenue. On en trouve une preuve non équivoque dans la loi au code de *Adv. div. jur.*, où les empereurs Léon et Anthémius s'expriment ainsi : « Les « avocats, en s'appliquant, pour l'intérêt du « public et des particuliers, à démêler d'épi- « neuses difficultés, ne prêtent pas au genre « humain des secours moins importants que « s'ils exposaient leur vie dans des combats « pour le salut de la patrie et de leurs familles. « Ils soulagent, ils encouragent de pauvres « clients fatigués, et pour ainsi dire harassés « par de longues vexations. Ils relèvent ceux « qui étaient comme abattus et accablés, qui « gémissaient et languissaient sous l'oppres- « sion. Ils soutiennent par la force de leur « éloquence ceux qui succombaient sous les « artifices de la chicane et de la calomnie. On « ne fait pas la guerre, on ne combat pas seu- « lement dans notre empire avec l'épée, le « bouclier et la cuirasse ; les avocats combat- « tent aussi avec le merveilleux talent de la « parole, et cette noble assurance qui ranime « souvent des espérances presque perdues,

« qui défend les biens, la vie, l'honneur
« plus précieux encore que tout le reste, et
« dont la perte rejaillirait sur la postérité la
« plus reculée [1]. »

En résultat, les règles du barreau romain
furent-elles moins rigoureuses que celles observées en Grèce? Ce serait une grave erreur
que de le penser. Lorsque je rappellerai les
traditions de cette deuxième époque, j'aurai
soin de signaler une exception qui a quelque importance [2].

Vient en dernier lieu, dans l'ordre des dates, l'ancien barreau français, et c'est lui qui,
naturellement, doit fournir à mon travail ses
éléments essentiels, puisqu'il se rattache, par
une série non interrompue de six siècles, au
moment actuel, qu'il s'est formé au milieu des
mœurs nationales, qu'il y a puisé son type, son
originalité.

---

[1] SAINT AUGUSTIN, Enarrat., psalm. 28; CASSIODORE, lib. I,
var. ep. 12, et lib. VIII, ep. 12, parlent des avocats dans les
mêmes termes. — *Voir* aussi PLUTARQUE, *Vie des dix Orateurs.*

Cette espèce de régime militaire auquel les avocats étaient
soumis avait amené à leur égard quelques dispositions sévères; par exemple, en cas de déni de défense, pour les indigents et les opprimés. FOURNEL, 1er vol., pag. 285, *Hist. des
Avocats.*

[2] Quant aux honoraires, *Voir* ci-après, règle 96 et suiv.

Si son berceau qui se perd dans les ténè-
bres de notre vieille monarchie fut d'abord
étranger aux traditions grecques et romaines;
si, à l'instar de toutes les autres institutions, il
ne s'est régularisé qu'avec lenteur, avec difficulté, il a fini, en s'éclairant avec le temps, en
profitant du trésor découvert sous les ruines
d'Amalfi, par se dépouiller de l'empreinte
de la Barbarie [1], par triompher des obstacles,
et devenir une sorte de puissance dans l'État.
Formant entre eux une association volontaire
et libre [2], les avocats commencèrent par lui
restituer l'honorable dénomination que Justin
avait donnée aux derniers avocats de l'empire
romain, et cette agrégation, dégagée des entraves que ceux-ci avaient été contraints d'accepter, fut reconnue et consacrée légalement
sans lettres patentes, par la seule vertu de ses
précédents anciens, de ses talents, de ses services. Attaché à l'existence des cours suprê-
mes de justice, par affection autant que par

---

[1] C'est l'étude du Droit romain qui a fait cesser, en France,
l'absurde et cruel usage du combat judiciaire. La découverte des
Pandectes eut lieu dans le xiie siècle.

[2] L'organisation ne prit un caractère régulier que dans les
temps qui précédèrent le règne de Saint-Louis.

devoir, l'ordre des avocats sut faire tourner ces précieux rapports au profit des parties et de la justice. Si la constitution d'un gouvernement absolu avait rétréci le cercle de leurs travaux, les avocats trouvèrent maintes fois l'occasion, et ils la saisirent toujours avec empressement, de défendre les droits de la couronne et du pays [1]. La religion qu'on voulut exploiter au profit d'intérêts matériels, eut elle-même à soutenir des attaques violentes, et les avocats devinrent ses plus ardents défenseurs [2]. D'aussi

---

[1] Dans la querelle de Philippe de Valois et d'Édouard d'Angleterre, se disputant la couronne, ce furent les avocats qui traitèrent la question sur la loi salique et firent triompher Philippe. (FOURNEL, 1er vol.), etc.

[2] Sous Saint-Louis, Grégoire VII ayant émis la prétention qu'au Pape seul, en qualité de vicaire de Jésus-Christ, appartiennent la souveraineté du monde entier et la propriété de toutes possessions territoriales, tant publiques et domaniales que particulières, les avocats furent les seuls qui osèrent et purent combattre ce système, et ils le firent avec un grand succès par leurs courageux écrits. Les deux plus célèbres sont Pierre de Fontaine et Gui Foucaut, devenu pape depuis. C'est alors qu'intervint, grâce à leur appui, la mémorable ordonnance du mois de mars 1268, nommée par les jurisconsultes *pragmatique sanction*, qui approuve, confirme et *maintient toutes les franchises, immunités et libertés de l'Église gallicane*. 1er vol. p. 24.

En 1727, les avocats prirent encore parti, avec le Parlement, contre la fameuse bulle *Unigenitus*, ouvrage des jésuites, qui

nobles dévouements furent-ils l'acte isolé de quelques hommes privilégiés, de quelques âmes généreuses qui apparurent, à de longues distances, au milieu d'une foule indifférente ou vulgaire? Non, ils furent l'œuvre de l'institution, de sentiments unanimes, de principes élevés, qui s'étaient formés par les beaux exemples. L'histoire de notre ancien barreau, en proclamant tous ces faits, constate la gloire qui en résulta pour lui [1]. Ce que je me plais à y voir et à recueillir, dans l'intérêt de mon sujet, ce sont les traits de caractère les plus saillants au

---

établissait une espèce de schisme au sein de l'Église romaine. Une consultation, signée par cinquante des plus célèbres avocats au barreau de Paris, le 13 octobre 1727, combattit les principes de la bulle en défendant le vénérable évêque de Senez, qui était en butte aux poursuites ecclésiastiques pour l'avoir désapprouvée. Trois ans après, la lutte ayant recommencé, les avocats la soutinrent avec une nouvelle vigueur. (*Ibid*, 2ᵉ vol., p. 429 et 434.)

[1] Pasquier atteste, en ses *Recherches* sur la France, qu'il n'est pas de grande famille parlementaire qui n'ait pris naissance au barreau.

L'ancien barreau compta beaucoup d'ecclésiastiques célèbres : je citerai, notamment, Evres, Ambroise, Germain, Chrisostôme, saint Yves. Le siècle de Louis XIV, si riche en grands hommes, eut pour orateurs Lemaistre et Patru. Celui de Louis XV nous donna Cochin. L'illustre Gerbier appartient à une époque toute voisine de nous.

point de vue de la philosophie et du précepte ; désintéressement, probité et candeur, unis à l'éloquence, au savoir et au courage : voilà les qualités précieuses qui recommandent l'ancien barreau à notre admiration, voilà quel était le principe des règles qu'il suivait dans sa discipline, des règles que chaque membre de l'Ordre suivait dans sa conduite. Et ce sont nos dernières traditions, car elles existaient encore, lorsque la Révolution, faisant table rase, est venue anéantir l'Ordre en 1790.

Je reconnais, tout le premier, que cet événement immense a exercé sur nos mœurs judiciaires une influence considérable. En changeant la face de la France, en abolissant presque toutes les institutions, et avec elles l'Ordre des avocats, on n'a pas pu recréer l'état social sans apporter des modifications graves sur l'existence d'une profession qui le touche de si près. Heureusement, ces modifications tiennent plus à la constitution organique de l'Ordre qu'à ses règles pratiques. D'un autre côté, vingt années avaient passé pendant ou après la tourmente révolutionnaire, lorsque la profession fut reconstituée en 1810. De nouvelles habitudes, s'établissant dans ce long intervalle, ont pénétré au barreau, malgré le zèle des anciens avocats qui, après avoir survécu à l'orage, se sont glorieusement efforcés d'en sauver les débris. Depuis, ces changements de mœurs ont fait des progrès par la force des choses, bien que, de toutes les institutions successivement détruites et recomposées, la nôtre soit celle qui ait éprouvé le moins d'innovations. De là, des considérations, des nuances, des tempéraments que je devrai apprécier.

Sous un autre rapport, la profession a pris, dans les lois et les idées nouvelles, une extension remarquable. Avec la publicité des débats qui est la seule garantie de la liberté des personnes, les affaires criminelles, dont la plaidoirie était interdite au barreau par l'ancienne législation française, nous ont été rendues. Avec la liberté de la presse, qui est le principe fondamental des gouvernements constitutionnels, les tribunaux sont appelés à juger toutes les questions de l'ordre social et politique. Comme à Athènes, comme à Rome, cette double carrière, si favorable au développement de l'éloquence, nous est ouverte, et de plus, favorisant l'essor du commerce et de l'industrie, l'économie politique, la science des temps modernes, a donné aux affaires civiles elles-mêmes une plus grande importance. Que résulte-t-il de cet état de choses? Est-ce à dire que la profession soit autre? Non sans doute, elle ne gagnerait rien à changer. Si ses attributions ont grandi, ses règles sont restées les mêmes, ou plutôt, les obligations de l'avocat se sont accrues avec ses droits.

On voit, par l'ancienneté de la profession, par ses vicissitudes diverses, par l'importance de ses attributions nouvelles, combien est vaste la tâche que je me suis imposée; quelle exactitude, quelle circonspection il m'est prescrit d'apporter dans l'exposition de ces Règles qui, ainsi que toutes les traditions, ne sont écrites textuellement nulle part, n'ont rien de précis, et pourtant ne souffrent guère de déviation dans la pratique.

Aussi, en acceptant une telle mission, j'ai voulu la prendre sous ma responsabilité personnelle. Si j'invoque à mon appui, sur un grand nombre de points, les précédents du Conseil de l'Ordre, je n'entends point engager sa jurisprudence. Je me réserve d'expliquer l'esprit et la portée de ses arrêtés[1]. Cependant, je n'ai pas la prétention de croire que mes opinions soient infaillibles, je les offre comme le résultat de sérieuses réflexions et de vingt-cinq ans d'expérience : le lecteur jugera. Il a dû voir, par ce qui précède, à quelles sources et d'après quels éléments mes opinions se sont inspirées. Il me suffit d'ajouter qu'une considération a été dominante pour moi. Je conviens bien volontiers qu'au temps où nous vivons, il serait inopportun de rattacher à notre profession des préjugés surannés ou des vanités devenues puériles. J'accorde que l'exagération et la sévérité poussées trop loin, dans l'observation des règles, aboutiraient à une rigueur étroite ; qu'après une agitation violente qui a déplacé les habitudes, il faut savoir, pour un moment du moins, transiger sur quelques imperfections ; mais, je le déclare avec la même franchise, je suis de ceux qui ont pour cette profession un amour ardent, un véritable culte ; je la tiens pour l'une des plus considérables que le citoyen d'une grande nation puisse exer-

---

[1] *Voir* ci-après, 3e partie des *Précédents*, *Exposition*.

cer, et, sans être exclusif, mon jugement a sa base unique *dans l'austérité de nos règles*, qui sont toutes fondées sur le désintéressement, la délicatesse, l'honneur, le libre arbitre; c'est aussi pourquoi je veux que la profession reste constamment honorable, qu'elle soit ramenée à sa pureté primitive, que tout avocat en observe les statuts anciens avec un soin religieux.

Pour qui accepte le ministère dans toutes ses conséquences, que l'entrée lui en soit ouverte, qu'il en partage les travaux, les chances, les avantages; pour celui qui n'y rechercherait qu'un moyen honteux de spéculation ou de fraude, le Conseil de l'Ordre doit être inflexible. Il comprendra qu'en faisant la part de l'indulgence et du temps, il est une limite infranchissable. Ce n'est pas rétrograder que de maintenir ce qui est bon, quoique ancien. Ici, je ne crains pas de le dire, le progrès qui innove serait le plus souvent une destruction. Sous le manteau d'un titre usurpé, il ne se commet, au sein de l'Ordre, que trop d'abus qui échappent à sa surveillance et le compromettent. En usant d'une sévérité ferme et éclairée, en ayant égard aux faits, sans altérer les principes, le Conseil protestera du moins à tous les instants, et sa prudence fera toujours notre salut.

Que si, contre mon attente, quelques-unes de mes propositions pouvaient être désapprouvées, mes confrères me rendront la justice de penser que je n'ai entendu blesser personne. Ce que je veux, encore une fois, c'est être utile aux jeunes avocats, et je n'excepte pas ceux des autres barreaux de France qui professent nos principes : *admonere voluimus, non mordere; prodesse, non lædere* [1]. Puissé-je atteindre ce but, qui serait si précieux pour moi ! Puissé-je, en les aidant tous à étudier les règles de notre belle profession, leur en inspirer l'amour : « Aimez votre profession, si vous voulez y réussir, c'est le conseil d'un maître. [2] » J'ajouterai : « Si vous voulez jouir de vos succès. »

Le dirai-je enfin ? j'ai osé former d'autres vœux, dans l'intérêt général de l'Ordre.

En rappelant ses règles et la nécessité de

[1] ERASME.
[2] BOUCHER D'ARGIS, p. 263.

les observer, j'ai conçu l'espoir que je pourrais contribuer, pour ma faible part, à entretenir et même à raviver au besoin, parmi nous, cette confraternité, cet esprit de corps qui, de tout temps, ont fait le charme et la force du barreau. Par la nature de leurs travaux, par la communion constante de leurs rapports, les avocats sont, en effet, destinés à vivre dans un état d'harmonie et de bons offices mutuels. Ils doivent savoir que, quel que soit le mérite personnel de chacun, ils ont tous ensemble plus de valeur par leur cohésion; celui qui brille au milieu de ses confrères, n'ignore pas lui-même qu'il s'honore surtout en leur communiquant son éclat.

C'est aussi par ce parfait accord dans nos principes et dans nos actions, que nous maintiendrons nos droits à l'estime et aux égards de la magistrature. Pour être toujours respectueux envers elle, nos rapports ne perdent rien de leur indépendance, et l'administration de la justice y gagne. Je conçois que le talent saura, par lui seul, se concilier la considération et la faveur des magistrats; mais je ne m'occupe pas ici des individus, je parle de notre institution ; ce que je veux obtenir, ce sont les mêmes procédés pour elle, pour le corps, pour tout homme qui porte la robe d'avocat et est digne de la porter.

On verra, d'un autre côté, par le texte des derniers règlements si péniblement obtenus de l'autorité, que l'ordre n'a point encore recouvré l'entière indépendance dont il jouissait avant 1790 [1], malgré les demandes persévérantes du Conseil. Si l'ordonnance du 20 novembre 1822 a amélioré le système du décret du 14 décembre 1810 sous quelques rapports, elle l'avait aggravé sous plusieurs autres. L'ordonnance du 27 août 1830 a réparé le mal en partie ; mais il nous reste à revendiquer la plus précieuse des anciennes prérogatives de l'Ordre, notre police intérieure et *exclusive* [2]. C'est ce que le Conseil a déjà fait en 1835, et il a proposé au Gouvernement un projet de règlement définitif qui réaliserait cette mesure tutélaire [3]. Je me suis flatté de l'espérance que mon travail pourrait hâter une solution favorable, en offrant des garanties dans l'ex-

[1] Voir *infrà*, 2ᵉ partie, tit. Iᵉʳ.
[2] *Voir* CAMUS, Lettre 1ʳᵉ, p. 29 et 30.
[3] *Voir* 2ᵉ partie, tit. XI.

c

posé fidèle et rassurant de nos principes qui
n'ont pas varié. Je comprends difficilement,
je l'avoue, les obstacles que l'on n'a pas cessé
d'opposer à nos réclamations. Qu'on ne croie
pas que les avocats, impatients de s'affranchir
de tout frein, élèvent une prétention contraire
à l'ordre public établi. Ce qu'ils persistent à demander est tout simple ; ils veulent être jugés
par leurs pairs, sans l'*initiative* du ministère
public pour tous les actes *intérieurs* de la profession seulement. Le nouveau régime a donné
aux autres institutions une liberté qu'elles
n'avaient pas sous la monarchie absolue ; les
avocats ne font que réclamer la même liberté,
et ils la réclament à un titre de plus, *parce
qu'ils en jouissaient alors*. Je reviendrai sur
cette grave question [1].

Il n'est pas inutile non plus que le public,
qui veut nous juger, apprenne à nous connaître, à cette époque où l'on semble peser
tous les hommes dans une balance. Je me sou-
cie peu de ces esprits légers, envieux, toujours
disposés à tourner en ridicule, dans le monde
ou ailleurs [2], ceux qui leur portent ombrage

---

[1] Voir *infrà*, tit. XI, 2ᵉ partie.

[2] Je pourrais placer, dans cette catégorie, certains discours de

et qu'ils n'ont pas la force de combattre. Je m'adresse à quelques hommes sérieux, et j'en ai vu, qui prétendent que la profession a perdu de sa valeur. Je n'entrerai point avec ceux-ci dans une discussion où l'amour-propre semblerait jouer le premier rôle. J'ai déjà dit que, loin d'avoir été diminué, le domaine actuel de l'avocat s'est enrichi de toutes les affaires criminelles et politiques, carrière si riche pour l'éloquence, si favorable à l'influence du talent[1]. Quand j'aurai présenté, avec vérité, sans réticence, le tableau de tous les devoirs de l'avocat, je leur demanderai s'il est, encore aujourd'hui, une profession qui impose plus de renoncements et de sacrifices, qui exige plus de travaux et de savoir, qui commande plus de désintéressement, de courage, d'honneur, d'indépendance, qui soit plus utile à la société, et j'attendrai la réponse pour signer notre déchéance.

On suppose que l'ancien Ordre empruntait

tribune que M. Dufaure, notre confrère de Bordeaux, a si vigoureusement réfutés, en traitant la question des capacités électorales, dans la dernière session.

[1] « Es estats populaires, les advocats, orateurs ou haran-« gueurs, sont les premiers en préséance et autorité. » LAROCHE FLAVIN, liv. III et V, *Parlements de France.*

son principal lustre de ses alliances avec les Parlements, cette altière puissance qui servit souvent et qui fit, plus d'une fois, trembler la monarchie. L'histoire du barreau dément une telle supposition par des faits non équivoques. Si le barreau a reçu du Parlement les témoignages les plus flatteurs de considération et de bienveillance, il les a mérités par ses talents autant que par ses respects; s'il l'a honoré dans sa mauvaise fortune comme aux jours de sa puissance, il a su parfois lui résister avec énergie [1]; et je pourrais ajouter, sans irrévérence, que la chute des Parlements n'a pas rehaussé l'éclat de la magistrature moderne. Le temps des illusions aristocratiques est passé. De nos jours, il faut bien qu'on le confesse, toutes les dignités sociales sont abaissées; seule, la dignité des personnes est restée intacte; or, c'est celle-ci que je revendique pour les avocats, parce qu'ils l'achètent, comme autrefois, à des

---

[1] *Voir* les faits les plus remarquables qui ont signalé l'indépendance des avocats, ci-après, règles 136 et 142.

« La profession, dit FYOT DE LA MARCHE, n'est riche que « de son propre fonds, et n'est redevable qu'à elle de son « propre lustre. » Page 71, *Éloge et devoirs de la profession d'Avocat.*

conditions rigoureuses et qui ne se rencontrent dans aucune autre position sociale [1].

L'histoire de l'ancien barreau se lie sans contredit aux faits les plus considérables de la vieille monarchie. Je me plais à répéter qu'on l'a vu tour à tour lutter, et contre les factions diverses, et contre la puissance ultramontaine [2], mais, de bonne foi, ne sait-on pas que, depuis cinquante ans, il n'a pas rendu de moins grands services aux libertés, à l'ordre,

---

[1] « Aux qualités qui forment l'orateur, dit Camus, dans ses « *Lettres sur la profession d'Avocat*, p. 6, voici ce qu'il faut y « ajouter pour rendre complète l'idée d'un véritable avocat : Se « sacrifier, soi et toutes ses facultés, au bien des autres ; se dé- « vouer à de longues études pour fixer les doutes que le grand « nombre de nos lois multiplie ; devenir orateur pour faire « triompher l'innocence opprimée ; regarder le bonheur de ten- « dre une main secourable aux pauvres comme une récompense « préférable à la reconnaissance la plus expressive des grands « et des riches ; défendre ceux-ci par devoir, ceux-là par inté- « rêt, tels sont les traits qui caractérisent l'avocat. »

[2] « La vraie manière de montrer combien une profession est « recommandable, à mon avis, est de développer les qualités « qu'elle exige, les devoirs qu'elle impose. L'élévation de ces « qualités, la sublimité de ces devoirs, sont, selon mon senti- « ment, la juste mesure de la considération qui lui est due. » Camus, 1re Lettre sur la *Profession d'Avocat*, p. 4, édition de 1805.

à la paix publics [1] , et qu'il n'a pas cessé d'occuper une large place dans les affaires du pays? La seule différence, c'est que, si autrefois de pareils titres n'ajoutaient rien à la gloire des avocats, personne ne songeait du moins à les leur contester.

Ne parlons donc pas de la noblesse de notre profession, laissons de côté toute vanterie maladroite et déplacée, mais ayons le sentiment profond de nos devoirs, et en les pratiquant avec ferveur nous obligerons les autres à nous rendre une justice que notre conscience nous accordera la première [2]. Qu'en un mot, l'avocat puisse toujours, avec un honorable orgueil, dire de sa profession, si magnifique

[1] Pendant la Restauration, les avocats se réunirent souvent pour délibérer des consultations sur des affaires politiques. Je citerai, notamment, la consultation rédigée, en 1826, par M. Dupin aîné, et à laquelle adhérèrent le plus grand nombre de ses confrères du barreau de Paris, sur le *Mémoire à consulter* de M. le comte de Montlosier, contre le rétablissement des jésuites en France. Les autres barreaux signèrent aussi des consultations dans le même sens. Un arrêt de Paris, du 18 août 1826, consacra le système des consultants (*Voir S.*, vol. XXVIII, 2, 338.). L'arrêt est déjà oublié. Les jésuites reparaissent, et bientôt, si l'on n'y prend garde, ils auraient ressaisi toute leur influence.

[2] *Animus facit nobilem.* SÉNÈQUE, épit. 44.

par l'imagination et par le cœur, ce que l'orateur romain dit des lettres , en défendant le
poëte d'Héraclée : « Elle nourrit notre jeu-
« nesse , elle charme nos vieux ans , elle em-
« bellit notre bonheur , elle nous sert dans
« l'adversité. »

PREMIÈRE PARTIE.

DES RÈGLES DE LA PROFESSION.

EXPOSITION.

I. La profession d'avocat a existé longtems avant le titre d'avocat. On conçoit que, chez tous les peuples civilisés où la justice a été organisée, il a dû se trouver des hommes éclairés, probes, généreux, qui ont assisté de leurs conseils, de leur éloquence, ceux qui n'étaient pas capables de se diriger ou de se défendre eux-mêmes [1].

L'avocat, dans l'acception purement légale du mot, est celui qui, après avoir obtenu le grade de licencié en droit et prêté le serment requis par la loi [2], se charge de défendre, devant les tribunaux, par la parole ou par des écrits, les intérêts ou la personne de ses concitoyens.

Son ministère n'est point, je le répète, une fonction publique, il est encore moins un privilége [3].

[1] *Voir* l'Introduction, p. xv et suiv., où j'ai dit que les premiers orateurs qui occupèrent le barreau de Rome n'étaient pas jurisconsultes, non plus que les premiers qui parurent au barreau d'Athènes. Plus tard, les orateurs romains s'étant appliqués à l'étude des lois et de la jurisprudence, c'est alors qu'on vit briller ces hommes célèbres qui méritèrent le double titre d'habiles orateurs et de grands jurisconsultes.

[2] *Voir* ci-après, 2e partie, tit. III.

[3] *Voir* ci-après, *id.*, tit. XI.

1

Le véritable avocat, suivant moi, est celui qui connaît et qui observe avec ponctualité, avec une sorte de culte, toutes les règles de la profession. Il méritera le nom d'orateur, s'il réunit au plus éminent degré, par un admirable privilége, la pratique des règles, le savoir et l'éloquence [1].

Il importe encore aujourd'hui de distinguer la profession et le titre d'avocat. Cette distinction n'est ni une dispute de mot [2], ni une affaire de vanité; elle avait autrefois, elle conserve un caractère légal, auquel sont attachées des conséquences importantes : c'est ce que j'établirai [3].

[1] *Orator, vir bonus, dicendi peritus, qui, in causis publicis et privatis, plenâ et perfectâ utitur eloquentiâ* (CICÉRON, *de claris Oratoribus*). — Je rapporterai plus loin la belle définition que M. Henrion de Pansey a donnée de l'indépendance de l'avocat. *Voir* ci-après, règle 25, à la note.

[2] L'origine du mot *avocat* vient du latin *advocatus*, appelé. Cependant ce n'est que dans les derniers temps, qu'à Rome, cette dénomination a été donnée aux avocats. *Voir* l'Introduction, p. xvij. Celui qui plaidait la cause s'appelait *patronus, orator, causidicus, rhetor*. On donnait le nom d'*advocati* aux amis qui assistaient la partie à l'audience, ou même aux témoins qui venaient déposer dans la cause (FYOT DE LA MARCHE, *Éloge et devoirs de la profession d'avocat*, p. 3 et suiv.; LAROCHE-FLAVIN, *Histoire des Parlements*, liv. III, ch. I, p. 334. *Voir* aussi liv. I, §. *Advocati de extraord. Cognit.*). Après l'invasion des Gaules par les Francs, la France ayant perdu jusqu'à la trace des traditions romaines, on désignait les avocats sous les noms barbares d'*amparliers, parliers, plaideurs*. C'est dans les Établissements de Saint-Louis, en 1270, que, pour la première fois, ils sont dénommés sous le titre d'*avocats*. Le chapitre XIV contient même diverses règles qu'ils doivent remplir dans l'exercice de leur ministère. (BOUCHER D'ARGIS, *Histoire des Avocats*).

[3] Nouveau Denizart, vᵒ *Avocat*, §. 1ᵉʳ, nᵒˢ 3 et 4. *Voir* ci-après, notamment règle 124 et nᵒ 429 des *Précédents*.

J'écris seulement pour l'avocat qui exerce la profession.

II. L'ordre des avocats est la réunion, régulièrement constituée, de ceux qui, tout à la fois, ont le titre d'avocat et en pratiquent la profession sous les conditions prescrites par les lois et règlements[1].

Tous les membres de l'ordre sont inscrits au tableau ou au stage[2].

Soit qu'ils plaident, soit qu'ils se bornent à consulter, les membres de l'ordre ne composent qu'une seule et même famille; il n'existe entre eux d'autre distinction, que celle qui résulte de l'ancienneté[3], de l'élection aux fonctions temporaires de l'ordre[4], et j'ajouterai, ou du talent : car, dans

[1] Dans quelques-unes de nos villes, les avocats réunis se qualifiaient de *Collége;* mais le titre d'Ordre, que l'empereur Justin avait donné aux avocats de son temps, étant plus convenable et plus digne, les avocats au Parlement de Paris l'ont toujours pris depuis 1300; le Parlement même le leur a reconnu dans toutes les occasions (BOUCHER D'ARGIS, *Histoire des Avocats*, p. 6). Selon toute vraisemblance, les avocats voulurent aussi se distinguer des autres corporations, qui commençaient à se former sous la dénomination de *confréries, corps, communautés.* Les graves abus qu'elles amenèrent depuis justifieraient au besoin la prudence des avocats. *Voir* mon Traité sur *la Compétence des Prud'hommes*, p. 21 et suiv.

[2] Cependant je dirai plus tard, n° 196 et suiv., que les stagiaires, bien qu'ils aient le titre d'avocats à la Cour royale, ne sont pas dans la même condition que les avocats du tableau. — *Voir* aussi 2e partie, tit. Ier et VII.

[3] *Voir* ce qu'est l'*ancienneté*, ci-après, règle 112 et n° 230 des *Précédents.*

[4] *Voir* ci-après, n° 21 et suiv. des *Précédents.*

toutes les positions sociales [1], le talent a son incontestable supériorité.

Tous les avocats, et, d'abord, les anciens pour

[1] Nous avons vu, Indroduction, p. xvii, qu'à Rome, les avocats ou orateurs étaient distingués des jurisconsultes : ceux-là
plaidaient, ceux-ci consultaient. Sous la République, les orateurs
jouissaient d'une plus grande estime que les jurisconsultes, à
cause de l'excellence de la parole. Sous l'Empire, le crédit des
orateurs diminua, les empereurs voulant disposer eux-mêmes
des honneurs et des emplois que les suffrages du peuple défé-
raient aux orateurs (LAROCHE-FLAVIN, liv. III, chap. II, n°s 7,
8 et 9). Les jurisconsultes conservèrent leur autorité ; ils avaient
alors trois fonctions principales : *Cavere de jure, respondere,
et judicare seu assidere magistratibus.*

Dans l'ancien barreau français, on admettait aussi une distinction qu'il est curieux de connaître : « Es barreaux de France,
« dit Laroche-Flavin, liv. III, chap. II, n° 1, nous avons trois
« espèces d'advocats, les *escoutants*, les *plaidants* et les *consul-
« tants*. Si que es trois rangs des siéges qui sont es barreaux et
« audiances des Palais, on y voit de toutes sortes de fruicts. Les
« uns sont en fleurs, prets à fructifier, qui sont les advocats es-
« coutants ; les autres sont fruicts tous faits qui se recueillent
« tous les jours sur le lieu, qui sont les advocats plaidants ; et
« les autres qui sont en pleine maturité, ne pouvant longtemps
« arrester sur l'arbre, sont réservés pour les maisons, qui sont
« les advocats consultants. » L'auteur, qui se complaît dans les
métaphores, et que je citerai souvent, parce qu'il joint la naï-
veté du langage et la finesse d'esprit à un sens profond, poursuit sa comparaison ; il compare encore les trois espèces d'avocats à trois sortes de chênes, *quercus auritæ, sequaces* et *fatidicæ*.
Il fait plus et mieux : il trace, pour chacune des trois classes
d'avocats, d'excellentes règles que nous aurons soin d'indiquer,
parce que, si la distinction des classes est aujourd'hui effacée,
les règles subsistent. Nos stagiaires représentent assez les *escoutants.*

Avant la suppression de l'ordre, en 1790, on appelait avocats EN *Parlement* ceux qui n'en avaient que le titre, et avocats

l'exemple, doivent observer, avec un égal scrupule, les devoirs de la profession.

Je ne sais pas si, de notre temps, il serait permis aux avocats, sans s'exposer au ridicule, de rappeler ce mot célèbre d'un illustre magistrat, qui a dit de leur ordre *qu'il est aussi noble que la vertu* [1]. Je me préoccupe peu de rechercher aux avocats des titres de noblesse; je veux entreprendre de tracer les conditions auxquelles ils mériteront toujours l'estime, la confiance et l'affection de leurs concitoyens. Il y a bien quelque honneur pour l'ordre dans ce partage.

III. En consultant les lois et les règlements [*], on verra qu'ils établissent plutôt les principes constitutifs de l'ordre en général et les mesures de répression adoptées pour sa discipline, que les règles qui doivent régir l'avocat en particulier, c'est-à-dire, l'avocat considéré dans l'exercice habituel de sa profession.

Où trouver ces règles?

L'article 45 de l'ordonnance de 1822 déclare que « les usages observés dans le barreau, relativement « aux droits et aux devoirs des avocats dans l'exer- « cice de leur profession, sont *maintenus*. » C'est

---

AU *Parlement* ceux qui se livraient activement à la profession. Il y avait eu, mais pour un temps seulement, des avocats DU *Parlement* que l'on avait pris parmi des gens sans études de droit et lettrés par dispenses, pour les revêtir ensuite d'offices créés au nombre de cent, par l'article 6 d'un Édit du mois de mai 1771. (Nouveau DENIZART. v° *Avocat*, §. 1 , n° 5.)

[1] D'AGUESSEAU, dans sa mercuriale de 1689 , sur l'*Indépendance de l'Avocat*.

[*] *Voir* ci-après 2ᵉ partie.

donc surtout à la source des usages anciens et toujours
respectés, que je dois aller puiser les règles dont je
veux offrir le tableau. Je l'ai déjà dit[1] : nos devoirs,
nos droits, nos mœurs, notre existence sont presque
tout entiers dans les traditions. Elle est bien forte
l'institution qui, sans avoir vieilli, a pu ressaisir son
origine et ses antiques statuts, à travers les siècles et
les débris ![2] mais elle n'est forte qu'à la condition
de conserver purs ses éléments vitaux. Il faut sans
doute accorder au progrès tout ce qu'il peut obtenir;
mais ici les innovations ont leur péril; le relâchement en est tout près, et avec le relâchement l'ordre toucherait à sa ruine.

Lorsque je parle des règles de la profession, je
prends ici, comme je l'ai annoncé[3], le mot dans un
sens restreint, je n'entends pas retracer les principes qui tiennent à l'art oratoire[4], je ne m'occupe

---

[1] *Voir* l'Introduction, xiij.

[2] J'engage les jeunes avocats à lire attentivement le tit. I de
ma 2ᵉ partie, où je rapporte les anciens textes que, peut-être,
je n'ai pas tous rappelés, en annotant les règles qui vont
suivre.

[3] *Voir* l'Introduction.

[4] On pourrait dire que ce mot de Laroche-Flavin qui écrivait
il y a trois siècles, pour le Parlement de Toulouse en particulier, est encore vrai aujourd'hui au barreau de Paris : « *La*
« *louange* de plaider, quant à présent, est en *une narration*
« *bien facile,* car de cinquante causes qui se plaident ici, les
« *quarante-neuf* se vident *par simple fait.* » §. III, ch. III, 69.
Cependant il n'en exige pas moins, de l'avocat, et avec raison,
les plus vastes connaissances, 21 et 27.

Je ne voudrais pas qu'on prît à la lettre l'avis du savant
Pasquier, malgré toute l'autorité de son nom : « En somme, dit-
« il, je désire en mon avocat *le contraire* de ce que Cicéron re-

que de ceux qui doivent plus spécialement diriger
la conduite de l'avocat dans l'exercice de son ministère. C'est le *vir probus* qu'il s'agit pour moi de
faire connaître. Cette partie de nos règles, soyons-
en convaincus, exerce une influence immense sur
les succès de l'avocat. Si la science et l'habileté
lui assurent la renommée, il brille bien plus par
les vertus de son état, la noblesse de ses sentiments, la pureté de ses mœurs, la probité de
ses actes. Il n'est éloquent et admirable que par
l'âme[1].

Le manquement aux règles ne donne pas nécessairement lieu à l'application de la disposition disciplinaire portée par l'article 42 de l'ordonnance.
Au Conseil de l'Ordre il appartient d'apprécier la
gravité de la faute, d'après les circonstances, et ces
circonstances varient à l'infini[2]; mais l'objet qui

« quiert en son orateur, qui est l'éloquence en premier lieu, et
« puis, quelque science de droit. Car je dis, tout au rebours,
« que l'avocat doit surtout être savant en droit et en pratique *et*
« *médiocrement éloquent*, plus dialecticien que rhéteur, et plus
« homme d'affaires et de jugement que de grand et long dis-
« cours. » (LOYSEL, *Dial.* p. 243.)

[1] *Quid leges, sine moribus, vanæ proficiunt?* (*Hor. lib. III,*
od. 25.)—Voir *suprà*, p. xvij, dans l'Introduction, la loi grecque
qui réputait l'enceinte du tribunal un lieu en quelque sorte
sacré.

[2] On verra, d'ailleurs, n° 316 des *Précéd.*, que, si le conseil ne
croit pas devoir statuer disciplinairement, il peut ordonner que
l'avocat recevra l'*avertissement confraternel* qui est lui-même
une espèce de remontrance.

Nos règles régissent l'avocat, même pendant la durée de la
suspension qu'il a eu le malheur d'encourir. *Voir* 3ᵉ partie,
nᵒˢ 380 et 383.

Le Conseil de l'Ordre tient aussi en principe que le désiste-

me touche est moins d'offrir aux jeunes avocats ce qu'ils doivent éviter sous peine de répression, que ce qu'ils doivent pratiquer avec spontanéité, avec ferveur, avec constance, pour exercer dignement leur ministère.

J'envisagerai donc la conduite de l'avocat sous les quatre points de vue qui constituent la profession militante :

1°. Les devoirs généraux de l'avocat ;

2°. Ses devoirs envers les clients ;

3°. Ses devoirs envers les confrères ;

4°. Ses devoirs envers les magistrats. [1]

On trouvera les preuves et les développements dans les lois et règlements, dans les arrêts du Conseil, dans les notes que j'ai placées partout : au besoin, la sagacité du lecteur y suppléera facilement [2].

---

ment de la plainte portée contre l'avocat n'éteint pas l'action disciplinaire. (*Voir* arr. du 26 mars 1833, n° 370, 3ᵉ partie.)

[1] Sous le mot *devoirs*, je comprends les droits, parce que, dans ma pensée, les devoirs et les droits sont inséparables ; seulement je place toujours ceux-ci après les autres. C'est ainsi que je procéderai dans l'exposition des règles.

[2] Il peut consulter le petit écrit de Boucher d'Argis, imprimé à la suite de son *Histoire des Avocats*, et intitulé *Règles pour former un jeune avocat*, p. 381. *Voir* aussi l'excellent article que M. Philippe Dupin a inséré dans l'*Encyclopédie du Droit*, v° *Avocat*, sur la profession en général.

TITRE PREMIER.

DEVOIRS GÉNÉRAUX DE L'AVOCAT.

1.

L'article 14 de l'ordonnance du 20 novembre 1822, conforme en ce point aux anciens règlements, déclare que « les conseils de discipline sont chargés « de maintenir les sentiments de fidélité à la mo- « narchie et aux institutions constitutionnelles, les « principes de *modération*, de *désintéressement* et « de *probité*, sur LESQUELS REPOSE L'HONNEUR DE « L'ORDRE DES AVOCATS. »

L'article 42 déclare la « profession incompatible « avec toutes les autres fonctions de l'ordre judi- « ciaire, avec celles de préfet, de sous-préfet et de « secrétaire général de préfecture; avec celles de « greffier, de notaire et d'avoué; avec les emplois à « gages et ceux d'agent comptable; avec toute espèce « de négoce. Il en exclut toutes personnes exerçant « la profession d'agent d'affaires ».

L'article 43, qui confirme ces prescriptions en les appliquant aux faits passés à l'audience, commande encore à l'avocat de respecter la morale publique et religieuse.

L'article 45 maintient, d'une manière générale, « les anciens usages relativement aux droits et aux devoirs des avocats. »

L'ordonnance leur prescrit enfin un serment, qui renferme l'obligation d'exécuter religieusement toutes ces conditions (article 38).

Que faut-il conclure de ces textes? que l'avocat, pour remplir avec honneur sa profession, ne doit pas seulement en avoir la science, qu'il doit être probe et désintéressé, modéré et indépendant, digne dans sa conduite, observateur scrupuleux des usages du barreau, et fidèle à son serment[1].

2.

Si le style est tout l'homme, la PROBITÉ est tout l'avocat.

On peut même dire qu'elle résume toutes les qualités qui lui sont nécessaires; car, il a pour mission de persuader, et l'on ne persuade pas, si l'on n'est honnête homme.

3.

La probité commune ne suffit point à l'avocat, il doit la porter jusqu'à l'extrême délicatesse, parce que toutes les conditions de son existence, éducation libérale, études philosophiques, besoin de confiance, estime de soi-même, sentiments religieux, lui en imposent également le devoir. A cet égard, disons-le avec orgueil, les traditions, les anciens et les modernes qui nous les ont transmises, la jurisprudence du Conseil de l'Ordre n'ont jamais varié[2].

---

[1] Nous ne parlons pas de l'amour du travail; cette qualité qui tient plus particulièrement aux études, est une condition inhérente à la profession : « La vacation des avocats, selon LAROCHE- « FLAVIN, liv. III, ch. III, n° 12, guérit les gens de paresse, « parce que estre avocat et se *lever matin* sont deux choses insé- « parables. » Il est vrai qu'alors, à Paris comme à Toulouse, les avocats se couchaient tôt.

Platon disait: *Dormiens nullius est pretii.*

[2] « On ne peut être un parfait avocat, si on n'est honnête

Il est bien entendu que ce sentiment d'extrême délicatesse préside à tous les actes de la profession ; on n'est pas honnête homme à demi, ou sous réserves.

4.

Dans vos plaidoiries et vos écrits [1], dans vos consultations et vos rapports d'affaires [2], repoussez donc, sans hésiter, tout moyen qui n'est pas parfaitement loyal [3].

5.

Imiter cet avocat qui indiquait, par des circulaires, certain expédient pour éluder la loi [4], ou ce prétendu philosophe de l'antiquité, qui s'annonçait, par des affiches, comme enseignant les moyens de

---

homme et homme de BIEN. » BOUCHER D'ARGIS, règle 22, p. 391. CAMUS, p. 6, 1re Lettre. *Voir* aussi QUINTILIEN, *lib.* XII, *cap.* I.—Et les *Précédents*, part. III.

[1] Le premier mémoire qui parut au Palais fut publié par un avocat nommé Lavergne, qui vivait du temps de Pasquier. Depuis, l'usage des mémoires était devenu très-fréquent (LOYSEL, p. 241). Sous l'ancien droit, les écritures avaient dans les procès un intérêt qu'elles n'ont plus aujourd'hui ; elles étaient toujours l'œuvre de l'avocat, elles sont à présent dans la mission de l'avoué, ou plutôt, du clerc : c'est pourquoi on ne les lit plus. Les écrits des avocats se bornent aux consultations, aux mémoires, aux notes après plaidoieries. — Le style doit en être net et concis plutôt qu'élégant et riche. On peut citer, *pour modèle en ce genre*, les écrits de *Cochin. Voir* ci-après règle 67 et note. — *Voir* JOUSSE, p. 453 et 454.

[2] *Voir* arr. du 17 mai 1840, n° 379.

[3] Il n'est pas permis de faire imprimer un testament, du vivant du testateur, sans sa permission. Un tel moyen répugne à la probité de l'avocat. Arr. du 6 avril 1820, n° 352.

[4] *Voir* ci-après, part. III, l'arrêté du 22 décembre 1813, n° 389.

gagner une mauvaise cause ¹, ce serait de l'extra-
vagance ou de l'infamie.

6.

Qu'avant tout, l'avocat se fasse un cas de conscience de bien connaître sa profession ² et la mesure
de ses forces.

S'il ne se sent pas capable de donner la consultation qu'on lui demande, de plaider la cause qui lui
est offerte, qu'il s'abstienne, ou qu'il réclame l'assistance d'un confrère : une fausse honte ne peut pas
le retenir ³.

¹ *Voir* Moreri, v° *Protagoras.*

² Le *dicendi peritus* de Cicéron dont je parle, rentre dans la
probité de l'avocat. *Voir* règle 64. — *Voir* FYOT DE LA MARCHE,
p. 146 ; JOUSSE, p. 448 et 472.—L'avocat doit aussi étudier cons-
ciencieusement la cause qu'il va plaider : « Car, dit Pasquier, de
parler sur-le-champ sur ses pièces comme j'en ai vu aucun de
mes compagnons, *je l'admire plutôt que je ne l'approuve.* »
LOYSEL *Dialog.* p. 243. — *Voir* aussi CICÉRON, *de Orat. lib.* II,
n° 45, et QUINTILIEN, *lib.* VII, *cap.* II. — LAROCHE-FLAVIN,
liv. III, ch. III, 71. Ce dernier ajoute :

« Il y en a (des avocats) qui n'estudient ny en humanité, ny
« en droit, ni aux ordonnances. Certains procureurs sont cause
« de ce mal, ils ne chargent de leurs causes et procès que *leurs*
« *parents et alliés ;* eux se fians que terre ne leur deffaudra
« point, et qu'ils ne lairront pas d'avoir des causes, soit qu'ils
« les défendent bien ou mal, laissent dormir et reposer leurs
« livres. » Il dit plus loin, avec une grande vérité : que les avocats ignorants deviennent *chicaneurs ; loc. cit.,* n° 76. — *Rabu-
las forenses.*

L'ignorance de la profession peut entraîner l'avocat à des
actes qui, même sans intention reprochable de sa part, doivent
le soumettre, à raison de leur gravité, à une peine disciplinaire. Arr. du 25 juin 1833, n° 362.

³ Tous les jours, nous voyons au Palais deux ou trois avocats

Je ne prétends pas cependant que l'avocat doive toujours être en défiance de lui-même, ni qu'il faille toujours un avocat du premier rang pour les grandes causes : ce serait décourager la jeunesse qui a besoin d'avoir foi en elle, ce serait offenser le mérite modeste, qui a aussi son importance.

7.

La vérité que les anciens personnifiaient comme la mère de toutes les vertus, est une autre obligation qui émane de la probité. Elle ne consiste pas seulement à ne citer que des faits exacts, elle défend d'employer des moyens artificieux pour surprendre les juges [1]. On peut se tromper, de bonne foi, sur des faits ou sur des raisonnements, mais l'artifice est un mensonge.

de première force défendre le même intérêt lorsqu'il est considérable. — C'est ainsi que Hortensius, Crassus et Cicéron plaidèrent pour Murena, accusé d'avoir corrompu les suffrages dans la poursuite du consulat; que Cicéron, Crassus et Pompée plaidèrent pour Balbus à qui l'on contestait le droit de bourgeoisie.

[1] Telle est une lecture incomplète des pièces, des lois ou des arrêts. Une ordonnance de François Ier, de 1539, prévoyait et punissait cette faute. Une citation altérée est une faute bien plus grave. QUINTILIEN, lib. XII cap. VIII, et IX. LAROCHE-FLAVIN, liv. III, n° 22. Arrêt de règlement du mois de mars 1344. Voir ci-après, 2e partie, tit. I. « Les menteurs, dit Aristote, sont grièvement punis, car on ne les croit pas, même quand ils disent vrai. » LAROCHE-FLAVIN, ibid., nos 14 et 15. — Périclès étant pressé par un de ses amis de jurer faux dans une cause, lui répondit : Amicus usque ad aras. Plutarque, Vie de Périclès.—Voir JOUSSE, p. 450. Ord. de 1539, art. 22.

La dissimulation, et, parfois, la réticence, sont des artifices [1].

Ce n'est pas sa cause que l'avocat voudra faire triompher, c'est la vérité.

8.

Pour mériter près des juges la réputation d'un avocat *vrai*, n'avancez aucun fait important, si vous n'en avez point la preuve en main.

9.

Il y a danger à affirmer même un fait vrai dont la preuve ne réside que dans votre propre déclaration, car, si l'adversaire vous dément, et cela est presque certain à l'avance, vous vous trouvez engagé personnellement dans une lutte périlleuse, à moins que vous n'ayez conquis assez d'autorité sur l'esprit des magistrats pour leur inspirer toute croyance [2]. Mais qui peut s'en flatter? La prudence est une autre qualité de l'avocat [3].

10.

C'est un immense avantage pour l'avocat, que d'avoir obtenu la confiance de ses juges par l'habi-

---

[1] Toute simulation d'acte est, par la même raison, interdite à l'avocat. *Voir* 3e partie, n° 385.

Demander une remise de cause, à l'aide d'un subterfuge, est encore une violation de la règle. — *Voir* arr. de règl. de mars 1344 ci-après, 2e partie, tit. I, et JOUSSE, p. 450.

[2] FRANÇOIS DE MONTHOLON (depuis garde des sceaux) jouissait d'une réputation de probité si grande, qu'il plaidait sans que les juges lui demandassent jamais de lire ses pièces. LOYSEL *Dial.* p. 229. On connaît aussi ce témoignage d'un premier président, qui parlait au sérieux, malgré le jeu de mots: *Croyez un fait, quand Lenormand vous l'atteste.*

[3] BOUCHER D'ARGIS, p. 413.

tude constante d'être vrai [1]. Il est telles causes qui se gagnent sur sa parole, parce que sa parole a l'autorité d'un témoin digne de foi.

Malheur à celui dont la sincérité inspire des doutes aux magistrats! l'expérience enseigne qu'une pareille impression ne s'efface plus [2]!

11.

Il faut que l'avocat se garde de mêler à la cause jusqu'à l'apparence d'un sentiment d'intérêt ou d'animosité personnels : la vérité est pure de tout alliage.

12.

Viser à la subtilité, à la finesse, c'est manquer de naturel, c'est blesser la vérité, sans faire un pas vers l'éloquence. L'esprit ne donne pas l'éloquence. La vérité et l'éloquence sont inséparables, toutes deux viennent du cœur [3].

---

[1] « L'opinion de probité et vertu acquiert aux avocats cré- « ance et autorité envers les juges. » LAROCHE-FLAVIN, liv. III, chap. III, n°ˢ 1 et 27.

[2] FYOT DE LA MARCHE, p. 238.

[3] « La sincérité, dit LA ROCHEFOUCAULD, n° 62, est une ouver- « ture de cœur; on la trouve en fort peu de gens. » Il ajoute plus loin, 431 : « Rien n'empêche tant d'être naturel, que l'en- vie de le paraître. » *Voir* aussi FYOT DE LA MARCHE, p. 163, et un arr. du Cons. du 26 mars 1833, n° 370.

M. Philippe Dupin, professant mes principes, réfute, de la ma- nière la plus victorieuse, une théorie spécieuse que M. Romi- guière, procureur-général à Toulouse, avait présentée dans un discours solennel de rentrée, pour expliquer comment il fallait comprendre *la sincérité et la réserve* de l'avocat. Je me borne à renvoyer à cet art. n° 57, *Encycl. du Droit*, v° *Avocat.*

13.

LE DÉSINTÉRESSEMENT, commandé par la profession, veut que l'avocat soit modéré dans ses honoraires; il veut même, si le client n'est pas en position de les lui offrir, que l'avocat lui prête son ministère gratuitement, avec autant de soin, autant de zèle, qu'il le ferait pour la personne la plus riche [1].

D'ailleurs, le ministère de l'avocat ne peut pas être considéré comme un mandat dans le sens légal [2]. Les honoraires que le client lui offre sont la récompense du service rendu, un témoignage

---

[1] Le mot *honoraires* vient de ce qu'anciennement à Rome, *voir* p. xix de l'Introd., les avocats étaient payés de leurs travaux par des honneurs et non par de l'argent. — *Vetitum quippe erat lege Cinciâ munerali, ne quis, ob causam orandam, pecuniam donumve acciperet.* (TACITE, *lib.* II). — Depuis, les clients s'accoutumèrent à faire des présents à leurs avocats, et la profession n'en resta pas moins honorée. Ce sont les derniers empereurs romains qui accordèrent aux avocats l'action en paiement des honoraires, après avoir transformé leur profession en une sorte d'office. Nous avons accepté toutes leurs traditions, excepté celle-ci. *Voir* ci-après règle 96 et l'Introd. xxij.

Voir ci-après, règle 97, comment les honoraires doivent être reçus.

BOUCHER D'ARGIS, p. 392, de l'*Histoire des Avocats*, cite de nombreux exemples de leur esprit de générosité. Joly, en la vie de Coquille, atteste que celui-ci donnait la dixième partie de son bien aux pauvres; Pasquier en ses Recherches dit que Mathieu Chartier leur en remettait la centième partie; et Mauguin, tout ce qu'il gagnait les fêtes et dimanches. *Voir* règle 82 et note.

[2] Suivant FYOT DE LA MARCHE, c'est un service si grand qu'il paraît tenir *du bienfait*, p. 264. — *Voir* aussi JOUSSE, p. 472.

de reconnaissance [1] : ils ne peuvent donc admettre
ni taxe, ni contrainte.

Je reviendrai sur ce sujet délicat[2].

14.

Quel que soit son emploi, un avocat ne doit pas
refuser les petites causes, il ferait douter de son
désintéressement ou de sa modestie. Est-il trop haut
placé, les petites causes le quitteront d'elles-mêmes[3].

---

[1] *Ibid.* p. 264. — POTHIER, *Mandat*, n° 23, LAROCHE-FLAVIN,
liv. III, chap. V, n°s 9 et 10, 15, 16, 17, donne pour raison
de la loi Cincia, que les orateurs appartenaient aux plus illustres
et aux plus riches familles, mais cette raison n'était que très-
secondaire. Le principal motif en était pris dans la nature même
de la profession.

A en juger par les critiques de Laroche-Flavin, le désintéressement n'était pas la règle de son temps au Parlement de Toulouse.

Nos anciennes ordonnances appellent *salaire* l'honoraire des
avocats, parce qu'alors on qualifiait ainsi la rémunération de
toutes les professions libérales. *Voir* 2e part., tit. I.

[2] *Voir* les règles 95 et suiv. Le Conseil a-t-il le droit de
réduire les honoraires, s'ils lui paraissent exagérés. *Ibid.* et notamment, arr. du 21 juin 1837, n° 340.

[3] *Les grands advocats s'avancent assez d'eux-mêmes.* LOY-
SEL, Dial. p. 236. Je conçois une louable exception à la règle : c'est
qu'ils remettent leurs petites causes aux jeunes confrères, pour
les aider ainsi dans leurs débuts. « Car les jeunes avocats doivent
« s'être fait une réputation par leur zèle pour l'étude, leur ar-
« deur pour le travail, leur prudence, leur probité, avant que
« des affaires considérables aient fait connaître leurs autres ta-
« lents. » CAMUS, p. 17, Lettre 1re.

2

15.

Il n'acceptera point un trop grand nombre d'affaires ; si cette surcharge n'accuse pas toujours l'avidité, elle tue le talent [1].

16.

C'est surtout dans sa plaidoirie et dans ses écrits, que se manifeste la MODÉRATION de l'avocat [2].

17.

La modération suppose d'abord, en lui, la modestie. Se donner à soi-même des louanges est une inconvenance si choquante, qu'il l'évitera sans effort : on peut le dire, à l'honneur du barreau actuel, la modestie qui sied si bien au mérite, est l'une de ses qualités [3].

---

[1] Loi 6, §. I. Cod. *De postulando,* LAROCHE-FLAVIN, liv. III, chap. III, n° 9. *Raré agendo fit ut benè agas, sœpiùs agendo ut malè.*

Autrefois, quoiqu'il n'y eût qu'un seul tableau, les avocats se divisaient, de fait, entre le Châtelet et le Parlement. FOURNEL, 1ᵉʳ vol. p. 164. Aujourd'hui, les même avocats plaident partout, en première instance, à la Cour royale, au Tribunal de commerce, devant des arbitres, etc. L'article 20 de l'ordonnance, du 17 janvier 1367 (Charles V), n'accordait aux avocats que *quatre causes* par audience. 1ᵉʳ vol., p. 326.

[2] BOUCHER D'ARGIS, p. 419, 420.—« Si la vanité ne renverse « pas entièrement les vertus, du moins elle les ébranle toutes. » LA ROCHEFOUCAULD, p. 388. Socrate confessait n'avoir retiré, de ses études, d'autre fruit que *de savoir qu'il ne savait rien.* Cependant Dumoulin n'était guère plus modeste que l'orateur romain. On assure qu'il commençait ainsi ses consultations : *Ego qui nemini cedo et à nemine doceri possum.* Qui peut s'excuser par de tels exemples ?

[3] La modestie, dit LAROCHE-FLAVIN, sied bien à tous, mais

18.

Pour être modéré, il ne suffit pas que l'avocat se montre sobre d'éloges envers son client, il faut qu'il se défie de cette éloquence qu'un ancien ' flétrissait si rudement, en l'appelant éloquence *canine;* il faut qu'il ne se livre pas contre l'adversaire à des attaques violentes ou calomnieuses. Dans aucune cause, y fût-il question de dol et de fraude, rien ne saurait excuser la violence ni la calomnie. L'avocat doit défendre la cause de son client, non servir ses passions ou sa vengeance '. Qu'il ne

c'est une vertu NÉCESSAIRE aux jeunes surtout : liv. III, chap. III. n° 64. *Principium scientiæ est stupere.*

' Appius. Les Grecs condamnaient à une amende l'orateur qui se livrait à cet abus.

' La conséquence légale de pareilles attaques ne retombe pas sur lui personnellement, mais sur le client dont il est l'organe (arr. de Paris du 23 prairial, an XIII, SIREY, vol. II, 800. *Voir* ci-après les règles 88 et 92). Le Conseil de l'Ordre a le droit et le devoir d'examiner la conduite de l'avocat, et de lui infliger telles peines disciplinaires que les circonstances peuvent mériter. *Voir* arr. du Cons. du 22 juillet 1812, ci-après n° 332. *Voir* autre arr. du 2 février 1828, énoncé dans celui rapporté n° 372. *Voir* aussi PHILIPPE DUPIN, *Encycl. du Droit,* v° *Avocat,* n°s 60 et 61. Il pense même que, dans ce cas, l'avocat peut se rendre personnellement responsable de la diffamation envers la partie lésée. Cette opinion, je l'avoue, me paraît trop absolue en droit, toute respectable qu'elle est dans son but. Si l'avocat n'est pas le *dominus litis* (*Voir* règle 88), il me paraît impossible légalement qu'il s'approprie les articulations du procès. L'auteur s'exprime de la sorte dans l'hypothèse d'un *écrit* réputé injurieux; mais l'écrit, comme la plaidoirie, n'est qu'un acte du ministère de l'avocat.

LAROCHE-FLAVIN, liv. III, chap. III, n° 23, et FYOT DE LA MARCHE, p. 228, pensent que, lorsque l'avocat est chargé de plaider des

croie point que la modération exclut l'énergie et
l'indépendance; elle leur imprime, au contraire,
une force et une autorité plus imposantes[1].

Mais dans les affaires où il s'agit de démasquer la
fraude, il est permis, il est indispensable, pour con-

---

faits graves et hasardés, il doit en demander l'autorisation *signée
par le client*. Je crois pour mon compte qu'un avocat prudent et
consciencieux fait mieux, en pareil cas, de répudier la cause:
il en a toujours le droit. *Voir* ci-après la règle 89. Je n'excep-
terais que l'espèce d'une absolue nécessité; par exemple, lorsque
l'affaire est déjà engagée avec lui par les plaidoiries, au moment
où les faits à articuler se découvrent, etc. Voir *suprà,* l'art. 36
du décret du 14 décembre 1810.

Des faits et des démarches qui tendraient, de la part de l'avocat, à assister son client dans l'emploi de mesures violentes et
déloyales contre l'adversaire, sont encore plus répréhensibles,
parce qu'ils ne peuvent pas trouver d'atténuation dans l'entraînement de la plaidoirie ou de la défense. (Arr. du Cons. de
1840, nº 314.)

Il en est ainsi des moyens d'intimidation que l'avocat em-
ploierait contre celui-ci, en le menaçant de l'ardeur de son zèle,
de la publication de mémoires, etc. *Voir* arr. du 23 mars 1814,
nº 351.—Autre, nº 352.

[1] Camus, première Lettre, p. 154. « La véritable éloquence,
« suivant La Rochefoucauld, consiste à dire tout ce qu'il faut, et
« rien que ce qu'il faut » (*pensée* 250). Cicéron veut que la plaidoirie soit comme le discours des philosophes, chaste, pleine de
modestie et de retenue, jusqu'à ressembler en quelque sorte à la
pureté d'une vierge (*lib. de Orat.* nº 12). *Voir* aussi Quintilien,
liv. XII, chap. IX, et Sénèque, liv. 1, *Declamat.* 2.

« Et toutes les résons à destruire la partie adverse se doit dire
« courtoisement, sans vilenie dire de sa bouche, ne en fait, ne
« en droist. » Établissements de Saint-Louis, règle 13. Laroche-
Flavin, liv. III, chap. III, nº 45. *Voir* d'autres textes dans la
2ᵉ partie ci-après, tit. 1ᵉʳ. —*Voir* Jousse, p. 450.

Voir arr. du Cons. du 17 juillet 1828, nº 372.

vaincre, de présenter avec une courageuse chaleur, avec une indépendance entière, tous les faits et tous les actes qui tendent à justifier l'attaque, si élevée que soit la condition de l'adversaire, si fâcheuses que puissent être pour lui les conséquences. C'est là que notre ministère se déploie dans toute sa puissance, dans toute sa majesté. Alors je pardonne à l'avocat jusqu'aux accents d'une indignation vertueuse. Quand son cœur bouillonne, est-il toujours maître d'en arrêter les explosions [1] !

Et lorsqu'il a fait son devoir, qu'il méprise de vaines provocations; il est au-dessus d'elles !

19.

La modération commande encore à l'avocat de ne pas attaquer l'adversaire, *sans nécessité*, sur des faits étrangers au procès, bien que constants, s'ils peuvent porter atteinte à son honneur. La modération n'est-elle pas aussi un acte de générosité [2] ?

20.

Elle vous impose, à plus forte raison, les mêmes ménagements envers les personnes qui ne figurent pas au procès, envers les témoins ayant déposé sous

[1] *Voir* arrêtés du Cons. du 24 janvier 1828, n° 290, et du 15 janvier 1833, n° 288.

[2] BOUCHER D'ARGIS, p. 389; FYOT, p. 227; JOUSSE, p. 450. *Voir* arr. du Cons. du 9 avril 1829, ci-après n° 337. Si les faits diffamatoires sont étrangers à la cause, ils peuvent donner ouverture soit à l'action publique, soit à l'action civile des parties, lorsque celle-ci leur a été réservée par les tribunaux, et dans tous les cas, à l'action civile des tiers (Loi du 17 mai 1819, art. 23, 554). — *Voir* aussi arr. de Rouen du 7 mars 1835, vol. XXXV, 2, 211. — *Voir* aussi dans JOUSSE, p. 451, une espèce analogue.

la foi du serment, envers les experts commis par la justice. N'exceptez qu'un seul cas, le cas très-rare où l'attaque est justifiée par le besoin de la cause et par des preuves plus claires que le jour [1]. J'ai vu trop souvent cette règle méconnue par les avocats qui sont appelés à combattre une enquête ou une expertise.

21.

C'est manquer à la modération en s'exposant au scandale ou au ridicule, que de courir après le pathétique, qu'on appelle au Palais un effet d'audience [2]. Les effets d'audience peuvent être sublimes : mais ceux-là n'appartiennent qu'aux grandes causes, aux grands orateurs [3].

22.

Nous l'avons dit, les mœurs judiciaires ont subi

---

[1] *Voir* arr. du Conseil, n° 289, qui présente l'exception pour espèce. Un arr. de cassation du 11 août 1820, D. A. 4, 573, a jugé, avec raison, que des témoins injuriés ou diffamés dans un écrit distribué par un membre du barreau, pour la défense d'un accusé aux assises, sont recevables à intenter contre l'avocat une action en réparation devant un tribunal correctionnel, bien qu'ils eussent gardé le silence devant la cour. Cette décision est fondée sur le motif qu'on ne peut considérer de pareils écrits comme ayant le caractère d'*écrits produits devant les tribunaux*, dans le sens de l'art. 23 de la loi du 17 mai 1819.

[2] *Voir* arrêté du Conseil du 16 décembre 1820, n° 334. Fyot de la Marche, p. 98 : « On n'éclaire point l'esprit du juge, dit-« il, p. 87, en ne s'attachant qu'à toucher son cœur, mais on « touche son cœur en éclairant son esprit ; et il ne faut point « faire au juge d'autre violence que celle-là. »

[3] Le barreau de l'antiquité offre des exemples divers de ce

l'influence de la nouvelle époque. D'autre part, la carrière politique, en s'ouvrant au barreau, a élargi et déplacé, pour quelques-uns du moins, le cercle des anciennes relations de l'avocat. Au milieu de tels entraînements, il serait peut-être injuste d'exiger de lui la simplicité primitive qui faisait le plus bel ornement de la profession [1]; mais cette vertu dont

genre de faute. Je sens bien qu'ils s'éloignent de nos mœurs; mais le ridicule et le scandale, à la forme près, sont de tous les temps. Témoin l'espèce récente de l'arrêté cité n° 334.

La courtisane Phryné était accusée du crime de lèse-majesté divine. Hypérides, son défenseur, voyant que les juges allaient la condamner, la fit avancer au milieu de l'aréopage, et déchira le voile qui la couvrait. Les juges furent tellement touchés par la beauté de cette femme, qu'ils prononcèrent son absolution. C'est là du scandale; voici du ridicule: afin d'émouvoir les juges, dit Quintilien, Glicon, qui plaidait pour un enfant, l'amena avec lui à l'audience. L'enfant se mit à pleurer, et l'avocat, croyant tirer de ses larmes un mouvement favorable à la cause, lui demanda avec solennité pourquoi il pleurait : « c'est, répondit l'enfant, parce que mon précepteur me pince. »

Comme traits sublimes, on peut citer, entre autres, celui d'Antoine qui, après un éloquent plaidoyer pour M. Aquilius, déchire la robe de son client et fait voir les cicatrices des blessures qu'il a reçues au service de la république; — Celui de notre célèbre Gerbier, dans l'affaire dite du Boucher des Invalides. Plaidant pour la fille contre le père, l'un et l'autre présents à l'audience, Gerbier croit reconnaître sur le visage du père la vive émotion que son discours a produite, et, saisissant cet instant, il se tait tout à coup, et jette sa cliente dans les bras de celui-ci. Ému jusqu'aux larmes par l'éloquence de l'orateur, entraîné par cet incident électrique, le père déclare qu'il abandonne son procès.

Voir sur ce point, CICÉRON, *de Orat.*, n° 26; QUINTILIEN, lib. II, cap. 15; BOUCHER D'ARGIS, p. 27.

[1] *Voir* FYOT DE LA MARCHE, p. 72. Les anciens Romains étaient abordables plus que personne; ils se promenaient en tra-

il nous reste des modèles lui sied toujours; elle lui sied d'autant mieux qu'elle est plus difficile à rencontrer. Que les jeunes avocats le sachent bien : par la modestie de son caractère, de ses habitudes, de sa vie privée, l'avocat gagne en confiance près des clients, il gagne en amitié près des confrères. Des manières simples, un mérite paraissant s'ignorer soi-même, des rapports toujours agréables ont un attrait qui séduit et entraîne [1].

23.

L'INDÉPENDANCE de l'avocat est pour lui, tout à la fois, un devoir et un droit [2].

24.

Comme devoir, elle lui prescrit de défendre une cause légitime, sans se préoccuper ni de ses intérêts

vers sur la place publique, et chacun pouvait librement les consulter (CICÉRON, *lib.* III, *de Orat.*, nᵒ 21). — Pothier était remarquable par la simplicité de ses mœurs, et c'est avec cette vie patriarcale que l'un de nos confrères nous a peint le savant Toullier (Éloge par M. Paulmier). Je pourrais encore citer plusieurs des avocats que nous avons eu le bonheur de connaître : MM. Delacroix-Frainville, Tripier, Bonnet, Gauthier, etc.

[1] *Voir* règle 30.

[2] On connaît la définition que M. Henrion de Pansey nous a donnée de cette indépendance, dans son magnifique éloge de Dumoulin : « Libre des entraves qui captivent les autres hommes ; « trop fier pour avoir des protecteurs, trop obscur pour avoir « des protégés, sans esclaves et sans maîtres, ce serait l'homme « dans sa dignité originelle, si un tel homme existait encore sur « la terre. » M. Henrion, parvenu aux plus hautes fonctions de la magistrature, regrettait encore la profession d'avocat; aussi modeste que savant, il se plaisait à rappeler l'ouvrage de sa jeunesse : je le lui ai entendu souvent répéter de mémoire, dans son intimité, où il avait eu la bienveillance de m'admettre.

personnels, ni de la puissance de son adversaire. Si les oppresseurs sont devenus rares, l'injustice et l'intrigue en crédit ne le sont pas [1].

Nos vieilles annales attestent que, souvent, les avocats ont eu à lutter contre des adversaires de sang royal, ou contre les factions populaires (car les partis sont de tous les temps); elles attestent aussi que le courage n'a jamais failli aux orateurs [2]. Nous avons vu de pareils dévouements dans les procès politiques de la Restauration. Plusieurs confrères, que chacun de nous peut nommer, y ont acquis, au

---

[1] *Voir* ci-dessus, règle 18.

[2] Je renvoie aux exemples célèbres rapportés par BOUCHER D'ARGIS, p. 417.

François de Montholon, qui avait défendu Charles de Bourbon contre la reine, mère de François Ier, ayant été nommé par ce prince garde des sceaux, le procureur-général Séguier adressa au nouveau ministre, en le complimentant, ces belles paroles dont il est à regretter que l'autorité semble s'oublier chaque jour : « que les lettres patentes de sa nomination étaient une déclaration et une protestation publiques que Sa Majesté faisait à tous ses sujets de son royaume, de vouloir honorer les charges *par les hommes*, et non pas les hommes par les charges. » On sait encore que Pierre Cousinot, avocat au Parlement, fut chargé de réclamer au roi vengeance pour Valentine de Milan, veuve du duc d'Orléans, assassiné par Jean Sans-Peur, duc de Bourgogne; et que, peu d'années après (1420), Nicolas Raulin, autre avocat, plaida devant le roi pour Philippe de Bourgogne, qui, à son tour, demandait justice pour la mort de son père, Jean Sans-Peur, assassiné sur le pont de Montereau par ordre du Dauphin. — Nicolas Raulin était assisté de douze autres avocats, selon l'usage déjà établi dans les procès de grande importance. La défense de Louis XVI, celle du général Moreau, furent aussi des traits de courage qui honorent à jamais MM. De-sèze et Bonnet.

péril de leur état, une gloire aussi honorable pour eux que pour l'Ordre. Qui oserait douter que, si les mêmes circonstances le demandaient, leurs successeurs répondissent au même appel?

25.

Comme droit, c'est dans ses rapports avec les clients et les magistrats, que l'indépendance de l'avocat s'exerce : chacune de ces situations délicates a des nuances, des degrés différents que j'essaierai d'indiquer; mais, je me hâte de le dire, jamais il ne sera vraiment indépendant, s'il ne sait allier l'indépendance à la modération; hors de là, c'est la licence [1].

26.

Qu'il défende partout l'honneur et les prérogatives de son ordre : l'Ordre ne peut pas être attaqué, sans qu'il le soit lui-même [2].

[1] On lit dans un arrêté du 17 juillet 1828, n° 372, le motif suivant qui exprime nettement notre règle : « Considérant que « sans doute la liberté de la défense est un droit incontestable; « mais que ce droit a ses limites nécessaires dans le respect obligé « pour tout ce que les lois et les bienséances publiques recom- « mandent à ce respect de la part de tous, sous peine de répres- « sion légale. »

Pour maintenir leur indépendance, les avocats avaient deux moyens. « Ces moyens, dit COQUART, p. 63, sont de deux sortes : « les premiers consistent en de fières députations et représenta- « tions; les autres, en une suspension volontaire de toutes les « fonctions du barreau. » — *Voir* ci-après, règles 127, 128, 142, 431 et nᵒˢ suiv. des *Précédents*, et les faits rapportés aux notes.

[2] BOUCHER D'ARGIS, p. 396. — *Voir* ci-après, règle 110, sur l'*esprit de corps*.

27.

Que sa conduite, dans le cabinet comme à l'audience [1], soit constamment DIGNE, sans ostentation ni rudesse : nos mœurs modernes s'accommoderaient mal de certaines formes dont l'ancien barreau se faisait gloire [2].

28.

La dignité de l'homme est à lui, la dignité de l'avocat appartient à l'Ordre ; voilà pourquoi, si la vie privée de l'avocat est un sanctuaire impénétrable, la discipline a le droit de lui demander compte de ses actes extérieurs, lorsqu'ils ont une *notoriété fâcheuse* qui peut compromettre l'honneur et la dignité de l'Ordre [3].

Ainsi (j'offrirai seulement quelques exemples) :

[1] Nous verrons plus loin, tit. II, 2e partie, qu'autrefois il était tenu de porter au dehors un costume grave. On n'exceptait de cette obligation que le temps des vacances. Je conviens volontiers que l'habit n'est plus d'étiquette ; mais la gravité du caractère n'a pas changé.

[2] On pourrait citer la réponse, d'ailleurs si honorable, que fit le bâtonnier du barreau de Paris à M. le premier président de Thou, qui avait blessé le célèbre Dumoulin, plaidant devant lui : *Offensisti hominem doctiorem te et quàm tu unquam eris.* CARRÉ, p. 206. — *Voir* ci-après, n° 435 des *Précédents.*

[3] Je parle plus particulièrement de l'avocat *inscrit.* *Voir* tit. VII, 2e partie, la note sur l'art. 14. — « Il faut que les advo- « cats persuadent aux juges qu'ils sont gens de bien et vérita- « bles ; leur effort de persuader sera vain, si leur vie *contredit et* « *refute leurs parolles.* » LAROCHE-FLAVIN, liv. III, chap. III.

Voir un arr. du Cons., du 20 août 1829, n° 378.

Il est indigne de l'avocat et de la profession, que l'avocat mette en vente et débite un plaidoyer qu'il a prononcé. (Arr. du Cons., du 17 juillet 1828, n° 372.)

L'avocat n'est pas soumis au pouvoir disciplinaire, parce qu'il a des créanciers plus ou moins nombreux; mais il peut l'encourir, il compromet la dignité de son caractère, si leurs poursuites amènent un débat scandaleux, en révélant dans la dette une cause honteuse ou incompatible avec la profession; s'il prétend leur résister, en employant des fraudes ou de mauvaises chicanes, des simulations d'actes, des nullités de procédures, des prescriptions odieuses, etc. [1].

Ainsi, on ne lui permet pas de venir, dans des écrits ou des discours, bien qu'étrangers à sa profession, publier hautement des maximes attentatoires aux lois, à la morale publique et religieuse, au gouvernement établi : maximes que la loi elle-même condamne [2].

Ainsi encore, une vie pleine de désordres publics, des habitudes notoirement basses ou dégradantes ne sont pas tolérées [3].

29.

Qu'on me pardonne d'émettre, ici, une opinion qui n'a pas réuni la majorité au Conseil de l'Ordre. Jouer à la bourse ou sur un tapis vert, une fois, deux fois, ce n'est pas un cas de discipline ; mais refuser d'acquitter une dette de jeu et s'emparer de l'excep-

---

[1] *Voir* arr. du 25 juin 1833, n° 386 ; autre, du 24 mai 1831, n° 393.

[2] *Voir* arr. du 20 août 1829, n° 378. — *Voir* aussi la règle 48, sur laquelle je développerai mon opinion, qui admet une distinction importante.

[3] *Voir* Lettre du 12 novembre 1820, au barreau de Nancy, n° 138 des *Précédents*. BOUCHER D'ARGIS, p. 414.

tion de la loi pour repousser l'action devant les tribunaux, c'est, à mon sens, un acte compromettant
d'indélicatesse et qui tombe sous la répression du
Conseil : la loi civile peut libérer d'une dette d'honneur, la conscience, non [1].

30.

L'avocat doit être tempérant plus qu'un autre,
parce que la tempérance conserve la noblesse de
l'âme, les ressorts de l'esprit, l'empire sur les sens,
qualités dont il a éminemment besoin pour l'exercice de sa profession. Je n'ai pas besoin de dire que
cette tempérance dont nous lui faisons un devoir,
n'est pas celle qui proscrit les déportements d'une
vie déréglée : son éducation le protége assez contre
de pareils désordres. Je veux parler des enivrantes
distractions du monde, des passions périlleuses qu'on
y subit à son insu et malgré soi. Chaque temps a
ses mœurs, je le sais ; la société n'est plus ce qu'on
l'a vue autrefois, et ce serait faire de l'avocat un
personnage étrange que de le condamner comme
autrefois à la retraite, à l'isolement, aux soupers de
famille. Le jeune confrère comprendra ce que je
veux dire ; il sentira que, si le monde a pour lui des
plaisirs nouveaux, des obligations nouvelles, il doit
y apporter du moins une mesure qui puisse laisser
intactes dans sa personne ces principes que le temps
ne saurait modifier.

---

[1] Le célèbre arrêt *Forbin-Janson*, rendu par la Cour royale
de Paris, le 9 août 1823, a flétri le joueur par un blâme sévère, tout en lui faisant gagner son procès. Qui ne connaît la
règle du droit commun : *Non omne quod licet honestum est.* —
Voir ci-après, n° 268 des *Précédents*, arr. du 26 janvier 1841,
et mes observations.

31.

« Il ne faut point, dit Boucher d'Argis p. 394, qu'un avocat se mêle d'aucune affaire étrangère à sa profession. Rien ne doit être plus pur que la profession d'avocat, le moindre mélange la gâte et l'altère [1]. » Cette règle qui subsiste dans toute sa force, est encore la sauvegarde de l'Ordre ; c'est d'elle que sortent les incompatibilités prononcées par les règlements et qui blessent l'indépendance ou la dignité de la profession : tels le négoce et l'agence d'affaires [2].

Par une juste conséquence, le Conseil réprouve et punit, selon la gravité des circonstances, tous les actes analogues qui varient à l'infini, entre autres :

L'acceptation d'un mandat salarié, sans exception, ou même d'un mandat gratuit, verbal ou écrit, à moins qu'il ne soit donné par un proche parent [3];

La postulation qui usurpe les fonctions de l'avoué, et qui est un *délit*, au regard de celui-ci [4];

[1] LOYSEL pensait aussi, que « l'état d'advocat *désire son homme tout entier.* » *Dial.*, p. 225.

[2] Sorte de négoce. Arr. du 25 juin 1833, n° 386. *Voir* l'art. 42 de l'ordonnance du 20 novembre 1822, ci-après, 2ᵉ partie, et arr. du Cons. du 28 mars 1838, n° 347, sur une participation à des affaires commerciales. — Autre, du 13 août 1833, qui constate des actes d'agent d'affaires, n° 357. — Autres arr. nᵒˢ 367, 369, 381, 390, 394, 395 et 404.

[3] *Voir* arr. du Cons. du 18 juin 1839, n° 301. — Autre, n° 302. — Autres, nᵒˢ 344, 366 et 374.

Je dirai que quelques barreaux importants, tels que ceux de Marseille, de Nantes, etc., tolèrent l'acceptation de ces mandats ; mais j'ajouterai que cette exception, contraire à la juste sévérité de la règle, ne peut pas tirer à conséquence.

[4] *Voir* arr. du Cons., du 15 février 1815, n° 363.

Le prêt que l'avocat consentirait, de son nom, à prix d'argent, sur des billets ou dans un acte quelconque [1];

Les achats habituels de créances, lesquels font des fortunes si rapides et si suspectes ;

Les spéculations sur des achats et reventes d'immeubles [2];

La mission qu'il s'attribuerait ou accepterait de charger les avoués, agréés, huissiers, etc. , de recevoir les frais, etc. , [3];

L'exécution qu'il se chargerait de donner à un jugement ou à un arrêt obtenu sur sa plaidoirie [4], ou à des conventions intéressant son client [5];

L'élection de domicile qu'il indiquerait, chez lui, dans un exploit d'huissier, ou pour le paiement de billets souscrits par un commettant [6];

---

[1] Décret du 19 juillet 1810. Dict. de Ferrière, v° *Avocat*, p. 138. — *Voir* Lettre du 24 juillet 1824, n° 456. *Sic*, arr. de Bordeaux, du 4 janvier 1830. S. vol. XXX, 2, 119. Arr. de cass., du 5 décembre 1836. S. XXXVII, 1, 33. PHIL. DUPIN, *Encycl. du Droit*, n° 81.

[2] *Voir* arr. du Cons. du 4 août 1835 ; ci-après, n° 328. Bien que les démarches ne fussent pas rétribuées. — Autre arr. du 18 décembre 1820, n° 361. Arr. du Cons. du 11 mars 1830, n° 349.

[3] Arr. du 25 juin 1833, n° 386.

[4] *Voir* arr. du 13 août 1833, n° 357.

[5] *Voir* arr. du Cons. du 29 janvier 1812 ; ci-après, n° 317. — Autre du 7 février 1816, n° 342. — Autre, n° 344. — Autre, n° 345, dans l'espèce duquel se trouve la circonstance atténuante prise de la parenté du mandant.

[6] *Voir* arr. du Cons., du 11 juin 1839, n° 348.

La signature qu'il apposerait sur des requêtes ou autres actes de procédure [1] : et ce fait, renouvelé, rentrerait dans la postulation [2];

L'envoi de cartes d'adresse, de circulaires, de lettres portant l'en-tête imprimée de son nom, l'annonce de consultations gratuites ou non gratuites [3];

En un mot, toute espèce de sollicitation dans l'intérêt d'autrui, et moyennant un salaire [4].

32.

J'ai entendu tout récemment [5] émettre, au Conseil, une thèse fort séduisante, par le point de vue généreux qu'on a su lui prêter : je tiens à y répondre, parce quelle va droit au cœur de la profession. Il s'agissait de décider si un avocat stagiaire, prenant la qualité de *délégué* d'une compagnie industrielle et étant chargé à ce titre, mais sans procuration spéciale, de défendre ses intérêts près de l'administration, devait être réputé avoir ac-

[1] Voir *infrà*, n° 312, arr. du Cons. du 6 août 1829. — Autre, du 10 juillet 1828, n° 371. — Autre, n° 395.

[2] Les avocats, aux termes de l'article 105 du décret du 30 mars 1808, ont le droit d'assister leurs clients et d'être présents aux enquêtes qui se font devant un juge-commissaire (Arr. de Rouen, du 26 décembre 1828, SIREY, vol. XXVIII, 2, 136). Bien qu'à Paris cette assistance ne soit pas dans nos usages, je pense qu'elle n'aurait rien de contraire à la règle.

[3] *Voir* les arrêtés du 7 mai 1839, n° 343, du 18 décembre 1820, n° 361. — *Voir* ci-après, règles 58 et 80.

On pourrait citer encore, comme une violation de la règle 31, l'apposition d'une plaque mise à la porte extérieure de l'avocat, et indiquant *son nom*. Si cet usage est admis ailleurs, par exemple à Dijon, à Nantes, il ne serait pas reçu à Paris.

[4] *Voir* règle 132.

[5] Séance du 19 avril 1842.

cepté un mandat incompatible avec notre profession. Il est si difficile, disait-on, de définir le
mandat qui n'est pas constaté par une procuration écrite, la conséquence disciplinaire qui en
résulte contre l'avocat est si grave, que le Conseil ne doit apprécier le fait qu'avec une grande
circonspection. Mais il faut aller plus loin, et se
demander si le principe d'autrefois peut se soutenir
encore. L'industrie et le commerce ont pris un
essor immense depuis cinquante ans. Aujourd'hui
l'industrie commerciale s'applique à tout, aux capi-
taux, aux marchandises, aux fruits de la terre, à
la terre elle-même, aux entreprises de tout genre,
aux canaux, aux chemins de fer. Elle s'établit, elle
s'agite sous mille formes. Ses intérêts individuels
et plus souvent collectifs amènent des discussions
multipliées, judiciaires, administratives, politiques. Resterons-nous en arrière de ce mouvement
universel? Comment refuser à l'avocat, à celui-là
surtout qui s'est créé une spécialité nouvelle par
l'étude de l'économie politique, le droit de prêter
à l'industrie et au commerce ses conseils, son patronage, son appui! Et parce qu'il ne plaidera pas
au Palais, ou ne signera pas dans son cabinet des consultations, pour *l'exercice de ces actes*, on viendra
prétendre qu'il sort de la profession, qu'il fait l'office d'un proxénète ou même d'un agent d'affaires!
D'ailleurs, lorsque les avenues du Palais sont en-
combrées et qu'il n'est pas toujours donné au talent
de les franchir, est-il juste, est-il prudent de rejeter
de l'ordre l'homme habile qui aura su se frayer une
voie utile, en restant fidèle aux principes de l'honneur et de la probité! Le Conseil n'a pas voulu

trancher au vif cette question par un arrêté de principe; il s'est borné à transmettre au stagiaire un
avis confraternel sur la ligne qu'il devait suivre.
Quant à moi, voici ma réponse : que l'application
du principe puisse être plus large, dans la situation
actuelle des choses, je l'accorde volontiers; que le
principe ait changé, je le conteste formellement.
Le système contraire ouvrirait la porte à une foule
d'abus, il serait mortel pour la profession. A l'aide
d'une théorie spécieuse et sous des semblants honorables, on parviendrait à déguiser les mandats
les plus directs, les plus subalternes. On rendrait impossible la surveillance du Conseil, qui
n'est que trop souvent mise en défaut. Je pense
qu'aujourd'hui, comme autrefois, il est indispensable de maintenir que la profession est incompatible avec tout ce qui n'est pas *conseil* ou *plaidoirie*.
Dans une affaire *judiciaire*, une démarche chez
un ministre, ou même dans un bureau, n'excè-
dera pas la règle, soit; mais des démarches *habitu-
elles* et *obligées* près de l'administration, moyennant
rétribution, sont en dehors de la règle, parce que
ce sont des actes d'une sollicitation véritable. Et
puis, n'est-il pas souverainement contraire à l'indépendance et à la dignité de la profession, que l'avocat
promène sa personne et son nom dans les anti-
chambres ministérielles, dans les bureaux ministériels, aux douanes, aux préfectures, que sais-je?
épiant les jours, les heures d'entrée, subissant les
consignes ou les caprices des plus humbles employés!
Dans l'espèce, le stagiaire, ne recevant pas de fonds
et ne signant pas d'actes pour ses clients, n'était ni
comptable ni responsable envers eux, je le reconnais.

Mais son mandat ou sa mission, comme on voudra l'appeler, consistait à faire toutes les démarches nécessaires dans leur intérêt, et moyennant une rémunération déterminée à l'avance : or, c'est ce que nos principes ne doivent pas tolérer [1].

33.

D'après les règles qui précèdent, on comprend que l'avocat manque gravement à ses devoirs, lorsque, pour se procurer des ressources d'argent, il souscrit ou endosse des billets à ordre, et, surtout, des lettres de change, qui sont des actes de commerce. S'il ne devient pas commerçant pour ce fait, ne s'expose-t-il pas à des protêts, à des assignations, à des contraintes par corps? A travers ces embarras et ces désordres domestiques, comment la profession resterait-elle sauve?

34.

Au surplus, tel fait qui n'a pas le caractère d'indignité, peut être réputé une inconvenance dont la gravité a ses degrés et varie encore d'après les circonstances [2]. L'inconvenance est en soi une faute ; l'avocat, pénétré de l'esprit de son état, ne cherchera point à se réfugier dans une distinction misérable, il ne verra que la règle, il voudra toujours demeurer en deçà. Je n'essaierai pas de retracer toutes les nuances que l'inconvenance peut revêtir [3]. Une conscience délicate, une éducation soignée, le tact

---

[1] Pour les affaires administratives, les avocats aux Conseils ont reçu, par des arrêtés ministériels, l'attribution exclusive de s'en occuper dans les bureaux.

[2] *Voir*, aux *Précéd.*, les arrêtés de *non lieu*.

[3] *Voir* arr. du Cons. du 4 août 1835, n° 328, ci-après.

joint à la prudence les lui révèleront beaucoup
mieux que ne le feraient des conseils écrits ; je dirai
seulement, pour indiquer quelques exemples :

Qu'il ne doit point accepter les fonctions de syndic dans une faillite, bien qu'il soit créancier [1] ;

Ni mettre trop d'âpreté dans la poursuite de son
débiteur malheureux [2] ;

Ni défendre la sentence qu'il a rendue comme
arbitre ;

Ni plaider lui-même dans une affaire personnelle (je parle en général), parce qu'il peut se prévenir et se passionner, malgré lui [3] ;

L'histoire curieuse de cet avocat de N... qui venait vendre au marché ses fruits et ses légumes sur
une charrette, est autre chose qu'une inconvenance :
c'est l'oubli complet de sa dignité, c'est de l'abaissement [4].

[1] *Voir* arr. du Cons. du 5 mars 1829, n° 315.

[2] *Voir* n° 285, arr. du 10 avril 1832. J'ai vu mettre en doute
si l'avocat peut exercer la contrainte par corps contre son débiteur, alors surtout que celui-ci a été son client (Il ne s'agit pas
d'une dette d'honoraires, bien entendu, *voir* ci-après R. 96). Je
pense qu'interdire à l'avocat ce droit d'une manière absolue, ce
serait donner à la règle un sens rigoureux jusqu'à l'injustice. Il
est telle circonstance où il n'a pas d'autre moyen de recouvrer
une créance légitime, où le débiteur a provoqué lui-même la
poursuite par des fraudes ou des attaques calomnieuses. Je puis
dire que le Conseil l'a ainsi décidé, en rejetant une plainte toute
récente qui offrait cette circonstance (arr. du 26 avril 1842).

[3] *Voir* BOUCHER D'ARGIS, p. 140. LAROCHE-FLAVIN (liv. III,
chap. III, p. 36) présente même la prohibition comme absolue,
à moins que l'avocat n'ait obtenu la permission du président, et
ne se fasse assister par un autre avocat. — C'est aller beaucoup
trop loin. *Voir* aussi l'arrêté cité, note 2.

[4] *Voir* le considérant d'un arr. du Cons. du 20 août 1829,

35.

Les fonctions d'arbitre, loin d'être incompatibles avec la profession, l'honorent [1], puisqu'elles élèvent l'avocat à la hauteur de la magistrature, et lui en imposent les devoirs.

36.

Si vous consentez à accepter une mission aussi grave, dépouillez-vous donc de cette prévention instinctive dont l'avocat n'est pas toujours maître dans l'exercice de son ministère, que sa bonne foi excuse, qui peut-être lui a valu plus d'un succès oratoire : les rôles sont changés. Défiez-vous de cet entraînement d'esprit qui le porte par fois à la controverse, et qu'on n'est que trop disposé à lui reprocher; soyez calme, impassible, ne connaissez plus ni adversaire ni client, sachez que vous n'êtes pas chargé de défendre celui qui vous a nommé arbitre [2], et n'hésitez pas à le condamner, si votre conscience vous dit qu'il doit être condamné.

37.

Avez-vous donné votre avis sur l'affaire, vous ne pouvez plus en connaître comme arbitre [3].

n° 378. — Assister à la vente des meubles de l'adversaire de son client, est, de la part de l'avocat, une haute inconvenance (arr. du 28 mars 1838, n° 358).

Les condamnations pour délit politique forment-elles une cause d'incompatibilité. *Voir* ci-après n° 151 *des Précédents.*

[1] BOUCHER D'ARGIS, p. 412, donne d'excellents conseils à l'avocat arbitre. L'arbitrage est devenu aujourd'hui une attribution fréquente de la profession.

[2] CAMUS, p. 159, 1re Lettre. Cette erreur n'est encore que trop commune !

[3] Ord. de 1408, de 1535, chap. XII, art. 16 ; de décembre

38.

Il existait dans l'ancien barreau une tradition remarquable : c'est que les avocats ne devaient accepter l'arbitrage qu'avec des confrères. Elle était étrangère à toute idée de supériorité, comme à toute spéculation matérielle. Deux motifs fort sages avaient touché l'ordre : il pensait qu'entre confrères les rapports sont naturellement plus faciles; que, d'un autre côté, pour remplir une mission aussi ardue, une mission qui fait peser moralement sur tous les arbitres la solidarité de leur sentence, on trouve d'ordinaire au barreau plus de garanties dans les personnes. Avec le temps, nous nous sommes relâchés de la sévérité des traditions; mais, s'il est admis qu'un avocat peut arbitrer avec des personnes étrangères au barreau, nous tenons du moins à ce qu'il les connaisse directement ou qu'il s'assure, avant d'accepter, de leurs lumières et de leur moralité. L'expérience de chaque jour démontre combien cette recommandation est essentielle.

Alors, l'ancienneté de l'avocat s'efface, c'est le plus âgé des arbitres qui préside l'arbitrage et reçoit chez lui les rendez-vous : le dissentiment de l'avocat en ce point ne serait qu'une vanité maladroite[1].

1540, art. 17; de 1667, tit. *des Récusations*, art. 6; JOUSSE, p. 444. Notre règle s'applique nécessairement au cas où l'avocat est appelé à suppléer un juge. *Voir* ci-après, 2e partie, tit. III.

[1] En 1834, j'ai entendu soumettre la question au Conseil par le bâtonnier, M. Parquin; s'il n'a pas été pris de solution, toutes les opinions étaient dans ce sens. Le Tribunal de commerce de Paris l'a ainsi jugé, le 27 mars 1834. DALLOZ, périod., vol. XXXIV, 3, 43.

39.

J'ai vu l'un de nos confrères ne pas signer la sentence arbitrale, parce qu'elle était rendue contre son avis. Si ce refus n'entraîne point la nullité de la sentence, c'est de la part du refusant une erreur manifeste, ou un mauvais procédé vis-à-vis des autres arbitres : la majorité lie la minorité et forme le jugement. Je n'excepte que le cas presque impossible, où ceux-ci auraient surpris sa délibération : dans ce cas, un refus de signature ne lui suffirait plus, il devrait protester et agir par les voies extraordinaires.

40.

Nous avons pour coutume constante de ne pas comprendre les honoraires de l'arbitrage dans la liquidation des frais portée par la sentence arbitrale, soit qu'on nous offre ces honoraires avant ou après la sentence : chacune des parties en acquitte la moitié. Autrement, ils pourraient devenir l'objet d'une discussion qui répugne à nos principes [1].

L'avocat qui accepte la qualité d'arbitre manquerait à la délicatesse, s'il s'abstenait de remplir sa mission pour motif d'insuffisance ou même de refus d'honoraires [2].

---

[1] Nous recevons les honoraires dans notre qualité d'avocat, que le caractère d'arbitre n'efface pas en ce point.. *Voir* ci après règle 96. C'est pourquoi je ne saurais admettre l'opinion de JOUSSE, p. 463, qui accorde l'action à l'avocat arbitre, d'après un ancien arrêt du 18 juin 1696. N'oublions pas qu'il s'agit ici non du droit strict, mais de la question de convenance.

[2] *Voir* ci-après la règle 96. — JOUSSE pense que celui qui a jugé comme arbitre la cause en première instance, peut soutenir

41.

L'avocat ne déroge ni a l'indépendance ni à la dignité de la profession, en acceptant les fonctions d'arbitre rapporteur ou de tiers expert qui lui sont confiées par le Tribunal de commerce ou par le Tribunal civil; il doit même accepter par déférence pour la justice, et il peut recevoir des honoraires, pourvu qu'ils lui soient offerts selon nos usages, volontairement, sans la taxe du juge [1].

42.

Il est reçu que nous allions plaider devant les arbitres, confrères ou étrangers, comme devant les cours et tribunaux.

43.

Nous pouvons aussi plaider devant les juges de paix [2], les conseils de préfecture, les chambres de discipline des officiers ministériels, partout enfin [3] où se débattent des questions dignes de notre ministère. Le cercle des affaires s'étant agrandi avec

le bien jugé comme avocat en appel, p. 443. Nous avons dit, règle 34, que cette défense serait une inconvenance de la part de l'avocat.

[1] *Voir* les arrêtés des 10 avril 1832, n° 284, 28 août 1832, n° 449, et 11 juin 1833, n° 450.

[2] Arr. du Cons. du 1er août 1838, qui porte, toutefois, qu'il convient de ne pas s'y présenter en robe. Depuis la loi nouvelle du 25 mai 1838, qui a retranché de la compétence des justices de paix les affaires de brevets d'invention, les avocats vont rarement à leurs audiences.

[3] Par exemple, les conseils de discipline de la garde nationale, les commissions administratives, municipales, parlementaires, etc.

l'industrie, avec les constitutions nouvelles, ce n'est pas le moment de resserrer le domaine de l'intelligence, le domaine de l'avocat.

44.

Puisque le règlement [1] porte que les USAGES observés au barreau sont maintenus, l'avocat est présumé les connaître : il sait mieux que personne, que nul n'est censé ignorer la loi. Qu'il ne compte pas sur sa jeunesse, ou son inexpérience, pour s'excuser ou solliciter l'atténuation de sa faute ; triste refuge ! Le fait pourrait laisser une trace profonde. J'ai indiqué déjà plusieurs de ces usages, j'indiquerai les autres plus tard [2], dans l'ordre des règles à exposer.

45.

Autrefois, on pensait que le cabinet de l'avocat est un lieu sacré, dans lequel un huissier ne doit pas venir faire des significations à la personne du client qui s'y trouve en conférence [3]. Les lois nouvelles

---

[1] Article 45 de l'ordonnance du 20 novembre 1822. *Voir* ci-après, tit. VII, 2ᵉ partie.

[2] Je rappellerai, comme fait historique seulement, l'étrange coutume où l'on était, dans la plupart des tribunaux du royaume, de plaider, le jour du mardi-gras, une cause dont la matière pouvait égayer l'auditoire, le barreau et les magistrats eux-mêmes. On appelait *causes grasses* ces sortes d'affaires. *Voir* EXPILLY, plaidoirie 8. — Cette coutume qui avait pris son origine des anciennes bacchanales, et dégénérait le plus souvent en scandale public, avait cessé longtemps avant 1790.

[3] BOUCHER D'ARGIS, p. 201. Ce fait s'étant présenté en 1742, le bâtonnier porta plainte devant un commissaire de police, et, sur le réquisitoire de M. le procureur-général, un arrêt du Parlement, du 7 septembre 1742, permit qu'il en fût informé contre l'huissier.

nous ont-elles ravi ce droit d'asile? Je ne le crois
pas; j'invoquerais, s'il le fallait, les convenances
publiques qui sont souvent plus fortes que les lois.

46.

Que l'avocat n'oublie jamais son SERMENT! c'est
sa loi, sa religion; ailleurs on ne s'en joue que trop!
Cette règle, qu'il importe de bien poser, comporte
une distinction remarquable.

47.

S'agit-il des lois, des règlements, de la morale
publique et religieuse, il n'est pas douteux que son
serment oblige l'avocat à ne rien dire ni publier de
contraire. Ce n'est point assez que ses propres inspirations obéissent à un devoir aussi sacré, il saura résister
aux volontés de son client, si celui-ci était tenté de
lui suggérer une autre pensée. Il peut cependant
s'offrir tel cas, fort rare, où il devra être l'organe
d'une critique des lois ou des règlements; alors,
qu'il la présente en termes modérés, respectueux,
et dans l'unique but de faire atténuer, s'il est possible, les conséquences de l'application [1].

48.

S'agit-il des matières politiques? Bien qu'il n'ait
pas reçu de la loi la haute mission de protéger la

---

[1] *Voir* 2ᵉ partie, art. 1ᵉʳ, loi du 22 ventôse an XII; art. 14 du
décret du 14 décembre 1810; art. 38 et 43 de l'ordonnance du
20 novembre 1822. *Voir* aussi 3ᵉ partie, arr. du Cons. du 18
mai 1816, nᵒ 329, et arrêt. du 1ᵉʳ. mars 1821, nᵒ 230;
autre, nᵒ 335; autre, nᵒ 372.
   Voir particulièrement l'arrêté du 20 août 1829, et la note.
Voir aussi la règle 30.

sûreté de l'État ni la paix publique, il a juré de les respecter à l'audience et dans ses écrits. En y professant des doctrines subversives, il viole son serment, il manque gravement à la discipline [1].

Mais pouvons-nous lui faire un crime de ses *opinions* politiques, et lui interdire le droit de les publier ? non, son indépendance lui permet de tout penser, de tout dire, pourvu qu'il n'attaque pas l'ordre public établi ; la loi réglementaire ne lui demande rien de plus. La jurisprudence de l'ancien conseil prétendait lui imposer *une foi monarchique.* Ce principe *quand même* était une erreur grave, qui a eu les plus fâcheuses conséquences [2] ! J'ajouterai que dans les procès politiques, qui sont devenus une partie brillante de son domaine, où les entraînements sont si faciles, l'avocat a plus besoin qu'ailleurs de son libre arbitre ; mais

---

[1] *Voir* art. 38 et 43 de l'ordonnance du 20 novembre 1822.

[2] Parce que, disait-il, *le barreau de Paris a été voué de tout temps à la cause de la monarchie.* Arr. du 18 mai 1816, n° 329 des *Précédents.* C'est par suite de cette doctrine que le Conseil a rendu plusieurs décisions qui ont laissé de vifs regrets, entre autres : dans les affaires Manuel, Charles Comte et Pierre Grand. *Voir* ci-après les *Précédents,* 133, 205 et 378.

Je sais que l'art. 7 de la loi du 9 septembre 1835 est venu défendre à toute personne, sous une peine sévère, de prendre la qualification de républicain, ou toute autre incompatible avec la Charte de 1830, ce qui va jusqu'à condamner les opinions. Mais je ne pense pas qu'une loi de circonstance et d'exception puisse influer sur nos règles intérieures et ordinaires au point de vue de la discipline. Autrement, elle nous ramènerait aux abus que je viens de signaler. — *Voir* aussi, tit. IX, 2e partie, nos observations sur l'art. 38 de l'ordonnance du 20 novembre 1822.

j'ajouterai aussi que, si ses convictions l'y portent, il ne doit pas se borner à respecter le Gouvernement, il doit le défendre avec courage et dans toutes les occasions. Par le temps qui court, il y a, pour l'avocat sans ambition, autant de courage à louer les actes du Gouvernement qu'à les attaquer. Qu'il n'écoute donc que son for intérieur. Le Palais est une autre tribune qui a ses échos et sa puissance.

49.

A la tribune et dans ses actes politiques, l'avocat député n'est plus soumis à nos règles de censure. La Charte, qui est la première de toutes nos lois, déclare le député inviolable [1]. Ce n'est qu'avec cette garantie qu'il peut accomplir sa haute mission.

50.

Le serment oblige encore l'avocat à respecter les autorités publiques, comme les magistrats eux-mêmes [2] : pour lui, ne sont-elles pas d'autres magistrats ?

51.

Mais, à son tour, s'il a été l'objet d'imputations injurieuses pour sa qualité d'avocat, s'il se croit blessé dans son honneur par une décision judiciaire, par un acte de l'autorité, il a le droit de devancer

[1] Art. 43 et 44. *Voir* DUPIN jeune, *Encyclopédie du Droit*, vᵒ *Avocat*, nᵒ 84.

[2] *Voir* les arr. du 25 février 1819, ci-après, nᵒ 335 ; autre de 1820, nᵒ 336, qui punit l'offense aux jurés. Les jurés remplissent en effet, à la Cour d'assises, le ministère de magistrats. *Voir* encore arr. du 9 février 1821, nᵒ 338 ; autre nᵒ 374.

la plainte, et de venir soumettre à ses pairs l'examen de sa conduite. Bien plus, la démarche lui est
commandée, il ne lui est pas permis de rester sous
le poids du soupçon le plus léger [1].

Lorsque la décision ou l'acte qui l'a frappé ne
sera pas mérité, il ne craindra pas de réclamer l'intervention du Conseil; en pareil cas, cet appui tutélaire ne s'est jamais fait attendre [2].

Toutefois, il doit être bien convaincu qu'il lui
importe de prévenir, par une conduite prudente, la
pénible et dangereuse nécessité d'une semblable
démarche. Le désagrément et parfois le péril ne sont
pas pour lui seul, ils rejaillissent sur l'Ordre : l'événement ne l'a que trop prouvé [3].

52.

C'est pour se former à la plaidoirie par les beaux
exemples, que les jeunes avocats et particulièrement
les stagiaires doivent suivre les audiences. Qu'ils
choisissent les grandes causes de la cour et du tribunal; qu'ils étudient l'orateur [4]. Les discussions de
la Conférence des avocats [5], tout utiles qu'elles sont,

---

[1] *Voir* les arr. des 3 décembre 1832, n° 434 des *Précédents,*
18 avril 1833, n° 435 et suiv.; autre du 31 mai 1842.

[2] *Voir* les arrêtés des 13 avril 1829, n° 432, 13 décembre
1831, n° 433 et suiv.

[3] Voir *infrà* l'affaire Parquin, n° 436.

[4] LAROCHE-FLAVIN, liv. III, chap. III, n° 7. CAMUS, p. 84. On
demandait à Demades, célèbre orateur athénien, quel précepteur
d'éloquence il avait eu : le barreau d'Athènes, répondit-il.
CICÉRON compare ceux qui hantent les savants à ceux qui se
promènent au soleil : *ils se noircissent, sans y penser.*

[5] *Voir* ci-après, n° 75 et suiv. des *Précédents,* ce que nous
disons de cette conférence.

ne suffisent pas. Réduite à la signature du registre,
l'assiduité du stage n'est qu'une formalité déri-
soire [1].

53.

La presse a étendu ses conquêtes sur le barreau,
et pourtant, il faut dire qu'elle ne s'y est pas accli-
matée sans peine. L'ancien Conseil voyait avec inquiétude les jeunes avocats écrire dans les journaux. Si nous sommes plus tolérants aujourd'hui,
nous pensons que cette voie scabreuse peut difficilement conduire aux succès de la profession ; nous

---

[1] Pasquier est d'avis « qu'il faut venir jeune au Palais, parce
que l'on y est indulgent pour la jeunesse, tandis que ceux qui
sont *Maîtres ès arts* échouent et se découragent, s'ils font la
moindre faute. » LOYSEL, *Dial.* p. 247. Cette opinion nous parai-
trait dangereuse, si on lui donnait un sens absolu. En débutant
trop jeune et sans avoir ses provisions faites, on s'expose à l'un
ou à l'autre de ces deux inconvénients graves : ou l'on s'use avant
le temps, avec de petites causes et tous les ennuis qui s'attachent
aux commencements de la carrière ; ou, si l'on obtient quelque
succès, on est bientôt emporté par un courant d'affaires qui ne
permet plus les études sérieuses. Avant d'entrer dans la lice, je
pense qu'il faut avoir longtemps préparé ses forces et son aptitude. On ne doit pas craindre d'arriver après les autres ; le retard se répare vite, et d'ailleurs, *il y a place pour tous au barreau,*
comme dit le judicieux Loysel. Je citerai encore l'avis de LARO-
CHE-FLAVIN qui, après trois siècles et malgré son vieux langage,
a toujours le mérite de l'à-propos, liv. III, chap. III, nᵒˢ 47, 59
et 60 : « Tout ainsi qu'il y a une science de bien dire, il y en a
« aussi une de bien ouir ; et comme ceux qui sont sourds de na-
« ture ne savent et ne peuvent rien dire, d'autant qu'ils n'ont
« jamais rien entendu, et que le parler vient de l'ouyr : aussi
« certes est impossible de bien parler et bien dire, sans avoir
« premièrement bien ouy, et bien écouté. A cause de quoy, les
« jeunes advocats ne doibvent se hater n'y hazarder de plaider,
« sans avoir esté longuement auditeurs et assidus aux plaidoiries. »

voulons, du moins, qu'elle n'en empêche pas l'exercice, en aboutissant à une spéculation commerciale [1].

Le jeune confrère doit se défendre du faux désir de chercher dans les journaux une réputation prématurée, en leur demandant des éloges officieux sur ses plaidoiries ou sur ses écrits. Qu'il ne prenne pas la divulgation de son nom pour de la célébrité, selon l'heureuse expression d'un de nos anciens bâtonniers [2]; qu'il sache qu'une réputation solide ne nous vient que du Palais : c'est un fait certain.

54.

Qu'il se garde surtout de communiquer aux journaux des comptes rendus où la vérité des faits se trouve altérée : ce n'est plus là de l'imprudence, ce pourrait être de la calomnie ou de la diffamation [3].

55.

L'ambition est la pente de notre époque. On recherche pour son nom, de l'éclat; pour sa personne, du crédit, sinon des places. Je suis loin de croire, avec certaines gens, qu'on doive en gémir. L'homme est ainsi fait, il faut un aliment à ses passions variables,

[1] *Voir* les *Précédents*, n°s 122 et suiv., 148 et 322.

[2] M. DELANGLE, Discours de rentrée, novembre 1835.

[3] BOUCHER D'ARGIS, p. 407 et suivant. — Arr. du Cons. du 30 décembre 1839, n° 311. — Autre, n° 333.

En principe, on ne peut contester à un avocat le droit de publier, par la voie de la presse soit périodique, soit non périodique, des explications ou des réflexions sur une action que son client a intentée ou se propose d'intenter, pourvu qu'il use de ce droit avec circonspection et mesure. Arr. du Cons. de 1840, n° 314.

et le but nouveau a sa source dans les idées nouvelles, dans l'amour du bien, du progrès. Mais
j'engage mon jeune confrère à se défendre de cette
sorte d'ambition si séduisante, parce qu'elle le jette-
rait hors de route. La seule ambition qui lui convienne, quant à présent, c'est celle de briller dans
son état; celle-là, qu'il la pousse le plus loin possible,
elle n'a pas de limites. Un temps viendra où il sera
excusable de courir après l'autre. En tout temps, il
lui sera difficile de les conduire de front.

56.

Dans aucune profession libérale, il ne faut sur-
vivre à sa gloire[1]; et cela est vrai, surtout, pour l'avocat plaidant. A quoi servent au guerrier les armes
et la bravoure, si le corps épuisé lui refuse ses services? Arrivé à l'âge de la décroissance, que l'avocat
se retire du Palais[2]. Des précurseurs trop infaillibles
lui annonceront l'heure de la retraite. Pour lui que
les veilles et les travaux de l'esprit auront fatigué
avant le temps, elle sonnera tôt peut-être; qu'il
ne s'en afflige pas, qu'il prenne son parti sans hésiter. Si, par l'effet d'une politique mesquine et imprudente, il ne lui est pas permis d'entrer dans une
carrière voisine, qui, à toutes les époques, s'est honorée de le recevoir[3]; si la consultation ne lui offre plus
le moyen d'employer dans le cabinet, aussi utilement
qu'autrefois, les ressources de son expérience et de

---

[1] « Le mérite des hommes a sa saison, aussi bien que les fruits. »
LA ROCHEFOUCAULD, pensée 291.

[2] On voit bien que je ne fais ici que donner un conseil.

[3] *Voir* l'Introduction, p. 25, à la note.

son savoir[1], il conservera encore assez de clients pour couronner, au milieu d'eux, sa vie honorable et modeste; il deviendra le conseil, l'arbitre, l'ami des familles; heureux et fier de ses glorieux souvenirs, plus riche de considération que de fortune, il mourra comme il a vécu, avocat.

57.

Tel doit être l'avocat dans ses qualités personnelles et intimes : voyons-le, maintenant, dans ses rapports avec les autres.

TITRE II.

DEVOIRS DE L'AVOCAT ENVERS SES CLIENTS.[2]

58.

De tout ce que j'ai dit dans le chapitre précédent, je conclus qu'il est indigne du caractère de l'avocat

----

[1] « On ne souffre aucun déchet, en préférant la nécessité de « demeurer debout au droit d'être assis. » FYOT DE LA MARCHE, p. 75, liv. VI, C. *de Postul.* Dumoulin et Antoine Lemaistre, ont refusé des fonctions de magistrature.

[2] Voir *suprà*, p. 8, comment j'entends ces devoirs. A Rome, du moins dans les premiers temps, la dénomination de clients avait un tout autre sens. On appelait *clients* tous ceux qui étaient placés sous le patronage d'autrui. Le patron ne leur prêtait pas seulement ses conseils et son appui dans les affaires contentieuses; il les prenait sous son entière protection, il les chérissait plus que ses proches, il était même obligé de doter leurs filles. En retour, les clients se trouvaient dans la dépendance du patron, à peu près, comme autrefois chez nous, le vassal vis-à-vis du seigneur. BOUCHER D'ARGIS, p. 21 ; LAROCHE-FLAVIN, liv. III, chap. V, n° 26. *Voir* règle 80.

de solliciter une clientèle : il faut qu'elle vienne le trouver *dans son cabinet* [1].

Les commencements de la carrière sont pénibles, je le sais par expérience. Eh qu'importe ! il doit les franchir avec courage, avec confiance ; où serait le triomphe sans les obstacles? Les confrères qu'il admire ont commencé comme lui [2].

S'il n'a ni résolution, ni espoir, si du moins il est assez sage pour comprendre son insuffisance, qu'il renonce à la profession, c'est le seul parti. Je le dis à regret, mais avec toute sincérité, je ne conçois pas de condition plus critique que celle de l'avocat qui commence sans avenir ! Au Palais, inoccupé, tourmenté par son oisiveté forcée, par ses besoins d'argent, peut-être par le succès des autres ; au dehors, enchaîné par des règles sévères que la pureté de sa conscience approuve, que la rigueur de sa position serait tentée d'enfreindre ; partout, végétant, découragé, malheureux ! Eh quoi ! la carrière du barreau est-elle la seule honorable? Que ne porte-t-il ailleurs sa vocation et ses talents? Ignore-t-il que l'erreur d'un premier choix a été, plus d'une fois, réparée avec bonheur [3] !

[1] *Voir* l'arr. du 17 décembre 1841, n° 286. — Un autre du 8 décembre 1840, n° 303, en proclamant le principe que l'avocat ne doit pas offrir son ministère, excepte le cas où il s'agit d'offrir à l'infortune un secours *désintéressé*. — *Voir* autre du 21 juin 1837, n° 340. — Autre, n° 343, autre, n° 353, autre, n°s 360, 361, 366.

[2] Je rappelle ici le mot encourageant du bon Loysel, p. 257 : *Il y a place pour tous au barreau.* — Et déjà, la foule y était grande. *Voir* la note, p. 46, sur la règle 52.

[3] Laroche-Flavin que j'aime à citer, donne encore aux jeunes avocats d'excellents conseils, *loc. cit.* n° 6. « Il y en a, dit-il,

59.

A plus forte raison, il est défendu à l'avocat de se procurer une clientèle en pactisant avec un officier ministériel, ou avec un agent d'affaires [1].

« auxquels il semble que si, dès la première année, ils ne se
« trouvent capables et propres à concevoir toutes les subtilités
« qui s'offrent ès plaidoyeries, ou s'ils ne sont soudain employés,
« ils perdent courage et prennent parti ailleurs ; chose qu'ils ne
« devroient point faire ; ains ESTIMER QUE LA CONTINUATION ET
« PERSÉVÉRANCE *surmontent toute difficulté.* » — « Qui est celui
« qui ne croira ce que Pline dit avoir veu de ses yeux, *silices*
« *formicarum pedibus tritas*, pour un grand et mémorable en-
« seignement à l'homme, et pour lui montrer combien de force
« a la continuation sur ce qui semble impossible. »

Il ajoute, nº 9 : « N'est à obmettre qu'il faut en la profession
« d'advocat, comme en toutes autres vivre selon naturel et incli-
« nation et examiner ses forces ; et si on a les qualités et parties
« requises pour se bien acquitter de cette charge ; comme si on a
« la conception prompte, si on a bonne mémoire ; si on a le don
« de la langue, et la facilité de s'expliquer, si on a la voix haute
« et forte et non basse ny puérille, pour se pouvoir faire ouyre
« et entendre du barreau et assistants, à l'audiance, et si on a
« une médiocre connoissance des sciences requises pour pouvoir
« faire cette fonction, ensemble la santé et forces du corps pour
« supporter le travail qui est requis et nécessaire.

Il faut encore que ceux qui sont appelés à des succès sachent
bien que l'exercice de la profession d'avocat doit mener à
l'honneur, non à la fortune (CAMUS, p. 5, Lettre 1ʳᵉ). « Et
« dans l'ordre des idées que je me suis faites sur cette profession,
« poursuit-il, un premier titre pour mériter à celui qui l'em-
« brasse la considération des gens sensés, c'est de voir qu'il
« méprise les professions lucratives, la plupart, moins pénibles
« et moins laborieuses, pour se dévouer à des fonctions qui ne
« promettent que de l'honneur à ceux qui les exercent avec le
« plus de succès. »

[1] *Voir* ci-après l'arrêté du 17 mars 1840, nº 353. Il est dé-

60.

La situation du jeune avocat qui veut débuter par
les affaires criminelles, est la plus périlleuse, car elle
le met chaque jour à une rude épreuve. Je ne blâme
point sa détermination; il peut n'avoir pas le choix
des affaires civiles, et d'ailleurs, l'autre carrière lui
offrira pour ses débuts quelques occasions brillan-
tes [1]. Nommé d'office ou désigné par le client, qu'il
se garde avec soin de ces mauvaises habitudes contre lesquelles le Conseil a été si souvent obligé de sévir; qu'il repousse toute connivence avec les gar-
diens ou les *courtiers* de prisons qui font métier de
vendre la clientèle des prévenus moyennant un salaire, ou pour d'autres rémunérations plus dégradantes. Étant appelé pour visiter un détenu, qu'il
apprenne que le greffe de la prison devient son propre cabinet, qu'il doit l'y recevoir comme il recevrait un autre client dans son cabinet, avec les égards
dus au malheur sans doute, mais avec l'indépendance et la dignité de l'avocat; qu'il sache de plus
que la loi et les devoirs de la profession lui comman-

fendu aux avocats de traiter de leurs droits et honoraires avec les
procureurs, à peine d'être rayés du tableau. JOUSSE, p. 461,
qui cite un arrêt du Parlement du 17 juillet 1693, rapporté au
règlement de justice, tom. I, p. 412. — *Voir* aux *Précédents*,
3e partie, les arrêtés du Conseil qui ordonnent la vérification du
traité des anciens avoués demandant leur admission au stage,
n° 159.

[1] Les grands orateurs de l'antiquité ont dû leurs plus éclatants
succès aux causes criminelles. Si la législation ne les eût pas interdites à l'ancien barreau français, je suis porté à croire qu'il
aurait eu bien autrement de lustre, et que, peut-être, personne ne
serait tenté de leur donner sur lui la prééminence. *Voir* l'Introduction, p. xxij et suiv.

dent, à lui tout le premier, de se conformer au régime des prisons, et de s'abstenir de faciliter au détenu toutes communications avec le dehors, telles
que des remises d'effets ou même de lettres [1]. Un
faux zèle n'excuse jamais la violation de la loi.

61.

Le ministère de l'avocat est essentiellement libre.
Il peut, *sans donner de motifs*, refuser l'affaire qui
lui est confiée : voilà le principe fondamental, le
principe de tous les temps.

62.

La loi n'apporte d'exception qu'à l'égard des défenses que la Cour d'assises délègue *d'office* à l'avocat
(art. 294 du Code d'instruction criminelle), et pour se
dispenser de plaider d'office il est tenu de faire approuver par les magistrats ses motifs d'excuse ou
d'empêchement, puisque l'ordonnance du 20 novembre 1822 n'a pas voulu qu'ils fussent jugés par
le Conseil de l'Ordre [2].

Une ordonnance récente a étendu l'exception aux
commissions que délivre M. le Président de la Cour
des Pairs. Nous avons cru devoir combattre le motif

---

[1] *Voir* arrêtés du 20 novembre 1838, n° 287; du 21 juin
1837, n° 340. — Autre, n° 341. — Autre, n° 343. — Autre,
n° 359. — Autre, n° 366. — *Voir* la règle 145.

[2] Le règlement le veut ainsi, malgré nos vives réclamations :
Dura lex, sed lex. Voir ci-après mes observations sur l'art. 41,
tit. IV, 2ᵉ partie. — *Voir* au surplus *infrà*, n° 412 et suiv., et
n° 291. Arr. du Cons., du 21 décembre 1820. Le Conseil a dressé
à cet égard une sorte de règlement particulier, qu'il importe de
consulter, n° 413, 3ᵉ partie.

Voir aussi règle 102.

et la doctrine de la mesure; des arrêts ont prononcé : respectons-les [1].

Mais je ne pense pas que l'avocat puisse être
obligé de prêter son ministère, lorsque le client le
refuse obstinément, ainsi qu'il arrive quelquefois,
soit à l'audience, soit dans les communications antérieures [2]. En effet, la loi accorde un défenseur à
l'accusé, elle ne le lui impose pas. D'une autre part,
si le désintéressement exige que l'avocat se voue à la
défense du pauvre, il ne l'exige pas malgré ce dernier, qui a aussi son indépendance.

63.

Devant les tribunaux correctionnels, les conseils
de guerre, les tribunaux civils, la défense d'office
n'est plus légalement obligatoire ; cependant elle
est commandée à l'avocat par les usages et les devoirs
de l'Ordre qui s'est toujours empressé de secourir
l'*indigence*. Les arrêtés du Conseil attestent qu'il
n'a négligé aucun moyen, pour assurer partout le
tribut de cette dette sacrée [3].

---

[1] Voir *infrà*, tit. X, 2e partie.

[2] *Voir* arr. du Cons., 16 avril 1839, n° 415, ci-après. Il est
de principe, en matière criminelle, que *nemo auditur perire vo-
lens*. Ainsi, la déclaration qu'il est coupable, faite par l'accusé,
ne suffit point pour sa condamnation, lorsque la justice n'acquiert pas, d'ailleurs, la preuve de sa culpabilité. Le refus que
fait l'accusé d'accepter le défenseur nommé d'office, peut être un
acte du même genre. La justice ne condamnera pas non plus cet
accusé, parce qu'il ne sera pas défendu.

[3] *Voir* ci-après les *Précédents*, n°s 410 et 414; plus un arr.
du Cons. du 2 avril 1829, n° 299, qui décide que le Conseil a le
droit d'examiner si le demandeur est dans le cas de la défense
d'office; en d'autres termes, s'il est vraiment *indigent*. Cette jus-

Dans les affaires civiles, si la cause ne lui paraît pas soutenable, quel sera le rôle de l'avocat nommé

tification doit lui être produite avant tout. — Deux autres arrêtés semblables, sous le n° 418.

Voir aussi la règle 102. — *Voir* l'art. 41 du décret du 14 décembre 1810, 2ᵉ partie, tit. V, et nos observations à la note.

A Athènes, chaque année, dix avocats étaient nommés pour défendre les faibles contre les *puissants*, dans les affaires criminelles et civiles. A Rome, il en était de même. Loi 1, §. 4, ff. *de Postulando.* Les empereurs Valens, Valentinien et Gratien prononçaient l'exclusion du barreau contre les refusants. Loi 7, Cod. *de Postul.* En France, pour les affaires civiles, les Capitulaires voulaient qu'au besoin un défenseur d'office fût donné aux *pauvres, aux veuves et aux orphelins.* Capitulaires, *lib.* IV; *cap.* XVI. Telle était aussi la disposition de l'ordonnance de François Iᵉʳ, de 1536, ch. Iᵉʳ, art. 37, et toujours sous des peines en cas de refus. — *Voir* au reste 2ᵉ partie, tit. Iᵉʳ, et LAROCHE-FLAVIN, liv. III, chap. III, et chap. V, n° 22. Il est à remarquer que, chez nous, les défenses d'office ne sont point établies contre la puissance; n'est-ce pas dire, en l'honneur de notre barreau, que le courage ne lui a jamais manqué?

La Cour de cassation a jugé, avec raison, que si les avocats sont moralement obligés de défendre un accusé devant les tribunaux militaires, ils ne sont pas tenus de faire approuver les motifs de leur refus par ces tribunaux, de même qu'ils sont obligés de les faire approuver par les Cours d'assises, qu'ils doivent pourtant les soumettre au Conseil de discipline de leur ordre, s'ils en sont requis par lui (Cour de cass. 13 juillet 1825, §. 25, 1, 418). Cette décision s'applique, par analogie, aux autres cas non obligés.

Un arrêt de Riom, du 11 juillet 1828, §. 28, 2, 233, décide que, dans les causes civiles, l'avocat peut refuser la défense, sans être même obligé de soumettre ses motifs au Conseil de l'Ordre; et M. Ph. Dupin, qui rapporte cette décision, p. 377, *Encycl. du Droit,* pense qu'elle est conforme au principe sur l'indépendance de la profession. Suivant moi, il convient d'établir une distinction. J'admets, sans contredit, que l'avocat est libre

d'office ? Il doit se borner à exposer la prétention du
client, sans l'appuyer de ses propres convictions,
sans la déconsidérer aux yeux des juges. On ne peut
lui demander rien de plus.

64.

Le premier devoir de l'avocat est d'examiner,
avec conscience et maturité, l'affaire qui lui est confiée [1].

65.

S'il s'agit d'une consultation [2], il la donnera contraire ou favorable selon son opinion, sans égard
au désir secret de celui qui la demande. N'est-ce pas
rendre à son client un immense service, que de le
détourner d'un mauvais procès ?

Consulter d'après l'exposé du client, *positis po-*

---

de refuser la défense, sans en demander au Conseil l'autorisation.
Mais, lorsque ce refus est contesté par la partie ou par le magistrat duquel émane la commission, il me paraît impossible que
l'avocat décline la juridiction du Conseil et ne lui explique pas
ses motifs. Si l'indépendance est une des règles de la profession,
la profession commande aussi à l'avocat le désintéressement et le
respect des convenances. Comment se justifiera-t-il du reproche
d'avoir manqué à cette seconde règle, s'il n'expose pas à ses confrères les autres motifs qui peuvent dicter sa volonté ?

[1] Voir *suprà*, règle 6.

[2] A Rome, les jurisconsultes (qui ont remplacé nos avocats
consultants) s'appelaient *prudentes*. L. 2, ff. *de Orig. jur.* De là
leur profession s'est appelée *jurisprudence*, parce qu'elle faisait
autorité. B. D'ARGIS, p. 413.—LAROCHE-FLAVIN, liv. III, ch. IV,
n° 5. Nos anciennes ordonnances appelaient les consultants *consiliarii*, et leur donnaient le droit de siéger sur les fleurs de lis,
c'est-à-dire au Parlement.—*Ibid.*, n° 7.—*Voir* Introd., p. xix,
et *suprà* p. 4 en note.

nendis, ce n'est pas remplir sa mission d'avocat. Le conseil ne doit s'en tenir à l'exposé qu'autant qu'il lui a été impossible de vérifier par lui-même les faits et les actes : au cas d'impossibilité, il le dira nettement, afin que sa réponse ne puisse égarer personne [1].

Lorsqu'une consultation a été délibérée et signée par un ou plusieurs confrères, ne croyez pas que leur autorité vous dispense d'examiner la question et les pièces. Ajouter sa signature à d'autres signatures, sans examen, c'est faire un acte d'ami, non d'avocat.

Si la consultation est demandée à plusieurs, que la délibération ait lieu *en commun* : l'intérêt du consultant, l'honneur des conseils le réclament également. L'avis sortira plus sûr du sein de la discussion [2].

Si la délibération n'a pas été collective, qu'au moins l'adhésion de chacun des consultants soit motivée [3].

[1] BOUCHER D'ARGIS, p. 401.

[2] Il était d'usage que les jurisconsultes romains se réunissent pour examiner les questions difficiles. Cette conférence s'appelait *disputatio fori*. (CICÉRON, liv. I, *ad Quintum fratrem*). — Ce qu'ils résolvaient se nommait *decretum seu recepta sententia*, ou décret qui formait une espèce de droit non écrit. RÆNARDUS, *de Auctoritate prudentium*, cap. 14 et 15.

Il est reçu que l'un des avocats fasse le rapport de l'affaire, et que le rapporteur rédige la consultation. C'est ordinairement le plus jeune : *Scribat junior*. — JOUSSE, p. 456.

[3] LAROCHE-FLAVIN, liv. III, ch. IV, n°s 12 et 13.

M. Delacroix-Frainville, que nous avons vu très-occupé dans la consultation, tenait note de toutes celles qu'il donnait ou signait, pour ne pas s'exposer à consulter en sens contraire, dans

66.

J'insiste fortement sur ces réflexions, parce que la tendance actuelle, je le dis à regret, est peu favorable aux consultations si honorées autrefois ', encore si honorées il y a trente ans.

Il est du devoir du barreau de prouver, par son zèle et sa gravité dans la délibération, qu'il mérite toujours cette haute confiance, qu'il est toujours digne de conserver le plus ancien, le plus noble de ses attributs, de rester enfin, suivant l'expression du savant magistrat que je viens de citer, le *premier juge* de toutes les contestations judiciaires ².

67.

Dans les consultations pour lesquelles nous avons un ministère officiel à remplir, sur requêtes civiles (art. 495 C. de proc.), sur transactions de mineurs,

le même procès. L'ordonnance du 30 août 1536, ch. I, art. 37, en contenait une défense expresse.

' Cicéron disait des avocats consultants : *Domus jurisconsulti est oraculum totius civitatis.* LAROCHE-FLAVIN : « C'est à eux qu'on s'adresse, *si on plaidera, si on accordera, si on testera, si on donnera, si on se mariera* » (liv. III, ch. IV, n° 2). Quel magnifique éloge !

² LAROCHE-FLAVIN, liv. III, ch. IV, n° 3, ajoute : EXERCENT, REGNUM JUDICIALE.

« Je n'aime pas, dit BACON (n° 90 de ses Aphorismes), que les « consultations des avocats et des docteurs obtiennent tant d'au- « torité que le juge ne puisse s'en écarter. Ne recevez la justice « que de celui qui tient de *son serment* le droit de la rendre. » L'illustre chancelier n'écrivait pas pour le barreau français. Et nous aussi, ne prêtons-nous pas le serment de ne rien conseiller qu'en notre âme et conscience ?

Il est d'usage aujourd'hui que l'avocat consultant qui a dix ans de tableau, prenne le titre d'*ancien* avocat. *Voir* règle 113.

(art. 467 C. civ.), pour les communes et les établissements publics (lois du 7 messidor an IX, art. 11, 12
et 13, 21 frimaire an XII), les militaires en activité
(6 brumaire an V, art. 1er), les indigents (D. du 14 décembre 1810, art. 24), etc., on comprendra que nous
sommes tenus d'apporter d'autant plus de soins,
d'étude, de scrupule, que la loi elle-même nous
appelle à éclairer la justice et nous fait l'honneur
de nous associer en quelque sorte à ses décisions[1].

68.

S'agit-il d'une cause civile à plaider, ou à défendre
par écrit[2], l'avocat la refusera, lorsqu'elle lui pa-

---

[1] Il est entendu que l'avocat doit respecter dans ses consultations, comme dans ses mémoires, et en général dans ses écrits,
toutes les obligations que son serment lui impose. Voir *suprà*,
règles 48, 49, 50. *Voir* l'arr. du Cons. du 15 février 1837,
n° 376, qui punit l'avocat-conseil pour offense faite à la religion.

Le même arrêté ne paraît pas admettre qu'il y ait lieu à reproche contre lui, pour avoir annoncé sa consultation *chez l'auteur. Voir* à ce sujet, n° 376 ci-après, nos observations.

[2] La rédaction et la publication des mémoires sont soumises
à quelques règles, que le jeune avocat doit connaître.

La loi du 21 octobre 1825 dispense les mémoires publiés par
l'avocat dans un procès, de la déclaration et du dépôt exigé pour
tous autres écrits par le règlement du 28 février 1723 et l'art. 1er
de la loi du 21 octobre 1814. L'ancien règlement portait la
même exception. Nouveau DENIZART, v° *Avocat.*

L'avocat, pour observer les formes de la discussion judiciaire
dans ses mémoires, ne doit pas parler *en son propre nom. Voir*
arr. du Cons., du 25 février 1819, ci-après, n° 335.

Il ne peut pas signer ni imprimer un mémoire avant l'action
intentée. Arr. du 6 avril 1820, n° 352.

Quoique en règle générale l'avocat ne soit pas responsable des
mémoires non signés par lui, il est du droit et du devoir du Conseil de rechercher s'il en est l'auteur, au cas où ils violeraient

raît manifestement mauvaise ou injuste, l'eût-il conseillée par erreur, ou faute de renseignements suffisants [1].

Il manquerait à la probité, s'il communiquait au client une confiance qu'il n'a pas luimême ; il défendrait mal une cause qu'il croit mauvaise ou injuste [2] : qu'il se garde surtout de débuter par là !

69.

Dans le doute sur le droit, il est libre d'accepter l'affaire ; les opinions varient tellement, qu'elle peut

---

nos règles. Arr. du Cons. du 12 juillet 1838, n° 373. — *Voir* règle 120.

Au reste, s'il les distribue publiquement, il se les approprie. — Même arrêté.

[1] *Voir* en ce sens, un arr. de cassation, du 6 juillet 1813, §. 13, 1, 419, et un arrêt de Riom, du 17 juillet 1828, Sir. 28, 2, 233. « Les avocats, dit Laroche-Flavin, ne furent jamais « introduits aux sièges de justice, pour faire gagner les causes « de leur cliens, ains pour esclaircir le droit à celui seule- « ment *qui l'a*, ains pour en suivre ce que disoit un fameux ad- « vocat, n'avoir jamais conclus en cause escrivant ou plaidant, « *qu'il n'eust voulu juger suivant les conclusions par lui prinses* « *en icelle, s'il en eust été juge* » (liv. III, chap. III, n° 19). *Voir* ci-après, 2e partie, tit. Ier, les textes prohibitifs, notamment la formule du serment donnée par l'arrêt de règlement du mois de mars 1344, l'ordonnance de Charles IX, de 1560, art. 58.

Il faut lire, sur ce point, les conseils de M. PHILIPPE DUPIN, *Encycl. du Droit*, v° *Avocat*, n°s 55, 56 et 57.

Croirait-on que du principe ci-dessus on avait tiré, sous l'ancien droit, cette conséquence, que l'avocat, ne peut conseiller ni défendre les personnes accusées de crimes publics !

[2] *Vix enim est ut audeat clare loqui, is qui humiliter sentit.* LAROCHE-FLAVIN, liv. III, chap. IV, n° 17.

être soutenue et gagnée [1]. Mais dans le doute sur la moralité, qu'il refuse, on suspecterait la sienne [2].

70.

Pour les affaires criminelles, le principe est différent. L'avocat ne trahit point son serment, en consentant à les défendre, bien que la non-culpabilité des clients ne lui soit pas démontrée; je le pense ainsi par deux raisons : l'humanité veut que tout accusé soit défendu, l'atténuation possible de la peine est un effort légitime [3]. Je ne vais pas jusqu'à

---

[1] « Pour se décider dans le doute, l'avocat doit se constituer « juge, et voir si les deux causes sont également raisonnables. « Dans ce cas, il peut accepter l'une ou l'autre. S'il s'attache à « l'opinion la moins probable, il manque à ses devoirs. » Froy DE LA MARCHE, p. 179.

Aristote définit ainsi les choses douteuses : *Probabilia autem sunt quæ videntur omnibus, vel plerisque, vel sapientibus; atque his, vel plerisque, vel maxime notis et claris.*

[2] Au reste, ce sont les engagements qu'il a contractés devant la justice, en prêtant son serment d'avocat. Art. 38, de l'ordonnance du 20 novembre 1822. Voir *suprà*, 2e part., tit. VII. « Je rappelerai ce qu'un confrère de grand sens enlevé par une mort prématurée, Gauthier-Berryer, me disait souvent, lors de mon entrée au Palais : «*Il n'y a ni honneur ni profit à se charger d'une mauvaise cause.* » *Voir* encore M. PHILIPPE DUPIN, loc. citat. 57.

L'avocat n'est pas tenu de motiver son refus. *Voir* ci-dessus, règle 61. Arrêt de Riom du 17 juillet 1828, déjà cité.

PHILIPPE DE BEAUMANOIR, p. 34, ajoute à la règle un conseil qu'il convient de suivre : « Néanmoins comme l'avo- « cat peut se tromper lui-même dans son jugement, il doit « effectuer ce délaissement avec *circonspection* et *courtoisie*, de « manière à ne pas enlever à son client la ressource d'un autre « avocat. »

[3] Le principe est le même suivant les lois de l'Église. *Voir* aussi CICÉRON, 2e liv. des *Offices*, n° 84.

dire, pourtant, que le défenseur puisse plaider
des faits dont il connaît la fausseté, attaquer des
témoins sans preuves, professer des thèses immorales, etc. Son rôle et son habileté doivent se
borner à faire valoir les doutes ou à provoquer l'indulgence en faveur de l'accusé. Au surplus, la règle
ne s'applique guère au barreau de Paris, il est si
nombreux, que l'avocat y conserve toute sa liberté
d'option [1].

71.

Lorsque vous avez pour clients les deux parties,
abstenez-vous ; vous n'accepteriez pas l'une, sans
blesser l'autre [2].

72.

Si vous avez plaidé ou consulté pour une partie,
il est évident que vous ne pouvez ni consulter ni
plaider contre elle dans le même procès [3], car elle
vous aura révélé le secret de sa défense [4], elle le pré-

[1] En toute affaire criminelle ou civile, lorsque le client lui-
même veut plaider sa cause, l'avocat peut, sans manquer aux
convenances de son ministère, n'accepter qu'une partie de la
défense ; par exemple, le point de droit ou la réplique.

[2] Il est entendu que vous n'êtes plus lié envers lui, du moment où le client a cru devoir accorder sa confiance à un autre
confrère.

[3] Démosthènes composa, dans la même cause, une oraison
pour chaque partie. Isocrate fut souvent traduit en jugement pour
avoir administré des moyens capables de surprendre son adversaire. Il faut citer de tels faits, non pas comme des exceptions, mais comme des taches dans la vie de ces grands orateurs.

[4] *Voir* règle 108. — Jousse, p. 443. La loi romaine considérait le fait comme une prévarication. Liv. I, *ff. ad Senat.* Tur-
pill. — *Sic*, Ord. du 30 août 1530, ch. I, art. 37.

tendra du moins : le doute seul blesserait la dignité de l'avocat.

73.

Vous devez votre ministère à celui qui vous a consulté le premier [1].

74.

L'avocat doit chercher à concilier les difficultés, lorsqu'une voie de transaction est proposée ou proposable [2]. Cette entreprise honorable a ses chances, j'en conviens; il peut arriver, si la transaction ne s'accomplit pas, que le client ombrageux, attribuant les efforts du défenseur à un doute sur le succès, lui retire sa confiance. Néanmoins, que la crainte d'une pareille injustice, qui est le cas le plus rare, ne vous arrête pas; obéissez à votre conscience avant tout [3].

---

[1] DULUC, n° 111. Sauf l'observation des règles 68 et 69.

Pierre de Fontaines et Philippe de Beaumanoir attestent que, de leur temps, si un avocat chargé se trouvait sollicité par la partie adverse de rester *neutre*, il n'avait plus la liberté d'abandonner la cause. Un pareil procédé aurait été réputé acte de lâcheté, il l'aurait exposé à une exclusion honteuse du barreau. FOURNEL, 1er vol. p. 84. Je pense qu'on peut laisser à l'avocat son libre arbitre, sans craindre qu'il faillisse à ses devoirs par un tel motif.

[2] CAMUS, p. 11, Lettre Iere ... Cicéron a fait un bel éloge de Servius Sulpicius, célèbre jurisconsulte, en disant de lui : qu'il aimait mieux terminer des procès, que d'être chargé de les poursuivre (ses *Philipp.*).—*Voir* LAROCHE-FLAVIN, liv. III, chap. V, n° 3, qui cite d'autres textes.

[3] Pour forcer la conciliation, il est interdit à l'avocat de recourir à des menaces de diffamation envers l'adversaire. Arr. du 6 avril 1820, n° 352.

75.

Nos anciens recommandaient à l'avocat la patience
avec les clients ; dans un pays voisin, il compte son
temps à la minute [1]. Dieu merci ! la manie d'imitation ne nous a pas gagnés ; nous concevons tous
qu'une partie qui voit sa fortune ou son honneur
compromis par un procès, a le droit de se faire écou-
ter et de ne négliger aucun détail pour instruire son
défenseur.

Dans les affaires criminelles, combien la patience
n'est-elle pas plus nécessaire encore [2] !

[1] En Angleterre, une horloge de sable est sur le bureau, pendant que le client confère avec l'avocat. L'horloge ne sert pas
seulement à mesurer le temps consacré à la consultation, mais les
honoraires dus par le consultant, honoraires qui seraient excessifs chez nous. La raison de cette coutume, c'est qu'en Angleterre la profession d'avocat, comme toutes les autres professions,
est réputée une industrie. « Dans une profession, dit Adam
« Smith (en parlant du travail général), où il échoue vingt per-
« sonnes, pour une qui réussit, celui qui a du succès, doit gagner
« *ce que les vingt autres ne gagnent pas.* L'avocat qui ne com-
« mence peut-être qu'à l'âge de quarante ans à tirer parti de sa
« profession, doit recevoir la rétribution, non-seulement de son
« éducation qui lui a coûté tant d'années et de dépenses, mais
« *de celle de plus de vingt autres* à qui vraisemblablement elle
« ne rapportera jamais rien. Quelque excessifs que puissent
« paraître les honoraires d'un avocat, sa rétribution réelle ne va
« jamais là. » *Richesse des nations,* T. I, p. 200. On com-
prendrait la première raison donnée par le célèbre économiste,
mais la seconde ne se conçoit pas, même dans le système de la
législation anglaise.

[2] Voici comment Cicéron entend cette qualité dans l'avocat,
lib. II, *de Orat.,* n° 45 : « J'ai coutume d'apprendre l'affaire de
« mon client par lui-même, d'être seul avec lui, afin qu'il
« parle plus librement, de faire le rôle de sa partie ; afin qu'il

76.

Le zèle et la diligence sont aussi des qualités que
le client qui souffre des lenteurs judiciaires, doit attendre de lui [1]. Bien entendu, je parle du zèle et de
la diligence qui agissent avec mesure, convenance,
loyauté ; seconder aveuglément l'impatience d'une
partie, conseiller des poursuites rigoureuses, harceler
les magistrats à l'audience par des observations opi-
niâtres, solliciter un jugement en l'absence d'un
confrère, ce sont autant de procédés indignes de la
profession, et qui déconsidèrent la personne de
l'avocat [2].

« m'instruise à fond, et de lui donner, pour s'expliquer, tout
« le temps qu'il souhaite. Après, quand il est sorti, je me
« mets, sans aucune prévention, dans la position de son adver-
« saire, et en celle du juge. »

Quintilien dit la même chose, *lib.* XII, *cap.* VIII : « Il n'y
a pas tant d'inconvénients à entendre les choses superflues, qu'à
ignorer les nécessaires. On peut ajouter que l'avocat trouve
souvent le mal et le remède dans les circonstances que le client
avait crues indifférentes. »

[1] *Voir* ci-après, 3e partie, n° 281, une espèce qui honore le
zèle de l'avocat. Arr. du Cons. du 8 juillet 1830.

[2] BOUCHER D'ARGIS, p. 392 et 400. — LAROCHE-FLAVIN,
liv. III, chap. III, n° 28. *Voir* arr. du 23 mars 1814, n° 351,
— Autre, n° 352. — « *Le véritable zèle, c'est le soin et
l'exactitude* », dit FYOT DE LA MARCHE, p. 189. Le zèle et
la diligence étaient commandés aux avocats par les lois 13 §§. 9
et 1.—14. §. 1. Cod. *de Judiciis*, par les Capitulaires de Charlemagne, *lib.* III, *cap.* LXXVII, et les ordonnances de Philippe VI de 1343, §. 7, et de Charles VII. *Voir* ci-après, 2e part.,
tit. I. Charlemagne voulait que les causes des pauvres et des
orphelins fussent jugées les premières (*lib.* II, *cap.* XXXIII).
Autrefois, l'avocat qui ne se trouvait pas au commencement de
la plaidoirie était passible de dommages-intérêts. Ordonnance
de François Ier, 1535, ch, IV, art. 15.

77.

Qu'il n'accueille pas avec trop de confiance, et sans vérification, les faits et les notes qui lui sont transmis par son client. L'intérêt personnel ou la passion rend souvent de pareils documents inexacts [1].

Si les faits lui paraissent obscurs, il n'empêchera point une comparution des parties à l'audience : c'est souvent le moyen le plus propre à les éclaircir.

78.

Que l'avocat ne flatte jamais son client du gain du procès, les meilleurs procès sont incertains : en cas de chance contraire, il s'exposerait à des reproches mérités.

79.

Il est au moins inconvenant de soutenir une thèse que l'on a précédemment combattue dans une autre cause, ou *vice versâ*, car on court le risque d'être accusé de contradiction, sinon de faux jugement. L'adversaire ne manque jamais de vous opposer à vous-même ; et s'il est malin, il fait rire à vos dépens. Avis à ceux qui publient des livres !

80.

Il n'est pas digne que l'avocat aille visiter ses clients, quelque élevée que soit leur position sociale [2], à moins qu'ils ne soient ses amis, que leur âge ou

---

[1] Boucher d'Argis, p. 393.

[2] *Voir* règle 58. Nos anciens disaient plaisamment : L'avocat peut fort bien se passer du gentilhomme, le gentilhomme ne peut se passer de l'avocat. Coquart, p. 22.

leur état de santé ne les empêche de se rendre dans son cabinet ; c'est toujours là qu'il doit conférer[1].

81.

En leur faisant des avances pour les frais du procès, ou pour toute autre cause, il compromet à la fois son caractère et son indépendance : il donne à penser que le prêt est intéressé, il se lie à eux comme le créancier au débiteur[2].

82.

Le client est-il dans l'indigence, l'avance peut devenir un acte de charité ; mais encore faut-il, même en faisant une bonne action, que l'avocat y mette de la convenance, du tact, de la dignité. Il ne suffit pas qu'il donne son argent, en le risquant, il faut que son désintéressement soit absolu et paraisse absolu : il faut, en un mot, qu'il se livre à la bonne foi du pauvre, sans méfiance, sans un cortége de reçus, de comptes, de précautions minutieuses, qui peuvent faire douter de l'intention, qui la dé-

[1] Arrêté du 18 décembre 1820, n° 361. — Autre du 10 juillet 1823, n° 371.

[2] Par les mêmes motifs de convenance, il ne doit pas se constituer leur *caution*. LOUET, C. somm., 45, n° 5 ; JOUSSE, p. 458 ; ni recevoir d'eux un dépôt d'argent, ni entrer avec eux dans une sorte de compte courant.—*Voir* arr. du 26 avril 1827, r.° 402. Dans l'espèce, l'avocat s'était mis en compte avec un huissier ; la décision serait la même pour de semblables relations avec un avoué, un agréé, un notaire.

naturent tout au moins, et répugnent à nos principes de délicatesse [1].

83.

Il arrive trop souvent que de jeunes confrères,
sortis de la cléricature, remettent à leurs clients des
notes de déboursés et honoraires qui sont de véritables mémoires d'avoué ou d'huissier : on ne peut
pas pousser plus loin l'ignorance de la profession [2].

84.

Je répéterai que l'avocat ne doit accepter de son
client ni mandat écrit, ni mandat verbal, même
à titre gratuit, sauf les exceptions que j'ai indiquées. Le mandat est l'acte le plus caractéristique
de l'agence d'affaires [3].

85.

C'est accepter une sorte de mandat, ou se constituer
le proxénète du client, que de faire pour lui des
démarches chez les gens d'affaires, les notaires, les
avoués [4].

Nous exceptons le cas où l'avocat veut consulter,
dans l'étude d'un notaire [5], les minutes d'actes dont

[1] Arr. du Cons. du 3 mai 1842. La libéralité va au delà du
désintéressement, on ne peut pas la commander à l'avocat ; mais
son cœur la lui dictera sans peine, s'il est assez heureux pour
avoir une situation de fortune qui la lui permette. Voir *suprà*,
règle 13, à la note.

[2] *Voir* arr. du Cons. 3ᵉ Partie.

[3] Voir *suprà*, règle 31 et suiv.

[4] J'en ai dit autant, règle 32, pour les démarches dans les
bureaux des administrations publiques.

[5] Exemple de démarches excusables, nᵒ 287, arr. du Cons.
du 20 novembre 1838. Voir *suprà*, la règle 32.

l'état matériel forme l'objet du procès, ou dont l'expédition coûterait aux parties trop de frais ou de
retards.

Nous admettons encore qu'il peut, comme conseil,
y assister son client, et signer les actes dans une
affaire importante[1].

Hors de là, l'avocat est d'autant moins excusable,
s'il sort de son cabinet, que, d'après un usage immémorial, MM. les notaires et les avoués se rendent toujours
chez lui pour conférer. Cette coutume qui n'a jamais
été contredite, et que chacun de nous doit maintenir dans l'intérêt de l'Ordre, est particulièrement
fondée sur l'impossibilité où nous sommes de nous
déplacer, les occupations de l'audience nous laissant
à peine, dans l'intervalle, le temps de recevoir nos
clients et de préparer nos affaires.

86.

Il arrive quelquefois que de jeunes confrères acceptent du client une somme d'argent, en se chargeant
de constituer un avoué et de lui payer les frais de
procédure. S'ils agissent de la sorte par surcroît de
zèle, il y a inconvenance; si par calcul, c'est une
espèce de marché contraire à l'indépendance et à
la délicatesse de l'avocat[2].

87.

L'usage admet pourtant que, le client étant détenu, le défenseur peut lui prêter le bon office de
faire assigner une partie civile ou des témoins.

[1] Il lui est permis de signer, à ce titre, des conventions
sous-seing privé. *Voir* 3e partie, n° 313, arr. du 20 décembre 1827.

[2] *Voir* arr. du Cons. du 21 juin 1837, n° 340, et règle 20.

88.

L'avocat n'est pas le *dominus litis*, il ne peut ni prendre de conclusions pour son client, ni demander acte de celles de l'adversaire; ce droit appartient à l'avoué seul [1]. Mais l'indépendance du ministère de l'avocat veut qu'en toute affaire il soit juge souverain des moyens de défense, de l'ordre, du temps à leur donner dans sa plaidoirie ou dans ses mémoires [2]. Il en est juge dans l'intérêt du client lui-même, qui manque des lumières ou du calme nécessaires pour diriger sa propre défense; et, bien entendu, il saura concilier son libre arbitre avec les règles de convenance et de probité [3].

[1] Arr. de cassation du 30 mai 1810, S. 10, 1, 281. — Arr. de Colmar du 22 décembre 1820. S. 21, 2, 236. L'aveu de l'avocat, sans l'assistance de l'avoué, lie-t-il la partie? Cette question est controversée. On tient généralement que l'avocat, *assisté de l'avoué* à l'audience, représente la partie, et que l'aveu qu'il fait dans sa plaidoirie est censé fait par elle, s'il n'est pas désavoué sur-le-champ. Arr. de cassation du 16 mars 1814, S. vol. 14. 1, 296.

De là, on a conclu que le dol de l'avocat peut être réputé le dol de la partie et donner ouverture à requête civile. Arr. de Bruxelles du 23 juillet 1810. S. vol. 14, 2, p. 104. CARRÉ, tom. X, p. 107. PH. DUPIN, *Encycl. du Droit*, n°s 62 et 23.

Je pense que, dans ces divers cas, les circonstances doivent influer gravement sur la décision. L'avocat n'ayant pas de mandat *légal*, il faut qu'il soit démontré, par les faits, que le client a accepté ces déclarations d'une manière positive. L'arrêt de cassation, cité plus haut, n'est pas un arrêt de principe; il juge *en fait*.

[2] BOUCHER D'ARGIS, p. 393. Arr. du Cons. du 2 avril 1829, n° 299.

[3] Je crois pouvoir dire que cette restriction est reçue par le

Dans les affaires criminelles, où le ministère de l'avoué n'est pas indispensable, l'avocat est maître de la direction de la défense, comme du choix et de l'exposition des moyens; il décide, par conséquent, s'il y a lieu pour le client de se porter partie civile, ou de se borner à une plainte; il désigne les témoins à faire entendre, il propose les reproches, il apprécie le mérite des pièces et l'opportunité du moment où elles doivent être produites, etc.

En toutes causes, son devoir est de prévenir le client, avant de proposer la marche ou la défense; qu'il répudie ensuite la cause, si celui-ci n'approuve pas [1].

89.

Il doit encore la refuser si, après nouvel examen, elle lui paraît insoutenable [2]; l'acceptation qu'il en a faite ne le lie pas.

90.

Est-il malade ou empêché, il peut se faire suppléer par un confrère, lorsque le client ne s'y oppose pas; dans ce cas même, je pense qu'il doit offrir de restituer à ce dernier les honoraires qu'il en a reçus [3].

Conseil; elle y a été relevée, en ma présence, dans la discussion d'une autre question (séance du 13 juillet 1841).

[1] Arr. du Cons. du 2 avril 1829, n° 299.

[2] BOUCHER D'ARGIS, p. 391. « Une mauvaise honte, dit-il, ne peut pas empêcher l'avocat d'abandonner une cause qu'il avait crue bonne d'abord, et qu'il reconnaît dans la discussion être mauvaise. » C'est ce qu'enseigne aussi QUINTILIEN, *lib.* XII, *cap.* VII.

[3] Arr. du 21 décembre 1820, n° 291, qui excuse le cas de maladie, même pour l'avocat nommé d'office, sans qu'il ait

91.

Mais délaisser le client le jour ou la veille de l'audience, sans l'avoir mis à portée de se faire défendre par un autre avocat, ce serait un acte impardonnable de déloyauté ou de négligence [1].

92.

Le ministère de l'avocat étant indépendant, étant étranger au contrat de mandat, il suit de ce double principe qu'il ne répond pas plus de ses conseils que le magistrat de ses sentences; qu'il n'est passible ni d'un désaveu, ni d'une action en dommages-intérêts. S'ils se trompent l'un et l'autre, la présomption est toujours en faveur de leur bonne foi [2].

eu besoin de justifier d'un certificat de médecin. Arr. du Cons. du 28 juin 1839, n° 294. — Trois autres sous les n°s 295, 296 et 297.

[1] On peut voir, n° 282 ci-après, l'espèce où l'avocat a trouvé, au contraire, une excuse dans son zèle pour la défense. Arr. du Cons. du 8 juillet 1830. — *Voir* aussi arr. du 7 janvier 1819, n° 326, du 4 août 1835, n° 327. — Autre, n° 368.

[2] *Voir* arr. du Cons. du 19 août 1824, ci-après n° 282. — Autre du 6 avril 1826, n° 284. — *Voir* arr. du 20 avril 1829, n° 299. — Autre, n° 356. — *Voir* aussi les notes sur la règle 20. — LAROCHE-FLAVIN, liv. III, ch. IV, p, 10; CAMUS, Lettre 1re, p. 9 et 10; BOUCHER D'ARGIS, p. 150. — « La Cour, « dit ce dernier, a consacré l'usage en droit et soutenu con-« stamment les avocats, lorsqu'un client a eu la témérité de « vouloir rendre leur fidélité suspecte. » Il cite en ce sens un arrêt du 3 juillet 1638, p. 151. *Voir* règle 152 et la note.

La jurisprudence nouvelle est conforme. J'indiquerai les arr. de Colmar, du 22 décembre 1820. S. 21. 2, 23, 6. — Arr. de Bruxelles du 24 juillet 1810. S. 14. 2, 404. — Arr. de Paris du 23 prairial an XIII. S. 7. 2, 800. — Ce dernier arrêt, que j'ai déjà cité, règle 18, décide même que le dol de l'avocat à

93.

La probité de l'avocat est un fait si bien établi,
qu'il ne donne jamais récépissé des pièces qu'on lui
confie[1] : de même, il les rend, sans décharge, à celui
qui les lui a déposées, quel qu'il soit, client, avoué,

l'audience est réputé le *dol de sa partie;* que, s'il a écrit
ou plaidé des faits calomnieux, avec son autorisation, il n'est
personnellement tenu à aucuns dommages-intéréts. J'ai fait remarquer, p. 19, que, pour cela, l'avocat ne demeure pas affranchi
du pouvoir disciplinaire. En cas de fraude et de prévarication, il
serait évidemment responsable. LAROCHE-FLAVIN, liv. III, ch. V,
n° 5. JOUSSE, p. 444 et 456 ; il cite les lois 47 ff. *de Reg. juris,*
6, § 5, et 32 ff. *mandati.*

Il suit de ce principe que les avocats qui ont consenti *des expédients* sont également à l'abri d'un désaveu. Arr. du 21 décembre 1604. JOUSSE, p. 444. Toutefois, c'est ici surtout que
j'engage les jeunes avocats à apporter une grande circonspection. Les magistrats acceptent, le plus souvent, l'expédient sur
leur parole. Ils leur pardonneraient difficilement une erreur,
eût-elle été involontaire.

J'ai connu tout récemment un fait qui honore la délicatesse
d'un de nos confrères ; je ne le nommerai pas, pour ménager
sa modestie. Il avait quitté Paris pour un voyage de santé,
croyant qu'une affaire dont il était chargé ne serait pas plaidée
pendant son absence. Mais il avait prévenu l'avoué de son
départ, et l'avait prié d'envoyer prendre les pièces dans son
cabinet. La cause étant arrivée inopinément, a été perdue à
l'insu du client, et sans qu'il ait été défendu : le jugement était
en dernier ressort. L'avocat a voulu supporter, avec l'avoué,
une part dans l'indemnité offerte à leur client. L'ordonnance de
François Ier de 1545, ch. IV, art. 17, prévoyait ce cas *de départ.* — *Voir* 2e partie, tit Ier ci-après, et JOUSSE, p. 459.

[1] Arrêtés du Cons. du 8 mars 1827, n° 305. Autre du 25
février 1830, n° 306.—Autres, n°s 307 et 308.—Autre, n° 348.
— Autre, n° 402. — *Voir* aussi un arrêté, par forme de représentation au président du tribunal, n° 420.

clerc, homme d'affaires [1]. Et lorsque l'avocat déclare les avoir remises, il est cru sur sa simple déclaration, sans affirmation par serment [2]. C'est là une des règles les plus anciennes et les plus honorables de la profession. Il n'y a pas d'exemple d'un seul abus [3].

La déclaration de l'avocat doit être reçue, suivant moi, soit que le dépôt des pièces résulte, ou non, de lettres qu'il a écrites : nous sommes en ce point hors du droit commun. Le ministère n'est possible dignement qu'à cette condition.

Je ne pense même pas que la déclaration puisse lui être demandée, s'il s'est écoulé, depuis l'affaire finie,

[1] Mêmes arrêtés. Il est d'usage que nous remettions à l'avoué les pièces de procédure, parce qu'elles sont la garantie de ses frais.

[2] Arr. du Cons. du 8 décembre 1840, nᵒ 304. — Autres, nᵒˢ 305, 306, 307 et 308. Le Prieur de Notre-Dame-des-Champs, dont Clément de Reillac avait plaidé la cause, lui demanda la restitution d'une pièce manquant au dossier, et conclut contre lui à ce que l'avocat fût tenu de se purger par l'affirmation *litis-décisoire*. Clément de Reillac refusa de prêter serment par le motif que sa parole d'avocat *suffisait*. Cela fut ainsi jugé par arrêt (cité dans GALLY, quest. 369), sur le motif que *la parole d'un avocat valait bien son serment*. LOYSEL. *Dialog.*, p. 487. — FOURNEL, p. 354. Autre espèce. Dans une affaire suivie de transaction, un avocat avait remis les pièces à chacune des parties, *selon qu'elles lui avaient paru devoir appartenir à l'une ou à l'autre*. — Sur la réclamation de l'une d'elles, l'avocat fut renvoyé. Arrêt du 28 décembre 1781. Nouveau DENIZART, vᵒ *Avocat*, §§. 7, 13, 746.

[3] Je dois ajouter qu'en donnant un récépissé des pièces, l'avocat pourrait s'exposer à une demande en restitution ou à de fâcheuses tracasseries. Nous en avons eu l'exemple tout récemment (séance du 26 avril 1842).

un temps assez long pour qu'il ait perdu le souvenir de la remise du dossier [1]. C'est au client à venir réclamer ses papiers : nous ne sommes pas tenus de les lui conserver indéfiniment, ni d'avoir des archives.

Mais si l'avocat les perd ou les égare, sans avoir une excuse légitime à présenter, il en est responsable [2].

94.

L'affaire terminée, ou s'il plaît au client de lui retirer sa confiance auparavant, l'avocat ne peut retenir les pièces, sous aucun prétexte, alors que celui-ci pousserait l'injustice jusqu'à lui refuser des hono-

[1] Très-souvent, le dossier nous est repris au Palais, après la plaidoirie ; ou bien, nous le déposons, pour le délibéré, dans les mains du tribunal, et alors le retrait en est fait par l'avoué.

JOUSSE, p. 458, pense que cinq ans après les procès jugés, les avocats ne peuvent plus être recherchés pour les faits et pièces, quand même ils s'en seraient chargés sous récépissés. En cela, il les assimile aux procureurs. Je crois que les avocats n'ont pas besoin de recourir à la prescription, par les motifs que j'ai déduits. S'ils avaient eu le tort de signer un récépissé, je crois encore qu'ils ne seraient pas reçus à invoquer la prescription de l'art. 2275, parce que la loi ne l'a pas établie pour eux, et qu'en matière de prescription la loi ne s'étend pas d'un cas prévu à un cas non prévu.

[2] Dans ce cas, le Conseil examine si les pièces ont une valeur réelle pour le client. Lorsqu'elles ne lui sont pas indispensables, il repousse la réclamation, et c'est justice. Arr. du 13 juillet 1841.

On sait que Gerbier fut assigné devant les tribunaux, en répétition des titres d'une créance de 300 000 livres, que l'on soutenait avoir été soustraits ou égarés dans son cabinet. Linguet se chargea de soutenir la demande. On connaît l'inimitié qui les divisait. —*Voir* JOUSSE, p. 458 et 463 ; Nouveau DENIZART, v° *Avocat*, §. 3, n° 13.

raires bien acquis [1]. Ce serait vouloir, indirectement, le contraindre à les payer.

95.

Je reviens à la question des honoraires, que j'ai déjà touchée, pour poser le principe de désintéressement qui doit à cet égard nous régir [2].

En présence d'une ingratitude trop fréquente, je conçois combien il est dur d'établir des règles absolues. Je sais que, sur ce point délicat, les hommes les plus consciencieux peuvent différer de sentiment, par quelques nuances du moins. Mais je publierai mon opinion tout entière : on la rectifiera s'il y a lieu.

96.

Il n'est pas douteux d'abord que, selon le droit actuel, l'action en paiement d'honoraires serait permise à l'avocat [3]; que quelques barreaux l'autorisent

[1] MORNAC, liv. I, ff. *de Pignoribus* ; BOUCHER D'ARGIS, p. 186. *Voir* arr. du Cons. du 26 avril 1827, n° 402. Mais on comprend que l'avocat a le droit de retenir, s'il n'est honoré, ses travaux écrits, notes, extraits, mémoires, consultations. Nouveau DE-NIZART, §. 3, n° 13 ; FAVARD LANGLADE, n° 10, v° *Avocat*.

[2] *Voir* ci-dessus, règle 13.

[3] C'était la disposition expresse des lois romaines (*Voir* notamment L. I, §. 10. ff. *de Extraord. cognit.* Il convient toutefois de rappeler : 1°. que, sous les empereurs, le ministère des avocats était devenu une sorte d'office Voir. *supra*, p. 16 ; 2°. que ces lois elles-mêmes ont voulu honorer la cause de la dette, tout en concédant l'action : SI REMUNERANDI *gratiâ honor intervenerit*, dit Ulpien, *erit mandati actio*, 1. 6. ff. *mandati* ; 3°. que la loi *Cincia*, (Voir *supra*, p. 16), avait refusé l'action dans les premiers temps du barreau romain. Je citerai ensuite les arrêts de Grenoble du 30 juillet 1821. S. 22, 2, 14. ; de Limoges du 10

ou la tolèrent [1]; mais il est certain qu'à Paris, nous avons consacré la règle immuable de notre ancien barreau, d'après laquelle toute demande judiciaire en paiement d'honoraires est INTERDITE à l'avocat, *sous peine de radiation du tableau* [2]. Devons-nous maintenir cette vieille tradition, malgré quelques dissidences? Pour mon compte, je n'hésite pas à le déclarer. Elle est dans l'esprit du nouveau règlement [3]; elle constitue essentiellement l'honneur de notre profession; elle fait, pourquoi ne le dirai-je

---

août 1829. S. 27, 2, 302; de Bourges du 26 avril 1830. S. 30, 2, 159., etc. Il a même été jugé que cette action n'est pas soumise à la prescription de deux ans établie par l'art. 2273 du C. civ.; qu'elle dure trente ans, comme d'après le droit romain.

[1] Ceux de Grenoble, de Marseille, de Nantes, etc.

[2] BOUCHER D'ARGIS, p. 110, s'exprime ainsi : « Les lois et les « docteurs, les anciennes ordonnances, et plusieurs anciens « arrêts donnent aux avocats une action pour le paiement de « leurs honoraires; mais suivant la dernière jurisprudence du « parlement de Paris et la discipline actuelle du barreau, *on* « *ne souffre pas qu'un avocat intente une telle action,* et c'est « ce qui résulte d'un arrêt, du 7 novembre 1737, rapporté sur « l'article 73 de la coutume d'Artois. » CAMUS est du même avis, 1re Lettre, p. 273, Edit. de DUPIN, et celui-ci le partage pour le temps actuel, en ajoutant que la prohibition était faite à peine de radiation du tableau. *Sic,* le nouveau DENIZART, v° *Avocat,* §. 3, n° 13; JOUSSE, p. 465, et PHIL. DUPIN, *Encycl. du Droit,* v° *Avocat,* n° 70. En Angleterre, on n'est pas aussi sévère. M. Dupin aîné cite l'opinion d'un jurisconsulte anglais qui taxe d'injuste et de ridicule notre manière de voir. En cela, nous pouvons encore nous faire gloire de différer de nos voisins. J'ajoute tout de suite que telle est la jurisprudence constante du Conseil de l'Ordre.

[3] Article 45 de l'ordonnance du 20 novembre 1822. *Voir* arr. du Cons. du 14 février 1832, n° 369.

pas ? que cette profession ne ressemble à aucune autre.

D'ailleurs, voyez les conséquences de l'opinion contraire. Que si vous admettez l'action en paiement d'honoraires, vous altérez profondément la fonction de l'avocat; vous la transformez en un mandat salarié, sinon en un louage d'ouvrage ; vous soumettez sa réclamation, et, par conséquent, ses actes, son mérite, peut-être sa moralité, à une discussion publique, incertaine, fâcheuse ; vous le soumettez à des responsabilités, d'autant plus sévères qu'elles devront se régler sur le prix exigé ; à l'obligation de quittancer le jugement de condamnation, à l'obligation de prendre une décharge des pièces, d'en affirmer la remise par serment [1], ou même de la prouver, etc. [2]. Que deviendront avec cela nos règles, nos prérogatives, cet esprit de convenance, qui environnent la profession, qui l'ennoblissent, qui lui attirent le respect des clients, du public et des magistrats eux-mêmes ! Ce serait, je n'hésite pas à le dire, la ruine de la profession [3] !

[1] *Voir* un arrêt d'Aix du 12 mars 1834. S. v. 34, 2. 377, qui a, en effet, jugé que le serment peut être exigé de l'avocat en pareille occasion.

[2] L'argument le plus puissant que le Conseil ait fait valoir, en 1836, contre l'étrange prétention de soumettre les avocats à une patente, a été puisé dans la prohibition de réclamer des honoraires. *Voir* ci-après n° 430.

[3] Jousse, p. 465, pense que, si les honoraires dus sont assez considérables pour influer sur la position de l'avocat, le ministère public peut, d'office, en former la demande *pour lui*, et qu'alors la Cour les adjuge d'après l'appréciation du bâtonnier.

97.

L'avocat qui veut se renfermer rigoureusement dans la règle portera donc le scrupule jusqu'à s'abstenir de réclamer ses honoraires au client, par lettres ou de vive voix [1], avant les plaidoiries surtout. Quant à son refus de plaider, outre qu'il serait une réclamation indirecte, il exposerait l'avocat à compromettre la cause [2].

98.

Mais il est reconnu que, si l'on sollicite l'avocat d'abandonner son cabinet et ses affaires pour aller plaider *au dehors* du siége, il peut, sans manquer au désintéressement ni aux convenances, témoigner le désir que la rémunération soit remise ou au moins convenue à l'avance.

Mais nos lois sur la procédure n'admettraient pas une action ainsi introduite, et l'expédient ne préviendrait en aucune façon les graves inconvénients que je viens de signaler.

[1] *Voir* l'art. 36 du décret du 14 décembre 1810, qui défendait sous une peine sévère l'exigence des honoraires d'avance. Suivant le droit civil (Faber, C. *de Suffragio*, n° 1), l'honoraire se paie avant la plaidoirie; il ne se paie qu'après selon le droit canon. L'auteur parle ainsi, en se plaçant au point de vue de la dernière législation romaine.

[2] « Nous devons éviter, disait un ancien bâtonnier, le « 9 mai 1723, d'obliger nos clients, *par nos manières envers eux* « *pendant qu'ils ont besoin de nos secours,* à nous récompenser au « delà de ce qu'ils ont résolu. » Camus, Let. 1re p. 273, éd. Dupin.

A plus forte raison, l'avocat ne doit pas aller chez son client pour réclamer ses honoraires. Arr. du 7 mai 1839, n° 343.

D'ailleurs, j'ajoute que rarement les lettres et les démarches atteignent le but, elles nuisent au contraire. Le client sait bien qu'il est votre débiteur, et que vous ne l'assiguerez pas. Il pourrait vous revenir plus tard, vous l'en détournez.

Ici, en effet, les choses changent; l'avocat, en abandonnant son cabinet, néglige ou perd d'autres clients. Il s'impose extraordinairement des fatigues, des dépenses; une exception devient donc légitime; la délicatesse la plus sévère ne lui commande pas d'injustes sacrifices [1].

99.

La conséquence de tout ceci, c'est que, recevant des honoraires, selon nos usages, c'est-à-dire sur l'offre volontaire du client, il ne doit pas lui en donner de quittance [2]. On admet cependant que, s'il les reçoit par l'intermédiaire de l'avoué ou d'un comptable, il peut, pour rassurer chez eux une susceptibilité inquiète, leur en accuser réception sous forme de lettre [3].

100.

J'ai vu des avocats, sans avoir rien reçu, leur adresser de pareilles lettres pour leur donner le moyen de

---

[1] C'est ce que la Cour de Grenoble a jugé; l'arrêt du 2 mai 1838 (S. 1839, 2, 152) porte que l'avocat peut, sans manquer aux sentiments de délicatesse qui honorent la profession, fixer et réclamer les honoraires d'avance, parce que dans ce cas, dit-il, il s'agit autant d'*indemnités et de déboursés* que d'honoraires.

[2] Camus, p. 15, Lettre 1ʳᵉ, Boucher d'Argis. Nouveau Denizart, vᵒ *Avocat*, §§. 3, 13; Jousse, p. 461. *Voir* ci-après 2ᵉ part., tit. Iᵉʳ, la résistance des avocats contre l'édit. de 1602, qui leur avait imposé l'obligation de quittancer leurs honoraires, et qui fut rapporté.

[3] Il est, en général, de jurisprudence au Palais, que le tribunal alloue le paiement des honoraires, bien que non justifiés par quittances, pourvu que leur exagération n'en rende pas le paiement invraisemblable.

répéter obligeamment les honoraires, comme ayant été avancés par eux. Un tel expédient est presque toujours sans utilité, car l'ingratitude lutte jusqu'à la fin; après y avoir réfléchi, je ne l'approuve pas, parce qu'il est contraire à la vérité, parce qu'il amène une discussion judiciaire et de fâcheux abus [1].

101.

Le client est-il fondé à répéter les honoraires qu'il a volontairement remis? je ne le pense pas, alors même que l'affaire n'aurait point eu la durée et le développement dont on la croyait susceptible. C'est à la conscience de l'avocat, à sa conscience seule, qu'il appartient de prendre cette circonstance en considération. Si nous tenons sévèrement à la règle qui interdit la réclamation, sous toutes les for-mes, il y a convenance à repousser une répétition qui deviendrait arbitraire [2].

[1] J'ai eu la preuve qu'un homme d'affaires, mandataire, s'est autorisé, d'un pareil reçu pour réclamer en justice *les intérêts* d'une somme qu'il n'avait pas payée à l'avocat.

Les anciens avocats étaient choisis pour composer le Conseil judiciaire des Princes, de grands personnages, de corps et com-munautés considérables (BOUCHER D'ARGIS, p. 175). Ils rece-vaient à ce titre des honoraires *fixés annuellement ou par mois*. De même, plusieurs de nos confrères sont aujourd'hui attachés au Conseil privé du Roi, à diverses administrations publiques, et à de grandes compagnies industrielles. Je pense que nos règles ne s'y opposent pas plus qu'autrefois. Pasquier blâmait fort les avocats qui, de son temps, consentaient, pour quelque petit sa-laire, à aider de leurs lumières certains personnages placés à la tête de ces conseils, *et qui n'y entendaient rien.* (LOYSEL, p. 152.)

[2] *Voir,* toutefois, les arr. du Conseil qui ont obligé l'avocat à consentir une restitution partielle, 21 juin 1837, n° 340; autre du 13 juin 1838, n° 354. Dans cette dernière espèce, il était constant que l'avocat *n'avait rien fait.* — Autre arr. du 26

102.

Dans les causes d'office, il lui est défendu de recevoir les honoraires même offerts. La prohibition est implicitement portée par la loi; elle l'est, en termes exprès, par un arrêté du Conseil de l'Ordre, pour la défense devant les Cours d'assises et les Tribunaux correctionnels [1].

103.

Il n'est pas convenable qu'il accepte des billets ou reconnaissances comme gage de son paiement. Encore moins peut-il les exiger : il exercerait, à l'égard du client, une véritable contrainte [2]. La précaution seule exclut le désintéressement.

104.

Toute convention, dans laquelle l'avocat stipule qu'à titre d'honoraires il lui sera remis par son client une partie de l'objet en litige ou de sa valeur, est

mars 1838, n° 370. — Autre arr. du 8 janvier 1824, n° 447, qui refuse la restitution. Ces variantes, qui procèdent du point de fait, me confirment dans l'opinion qu'il faut maintenir le principe tel que je l'ai posé. C'est l'avis de JOUSSE, p. 463. On voit que la règle repousse implicitement la répétition d'honoraires prétendus exagérés. La seule question qui puise s'élever, devant le Conseil, est de savoir si, *en fait*, l'honoraire a été remis volontairement, ou non.

[1] *Voir* arr. du Cons. du 11 décembre 1816, nᵒˢ 413 et 414. Notre ministère doit être également gratuit devant les conseils de guerre et les tribunaux civils; je crois pouvoir dire que telle est la jurisprudence du Conseil.

[2] *Voir* arr. du Cons. du 2 août 1839, n° 29; 8autre du 22 novembre 1815, n° 341 ; autre, n° 343 ; autre, n° 355, avec circonstance aggravante, l'avocat ayant négocié le billet. — Autres, nᵒˢ 356, 368, 369, 390.

sévèrement proscrite; c'est le pacte de *quotâ litis*, pacte honteux, puni de tous les temps et par toutes les lois [1].

105.

Une convention qui ressemble au pacte de *quotâ litis*, est celle par laquelle l'avocat accepterait un partage de valeurs qui lui serait offert par son client [2], ou bien, par laquelle il ferait avec lui, pendant le cours du litige, un contrat quelconque, tel qu'un achat d'immeubles, d'objets mobiliers, de créances, un emprunt de sommes d'argent [3]. Comment, en effet, se défendre de la pensée que la considération et les secrets de la défense n'auront pas influé sur le consentement du client, sur les conditions du traité [4]?

---

[1] Constantin le lui avait interdit sous peine de privation de son état. BOUCHER D'ARGIS, p. 44. Les Établissements de Saint-Louis, de 1270, chap. XIV, défendirent à l'avocat de faire, avec son client, aucun marché pendant le procès. BOUCHER D'ARGIS, p. 398. *Voir* ci-après, arr. de règl. de mars 1344, 2ᵉ partie, tit. Iᵉʳ, arrêté du Cons. de 1840, nᵒ 269. LAROCHE-FLAVIN, liv. III, chap. V, nᵒ 18 ; JOUSSE, p. 462. *Voir* arr. du 28 mars 1838, nᵒ 358 ; autre, nᵒ 385.—*Voir* aussi l'art. 36 du décret du 14 décembre 1810, qui infligeait, pour ce cas, une peine sévère.

[2] Arr. du Cons. du 20 mars 1832, nᵒ 293.

[3] *Voir* arr. du Cons. du 21 mai 1833, nᵒ 345, dans l'espèce d'un emprunt. Autre, nᵒ 346, dans une espèce analogue. — Autre, nᵒ 353. — Autre, nᵒˢ 405, 406. *Sic,* JOUSSE, p. 462; il cite un arrêt du Parl. de Bretagne, du 17 novembre 1609.

[4] I. C. *de Postulando;* Établissements de Saint-Louis, chap. IV, liv. II, cités dans la note 1 qui précède; ordonnance de Philippe VI de 1344. FYOT DE LA MARCHE, p. 223. JOUSSE, p. 462. FOURNEL, Iᵉʳ vol. p. 27.

Il est défendu aux avocats, dit JOUSSE, p. 462, d'acheter des

Il est encore contraire à la délicatesse de la profession de stipuler un honoraire plus ou moins considérable, selon le gain ou la perte du procès ', et de recevoir les sommes provenant du procès, pour toucher plus facilement ses honoraires, ou, ce qui est même chose, les retenir par ses mains.

En un mot, tout pacte d'honoraires est défendu '.

106.

L'acquisition de droits litigieux est interdite à l'avocat par le droit commun, sous peine de nullité du contrat (art. 1597 du C. civ.). Disciplinairement, ce serait un cas de radiation ³.

107.

Mais aucun texte ne lui défend de recevoir de ses clients un acte de libéralité, soit une donation, soit un testament ⁴. A la différence de l'espèce qui

héritages des parties dont ils ont vu les titres, et auxquels ils ont servi de *conseils*. Ord. d'Orléans, art. 54. Arr. du 2 mai 1658, cité par Rochette en ses Décisions de droit, p. 3. Arr. du 14 mars 1563, rap. par Bouchel, en sa bibliothèque, vᵒ *Avocat,* p. 87.

¹ Arr. du Cons. du 24 novembre 1840, nᵒ 403.

² Arr. du 8 juillet 1812, nᵒ 385.

³ MERLIN, répertoire, vᵒ *Avocat.* Ord. d'Orléans, art. 54 ; de 1629, art. 94. JOUSSE, p. 475.

⁴ Merlin, *ibid.,* vᵒ *Avocat.* LAROCHE-FLAVIN, liv. III, chap. V, nᵒ 19, cite deux espèces, où des donations faites à des avocats ont été annulées ; mais il y avait, sans doute, fraude et captation, dans ces espèces. Le nouveau Denizart atteste que la jurisprudence était constante en faveur des libéralités. Il rapporte les réquisitoires de MM. les avocats généraux Talon, D'Aguesseau, Gilbert Desvoisins, vᵒ *Avocat,* nᵒˢ 15 et 16. Voici comment ce dernier s'exprimait lors de l'arrêt du 4 mars 1692, rendu conformément à ses conclusions : « Ce serait déshonorer un corps illustre, une

précède, la loi voit ici un acte tout désintéressé, tout volontaire de leur part ; elle se confie, elle a dû se confier à l'avocat ; elle savait que plus d'un exemple est là pour garantie de sa probité [1].

108.

Tout ce que le client dépose dans le sein de son avocat est confidentiel, et doit rester couvert du secret le plus impénétrable : c'était pour l'avocat un point de religion [2], avant que la loi pénale lui en eût fait un devoir d'état [3].

Aussi, tenons-nous qu'il ne peut être forcé de témoigner en justice sur des faits dont il n'a eu con-

---

« profession aussi noble que celle des avocats, que de la regarder « comme formant en général, et en conséquence de la seule « qualité d'avocat, une incapacité de recevoir des donations. La « pureté, la grandeur, la dignité de leur ministère semblent « même dissiper les soupçons, et ne pas admettre qu'on les « confonde avec ceux dont l'ordonnance de 1539 a parlé. C'est « ce qui a été jugé par plusieurs arrêts, par rapport à des legs « universels. La distinction des donations entre vifs, et des dis- « positions testamentaires a été aussi rejetée. T. II, p. 300 et « suivantes. » *Sic*, JOUSSE, p. 463, qui cite des arrêts.

[1] Je citerai, pour notre époque, l'exemple de M. Bonnet, qui est mort conseiller à la Cour de cassation. Une dame Binet, veuve, sans enfants, pour laquelle il avait plaidé plusieurs procès importants, lui avait dit souvent qu'elle se proposait de l'instituer son légataire universel. Il avait toujours combattu cette résolution. Elle y persista, et M. Bonnet remit la succession au frère, qui se trouvait déshérité. Le legs était d'environ 40 000 fr.

[2] BOUCHER D'ARGIS, p. 399 et 400. — MERLIN, *Répert.*, v° *Avocat*, 22.

[3] L'art. 378 du Code pénal établit une peine contre la révélation du secret ; et la jurisprudence applique cet article aux avocats, sans aucune contradiction. *Voir* aussi les art. 103 et suiv.

naissance que *dans l'exercice de sa profession*[1]. Si
donc vous êtes cité en témoignage, comparaissez,
par respect pour la justice, mais déclinez votre qualité, et abstenez-vous de répondre sur ces faits. Si
le serment du témoin vous est demandé, comme il
impose l'obligation de dire toute la vérité, ne le
prêtez qu'en exprimant une réserve[2]. Quant aux
autres faits non confidentiels, vous devez en déposer[3]. Votre titre d'avocat ne suffit pas pour vous
dispenser de rendre hommage à la vérité, même

---

[1] Arr. du Cons. des 6 août 1833 et 29 janvier 1839, n°s 445
et 446.

Arr. de Rouen du 9 juin 1825 §. 27, 2, 44.— Arr. de cassat.
du 22 février 1828, §. 28, 1, 279.

[2] Arr. de cassation du 20 janvier 1826, §. 27, 1, 76, qui admet cette restriction.—Autre du 14 septembre 1827, vol. XXVIII,
1, p. 391.

[3] Comment savoir, dira-t-on, si le fait est ou non confidentiel? Je pense que la conscience de l'avocat est, seule, juge de la
question.—Consulter sur ce point une autorité ou un tiers quelconque, ce serait, de la part de l'avocat, révéler le fait indirectement, et violer l'obligation du secret.

MERLIN, v° *Avocat*, et LEGRAVEREND, tom. I, p. 235 et 237,
improuvent le privilége dont jouit l'avocat, et disent qu'il est
exorbitant; ils pensent du moins, qu'en matière criminelle, il
devrait être tenu de déposer même sur les faits confidentiels.
L'intérêt public, selon eux, doit faire taire les scrupules et la
fausse délicatesse de l'homme. MM. Carnot et Favard de Langlade repoussent cette opinion, et nous n'avons pas besoin de répéter qu'ils sont dans la vérité. Avec le système contraire, on
fait le procès à l'art. 378 du Code pénal, qui a pesé toutes les
considérations; on rendrait notre ministère impossible, car quel
est l'accusé qui ne tremblerait pas de confier à son avocat les
communications les plus nécessaires à la défense? M. PH. DUPIN,
Encycl. du Droit, n° 64, est du même avis.

contre votre client. Les magistrats chargés de l'instruction ont toujours respecté notre droit avec cette distinction, et nous n'en avons jamais abusé. On dit de l'avocat, avec vérité, qu'il est le *confesseur* de son client [1].

---

[1] Sous l'ancien droit, notre opinion ne souffrait pas de difficulté. Nouv. DENIZART, v° *Avocat*, §§. 6, n° 10. Il rapporte le réquisitoire de M. l'avocat-général Gilbert Desvoisins, qui s'exprime en ces termes : « On ne peut douter, en général, que la foi reli-« gieuse du secret ne soit essentielle à la profession du barreau... « L'avocat, le jurisconsulte est nécessaire aux citoyens pour la « conservation et la défense de leurs biens, de leur honneur et « de leur vie. Il est établi par la loi et autorisé par l'ordre public « dans des fonctions si importantes. La confiance de son client lui « est surtout nécessaire pour s'en acquitter, *et où le secret n'est* « *point assuré, la confiance ne peut être*. Ce sont donc les lois « elles-mêmes qui, en instituant l'avocat, *lui imposent la loi du* « *secret, sans laquelle son ministère ne peut subsister et ses* « *fonctions sont impossibles*. » JOUSSE, p. 458, cite d'autres arrêts en ce sens. Les théologiens enseignent, conformément au droit naturel, que l'avocat ne doit pas révéler ce qu'il ne sait que *comme avocat*. Le serment qu'il ferait, devant la justice, de dire toute la vérité, *sous-entend* la réserve des faits qui lui ont été transmis sous le secret naturel dont l'obligation est inhérente à sa profession. On n'a donc pas le droit de lui demander le serment sans cette réserve. S'il en était autrement, il perdrait toute confiance de la part de ses clients. Les théologiens s'accordent aussi à excepter, de la règle du secret, le cas du bien public qui oblige à la révélation des secrets naturels. Ce bien public s'entend d'un grand mal à prévenir, ou d'un tort considérable qui serait fait au prochain, si le secret n'était pas révélé. Pour la confession, la règle est absolue : « *Etiam* « *si legitimè et juridicè interrogatus, non teneris testari....* « *accepisti sub secreto naturali, ut... advocatus, medicus, etc.* « *Modo tamen non sit necessarium ad magnum reipublicæ, vel* « *proximi malum avertendum, etc.,* » Ainsi s'exprime Buzem-

TITRE III.

DEVOIRS DE L'AVOCAT ENVERS SES CONFRÈRES.

109.

Nous entrons dans le sanctuaire de la famille.

Le premier devoir que nos traditions prescrivent au jeune avocat dans ses rapports avec ses confrères, est de porter de la déférence aux anciens [1], et de les consulter sur toutes les difficultés qui se rencontrent dans l'exercice de la profession [2].

---

baum, que Saint-Liguori adopte sans modification. Voyez sa *Théologie morale*, liv. IV. *De præceptis particular.* cap. 3 de *officio sæcularium*, Dub. 6, n° 268. — Cette note m'a été communiquée par M. l'abbé Coquereau, chanoine de St-Denis, vicaire général d'Évreux.

Voici l'opinion de Marcus Caton sur cette question délicate; il dit de l'avocat : *adversùs cognatos pro cliente testatur, testimonium adversùs clientem nemo dicit.* LAROCHE-FLAVIN, liv. III, ch. V, n° 8.

Voir aussi la règle 72, qui est la conséquence de notre principe sur l'obligation religieuse du secret.

[1] Nous avons déjà dit un mot de l'*ancienneté*, p. 58. *Voir* encore règle 113, et n° 230 des *Précédents*.

[2] BOUCHER D'ARGIS, p. 405. Il exprimait le désir que chaque avocat plaidant remît à l'arbitrage du bâtonnier et des doyens de chaque banc, trop âgés pour plaider, au moins une cause par année. C'était lui demander plus qu'une déférence; c'était le convier à un généreux secours, aussi honorable pour lui que pour eux.

« Il n'y a pas quelquefois moins d'habileté, dit LA ROCHEFOU-

Pour lui, ce n'est point de la dépendance, c'est un noble patronage.

De leur côté, les anciens doivent aux jeunes confrères, dans la conduite de chaque jour, dans les causes dont ceux-ci peuvent être chargés, conseils, encouragements, appui [1]. Et l'on comprend que cette obligation prend un caractère encore plus grave pour les anciens qui ont reçu l'honneur de les représenter au Conseil de l'Ordre [2].

C'est cet échange mutuel de dévouements, de bons exemples, de confraternité, qui a toujours fait l'honneur et le charme de la profession [3].

C'est lui, disons-le, qui réchauffera chez nous, malgré les tendances contraires, cet esprit de corps, autrefois si énergique, et si nécessaire aujourd'hui.

J'entends par *esprit de corps*, non pas un esprit de parti, non pas une vanité ridicule ou un système exclusif, mais un concert de sentiments vrais, unanimes, chaleureux, qui lie ensemble tous les membres d'une société particulière bien organisée sans les isoler de la société générale, qui les porte, par un principe d'honneur et d'intérêts communs, au respect de leurs règles, à la défense de leurs droits, aux belles et grandes actions, qui leur inspire le

« CAULD avec une haute raison, *à profiter d'un bon conseil*, qu'à « se bien conseiller soi-même. » *Pensée* 283.

[1] BOUCHER D'ARGIS, p. 402.

[2] *Voir* n° 10 et suiv. des *Précédents*.

[3] *Ut ameris*, dit OVIDE, *amabilis esto*. Il est certains caractères dont la roideur se fait difficilement aimer, mais s'ils sont droits et capables de dévouement, ils commandent toujours l'estime et le respect.

besoin de s'entr'aider mutuellement, qui fait la
force, le bien-être, la gloire de tous [1].

110.

Le bâtonnier, rendu à nos libres suffrages, est le
chef de la famille, il est notre modèle, *primus
inter pares* [2].

Si le bâtonnat est pour l'avocat l'honneur suprême, s'il lui est permis de s'en faire gloire, il comprendra que cette dignité lui impose de grands devoirs
à remplir. Il ne lui suffit point d'offrir ses conseils
et son appui à chacun de ses confrères, ni de leur
ouvrir à tous des réunions qui resserrent et charment
les liens de la confraternité, ni de leur montrer dans
sa personne l'exemple le plus parfait de toutes les
qualités qui distinguent la profession : des obligations publiques commencent pour lui. Comme chef
de l'ordre, il doit veiller avec sollicitude, sans re-
lâche, à ses intérêts généraux. Il doit, dans le sein

---

[1] Il ne faut pas confondre l'esprit de corps avec le régime des
anciennes corporations ; je crois avoir prouvé que l'ordre des
avocats n'a jamais eu de ressemblance avec elles. On sait que ce
régime formait un état statutaire et constitué. J'en ai signalé les
abus et la juste abolition, dans mon ouvrage *sur la Compétence
des Conseils de Prud'hommes*, p. 21 et suiv.

Voir ci-après, 2ᵉ partie, tit. I, la résistance de 1602, et les
faits rapportés à la note sur les règles 127 et 142.

C'est ici le lieu de renvoyer aux devoirs d'assistance et de protection que le Conseil de l'Ordre est tenu d'accomplir, dans l'intérêt général comme dans l'intérêt particulier des confrères.
3ᵉ partie, tit. II, chap. V, nº 409 et suiv.

[2] *Voir* tit. IX, 2ᵉ partie, l'ordonn. du 27 août 1830. Le bâtonnier est soumis, ainsi que tous les autres confrères, à la juridiction disciplinaire du Conseil de l'Ordre. (Réquis. de M. Dupin, procureur-général à la Cour de cass., dans l'affaire Parquin.)

du Conseil, presser l'expédition des affaires, réunir les commissions qu'il est appelé à présider toutes, faire exécuter les décisions rendues, lui communiquer son zèle et ses inspirations. En dehors du Conseil, il tient le gouvernail de notre petite république, c'est son œil vigilant qui en éclaire et dirige la marche, c'est sa prudente fermeté qui en prévient ou en règle les oscillations, c'est son influence morale qui en protége les droits. Pour lui, rien ne peut être indifférent ni excusable. Il se doit aux affaires de l'ordre, avant les siennes propres. Il est comptable du relâchement qui pourrait arriver, du bien qui ne se fait pas [1].

111.

C'est un devoir rigoureux pour tous ceux qui ont l'honneur d'être membres du Conseil de l'ordre, que d'y assister avec exactitude, et de prendre part aux délibérations, même sur des plaintes, quelque pénible que soit la décision à rendre.

Je n'ai pas besoin de dire que le secret des votes, au Conseil, doit être religieusement gardé [2].

112.

A l'audience ou dans ses écrits, qu'un avocat n'abuse jamais de son esprit pour tourner un confrère en dérision, encore moins pour le poursuivre

---

[1] L'avocat, nommé bâtonnier, devient *un centre de réunion* pour tous ses confrères. Nouveau DENIZART, v° *Avocat*, §. 3, n° 5.

[2] *Voir* arr. du Cons. du 29 juin 1826, n° 63.

Les avocats reçoivent la qualification de *Maîtres*, soit des juges, soit des parties, mais, entre eux, ils se qualifient toujours *Monsieur*. LOYSEAU, *des Offices*, liv Ier, ch. IV, nomb. 82. *Voir* aussi n° 63 des *Précédents*.

de ses reproches ou de ses mépris. Autant les mots
fins et délicats peuvent répandre d'agréments dans
une plaidoirie, autant de pareils traits sont cruels et
impardonnables [1].

113.

L'ancienneté, qui n'a plus guère d'autres privi-
lèges [2], veut que les rendez-vous soient pris dans
le cabinet de l'ancien pour toutes nos affaires,
consultations, conférences de plaidoiries, arbitrages, etc., etc.

Il n'y a d'exception qu'en faveur du bâtonnier,
les anciens bâtonniers rentrent dans la règle [3].

---

[1] Malgré la gravité du sujet, il n'est peut-être pas déplacé de
rappeler que le caractère français s'est montré au barreau, comme
ailleurs, par de bons mots qui sont restés. LOYSEL raconte deux
anecdotes fort plaisantes. Le règlement d'alors condamnait à l'a-
mende les avocats qui se chargeaient de mauvaises causes. Un
avocat, nommé BERTHE, d'une petite taille, étant coutumier du
fait, on l'appelait au Palais *le petit amendier* (p. 231, Dial.).
RENAUD LOYSEAU ayant perdu un procès de succession par la règle
paterna paternis, que la sentence déclarait lui être applicable
sous la coutume de Chartres, qui ne parlait pas de cette règle,
il fit, en appel, des Mémoires qui eurent un succès de vogue, et
où il se moquait de l'objection en la traduisant par ces mots spi-
rituels et comiques : *Lanterna lanternis*, p. 247, *ibid.*

La conduite de LINGUET offrait le caractère opposé. On sait
quelle a été sa triste fin.

Il faut encore excuser ces écarts et ces brusqueries, qui sont
l'effet d'une tête vive et inégale; tel était notre confrère GICQUEL,
d'ailleurs si distingué et si excellent. Je puis le citer, puisque
lui-même a fait sa confession dans un testament qui est un modèle
de confraternité. *Voir* ci après, n° 485 des *Précédents.*

[2] *Voir* en quoi ils consistaient, tit. I, 2e partie. — *Voir* aussi
n° 24 à la note, et n° 230 des *Précéd.*

[3] Disons, dès à présent, que c'est le plus ancien avocat qui

114.

La confiance des clients étant libre, vous pouvez accepter les causes dont un autre confrère aura été précédemment chargé ; mais il est convenable que vous lui en parliez d'abord [1], ainsi qu'au client, pour vous assurer qu'un rapprochement n'est plus possible entre eux. Vous saurez ensuite si le confrère a été honoré de son travail. Le client lui refuse-t-il des honoraires sans motif légitime, vous devez vous abstenir, car vous seriez exposé, sans le vouloir, à protéger un acte d'indélicatesse. S'il vous est défendu de réclamer pour vous, nos répugnances ne vont pas jusqu'à vous interdire le droit de parler pour un autre, et la réclamation vous est facile : puisque le client tient à vous, il acquittera sa dette au premier mot. Je pourrais trouver au Palais mes autorités.

115.

Il est de principe qu'un avocat ne doit pas faire usage, en plaidant, d'une pièce qu'il n'a pas communiquée à son confrère [2], à moins qu'il ne l'ait reçue

présente les licenciés au serment, *voir* ci-après note sur l'art. 38 de l'ord. du 20 novembre 1822, qui supplée un juge à défaut de suppléant, *voir* tit. III, 2e partie, et règle 127, qui est préféré dans nos élections générales, à égalité de voix. *Voir* ci-après nos 17 et 230, 3e partie.

[1] *Voir* arr. du 28 mars 1838, no 358.—*Voir* un autre du 5 février 1839, no 560. L'espèce de celui-ci est utile à connaître.

[2] LAROCHE-FLAVIN, liv. III, ch. III, nos 25 et 26.

La communication mutuelle n'est pas seulement réclamée par la bonne foi et la confraternité, elle est nécessaire pour que les avocats puissent bien connaître la cause et réduire la discussion aux vrais points du litige. A cette occasion, le même auteur raau moment de l'audience seulement, ou qu'il se soit assuré, avant la plaidoirie, qu'une remise de la cause pourra donner à ce dernier le temps d'examiner la pièce et de répondre.

Devant la Cour, la communication précédera les plaidoiries; il est rare qu'on y soit certain d'une remise ou même de la réplique [1].

116.

La nécessité des communications n'est cependant pas si absolue, qu'elle doive gêner la défense et compromettre l'intérêt des clients.

Ainsi, on n'est pas tenu de produire des pièces contre soi : *nemo cogitur edere contra se.*

Ainsi encore, si, en première instance, le défendeur est appelé à repousser une demande qui lui paraît injuste, mais qui est grave et embarrassante, s'il ne connaît pas le système sur lequel on essaiera de l'établir dans la plaidoirie; s'il pense que des aveux, que des assertions fausses ou contradictoires dont il pourra tirer parti, échapperont au demandeur, il a le droit d'attendre que celui-ci s'explique et de ne rien lui communiquer jusque-là. L'avocat du demandeur peut éprouver quelque regret de l'erreur qu'une communication viendra plus tard lui révéler. N'importe, l'intérêt légitime des parties passe en pre-

---

conte une anecdote qui, sauf la vraisemblance, est au moins amusante : « Un sourd, dit-il, plaidait contre un sourd devant « un juge sourd ; le premier demandait le loyer d'une maison, « l'autre défendait pour un moulin : le juge ordonna *que les* « *parties nourriraient leur mère.* »

[1] Sur la réplique, *voir* règle 146.

mière ligne ¹. Au surplus, c'est à la délicatesse et à la prudence de l'avocat qu'il appartient de concilier la règle et l'application, l'intérêt du client et les égards dus au confrère.

Supposez qu'il s'agisse d'une plainte portée au criminel, l'avocat du prévenu aura le même droit, à plus forte raison : il n'est pas permis au plaignant de contraindre celui-ci à lui fournir les moyens de justifier cette démarche extraordinaire.

117.

Entre confrères, inscrits au tableau ou simples stagiaires ², la communication a lieu, sans récépissé, avec une confiance, avec un abandon sans limites ³. Si le client voulait s'y opposer, l'avocat devrait refuser la défense. Ici, c'est l'intérêt de l'Ordre qui prévaut ⁴.

---

¹ Cette opinion que je présente repose sur vingt-cinq ans d'expérience. J'aurais pu même en faire l'objet d'une règle générale applicable aux cas analogues, avec la restriction que j'indique immédiatement.

² C'est ce qui prouve l'importance des vérifications à faire pour l'admission du stagiaire, notamment quant à l'obligation d'un cabinet meublé *par lui*. Le dépôt des pièces dans ses mains ne peut être sûr qu'à cette condition.

³ Les avocats du parlement *de Paris* ont toujours été dans l'usage de se communiquer mutuellement leurs sacs, sans aucun récépissé ni inventaire (ce qui ne se pratiquait pas de même dans les autres tribunaux). *Voir* plus loin, 2ᵉ part. tit. I, notre observation quant à la discipline du Parlement. Cet usage était fondé sur la droiture et l'exactitude, bien connues, des avocats. *Il n'y a pas d'exemple*, disent Loysel et Boucher d'Argis, *qu'il en soit jamais arrivé aucun inconvénient.* LOYSEL, p. 177 ; BOUCHER D'ARGIS, p. 150 ; CAMUS, p. 10 et 11, 1ʳᵉ Lettre. La même assertion peut encore être faite de notre temps.

⁴ Le client n'a ni raison, ni intérêt, pour contester un usage constant, inoffensif.

118.

Il est imprudent d'accepter la communication de pièces qui ne sont pas en leur entier et en original, parce qu'il peut en résulter, sur les faits du procès, des erreurs ou des équivoques, aussi compromettantes pour le confrère auquel la communication est donnée et qui la croit complète, que pour son client lui-même [1].

119.

Il n'est pas d'usage que les avocats communiquent leurs pièces à aucune autre personne qu'à leurs confrères [2]. Avant d'envoyer les dossiers aux avocats, les avoués se font entre eux leurs communications.

120.

Lorsque l'avocat rédige une note pour les juges ou consent à y attacher son nom [3], la règle exige

Un arrêt de règlement du Parlement de Paris, du 4 janvier 1535, art. 2, et l'ord. de juillet 1529, art. 29, voulaient, sous peine d'amende, que les avocats cotassent leurs pièces pour les retrouver plus facilement en plaidant, et marquassent sur ces pièces les passages qui pouvaient leur servir. On conçoit que ces dispositions ne sont plus obligatoires. Elles avaient pourtant un objet utile (*Voir* la note sur la règle 142), et nous nous rappelons que Gauthier Berryer, dont la précision était si remarquable, avait conservé l'usage de préparer ainsi son dossier. Ce qu'il importe de faire observer dans tous les cas, c'est que l'avocat doit s'abstenir de porter sur les pièces communiquées par son confrère aucuns traits, cotes, ni annotations.

[1] *Voir* un exemple de ce danger, ci-après n° 310 des *Précéd.*, dans l'arr. du 10 mai 1837.

[2] Tel était l'ancien usage, lors même que le procureur se présentait pour plaider contre l'avocat. BOUCHER D'ARGIS, p. 152.

[3] *Voir* la règle 67, à la note.

qu'il fasse remettre la *première* copie à son adversaire. Cette règle, qu'on a le tort de ne pas toujours observer, ne souffre aucune exception ; et les magistrats sont les premiers à se plaindre, s'ils supposent qu'un pareil oubli a eu lieu. Il n'est pas besoin d'indiquer le motif [1].

121.

L'intimité de nos rapports est telle, que nous nous communiquons souvent, avant la plaidoirie, les autorités et les arrêts dont nous voulons faire usage [2].

122.

Les avocats ne doivent pas s'interrompre les uns les autres, en plaidant. Ces interruptions fâcheuses troublent celui qui parle, et blessent la dignité de l'audience ; j'excepte le cas où il s'agit d'une erreur matérielle de fait, qu'il importe de relever sur-le-champ, pour arrêter l'impression qu'en ressentirait le juge ou dans la crainte de n'avoir pas la réplique [3].

123.

Si deux confrères ont entre eux quelque sujet de

[1] *Voir* ci-après, n° 419, l'arrêté pris par le Conseil, à ce sujet, le 12 février 1829, sur la plainte qui lui a été portée par M. le président du Tribunal de 1re instance. L'arrêté est remarquable sous un autre rapport : après avoir déféré à ce que cette partie de la réclamation avait de juste, il ne croit pas devoir adopter un mode de communication dont l'usage nouveau aurait compromis l'indépendance et la dignité de la profession.

[2] Je ne prétends pas, comme on voit, poser ici une règle rigoureuse.

[3] Ordonn. de François Ier de 1539, art. 40. *Voir* tit. Ier, 2e partie, et règle 148.

contestation sur une question de procédés ou de discipline, leur arbitre naturel, c'est le bâtonnier [1]. Ils ne recourront à l'intervention du Conseil de l'Ordre que dans des cas graves, qui, heureusement, sont rares. La discussion de pareils débats doit fuir autant que possible la publicité.

Je ne sache pas qu'ils aient jamais eu d'autre résultat.

124.

Nous ne considérons pas comme confrères ceux qui ne sont ni stagiaires ni inscrits sur notre tableau, bien qu'ils puissent à la rigueur prendre le titre d'avocat, s'ils n'exercent pas de fonctions incompatibles [2].

125.

Dans ces derniers temps, nos élections générales, obtenues avec tant d'efforts, après une si longue attente [3], ont donné lieu à des observations qui me paraissent très-sérieuses. Je demande la permission

---

[1] « S'il s'élève entre les avocats, dit Boucher d'Argis, quel-« que différend sur un point de discipline, c'est au bâtonnier « et aux anciens qu'on en réfère. » On voit que j'ai un peu modifié cette opinion. Voir *infrà*, n° 276, arr. du 30 novembre 1814.

[2] Le même auteur allait encore plus loin que moi sur ce point : « Je ne mets point pareillement au nombre des avocats, ajoute-« t-il plus loin, certaines gens qui n'en ont que le *vain titre*, « que leur matricule (inscription au tableau) leur donne, *s'ils* « *n'en font véritablement la profession*. On ne reconnaît point « pour confrères au Palais *ces prétendus avocats*. »

Voir *infrà*, n° 429 des *Précéd.*, les développements que je crois devoir présenter sur cette importante question.

[3] *Voir* tit. IX, 2ᵉ partie, l'ord. du 27 août 1830.

d'exprimer toute ma pensée, sans reproche, sans personnalité.

Les uns désirent entrer au Conseil, les autres regrettent d'en sortir. Ces désirs, ces regrets se comprennent également, ils sont également honorables, mais ils doivent s'exprimer avec mesure et décence.

Sortir du Conseil, ce n'est point en être exclu; nous cédons pour un temps la place à d'autres, non moins dignes d'arriver : n'en ayons ni chagrin, ni ressentiment, notre tour reviendra [1]. Si nous voulons y entrer, attendons la justice et les suffrages de nos confrères, ne les sollicitons point, pas même par nos amis : notre candidature à tous est connue, elle est de droit. Avons-nous une opinion à émettre sur les candidats, que ce soit dans notre intérieur, jamais dans les journaux, ni par des écrits, et pas plus dans ces réunions qu'on nomme préparatoires. En un mot, évitons de donner à nos élections la couleur des élections politiques; nous sommes en famille; et d'ailleurs, ce n'est pas le public qui nous appelle, c'est la grande voix du Palais : elle seule peut assurer à notre candidature le succès, à notre élection la durée.

126.

Parlerai-je aussi de l'élection de notre bâtonnier ?

Le bâtonnat est l'honorable fin que l'avocat doit ambitionner dans sa profession. Il le reçoit comme une récompense légitime, il en jouit comme d'un noble trophée, il en transmet à ses enfants l'honneur comme une partie de son héritage. Que faut-

[1] *Voir* ci-après, n° 19 des *Précéd.*, la proposition faite au Conseil d'un nouveau système sur l'éligibilité. ,

il donc pour le mériter? J'accorde que l'éminence est le premier de tous les titres; mais on pensait autrefois que l'ancienneté, le mérite, la modestie, la pureté de mœurs, la pratique constante des devoirs de la profession forment des titres qui ont aussi leur éclat. L'ancienneté n'est pas seulement une date, c'est par elle que se comptent les années de travail, d'expérience, de probité. Comment se faisait alors le choix du plus digne? par une élection générale, telle que la nôtre. La profession était-elle moins honorée ? l'histoire du barreau répond. Songeons-y bien, gardons-nous, par une exclusion systématique et imprudente, de flétrir les hommes honorables qui touchent au terme de leur carrière, de décourager ceux qui la commencent. S'il n'est pas donné à tous de conquérir le prix glorieux de tant d'efforts, qu'au moins chacun puisse en conserver l'espoir.

TITRE IV.

DEVOIRS DE L'AVOCAT ENVERS LES MAGISTRATS.

127.

Toute société a ses hiérarchies. Dans l'ordre judiciaire, les avocats viennent après la magistrature, ils lui doivent donc déférence et respect. Ils doivent déférence et respect à chacun de ses membres, même dans les tribunaux d'un ordre inférieur. Cette obligation est plus étroite pour les avocats que pour les autres citoyens, parce que les avocats sont appelés par leurs fonctions à être les organes de ceux-ci devant la justice[1].

L'ancien barreau et les arrêtés du nouveau Conseil ont constamment maintenu cette règle. De même ils ont toujours voulu qu'en respectant la magistrature, les avocats sussent faire respecter par elle l'indépendance et la dignité de leur caractère[2]. S'ils ne rendent pas les arrêts, les avocats les préparent par leurs paroles ou leurs écrits. Suivant la belle expression de Boucher d'Argis, ils sont l'âme de la justice[3].

---

[1] « Les avocats, dit Desmares, doivent acquérir et garder « l'amour du juge. » Décision 411. *Voir* suprà, règles 48, 94 et 50. *Voir* arr. du Cons. du 1er février 1821, n° 331. — Autre arr. du   1820, n° 336, qui commande à l'avocat de respecter les jurés comme les magistrats. La Cour d'assises est formée, en effet, par les jurés et les magistrats. — *Voir* autre arr. du 9 février 1821, n° 238. — Autre du 21 janvier 1834, n° 339. — Autres, n°s 360, 372, 375. Les considérants de ce dernier arrêté sont importants à méditer. — *Voir* encore JOUSSE, p. 457.

L'avocat manque de respect envers les magistrats, lorsque, appelé devant eux pour répondre à une action personnelle, en matière criminelle surtout, il affecte *de faire défaut*. Pour lui, plus que pour tout autre, la justification est un besoin urgent. Arr. du Cons. du 16 août 1827, n° 374.

[2] BOUCHER D'ARGIS, p. 385 et 399.

[3] *Ibid.*, p. 411. M. Henrion de Pansey, *Assemblées nationales*, p. 162, dit qu'ils forment une véritable magistrature. Avant que les charges de magistrature fussent constituées en offices vénaux, c'est parmi les anciens avocats que l'on choisissait ceux qui devaient remplir les places de conseillers venant à vaquer dans le Parlement. On en présentait trois des plus célèbres, entre lesquels le Roi choisissait le titulaire à nommer (PASQUIER, en ses *Recherches*, liv. II, chap. III; liv. IV, chap. XVII). Ce droit d'élection n'a été aboli que sous François Ier (FOURNEL, tom. II, p. 188).

Comme la magistrature, le barreau a donc sa puissance '.

, Du temps de Dumoulin, les magistrats du Parlement étaient appelés *Messeigneurs* par l'avocat plaidant.

On trouve, dans l'histoire de l'ancien barreau, plusieurs faits qui justifient notre règle, et dont je ne veux pas exagérer la portée. Je ne citerai que trois de ces faits : Le premier, c'est la *révocation*, en 1602, de la mesure qui enjoignait aux avocats la taxe de leurs honoraires. *Voir* tit. I, 2ᵉ partie. Voici le second : Après la retraite de l'avocat-général Talon, exilé pour s'être opposé à l'enregistrement d'un édit bursal, Louis XIV résolut d'humilier les avocats qui avaient pris parti pour ce magistrat, et il rendit une déclaration permettant aux procureurs de *plaider*, même sur les appellations. M. le premier président de Bellièvre représenta au Roi, après que le Parlement eut enregistré la déclaration, *que les procureurs n'étaient pas capables de plaider des questions de droit et de coutume, et qu'ainsi les causes de ses sujets seraient mal défendues.* La déclaration ne reçut pas d'exécution. *Voir* COQUART, p. 73 ; BRILLON, *Dict. des Arrêts*, vᵒ *Avocat.*

Troisième fait. En 1717, l'avocat Sicaut, chargé d'une cause du rôle, s'étant trouvé à l'audience de la Tournelle criminelle, plus tard que la Cour ne semblait l'avoir indiqué, M. le président lui dit : *La Cour avait délibéré de vous interdire, et c'est par grâce qu'elle ne le fait pas.* Les avocats, surpris d'une semblable délibération, arrêtèrent que M. Arrault, leur bâtonnier, assisté de deux anciens, expliquerait à M. le président qu'y ayant eu du malentendu dans l'indication de l'heure, l'avocat Sicaut n'était point en faute, et que, *quand il y aurait été,* il n'y avait ni loi, ni ordonnance, ni règlement qui pût soumettre les avocats à l'interdiction pour un cas pareil. On fit entendre à M. le président que, s'il n'était pas donné une satisfaction publique *à l'ordre des avocats, la résolution était prise de ne plus aller à la Tournelle.* Pour éviter cet inconvénient, M. le président consentit à faire en pleine audience, à l'ordre des avocats, un compliment qui tiendrait lieu de satisfaction. En effet, M. Sicaut ayant expliqué, à l'audience du 22 janvier 1718, sa surprise et son trouble sur

128.

Il n'est pas besoin de rappeler aux avocats qu'en attaquant, dans leurs plaidoiries ou leurs écrits, la

la délibération du 31 décembre précédent , M le président dit : *La Cour prendra toujours en bonne part ce que vous lui avez dit; elle est persuadée de votre zèle et de votre attention pour remplir les devoirs de votre état; elle est persuadée que votre conduite est régulière. Elle ne manquera pas de témoigner, dans toutes les occasions, la considération et l'estime qu'elle a pour votre ordre en général et pour vous en particulier.* BRILLON , *Cod. loc.*, n° 1. Ces événements sont loin de nous, mais ils conservent leur intérêt. *V.* aussi les faits rapportés à la note, règle 142.

Il est curieux de lire la réponse à l'objection faite contre la résolution du barreau. « Avec la permission de M. mon ancien, ajouta le jeune avocat, je répondrai au soupçon qu'a M. le Conseiller que quelque avocat pourrait aller plaider au préjudice de la résolution de ses confrères. Outre que je suis persuadé qu'il n'y en a pas un maintenant qui voulût s'exposer par là à devenir tout à la fois l'objet du mépris et de ses confrères , et des juges , et du public, et de toute la postérité, c'est que, s'il s'en trouvait un capable *de cette lâcheté,* ne devrait-il pas trembler en se rappelant la punition de M. Rosé ? Cet ancien avocat, célèbre d'ailleurs, s'étant laissé entraîner aux sollicitations de M. Fouquet, procureur-général , alla au Palais malgré la retraite de ses confrères , et prit des défauts à tour de rôle. Qu'arriva-t-il de là ? que M. le premier président de Bellièvre défendit au greffier de délivrer les défauts qu'il n'avait pu s'empêcher de prononcer : et les avocats, à leur retour au barreau , regardant M. Rosé *comme un faux frère, ne voulurent plus communiquer avec lui;* il fut obligé de quitter tout à fait le Palais, et il en mourut de chagrin. » COQUART, p. 73.

En 1771, l'histoire du Parlement Maupeou offrit pourtant un exemple contraire, et qui ne fit que mettre en relief l'autorité des anciennes traditions. Malgré la résolution que prit la très-grande majorité du barreau de ne pas plaider devant lui, Gerbier et quelques autres confrères consentirent à paraître à ses audiences. Ce fut une tache ineffaçable dans la vie du grand avocat,

religion, les principes de la monarchie constitutionnelle, la Charte, les lois et les autorités établies, ils
violent leur serment. Les magistrats ont le droit de
réprimer ces écarts immédiatement : les lois et règlements le disent en termes positifs ¹.

129.

Hors du Palais, les rapports obligés avec les magistrats sont peu fréquents, ils se renferment dans
quelques usages de bienséance.

130.

Ainsi, la délicatesse veut que l'avocat n'aille parler aux magistrats, chez eux, de l'affaire dont il est
chargé, qu'autant qu'ils l'y invitent, et dans ce cas
ils ne manquent pas d'y appeler son confrère, s'ils
jugent la contradiction indispensable.

Voir les arrêtés contenant diverses représentations faites par
le Conseil aux magistrats, n° 419 et suiv.

¹ *Voir* ci-après 2ᵉ partie, titre VII, l'art. 43 de l'ordonnance du
20 novembre 1822, et les autres textes prohibitifs. *Voir* aussi les
arrêtés cités à la note sur la règle précédente. — *Voir* aussi les
règles 47 et 48.

L'avocat qui abusait de la parole, sous l'ancien droit, en manquant de respect envers les juges, ou de modération envers ses
parties adverses, pouvait être exclu du tribunal. PHILIPPE DE
BEAUMANOIR, p. 35.

Le sénat romain avait coutume de louer les avocats qui avaient
bien plaidé devant lui. « C'est un poignant aiguillon en un cœur
« bien né que la louange. » LAROCHE-FLAVIN, liv. III, ch. Iᵉʳ,
p. 233, 234.

> *Excitat auditor studium, laudataque virtus*
> *Crescit, et immensum gloria calcar habet.*
>
> OVIDE.

J'ai vu plusieurs de nos présidents décerner de semblables
éloges à de jeunes avocats. *Voir* 2ᵉ partie, titre Iᵉʳ.

C'est aux avoués qu'il appartient de leur fournir officiellement, soit avant, soit après l'audience, les pièces et renseignements qui peuvent être nécessaires [1].

131.

Le même motif de convenance vous interdit, près des juges, toute recommandation dans la cause, et bien plus encore, quand vous êtes à portée de les voir dans l'intimité [2].

132.

Dans les affaires criminelles soumises à l'instruction, on comprend que, le ministère de l'avocat pouvant être utile au prévenu, toutes les démarches à faire pour la suite de l'instruction, soit au cabinet du juge instructeur, soit au parquet, deviennent un acte nécessaire, et par conséquent légitime de la profession [3].

133.

Une pièce se trouve-t-elle arguée de faux, au moment où vous en faites usage comme avocat, le dépôt en est-il requis par le ministère public, je ne pense pas que vous soyez fondé à en refuser

---

[1] *Voir* lettre délibérée au Conseil, le 15 janvier 1820, n° 453.— *Voir* art. 90 du tarif.

Il est de notre devoir, en cas d'empêchement de plaider ou de maladie, que nous écrivions à MM. les présidents, pour leur demander une remise de la cause. La loi elle-même (art. 6 du D. du 2 juillet 1812) nous le prescrit. *Voir* ci après 2e partie, titre V.

[2] Il était défendu aux orateurs grecs de faire des démarches auprès des juges, pour les prévenir en particulier, sous peine d'amende.

[3] *Voir* la règle 31, qui s'applique à d'autres cas.

la remise, si les formes légales sont respectées
envers vous. La justice est dans son droit [1], parce-
que le secret du client a été révélé par la production de cette pièce : autrement, vous devez protester, retenir la pièce, et en référer au Conseil de
l'Ordre, qui avisera [2].

134.

Le ministère public croit-il devoir exercer une
perquisition dans le cabinet de l'avocat, pour y
rechercher et saisir des papiers qui touchent à une
instruction criminelle, il le peut encore, malgré la
rigueur de ce parti, mais seulement s'il incrimine
celui-ci de complicité. Dans ce cas même, le caractère de l'avocat réclame de justes ménagements,
que le ministère public doit concilier avec la sévérité de la loi [3].

Hors de là, l'avocat qui est dépositaire de pièces
n'est tenu ni de les lui livrer, ni de lui en révéler
l'existence : un dépôt de cette nature équivaut à un
secret confié par le client, et rentre dans notre mission confidentielle [4].

135.

Si vous êtes chargé de plaider contre un magistrat,
la bienséance et l'usage demandent que vous lui fas-
siez visite pour l'en prévenir.

---

[1] Art. 452 du Cod. d'instr. crim.

[2] BOUCHER D'ARGIS, p. 399. *Voir* Arr. du Cons. du 6 mars 1816,
n° 443, et du 11 juin 1833, n° 444.

[3] *Voir* les lettres du bâtonnier délibérées en Conseil ci-après
n°s 425 et 456, où les principes sont disertement développés.—
Et la règle 108 sur le secret.

[4] Voir *suprà*, p. 87, la note sur la règle du droit canon. C'est
aussi l'opinion de l'ecclésiastique distingué que j'ai déjà cité,
de M. l'abbé Coquereau.

Refuser votre ministère contre lui, lorsque la cause vous paraît juste, ce serait un acte de mollesse, pour ne rien dire de plus [1].

136.

Les avocats ont coutume de se couvrir la tête, en plaidant [2], pour constater, dans leur personne, la liberté de la défense [3]. S'ils se découvrent en concluant, c'est parce que la lecture des conclusions regardait autrefois les procureurs qui devaient toujours se tenir découverts à l'audience [4]. MM. les présidents de la Cour font allusion au droit de l'avocat, lorsqu'ils nous disent, après les conclusions prises : *Couvrez-vous, un tel !*

[1] LAROCHE-FLAVIN, liv. III, ch. III, n° 44.

[2] Cet usage, et d'autres que je vais rappeler, ont leur importance ; rien ne doit être indifférent dans l'exercice d'une profession libérale.

[3] On sait que, chez les anciens, le bonnet qui couvrait la tête était le signe de la liberté. En France, les avocats plaidaient ainsi couverts, même *devant le Roi. Indice Alphab. des avocats*, à la fin du dialogue de LOYSEL. COQUART, p. 52.

· M. DUPIN rapporte, tom. I, p. 87, que, dans l'affaire du maréchal Ney, le chancelier, M. Dambray, ne permit pas aux avocats de se couvrir devant la Chambre des Pairs ; mais, qu'en 1821, dans l'affaire de la conspiration du mois d'août, leur droit leur fut rendu ; il est incontesté aujourd'hui. M. Barthe, plaidant à la Chambre des Députés pour le *Journal du Commerce,* allait se couvrir, lorsque M. Ravez, alors président, lui en fit lui-même l'invitation.

L'avocat s'assied, quand il ne parle pas. A Rome, il y avait certains tribunaux où les avocats plaidaient assis. QUINTILIEN, *de Orat.,* lib. II, cap. III ; PLINE, epist. 17. 2 ; COQUART, p. 51.

[4] BOUCHER D'ARGIS, p. 138 et suiv. ; COQUART, p. 70 ; BRILLON, v° *Avocat,* n° 16.

137.

Les avocats se découvrent encore, lorsqu'ils lisent des pièces pendant le cours de leur plaidoirie. La raison en est la même : cette lecture était remise aux procureurs [1]. Nous lisons, nous avons toujours lu, couverts, les autorités, les arrêts et le texte des lois dont l'application doctrinale est essentiellement de notre domaine [2].

138.

L'avocat parle-t-il pour lui-même, dans une cause

[1] Dans plusieurs endroits des plaidoyers de Patru, on voit que l'avocat demande la permission de lire les pièces, et que le président prononce : *Lisez.* BOUCHER D'ARGIS, p. 339.

[2] COQUART, p. 68 ; FOURNEL, 2e vol., p. 156.

Me Gin, plaidant en la première chambre des requêtes du Palais, et lisant une autorité, M. le président lui dit : « *Vous lisez et vous êtes couvert.* » Me Gin lui répondit : « *Oui, Monsieur, je suis couvert, et j'ai droit de l'être, parce que c'est une autorité, non une pièce que je lis.* » M. le président répliqua : « *Il n'importe pas, pièce ou autorité, il faut se découvrir.* » Me Quillet de Blaru, le plus ancien des avocats présents au barreau, prit la parole : « *Me Gin est dans la posture où il doit être, et où nous sommes à la grande chambre, quand nous lisons en plaidant.* » Sur quoi le président : « *Continuez comme vous voudrez.* » Cette scène s'étant renouvelée à deux autres audiences, tous les avocats refusèrent d'aller plaider aux requêtes du Palais. Cependant les plaidoiries continuèrent les mêmes jours à la grande chambre, et les avocats, entre autres le célèbre Cochin, se tinrent couverts en lisant les lois et les autorités. Un président à mortier, désavouant, avec toute sa compagnie, le procédé de M. des Requêtes, dit en riant à l'audience : « *Voilà le possessoire jugé.* » Ce dernier ayant insisté, et les avocats résisté, un arrêt de la grande chambre, du 15 mai 1720, décida définitivement qu'*en tout temps, excepté en lisant les pièces, les avocats demeureraient couverts.*

personnelle, il doit être découvert; son rôle a changé : comme partie, il est à la barre [1].

139.

Lorsque les avocats plaident devant la Cour, en audience solennelle, ils portent sur leur robe le chaperon herminé [2]; aux autres audiences, et devant le tribunal, ils portent le chaperon sans fourrure.

140.

Dans les grandes audiences de la Cour, une autre tradition, honorable pour l'Ordre, subsiste : l'avocat-de l'appelant occupe le siége coussiné de M. l'avocat général, qui se place dans l'intérieur du prétoire; les avocats auditeurs peuvent pénétrer dans cette enceinte et s'asseoir sur les siéges ordinaires que MM. les conseillers délaissent, pour occuper les siéges supérieurs [3].

---

[1] BOUCHER D'ARGIS, p. 140.
Je pense, avec la Cour de Grenoble, que l'avocat qui plaide sa propre cause, revêtu des insignes de sa profession, est soumis à l'action disciplinaire, s'il s'écarte du respect dû au tribunal. Il ne lui est pas permis, en effet, d'exciper de sa qualité de *partie* pour être dispensé de ses devoirs d'*avocat*. (Arr. du 26 décembre 1828. S. 29, 2, 212.)

[2] C'est ce qui avait lieu devant le parlement de Paris, dont la cour s'attache à rappeler les usages. BOUCHER D'ARGIS, p. 136. L'audience solennelle de la cour remplace les *grandes* audiences du Parlement, *Voir* ci-après 2e partie, titre II, l'art. 6 du décret du 2 nivôse an 11, tit. V, et l'article 12 du D. du 2 juillet 1812, ce que nous disons sur le *costume*.

[3] Autre ancien usage. Loysel et Camus rapportent les témoignages de considération que la magistrature a, de tout temps, donnés aux avocats. Souvent, et notamment en 1707, les anciens avocats consultants ont été invités à siéger aux audiences de la Cour

141.

Les avocats n'ont plus les mains gantées en plaidant aux audiences solennelles, comme MM. les avocats-généraux en ont conservé l'habitude. Cet ancien usage n'étant pour eux qu'un luxe inutile et incommode, les avocats y ont renoncé [1].

142.

Un droit beaucoup plus essentiel pour les avocats, c'est de ne pas être interrompu à l'audience dans leurs plaidoiries, ainsi qu'il arrive trop souvent, malgré leurs réclamations persistantes, malgré l'inconvenance de ces interruptions. Répétons-le encore, ne fût-ce que pour protester : ils sont les *premiers juges* des moyens de la cause, et la défense est *libre*. Tant qu'ils ne se livrent pas à des écarts illicites ou à des divagations étrangères [2], l'in-

en qualité de conseillers, *consiliarii. Voir* aussi Boucher d'Argis, p. 65 et 66. Les anciennes ordonnances du royaume leur donnent même ce titre. Dumoulin fut bien des fois consulté aux requêtes du Palais ; Chopin le fut aussi en la 5e chambre des enquêtes

[1] Vers la fin du dernier siècle.—Les avocats plaidaient dans l'origine avec les deux mains gantées. Depuis, ils ne portaient le gant qu'à la main gauche, et cette main tenait l'autre gant ; la droite restait nue, à l'imitation du mode suivi pour la prestation de serment. Boucher d'Argis, qui écrivait en 1753, atteste avoir vu cet usage encore pratiqué par quelques anciens, p. 137.

[2] Il paraît qu'il n'est pas facile de se corriger de l'habitude des interruptions, car elles étaient déjà fréquentes du temps de Loysel ; on voit que, dans le dialogue avec son fils, celui-ci s'en plaint très-vivement : « Eh ! où est l'honneur, dit-il, que j'ai « entendu de vous, mon père, avoir été autrefois au Palais, et la « faveur que MM. les présidents portoient aux *jeunes* avocats de

terruption n'est pas possible. Elle n'est pas seulement blessante pour l'avocat qui parle ; elle est tout à la fois une atteinte grave au droit sacré de la défense, à la dignité de la justice, à l'intérêt des justiciables [1]. Ne craignez donc pas de résister avec une

« votre temps, les écoutant doucement, supportant et excusant « leurs fautes, et leur donnant courage de mieux faire ? Au lieu « que maintenant il semble à quelques-uns que *nous soyons* « *d'autre bois ou étoffe qu'eux, et quasi des gens de néant,* « *nous interrompant, et rabrouant à tout bout de champ,* nous « faisant parfois des demandes qui ne sont nullement à propos, « et non-seulement à nous autres jeunes gens qui le pourrions « avoir quelque fois mérité, *mais bien souvent aux anciens,* et à « ceux qui entendent le mieux leurs causes. » Dialog. de LOYSEL, édit. de Dupin, 1er vol., p. 151. *Voir* aussi l'excellente lettre de M. DUPIN, p. 561.

Il fallait, au reste, avoir le talent de Cicéron, pour faire passer dans un procès *de mur mitoyen,* sans être justement interrompu, la description de la Sicile ou l'enlèvement de Proserpine. Liv. II, et liv. IV, *in Verrem.*

Quand le juge a le droit d'interrompre, il doit le faire avec dignité et bienséance, *tamen cum ingenio et servata semper dignitate judicis.* MORNAC, sur la loi IX, au 51 *de Officio proconsulis.* Les anciennes ordonnances prescrivaient à l'avocat d'être court et succinct dans ses plaidoyers et mémoires. Ord. du 28 octobre 1446, art. 24 ; autre d'avril 1453, art. 50 et 62. — *Voir* 2e part. tit. Ier. — JOUSSE, p. 448. — Et note sur la règle 117.

[1] Il y a, dit Henrys, deux espèces d'interruptions inconvenantes : 1°. Lorsque, dans le cœur de la plaidoirie, on avertit l'avocat de *finir bientôt ;* 2°. lorsqu'on lui coupe absolument la parole pour aller aux opinions, sans avoir entendu toute la défense. Par là le juge qui préside blesse les règles de la bienséance, et le devoir de son état, de sa religion, de la justice. HENRYS, dans ses harangues T. II, p. 34, éd. de Paris 1708. — Bretonnier, en ses observations sur Henrys, fait remarquer que cette manière d'interrompre est *sans exemple* dans l'histoire des tribunaux anciens et qu'elles n'ont commencé que dans le xvie siècle. Pline-le-

respectueuse énergie; c'est plus qu'un droit pour
vous, c'est un devoir; et soyez sûrs que les magistrats
eux-mêmes vous en sauront gré : leur conscience
désapprouve bientôt une impatience involontaire.

Je comprends que la résistance est difficile pour
un jeune avocat, qui n'a ni l'assurance, ni l'autorité
nécessaire; c'est aux anciens à lui donner cet exemple, qu'ils le protégent, en réclamant pour tous '.

jeune louait Trajan de ce qu'il n'interrompait jamais les *avocats
plaidant* devant lui.

La loi 9, §. 1 *ff. de Officio proconsulis circa advocatos,* portait :
PATIENTEM *esse proconsulem opportet.* Cette loi a d'autant plus
d'autorité, qu'elle est l'œuvre d'Ulpien qui était président du
conseil de l'empereur Alexandre Sévère, et préfet du prétoire.
Il faut dire, à la vérité, que plus les avocats romains plaidaient
longtemps, plus ils en tiraient gloire. *Voir* la note sur la règle 143.

On peut considérer comme interruptions, non moins fâcheuses, ces questions adressées à l'avocat par le président et qui
jettent l'avocat, en avant ou en arrière de sa marche, à travers
les faits, à travers la discussion ; ces demandes de lecture de
pièces auxquelles l'avocat n'est pas arrivé ou qu'il juge inutiles
à sa cause ; ces objections imprévues, inopportunes, irritantes, et qui semblent faire du juge son adversaire, etc.
De tels incidents troublent l'avocat le plus exercé, ils peuvent écraser un débutant !

' Voici deux exemples mémorables d'une résistance qui a porté
ses fruits :

Mᵉ Dumont, ayant été un peu plus long qu'il n'avait coutume, le premier président de Novion lui dit de *conclure :* « Je
« suis prêt à conclure, répondit l'avocat, si la Cour trouve que
« j'en ai dit assez pour gagner ma cause, avec dépens. Sinon,
« j'ai encore des raisons si essentielles à présenter, qu'il m'est
« impossible de les supprimer sans trahir mon ministère et la con-
« fiance dont m'honore ma partie. » Il continua sa plaidoirie et
gagna son procès. — Fourcroy avait à peine commencé de parler

143.

Quelques-uns de MM. les présidents d'assises et de MM. les gens du roi se plaignent des avocats qui plaident aux audiences criminelles. J'ai entendu plusieurs confrères se plaindre, à leur tour, des magistrats. Il y a des règles pour chacun.

Voici d'abord pour l'avocat : « le président avertira « le conseil de l'accusé (c'est la loi qui parle) [1], qu'il « ne peut rien dire contre sa conscience, ou contre « le respect dû aux lois, et qu'il doit s'exprimer « *avec décence et modération.* » Pourvu qu'il se conforme à ces prescriptions, l'avocat est irréprochable, et doit être religieusement écouté. Il exerce d'ailleurs tous les droits que la loi donne à l'accusé, et qu'elle a soin d'énumérer [2], il a le droit de parler le dernier [3]. C'est à son talent, à son zèle, à son indépendance à faire le reste, à provoquer les interpellations aux témoins, à expliquer leurs réponses,

que la Cour, jugeant sa cause insoutenable, se leva pour aller aux opinions : « Messieurs, s'écria-t-il, je demande au moins « une grâce, que la Cour ne peut équitablement me refuser. Je « demande qu'il lui plaise me donner acte, pour me justifier en- « vers mon client, de ce qu'elle juge ma cause *sans m'entendre.* » La Cour, frappée de ces paroles, et craignant d'être accusée de trop de précipitation, se rassit et le laissa plaider ; ce qu'il fit avec tant de succès, que tout le barreau jugea le gain de sa cause infaillible. Cependant la Cour ne voulut pas statuer de suite ; elle appointa le procès, Fourcroy le gagna avec moins d'éclat. *Voir* Brillon, *Dict. des Arrêts*, v° *Avocat*, n° 16. On peut d'ailleurs consulter, dans l'ouvrage de M. Dupin aîné, tom. I, p. 561, la lettre déjà citée.

[1] Art. 311 C. d'instr. crim. *Voir* aussi notre serment.
[2] Art. 310 et suiv.
[3] Art. 335, *id.*

8

à discuter les incidents, la position des questions, etc. La suite des débats n'est ni moins importante, ni moins difficile pour lui, que la plaidoirie.

De la part du président, les interruptions ne sont
pas seulement inconvenantes ; comme dans les affaires
civiles, elles lui sont interdites par la loi criminelle[1].
Si l'avocat plaide de fausses doctrines, le ministère public est là pour requérir, et la Cour là, pour statuer.
Ce cas excepté, le ministère public respectera la
parole du défenseur. Au président seul appartiennent la direction des débats et la police de l'audience. L'avocat aurait déjà trop à faire que de lutter contre lui. C'est surtout en matière criminelle
que l'exercice du ministère a besoin de toute sa liberté d'action. Les magistrats savent que les jeunes
avocats qui plaident devant eux sont presque toujours nommés d'office, et ce titre, qui prouve le
dévouement du défenseur, est en sa faveur une
puissante recommandation. Ils savent aussi que sa
jeunesse réclame leur indulgence[2]. L'expérience atteste que les magistrats qui ont eu le plus de succès dans cette carrière, sont ceux qui se sont fait
remarquer par leurs égards et leurs sympathies
pour le barreau.

---

[1] Art. 328, C. d'instr. crim.

[2] Il serait trop long d'entrer ici dans le détail de tous les incidents qui peuvent se présenter ; il suffit d'énoncer la règle générale. On trouvera, dans les *Précédents*, plusieurs exemples sur
l'application. Il convient surtout de lire, sur ce sujet, l'excellent
opuscule de M. DUPIN aîné, *de la libre défense des Accusés.
Prof. d'avocat*, tom. I, p. 451, et suiv.

144.

Dans les affaires correctionnelles, le plaignant et le prévenu ont-ils des torts réciproques, on les renvoie sans condamnation; mais entre l'avocat et le magistrat, ce genre de compensation n'est point admis : chacun d'eux a sa dignité personnelle et ne peut pas y faillir impunément. Le tort de l'avocat n'excuserait pas le tort du juge [1].

145.

L'avocat doit pouvoir communiquer librement avec son client détenu. Il doit recevoir de lui les pièces de sa défense, sans le contrôle du ministère public. Je sais que ce principe a été controversé, dans le silence de la loi [2]; mais, pour nous, il est une des conditions du ministère, nous devons la maintenir.

---

[1] **Arr. du Cons. du 21 décembre 1841.** Dans l'espèce, l'arrêté décide qu'il a existé un *malentendu* entre l'avocat et le magistrat, mais je crois pouvoir assurer que la règle a été entendue par le Conseil telle que je viens de la formuler. L'arrêté déclare d'ailleurs, avec raison, qu'il ne lui appartient pas de se constituer juge de la conduite tenue par le magistrat, qu'il pourrait seulement assister l'avocat, dans un cas grave, pour obtenir, de l'autorité compétente et par les voies légales, la réparation due à celui-ci.

[2] **Arr. de Cass. sect. crim. du 25 janvier 1806,** *Journ. des Avoués*, T. V, p. 154.—Autre du 3 octobre 1832, dans l'affaire du général Berton, *Journ. des Avoués*, T. XXVI, 1822, p. 308. Je rappelle plus loin, tit. XI, 2ᵉ partie, les circonstances curieuses de cette affaire. On y verra que notre projet de règlement définitif contient un article où la règle est formulée. *Voir* aussi l'écrit de M. DUPIN aîné, sur *la libre défense des Accusés*. *Voir* encore *suprà* la règle 127.

146.

La statistique, cette conception de fraîche date, ne prouve qu'une chose, le zèle des magistrats. Si nous ne réclamons pas, elle étouffera le barreau.

En effet, l'habitude de juger vite les petites causes, conduit tout aussi vite à rétrécir les grandes. Que deviennent les moyens oratoires, les efforts de la science, au milieu de ce cercle étroit où on les enlace? Que feront les jeunes avocats, qui, tout préparés qu'ils doivent être par de fortes études et d'utiles exemples, ne plaident qu'en tremblant une lourde affaire? Ne penseront-ils pas que l'instruction est pour eux inutile [1]? Et les parties! elles y perdent la garantie d'une défense complète!... Quelle que soit la sagacité du juge, on l'a dit depuis long-temps, il ne peut apprendre la cause, *qu'en l'écoutant* [2].

La statistique permet encore moins de répliquer : mais la réplique n'est point une nouvelle plaidoirie, c'est la réponse nécessaire à un fait, à un moyen, à une pièce, non prévus, non possibles à prévoir, c'est une partie essentielle du droit de défense. En appel, le refus de réplique peut entraîner des erreurs irréparables !

[1] Au dire de Quintilien, c'était, au contraire, une grande gloire pour l'avocat, que d'avoir parlé toute la journée. N'y aurait-il pas moyen de s'entendre aujourd'hui sur le temps, d'en obtenir assez, ni trop, ni trop peu.

[2] Qui tost juge et qui n'entend, faire ne peut bon jugement. LOYSEL, *Institutes coutumières*, liv. VI, tit. III, n° 13.

« Il est moins dangereux d'être méchant qu'ignorant, surtout « pour ceux qui font profession de la justice. Le meschant ju-« gera quelquefois bien, quand il ne sera point intéressé ; l'igno-

147.

Pendant que le ministère public parle, l'avocat ne se permettra pas de l'interrompre[1].

148.

Après les conclusions du ministère public, en matière civile, vous n'avez plus la parole[2], si ce n'est pour produire un fait ou une pièce omis, et sous le bon plaisir du tribunal ou de la Cour : mieux vaut ne rien omettre.

149.

Lorsque le ministère public se constitue l'avocat du Prince ou de l'État, les choses changent. Pour que la défense soit égale des deux côtés, il faut que s'il est demandeur, il parle le premier ; que s'il est défendeur, l'avocat de l'adversaire ait la réplique. Le procès se débat comme entre parties ordinaires[3].

« rant jamais que par rencontre, à cause de son ignorance. » LAROCHE-FLAVIN, liv. III, ch. II, 17.

On disait autrefois : Dieu nous garde de l'*équité* des Parlements !

[1] *Voir* JOUSSE, p. 452.

[2] Ainsi jugé par arr. d'Agen du 20 décembre 1824 (S., 25. 2. 339), bien que le ministère public eût, d'office, proposé une fin de non-recevoir dans l'intérêt de la partie adverse.

[3] Je citerai, pour exemple, l'affaire du comte *des Graviers* contre Louis XVIII.

En 1720, MM. les gens du roi ayant prétendu que, lorsqu'ils plaidaient pour Sa Majesté au Parlement, ils étaient en droit et en possession de *plaider les derniers*, quoiqu'ils fussent demandeurs ou appelants, et qu'ils fussent seuls parties sur la demande ou sur l'appel, la Cour décida que M. l'avocat-général de Lamoignon *plaiderait le premier*. BRILLON, Dictionnaire, v° *Avocats-généraux*, n° 73.

Jusqu'en 1753, les rois de France choisissaient les défenseurs

150.

Les avocats cessent de parler haut, lorsque les juges sont aux opinions; ces discussions posthumes, qui dégénèrent en criailleries, loin de servir à l'instruction de la cause, troublent les juges et sont aussi peu décentes pour le barreau que pour le tribunal [1].

151.

Les avocats sont debout et découverts quand le juge prononce; ils ne peuvent l'interrompre sous quelque prétexte que ce soit. Après la prononciation, ils ont le droit de lui soumettre, avec mesure, leurs observations sur ce qu'ils croient devoir être ajouté ou modifié dans le jugement.

Les débutants qui perdent leur procès penseraient manquer à leur devoir s'ils ne revenaient à la charge par des observations : leur inexpérience les excuse, mais qu'ils se gardent d'en faire habitude [2].

152.

Je termine par une réflexion, qui me semble d'un haut intérêt.

Si l'avocat doit respect à la justice, elle lui doit protection. Le ministère public est tenu de défendre les attributions de l'Ordre, parce qu'il ap-

de leurs causes dans l'ordre des avocats. C'est alors que la charge d'avocat du roi a été créée en titre d'office. COQUART, p. 41.

[1] *Voir* JOUSSE, p. 452.

[2] L'ordonnance d'avril 1453, art. 103, permettait aux avocats de voir le jugement sur le registre du greffier, pour vérifier et faire réformer les erreurs de rédaction. JOUSSE, p. 453. Ce droit, qui s'exerce ordinairement par les avoués, ne nous est pas contesté aujourd'hui.

partient au ministère public de faire exécuter la loi [1].

En particulier, l'avocat n'est indépendant, il ne peut couvrir de son indépendance la cause dont il est chargé, qu'à une condition, qu'autant que les magistrats font respecter sa personne. Le rôle difficile est pour lui, non pour eux, car c'est lui qui dénonce, qui attaque de front, par sa parole hardie et pénétrante, l'abus, la fraude, le délit [2]. S'il est

[1] *Voir*, n° 422, un arrêté du 17 janvier 1822. — Autre du 1833, n° 425.

[2] Une ordonnance de 1707, rendue en Lorraine pour l'administration de la justice, accordait à l'avocat le droit de parler librement, quelle que fût la dignité de son adversaire. Elle ajoutait que si aucune partie puissante venait, par ressentiment, à insulter l'avocat, il serait procédé contre elle *par voie extraordinaire*. La justice du royaume a toujours appliqué ce principe; Loysel en rapporte des arrêts. Camus atteste, p. 9, Lettre 1re, qu'il a vu, de son temps, des décisions non moins favorables à la liberté de la défense.

« Le zèle de l'avocat pour la défense, son courage pour attaquer de front l'injustice, son adresse pour dévoiler de honteuses passions de l'homme puissant, seraient inutiles, s'il *n'avait pas la liberté entière de parler*. » Camus, Lettre 1re, p. 9.—*Voir* encore le nouveau Denizart, v° *Avocat*, §. 6, 2, où il rapporte, sur ce point, le réquisitoire de M. l'avocat-général Portail, et divers arrêts qui ont accordé à l'avocat offensé des réparations éclatantes. Je me contenterai de citer deux de ces arrêts :

La dame de Laroche-Boisseau, croyant avoir à se plaindre de la plaidoirie de Me Reverseaux, présenta requête pour obtenir de mettre en cause cet avocat. L'arrêt ordonna la suppression du mémoire et interdit pour six mois le procureur qui avait signé la requête. S. vol. 6, 3, 736.

Dans une affaire de MM. de Créqui, il parut une lettre injurieuse adressée *à M. Threillard*, leur avocat, par le chevalier de.... Un arrêt, du 25 janvier 1781, supprima l'écrit

assailli par des voies de faits ou par des injures dans
l'exercice de son ministère, à l'audience, hors l'audience, ils lui doivent une éclatante réparation. La
loi leur donne des armes pour le venger, ils voudront s'en servir. En protégeant leurs dévoués auxiliaires, ils se protégeront eux-mêmes [1].

diffamatoire, sur la demande *d'office* de M. l'avocat-général Séguier : « Les personnalités répandues dans cet imprimé, dit-il,
« ne peuvent affecter une profession faite pour s'élever au–des-
« sus des invectives. Un avocat se consacre à la défense de ses
« concitoyens ; un jurisconsulte ne connaît que la modération et
« la vérité ; et, après qu'il a rempli avec décence les fonctions
« que lui imposent l'honnêteté et la noblesse de sa profession,
« *c'est aux magistrats à sévir* contre ceux qui osent attaquer sa
« réputation. *C'est ainsi que vous avez toujours pris la défense*
« *d'un ordre* aussi précieux à la société que *nécessaire à la jus-*
« *tice.* Nous lui rendons cet hommage, et notre ministère,
« chargé de veiller au maintien du bon ordre et à la manuten-
« tion de la librairie, nous met encore dans la *nécessité de* RE-
« QUÉRIR *l'exécution des règlements.* » (Nouveau DENIZART, 8,
« p. 738.)

Les expressions de *drôle*, d'*insolent*, de *polisson*, adressées,
au sortir de l'audience, par une partie à l'avocat de son adversaire, ont le caractère d'injures punissables de peines correctionnelles, aux termes des art. 13 et 19 de la loi du 17 mai 1819,
et non pas seulement d'injures passibles de simples peines de
police (Arr. d'Angers du 15 novembre 1828. S. 29. 2. 7).

· [1] Le 29 janvier 1838, M***, plaidant devant la 2e chambre
de la Cour royale, dans un procès de séparation de corps, fut
frappé violemment, *à l'audience même*, par le mari de sa
cliente. Celui-ci, traduit immédiatement à la barre, fut condamné par la Cour à deux *mois* de prison. Le barreau a vu,
avec regret, qu'une offense aussi grave ait été punie d'une
peine aussi légère, et surtout qu'aucun motif ne soit venu
rappeler, dans l'arrêt, la nécessité de cette protection toute
spéciale que nous avons le droit d'attendre des magistrats.

153.

Enfin, c'est par une réciprocité complète d'égards, de procédés, que les avocats et les magistrats, dont l'existence est pour ainsi dire solidaire, établissent entre eux ces rapports sincères, intimes, parfaits, qui contribuent à l'honneur de tous comme à la bonne administration de la justice [1].

[1] *Voir* les arr. du Cons. rapportés sous les nos 438 et 439.

DEUXIÈME PARTIE.

LOIS ET RÈGLEMENTS

SUR LA PROFESSION D'AVOCAT.

Je dois me borner à les présenter avec un commentaire très-abrégé, parce que les développements se trouveront soit dans les règles déjà exposées, soit dans les *Précédents* qui vont suivre.

Je noterai quelques faits historiques, qui, en servant à expliquer les textes, peuvent offrir un autre genre d'intérêt.

Je commencerai par un court résumé sur le droit qui existait avant l'année 1790, et qui consacre une partie importante de nos traditions.

TITRE PREMIER.

DROIT ANTÉRIEUR A 1790.

Ce que je veux rechercher ici, ce n'est pas l'histoire de l'ordre des avocats [1], c'est sa constitution, sa discipline.

---

[1] Il faut consulter à ce sujet, tout incomplets qu'ils sont, les ouvrages déjà cités de Loysel, de Boucher d'Argis et de Fournel. On y trouvera également, sur l'objet dont je m'occupe, des détails qu'il serait trop long et inutile de reproduire. Je dirai

Avant le décret, du 11 septembre 1790, qui a supprimé l'Ordre, sa constitution et sa discipline existaient, ainsi que j'ai dit[1], bien plutôt dans les traditions que dans les règlements.

seulement que la discipline du barreau de Rome passa dans les Gaules, lorsque les Romains les eurent conquises ; mais cette discipline changea totalement de forme après que les Francs eurent conquis les Gaules à leur tour, et pendant toute la première race de nos rois. Alors le pays tomba dans l'ignorance et la barbarie. Presque tous les différends se vidaient les armes à la main. On se rappelle que saint Louis ayant fait cesser le combat judiciaire, ce fut en 1270 que pour la première fois la législation s'occupa du ministère des avocats. — Voir *suprà,* chap. XIV.

[1] Introduction, p. xiii, et *Règles, Exposition,* art. III.

On n'est pas d'accord sur l'époque de la création du Parlement de Paris (Pasquier, *Recherches,* T. I, p. 51). La première assemblée qualifiée parlement fut convoquée par Charles-Martel, en 722, et composée des grands du royaume ; c'était une réunion toute politique. Suivant l'opinion la plus générale, ce fut Pépin qui érigea le Parlement en cour de justice, dans l'année 757, en y appelant des prélats et des barons, auxquels on joignit les pairs lorsqu'ils furent institués. Le Parlement fut d'abord ambulatoire à la suite du Roi ; il ne devint sédentaire qu'en 1302, sous Philippe-le-Bel, qui en fixa le siége à Paris.

Dès que le Parlement commença à connaître des affaires contentieuses, il y eut des avocats qui s'y attachèrent. Tant qu'il fut ambulatoire, ils le suivirent dans les villes où il tenait ses séances. Dès ce temps-là, des avocats étaient attachés au Châtelet de Paris, ainsi que dans les bailliages et autres justices royales des provinces.

Le Parlement de Paris avait trois chambres : la *grand' chambre,* où se plaidaient avec solennité les affaires importantes ; les deux chambres des *enquêtes,* où se plaidaient les petites affaires, qu'on appelait affaires de *sept heures,* parce que l'audience s'ouvrait à sept heures du matin. C'est l'ordonnance du 3 décembre 1818 qui donna à ces deux chambres le droit de juger.

Le Parlement de Paris avait une attribution non moins

I. En effet, l'Ordre n'avait point été, à l'instar des autres corporations, organisé par lettres patentes du Prince; il se gouvernait exclusivement d'après ses propres usages, qui avaient acquis l'autorité des siècles, la plus puissante de toutes les autorités; il formait presque partout en France des compagnies libres, des associations volontaires de jurisconsultes et d'orateurs, qui se rapprochaient, sans autre motif d'union que celui résultant de travaux et d'affections de même nature. Toutefois, l'ordre des avocats était un corps légal; tous les Parlements lui reconnaissaient ce caractère.

Telle avait été la profession d'avocat à Athènes, telle à Rome dans les beaux temps de la République, indépendante, libre, exempte de toutes formes [1].

« Les avocats, dit M. D'Aguesseau, avocat-général « au Parlement de Paris, ne *forment point un corps*

grave ; il était appelé à enregistrer les édits, ordonnances, déclarations et lettres patentes des rois de France. Le refus d'enregistrement avait fait admettre un principe politique devenu fondamental, c'est que les édits, ordonnances, déclarations et lettres patentes d'un roi de France *non enregistrées*, ne l'engageaient point vis-à-vis des Puissances étrangères ; et la cour de France ne manqua pas d'en profiter quelquefois pour s'affranchir de ses engagements. FOURNEL, T. Ier, p. 96. A son tour, lorsque le Parlement enregistrait l'un de ces actes royaux contre la volonté, il déguisait sa faiblesse par cette formule : *De l'exprès commandement du Roi. Ibid.*, p. 192.

La chambre *dorée* (aujourd'hui la grande salle où siége la Cour de cassation) est célèbre dans l'histoire du Parlement de Paris : c'était le premier objet qu'on offrait à la curiosité des princes étrangers, comme, autrefois à Rome, on montrait le Capitole.

[1] L. II, tit. VII et VIII, Cod. de *Advocatis*.

« ou une société qui mérite véritablement ce nom ;
« ils ne sont liés entre eux que par l'exercice d'un
« même ministère : ce sont plusieurs sujets qui se
« destinent également à la défense des plaideurs plu-
« tôt que les membres d'un seul corps, si l'on prend
« ce mot dans sa signification la plus exacte. Le nom
« de *profession* ou d'*ordre* est celui qui exprime le
« mieux la condition ou l'état des avocats ; et s'il y
« a *une espèce de discipline* établie entre eux pour
« l'honneur et la réputation de cet ordre, elle n'est
« que l'effet d'*une convention volontaire* plutôt que
« l'ouvrage de l'autorité publique, si ce n'est dans
« les matières sur lesquelles il y a des règles établies
« soit par les ordonnances de nos rois ou par les ar-
« rêts des Parlements ; s'ils ont des distinctions jus-
« tement acquises par leurs talents et par leur capa-
« cité, ce sont des prérogatives attachées à la pro-
« fession qu'ils exercent, plutôt que des priviléges
« accordés par le Roi à un corps ou à une commu-
« nauté ; et ils en jouissent, pour parler le langage
« des interprètes du droit, *non ut universi, sed ut*
« *singuli*[1]. »

Du principe de son organisation, principe essentiellement volontaire, l'Ordre avait conclu que, s'il
devait s'abstenir de toute attribution extérieure, il
lui appartenait, *à lui seul,* de régler ses propres affaires et d'exercer la discipline sur ses membres.
L'association entière voulut retenir ce droit, elle
voulut en user dans un intérêt commun, dans un

[1] Lettre du 6 janvier 1750, T. X, p. 515. *Voir* aussi DENI-
ZART au mot *Avocat*, §. 3, nº 2, et BOUCHER D'ARGIS, *Histoire
des Avocats,* p. 214, édit. in-12.

intérêt de famille; et jamais, il faut le dire, l'autorité, alors si ombrageuse, si absolue, n'eut la pensée de lui contester sa juridiction. C'était, au reste,
une maxime dans l'ancienne police de la France, que
chaque citoyen *y était jugé par ses Pairs* [1] : le système des vieilles communautés qui embrassaient
toutes les industries, avait au moins cela de bon.

Le seul acte qui servît à constater l'existence de
l'Ordre était la liste des membres associés, qu'on appela d'abord rôle (*rotulus*), et depuis, TABLEAU [2].

L'Ordre avait jugé convenable de se donner un représentant plutôt qu'un chef. Dans les premiers
temps, il choisit, à ce titre, le doyen, c'est-à-dire
l'avocat plus ancien par le rang du tableau. Ensuite,
comme le doyen se trouvait trop souvent empêché,
par son grand âge, de diriger les intérêts de l'Ordre,
on reconnut la nécessité de faire un autre choix, et
naturellement, on dut y procéder par élection : l'élu
fut nommé BATONNIER [3].

En 1662, le nombre des membres de l'Ordre
s'étant considérablement accru, et ses réunions
générales étant par suite devenues difficiles, un

---

[1] CAMUS, Lettre 1ʳᵉ sur la profession d'avocat.

[2] *Voir* ci-après, p. 15, tit. V, et 3ᵉ partie, nᵒ 199, ce que nous
disons du tableau des avocats.

[3] Cette dénomination fut donnée au chef de l'ordre, parce
qu'à son titre était attaché l'honneur de porter le *bâton* dans les
cérémonies de la confrérie de saint Nicolas, patron des avocats.
Elle a survécu, malgré sa gothicité, à ces cérémonies du moyen-
âge dont le caractère religieux est encore digne de nos respects.

A Paris, l'élection avait toujours lieu à la Saint-Nicolas d'été,
ou le 9 mai. *Voir* ci-après, 3ᵉ partie, tit. I.

Le plus ancien bâtonnier connu se nommait Denis Doujat,
en 1617.

moyen plus simple fut adopté pour l'expédition des affaires qui consistaient notamment : dans l'admission au stage, l'inscription au tableau, les questions de discipline.

Le tableau des avocats fut divisé en fractions égales, qu'on appela colonnes. Il y eut dix colonnes à Paris, et chacune d'elles fut appelée à élire deux députés, qui, réunis au bâtonnier en exercice et aux anciens bâtonniers, formaient une espèce de comité [1]. C'est ce comité qui fut chargé de régler toutes les affaires de l'Ordre [2].

[1] Chaque colonne avait ses assemblées ou conférences particulières ; elle nommait ses deux députés à l'élection. Les fonctions des députés duraient deux ans, et chaque année on remplaçait le plus ancien des deux. Ils étaient mandataires des confrères, ils leur rendaient compte de ce qui se passait au comité, ils y portaient le vœu de leur colonne. (Nouv. DENIZART, T. III, 9, 717.)

Dans les autres Parlements, le tableau n'avait pas de colonnes. (CARRÉ, de l'*Organisation judiciaire*, T. III, p. 119.) Il n'y avait pas assez d'avocats pour qu'elles fussent nécessaires.

[2] La grand'salle du Palais-de-Justice (celle des *Pas-Perdus*) avait été partagée en douze *bancs,* où les avocats qui fréquentaient le Palais se tenaient pour conférer avec leurs clients, dans l'intervalle des audiences. Ces bancs, près desquels étaient des libraires, avaient aussi leurs dénominations, dont quelques-unes étaient fort bizarres :

Le 1ᵉʳ banc se nommait *le Pilier des consultations ;*
Le 2ᵉ, *la Prudence ;*
Le 3ᵉ, *L couronnée;*
Le 4ᵉ, *l'Épée herminée ;*
Le 5ᵉ, *Le Saint-Esprit et le Soleil d'Or;*
Le 6ᵉ, *la Bonne-Foi ;*
Le 7ᵉ, *Saint-François et l'Annonciation ;*
Le 8ᵉ, (sans dénomination spéciale);
Le 9ᵉ, *le Lion d'Or et l'Envie ;*

Dans tous les cas, les parties intéressées pouvaient, en réclamant l'application du principe fondamental de l'institution, appeler à l'Ordre entier des décisions prises par la réunion particulière du comité : le bâtonnier était alors tenu de provoquer l'assemblée générale [1].

Aucune loi, aucun règlement, comme nous le verrons tout à l'heure, n'avait porté de peines disciplinaires contre les avocats qui viendraient à manquer aux devoirs de leur profession. Mais l'ordre avait compris qu'il n'est pas de société durable ni possible, avec l'impunité des abus. De même que tous les membres étaient convenus de n'admettre parmi eux que des hommes de leur choix, de même ils s'étaient réservé le droit de punir ou de rayer du tableau, selon la gravité des cas, ceux qui, après

Le 10e, *la Providence;*
Le 11e, *l'Écu de France et la Palme;*
Le 12e, *Sainte-Véronique.*

Il y avait au Palais *des chambres de consultations,* où les avocats au Parlement donnaient des consultations soit verbales, soit écrites. Les parties qui voulaient consulter pouvaient appeler dans chacune d'elles, à cet effet, un ou plusieurs avocats. On choisissait ordinairement les avocats à leurs bancs, où il se faisait aussi quelquefois des consultations verbales. Les avocats des autres Parlements avaient également leurs chambres de consultations. Ces chambres ont été supprimées avec l'Ordre, en 1790, et n'ont pas été rétablies. MERLIN, *Répertoire,* v° *Chambre des consultations.*

[1] DUPIN, *Profession d'avocat,* T. I, p. 628, et DAVIEL en ses observations sur l'ordonn. du 20 novembre 1822. La chambre de la *Tournelle,* où les avocats de Paris tenaient leurs assemblées générales, avait été occupée par saint Louis; on l'appelait aussi *Chambre de Saint-Louis.*

avoir été reçus, violeraient les règles communes, et pourraient compromettre, par de telles infractions, l'honneur de l'Ordre [1].

Ces peines disciplinaires étaient la *réprimande publique* ou *à huis clos*, la *suspension temporaire*, la *restitution*, la *radiation du tableau* [2]. Les avocats adoptaient encore une mesure qui était l'équivalent d'une radiation infamante; *ils refusaient de communiquer* avec le confrère qu'ils jugeaient indigne de leur estime [3].

On tenait, en un mot, pour maxime, que tout ce qui porte une atteinte marquée *à l'intégrité de la réputation* est une raison suffisante pour que l'avocat soit rayé du tableau ou non admis [4].

L'avocat qui appelait de sa radiation prononcée par le comité, à l'assemblée générale de l'Ordre, pouvait récuser ceux de ses confrères qui lui étaient justement suspects [5].

D'un autre côté, lorsque la radiation avait été maintenue, la gravité de la mesure et l'équité contre laquelle les avocats s'étaient abstenus de réclamer, avaient introduit un usage qui permettait au confrère rayé de se pourvoir, par appel,

[1] *Voir* Ph. Dupin, *Encycl. du Droit*, vᵒ *Avocat*, nᵒ 73.

[2] Fournel, Iᵉʳ vol., p. 282 et 283. — Par *restitution* il faut entendre celle de pièces confiées à l'avocat, ou d'honoraires indûment exigés. — On ne considérait pas la radiation comme un jugement proprement dit, mais comme une *censure*.

[3] Nouveau Denizart, §. III, nᵒ 11. *Voir* aussi le fait rapporté à la note *suprà*, p. 103.

[4] Nouveau Denizart, §. III, 13, p. 722.

[5] Nouveau Denizart, vᵒ *Avocat*, §. III, nᵒ 11. Le droit de récusation existe-t-il aujourd'hui à l'égard des membres du Conseil? *Voir* ci-après nᵒ 62 des *Précéd.*

au Parlement, contre l'arrêté de l'assemblée générale : alors, devant la grand'chambre du Parlement, les débats devenaient publics [1].

Il n'existait pas d'autre exception à l'omnipotence de l'Ordre [2]. Toutes ses décisions, la radiation exceptée, étaient sans appel.

Après la radiation prononcée par le comité, le bâtonnier et les anciens se rendaient, même en cas de non-appel, à la grand'chambre, et lui exposaient le fait ainsi que les motifs de la radiation ; il intervenait un arrêt portant : « que tel sera et demeurera rayé du tableau des avocats étant au greffe de la Cour. « Mais ce n'était là qu'une chose de forme, la nécessité de cet arrêt venait de ce que le greffier, seul, pouvait opérer, avec l'autorisation de la Cour, la radiation matérielle sur un acte déposé en son greffe. On est heureux de reconnaître que messieurs les gens du roi se plaisaient à respecter l'initiative du barreau et à rendre, en toute occasion, un éclatant hommage au zèle, à la vigilance, à la fermeté,

---

[1] C'est ce qui est arrivé pour Linguet, en 1775. Il avait usé de la récusation dans l'assemblée générale de l'ordre, et son appel a été déclaré non recevable et mal fondé, après une plaidoirie de deux audiences, par arrêt du 29 mars 1775. (Nouveau DENIZART, *ibid.*) Les *Mémoires* de LINGUET sont fort intéressants à lire, et par le talent de l'auteur, et par les faits qui se rattachent à l'ancienne organisation de l'Ordre. On y voit qu'il se plaint vivement de cette organisation *toute traditionnelle;* il attaque surtout, avec la violence de son caractère, l'illustre Gerbier, qui était alors bâtonnier, et qu'il avait toujours regardé comme un rival insupportable.

[2] Voir *infrà*, 2ᵉ part., tit. XI, nos observations sur l'état actuel de la question.

qu'il apportait dans l'exercice des fonctions disciplinaires [1].

La radiation du tableau pouvait encore être prononcée pour cause d'incompatibilité.

« La profession d'avocat, dit le nouveau Denizart, est en général incompatible avec toute profession *qui peut faire l'occupation capitale d'un homme.* Elle l'est avec les charges érigées en offices; elle l'est avec les places qui rendent subalterne, et auxquelles il y a des gages attachés » (§. VIII, 1. 748) [2]. Le barreau de Paris, où la discipline était plus sévère que dans les autres barreaux de France, appliquait aussi, avec plus de sévérité, le principe sur les incompatibilités.

Dans les juridictions inférieures, le droit de discipline intérieure était moins absolu pour les avocats. Ils l'exerçaient par eux-mêmes, mais sauf l'appel aux Parlements, soit qu'il s'agît de l'admission au tableau, soit qu'il s'agît de l'application des diverses peines [3].

Enfin, il était de règle invariable, que les magistrats inférieurs ne devaient jamais intervenir dans les questions sur l'état des avocats. Jaloux de cette partie de leur juridiction, les Parlements y tenaient sans partage [4].

---

[1] Denizart cite, entre autres, les paroles de MM. les avocats-généraux Joly de Fleury et Séguier.

[2] Il énumère ensuite diverses causes d'incompatibilité, n° 2. Je renvoie, pour ces détails, à l'ouvrage, et à ma 3ᵉ partie, tit. I, chap. 1.

[3] *Voir* DAVIEL, édit. de Dupin, Iᵉʳ vol., p. 632. —Nouveau DENIZART, §. IV, n° 1.

[4] Nouveau DENIZART, v° *Avocat*, §. IV, n° 5. — Arr. du Par-

Cet appel, déféré et reçu au Parlement, est la preuve de ce que nous avons dit en commençant, que l'Ordre formait un corps légalement reconnu, puisqu'il rendait des décisions régulières.

J'ajoute que l'existence légale de l'Ordre se trouvait, d'ailleurs, implicitement consacrée par les dispositions dont parle D'Aguesseau, et qui étaient répandues çà et là dans les ordonnances royales ou dans les arrêts de règlement. Ces textes tracent encore quelques-unes des règles essentielles de la profession. Il me reste à en offrir, sous ce rapport, une analyse succincte, parce que ces règles sont maintenues par la législation actuelle [1].

II. Il n'existe aucun monument, ni même aucune tradition qui se rattache au barreau français des VIe, VIIe et VIIIe siècles.

D'après les Capitulaires de Charlemagne, qui mentionnent la profession d'avocat pour la première fois, en 802, on ne devait y admettre que les hommes doux, pacifiques, craignant Dieu, aimant la justice, sous peine d'élimination [2].

Depuis Charlemagne jusqu'à Saint-Louis, c'est-à-dire pendant quatre siècles, le barreau se perd dans l'obscurité qui couvre toute cette époque de notre histoire [3].

---

lement de Paris, du 25 mai 1748, sur les conclusions de M. l'avocat-général Joly de Fleury. Ce même principe a été proclamé plusieurs fois par M. l'avocat-général Séguier ; et nous retrouverons, sous le droit nouveau, la même prérogative dans le domaine exclusif des Cours royales. *Voir* ci-après tit. VII.

[1] Art. 45 de l'Ordonn. du 20 novembre 1822. *Voir* ci-après titre VII.

[2] T. I, des *Capitulaires*, p. 10, §. IX.—FOURNEL, T. I, p. 5.

[3] FOURNEL, T. I, p. 5.

1270.—Les Établissements de Saint-Louis où sont posées les premières bases de l'ancien droit français, contiennent un chapitre particulier sur les avocats (chap. XIV)[1].

Ils imposent, d'abord, à l'avocat, comme règle essentielle de sa profession, l'obligation de ne pas présenter à la justice une cause déloyale[2].

Ils veulent qu'il soit au besoin commis d'office pour la défense des indigents, des veuves et des orphelins. Ils lui prescrivent deux autres devoirs : « Et « toutes les resons à destruire la partie adverse si « doit dire courtoisement, sans vilenie dire de sa « bouche ne en fait, ne en droit.

« Et si ne doit fere nul marché à celui qui pour « qui il plaide, plet pendent ; car droit le défend au « Code *de Postulando* en la loi qui commence *Quis-* « *quis vult esse causidicus*, et ce appartient à loyal « avocat[3]. »

---

[1] Ils furent rédigés par une commission composée de quelques membres du conseil du roi, qui se firent assister par les plus habiles jurisconsultes. FOURNEL, Ier vol., p. 27.

Sous Saint-Louis, la science du droit comprenait trois branches principales : le droit *féodal*, le droit *canonique*, le droit *civil*. Dans le siècle précédent, les Pandectes romaines avaient été découvertes à Amalfi. Dès lors, le droit canonique perdit de son importance ; les ecclésiastiques s'empressèrent d'étudier la loi romaine avec tant de zèle et d'ardeur, que la cour de Rome, effrayée, avait cru devoir leur en défendre l'étude. Concile de 1180, présidé par Alexandre III. — Décrétale d'Honorius III, en 1225.

[2] *Voir* ci-dessus, règle 4.

[3] *Voir* règles 20, 62 et 104.

Vers ce temps-là PIERRE DE FONTAINE, dans le livre *Conseils à son ami*, et PHILIPPE DE BEAUMANOIR, dans son recueil si justement estimé des *Coutumes et usages de Beauvoisis*, posèrent

1274. — On s'étonne de voir l'autorité ecclésiastique s'occuper des avocats, et surtout de la question de leurs honoraires : c'est pourtant ce qui se
fait avec solennité au concile tenu à Lyon, sous
Philippe-le-Hardi, fils de Saint-Louis, le 7 mai 1274.
Ces honoraires y sont fixés « à 20 livres tournois, avec
obligation pour les avocats de renouveler, chaque
année, le serment qu'ils ne recevront rien de plus. »
Cette disposition singulière s'explique par e ux raisons : 1°. par le désir qu'avait la cour de Rome de
ressaisir le temporel sur les rois de France ; 2°. par
le besoin qu'elle éprouvait de mulcter les avocats
qui avaient combattu, avec tant de courage et de
succès, la fameuse bulle de Grégoire VII [1]. Pour ne
pas paraître accepter le concile, le Roi fit publier,
le 23 octobre suivant, une ordonnance qui, statuant à l'égard des avocats exclusivement, « porte à
30 livres [2] le maximum de leurs honoraires, et en
établit la proportion sur l'importance de l'affaire,
sur le mérite et la célébrité de l'avocat [3]. »

sur la profession quelques autres principes dont la sagesse est
remarquable, et que nous avons rappelés en exposant nos règles.
Voir ci-dessus.

[1] On sait que cette bulle avait eu pour objet d'abolir les
libertés de l'Église gallicane, et que cette tentative fut repoussée
par la célèbre ordonnance du mois de mars 1268, dite *Pragmatique sanction*. Voir *Introduction*, à la note, p. xxiv.

[2] Cette somme représentait 500 francs de notre monnaie.
Depuis près d'un siècle (1179), le concile de Latran avait
interdit aux avocats clercs d'exercer leur profession devant les
tribunaux laïcs ; ils ne pouvaient plus plaider que devant les
juridictions ecclésiastiques, et consulter que sur les matières
civiles, FOURNEL, Ier vol., p. 83.

[3] Cette disposition fut reproduite par une ordonnance du même

1327. — Une ordonnance de Philippe de Valois, encore régent (13 février), contient quelques dispositions réglementaires plus importantes.

« Aucun avocat, dit-elle, ne sera admis à plaider, s'il n'a prêté le serment, et s'il n'est inscrit au *rôle* des avocats (art. 41)[1]. »

De là, la première origine connue du tableau ; car ce rôle, *rotulus*, n'est autre chose que le tableau.

« Il est enjoint aux avocats, ajoute l'ordonnance, de se trouver au Châtelet, *au soleil levant*, sauf le temps nécessaire pour entendre une basse messe.

« Ils plaideront les causes, suivant l'ordre réglé par le prévôt.

« Un avocat ne pourra plaider dans la même audience que *deux ou trois causes* tout au plus, pour laisser aux autres avocats le temps de plaider les leurs[2].

« Tout avocat qui aurait prévariqué dans ses fonctions, sera exclu à toujours de l'audience.

« Le *parc*, c'est-à-dire, l'enceinte ou l'intérieur du barreau, est *exclusivement réservé* aux avocats et procureurs de la cause[3]. »

1344. — Un arrêt, rendu en forme de règlement par le Parlement de Paris, à la suite de l'ordonnance

---

Roi, du 19 mars 1314, qui fait encore entrer, dans la prise en considération, l'usage du barreau et les facultés du client.

[1] Les parties pouvaient néanmoins plaider leur propre cause, comme à présent. *Voir* ci-après, tit. III.

[2] La cause, une fois commencée, ne devait pas être interrompue pour une autre. C'est encore la règle aujourd'hui.

[3] La barre était gardée par deux sergents. La qualité d'*huissiers* n'était alors donnée qu'à ceux qui en faisaient l'office près du Parlement.

du 11 mars 1344, qui l'avait réglementé lui-même, par des dispositions fort sévères, sous Philippe de Valois [1], porte des dispositions nouvelles sur les avocats, en reproduisant les anciennes.

« On fera, dit-il, une *liste* des avocats assermentés, dans laquelle on choisira les plus capables pour être *conservés ;* les autres seront supprimés [2].

« Les avocats conservés ne pourront continuer leur exercice qu'après avoir prêté le serment suivant [3] : de remplir leurs fonctions avec fidélité et exactitude ; de ne point se charger de causes dont ils reconnaîtront l'injustice ; qu'ils s'abstiendront de fausses citations ; qu'ils ne chercheront pas à se procurer des remises par des subterfuges et des prétextes malicieux ; que de quelque importance que soit une cause, ils ne recevront pas, pour leur salaire, au delà de 30 livres parisis, ni aucune autre espèce de gratification en sus des 30 livres (à eux cependant permis de recevoir moins) ; qu'ils rabaisseront leurs salaires en raison de la modicité de l'intérêt de la cause et de la médiocre condition des parties ; qu'ils ne feront aucun traité avec leurs clients sur l'événement du procès. »

---

[1] Ordonn. du Louv. t. II, p. 227. Le texte de l'arrêt y est écrit en latin. L'usage d'écrire en latin les actes, procédures et jugements n'a été aboli que par l'ordonnance du mois d'août 1539. *Voir* aussi FOURNEL, Ier vol., p. 171 et suivantes.

[2] Le règlement n'indique point par qui devait être faite cette épuration. D'après le principe constitutif de l'Ordre, elle appartenait exclusivement aux avocats.

[3] Nous ne rapportons que les dispositions principales. *Voir* BOUCHER D'ARGIS, p. 99 et suiv.

Le règlement ajoute : « Nul *n'aura le titre d'avocat* (ce que portait déjà l'ordonnance de février 1327) s'il n'a été reçu en la cour après serment, et la qualité d'avocat ne donnera le droit de plaider *qu'autant que l'avocat sera inscrit sur le tableau.*

« Il est enjoint à l'avocat d'être bref dans ses plaidoyers et dans ses écrits[1].

« Un temps d'épreuve ou de *stage*, dont la durée n'est pas limitée, est exigé de lui, pour qu'il puisse se livrer à l'exercice du ministère[2].

« Enfin, il est commandé aux jeunes avocats d'user de respect envers *les anciens* dans toute occasion[3]. »

D'autres dispositions ont reproduit et développé celles de l'arrêt du Parlement de Paris. Voici le résumé qu'en donne Laroche-Flavin, dans *ses treize livres de l'histoire du Parlement*[4] :

II. « Advocats de la cour seront gradués in *altero*

---

[1] On ne voulait pas pour cela juger plus vite, mais débarrasser la plaidoirie du luxe inutile des citations, qui était de mode alors.

[2] Voilà la première disposition qui institue ce noviciat si utile.

[3] « Il est aisé de reconnaître dans ce règlement, dit FOURNEL, « p. 175, Ier vol., le modèle exact de la discipline qui s'observait dans l'ordre des avocats à l'époque de *la Révolution*, et « qui avait traversé cinq siècles. » Cette opinion confirme la note 2, ci-dessus.

[4] P. 276, édit. in-f°.—Il paraît que, de son temps, les avocats étaient aussi nombreux qu'aujourd'hui.— « Il n'est pas nouveau, dit-il, qu'il y ayt si grand nombre d'advocats en France, « tel que nous le voyons ; et desquels se pourroient *faire plusieurs régiments, voire une médiocre armée.* » LAROCHE-FLAVIN, liv. III, ch. I, n° 22.

« *jurium*[1], et seront receux en icelle et y preste-
« ront le serment (François Ier, 1535, ch. 4,
« art. 15). Ne pourront requérir les causes estre
« réappelées, si autres causes ne sont par achevées.
« (François Ier, 1539, art. 20.)

III. « Se trouveront au commencement de la
« plaidoirie, autrement, seront tenus des dommages
« et intérêts. (François Ier, 1535, ch. IV, art. 15.)

IV. « Plaideront et escriront briefvement. (Jean Ier,
« 1363; Charles V, 1364; Charles VII, 1446, art. 24;
« Charles VIII, 1493, art. 16; Louis XII, 1507,
« art. 121; François Ier, 1528, art. 10.)

V. « Liront véritablement et sans obmissions, in-
« terruption ou déguisement. (François Ier, 1539,
« art. 22 et 188.)

VI. « Ne partiront de l'audience sans licence de la
« cour. (François Ier, 1535, ch. IV, art. 16.)

VII. « Ne procéderont par paroles injurieuses
« contre les parties adverses ou autres. (Philippe VI,
« 1454; Charles VII, 1453, art. 54; Louis XII,
« 1502, art. 122.)

VIII. « Ne pourront partir de la ville, sinon en
« remettant les mémoires prests ès mains du procu-
« reur, et laissant substitut. (François Ier, 1535,
« ch. IV, art. 17.)

IX. « N'entreront en siége, sinon en habits dé-
« cents, large robe, bonnet rond. (François Ier,
« 1540, art. 30.)[2]

XII. « Estant appelés au conseil[3] feront serment

[1] Dans le droit civil et le droit canon.
[2] Les n°s XI et XII concernent les écritures qui étaient autrefois dans le ministère de l'avocat.
[3] C'est-à-dire pour faire fonctions de juges.

« qu'ils n'ont patrociné ne consulté pour les parties.
« (François Iᵉʳ, 1535, ch. XII, art. 10, et 1540,
« art. 17.)

XIII. « Ne seront pour les deux parties. (François Iᵉʳ, 1536, ch. I, art. 35.)

XIV. « Seront donnés aux pauvres misérables
« personnes. (François Iᵉʳ, 1536, ch. I, art. 38.) [1]

XVI. « Ne doivent user de contentions et excla-
« mations les uns envers les autres, ni parler plu-
« sieurs ensemble et s'interrompre. (François Iᵉʳ,
« 1539, art. 40.)

XVII. « Ne doivent soutenir une mauvaise cause.
(Charles IX, 1560, art. 58.) [2]

---

[1] Même observation sur l'art. 15, qu'à la note 2.

[2] Dubreuil avait imprimé, en 1338, un ouvrage intitulé *Style du Parlement,* et qui avait acquis une très-grande autorité. On y trouve un chapitre intitulé : *De modo, gestu et habitu, quem habere debet advocatus curiæ parlamenti.* Ces préceptes, exprimés dans la forme et le langage du temps, tiennent plus à l'art oratoire qu'aux règles de la profession. Je les rappellerai en peu de mots. L'auteur veut :

« 1°. Que l'avocat AU PARLEMENT soit doué d'une prestance imposante et d'une taille bien proportionnée, de manière à s'offrir, avec avantage, aux yeux des magistrats et de l'auditoire ;

« 2°. Que sa physionomie soit ouverte, franche, affable et débonnaire, et forme, d'avance, une espèce de recommandation ;

« 3°. Qu'il n'affecte pas, dans l'habitude de sa personne, une assurance présomptueuse ; au contraire, qu'il provoque la faveur et l'intérêt de l'auditoire par une apparence de modestie et de réserve ;

« 4°. Qu'il n'ait rien de farouche ni d'irrégulier dans les yeux et le regard ;

« 5°. Que sa pose devant les magistrats soit décente et respectueuse, et que sa mise ne laisse voir ni recherche ni négligence ;

Il n'est intervenu, depuis Laroche-Flavin, qu'un très-petit nombre de dispositions réglementaires. Nous nous bornerons à indiquer les plus importantes.

1579. — Une ordonnance de Henri III, du mois de mai, dite ordonnance de Blois, tenta un essai, nouveau jusqu'à cette époque; elle enjoignit (art. 161) aux avocats de signer leurs écritures, et en bas de leur seing « d'escrire et parapher de leur main *ce qu'ils auront reçu pour leur salaire, et ce, sous peine de concussion.* » Mais elle blessa tellement la juste susceptibilité du barreau, qui était dans l'usage immémorial de recevoir ses honoraires sans en donner de quittance, qu'il refusa de se soumettre à la mesure.

En 1602, le Parlement de Paris, provoqué par Sully, qui se plaignait que dans un procès les honoraires de son avocat lui avaient coûté trop cher

« 6°. Qu'en parlant il s'abstienne de décomposer les traits de son visage par les contorsions de sa bouche et de ses lèvres ;

« 7°. Qu'il évite les grands éclats d'une voix glapissante ;

« 8°. Qu'il sache régler ses intonations, de manière à les tenir à une égale distance du grave et de l'aigu ; que sa voix soit pleine et sonore, et offre la qualité d'un beau *medium* ;

« 9°. Qu'en déclamant il s'attache *à une exacte prononciation*;

« 10°. Qu'il observe de ne pas trop hausser la voix ni de la déprimer ;

« 11°. Qu'il ait soin de tenir *son style en harmonie avec le sujet qu'il traite,* et qu'il évite le ridicule de mettre de l'emphase oratoire à des objets de modique importance ;

« 12°. Qu'il se garde de donner à sa tête et à ses pieds une agitation déplacée ;

« 13°. Enfin que ses mouvements soient combinés et appropriés au discours, en évitant avec soin une gesticulation désordonnée et triviale. »

(1 500 écus), rendit un arrêt portant que l'ordonnance serait exécutée. Les avocats se réunirent aussitôt, au nombre de trois cent sept, et résolurent *tous de renoncer à leur profession* : ce qui fut fait. Le cours de la justice ayant été interrompu, Henri IV dut intervenir, et confirmant l'arrêt *pour la forme*, par lettres patentes du 25 mai 1602, il les rétablit dans leurs fonctions, en les autorisant à l'exercer *comme ils faisaient auparavant* [1].

1667. — L'ordonnance de Louis XIV (tit. XXXI, art. 10) appliqua, d'une manière plus explicite, au tableau des avocats, un caractère *légal,* en ordonnant qu'il *serait dressé tous les ans ;* elle rappela aussi la prestation de leur serment.

1693. — Arrêt de règlement du 17 juillet, déclarant : 1°. qu'à l'avenir les écritures du ministère des avocats ne passeront point en taxe, si elles ne sont faites et signées par un avocat de ceux qui seront inscrits au tableau [2]; 2°. que ce tableau sera présenté

---

[1] Loysel était du nombre des renonçants; dans son dialogue, il répond à son fils, qui semblait regretter le parti pris par les avocats : « Tout beau, mon fils, tout beau; pensez-vous que « ceci puisse durer longtemps? *Et que feront messieurs les con-* « *seillers en leurs estats, s'il n'y a des avocats et des procureurs* « *qui leur taillent de la besongne ?* » *Dialogue,* édit. de Dupin, Ier vol., p. 150. *Voir* ci-dessus, règle 110. — L'auteur des *Lettres Persannes,* exagérant la pensée de Loysel, fait dire au magistrat : « Nous avons des livres vivants qui sont les avocats; ils travaillent pour nous, et se chargent de nous instruire. » T. Ier, lettre 66. Ce qui est vrai, c'est que la science du magistrat ne peut se passer ni de la science ni du talent de l'avocat.

[2] « Les avocats, dit JOUSSE, p. 453 et 454, font toutes les écritures qui sont de leur ministère. Celles qu'ils faisaient, à

à la Cour par le bâtonnier des avocats ; 3°. que l'inscription, sur le tableau ne sera accordée qu'aux avocats en plein exercice, et qui auront fréquenté le barreau depuis *deux années* au moins.

Cette dernière disposition n'étant pas exécutée, malgré l'utilité qui s'en faisait sentir de plus en plus chaque jour, le bâtonnier vint exposer à la grand'chambre du Parlement, assemblée le 5 mai 1751 : « que l'on avait inscrit sur le tableau des avocats « qui ne se destinaient pas sincèrement à cette pro-« fession; qui ne l'avaient pas exercée depuis, ou « qui l'avaient exercée d'une manière prohibée par « les règlements, et contraire au bien public, etc. « Pourquoi il croyait devoir proposer à la Cour d'or-« donner que l'on ne pourra plus être inscrit sur le « tableau *qu'après quatre années de fréquentation* « *du barreau,* dont on sera tenu de rapporter des « certificats signés par six avocats qui seraient indi-« qués par le bâtonnier ; que nul ne pourra être in-« scrit sur le tableau, *s'il ne fait la profession* « *d'avocat,* et *s'il n'a un domicile constant et connu* « *à Paris;* d'ordonner pareillement qu'il n'y aura « aucune liste à la suite et séparée du tableau, con-« tenant les noms de ceux qui n'auront pas fait leurs « quatre années d'épreuves. »

---

l'exclusion des procureurs, sont les griefs, causes d'appel, moyens de requête civile, réponses, contredits, salvations et avertissements. Arr. de règl. du 17 juillet 1693, confirmé par autre du 23 juillet 1727. Celles qu'ils font concurremment avec les procureurs, sont les débats, soutènements, moyens de faux et de nullité, reproches et conclusions civiles. » Il leur est expressément défendu de signer les écritures qu'ils n'ont pas faites. Ord. de 1535, ch. IV, art. 14, Arr. du 17 juillet 1693, *à peine de radiation du tableau.* Autre arr. du 17 juillet 1727.

Un arrêt du même jour convertit en règlement les mesures proposées, et depuis cette époque, jusqu'à la suppression de l'Ordre, le stage fut de *quatre* ans [1].

Il faut dire enfin, pour constater toute l'indépendance de la profession, que les avocats au Parlement portaient l'exercice de leurs fonctions partout. (Arrêt du Parlement des 27 janvier 1557 et 22 juin 1587. Mornac, sur la loi 4 au Code *de adv. div. judic.*, §. ult.) Ils n'avaient besoin d'aucune autorisation. Il leur suffisait de prouver leur qualité, ce qui se faisait par un simple *exeat*, signé du bâtonnier.

[1] *Voir* sur le temps des études universitaires, tit. III, à la note, et sur l'admission au stage, tit. VII. Le stagiaire devait, comme aujourd'hui, suivre les audiences et assister à la Bibliothèque ; il ne pouvait être inscrit au tableau qu'en justifiant de cette fréquentation par un certificat signé de six avocats indiqués par le bâtonnier. Nouveau Denizart, T. III, n° 10.

Les avocats jouissaient de quelques priviléges, notamment de la qualité de noble, de l'exemption des tailles et corvées, etc. ; le plus utile de ces priviléges, que, certes, nous ne regrettons pas, était le droit d'écarter de leur voisinage tous les artisans *qui pouvaient les troubler dans leur travail. Voir* Coquard, p. 25 et suiv.

Les avocats avaient la préséance sur *les docteurs en droit,* Arr. du Parlement du 24 novembre 1671, *Journal des audiences;* sur *les procureurs,* Arr. du 15 juin 1688, *Journal du Palais,* T. II, p. 737, Arr. du 21 août 1660, Rap. aux chartres des notaires, édit. de Langlois, p. 391 ; sur *les notaires,* Arr. du Parlement du 20 février 1592, rapporté par Chenu, t. II, pag. 1137, Arr. des 21 août 1660 et 15 juin 1688 ; sur *les médecins,* Chenu, t. II, tit. XL, ch. LXXX, p. 1132, Arr. de la Grand'chambre du 1ᵉʳ juillet 1723 ; et sur *les substituts du procureur du Roi,* Arr. du 18 mars 1689, Denizart, vᵒ *Substitut,* p. 142. — Autre de 1644. — Autre du 25 janvier 1657.

Avec ces éléments, qui sont, je le répète, plutôt traditionnels que réglementaires, l'ordre des avocats parvint au plus haut point de prospérité qu'il soit donné aux établissements humains d'atteindre [1]. Et cette brillante fortune, il la soutint pendant près de six siècles, par ses vertus et son caractère, autant que par ses talents et ses services [2]. De tous les barreaux de France, il faut bien le dire aussi, puisque l'histoire l'atteste, le plus remarquable fut le barreau du Parlement de Paris. Il dut cette supériorité à deux causes : d'abord à sa discipline, qui fut toujours plus exacte et plus sévèrement exercée que partout ailleurs [3] ; ensuite à sa situation particulière, qui, l'identifiant en quelque façon avec le premier corps de l'État, l'associa souvent à ses actes et à son importance politiques. Si le barreau du parlement de Paris éprouva des vicissitudes au milieu des événements publics auxquels il fut mêlé par la force des choses, il sut toujours conserver sa gloire intacte. Peu disposé à empiéter sur les autres institutions sociales, il voulut, par un juste équilibre, qu'on respectât la sienne, et constamment il maintint ses usages, ses règles, ses droits. Il ne faillit jamais à cet esprit de corps sage et ferme, qui est la plus puissante

[1] « Il n'est pas besoin d'avoir de statuts écrits, lorsque l'on « fait profession de ne suivre d'autres lois que les principes innés « de l'honneur. » Camus, Lettre 1re, p. 20.

[2] Les deux époques les plus remarquables pour les avocats, dans ce long intervalle, furent le xive siècle, et d'autre part le xvie et le commencement du xviie. C'est à ces deux époques qu'appartiennent les grands orateurs et les grands jurisconsultes dont s'honore la France.

[3] Nouveau Denizart, vo Avocat, §. VIII, no 2.

10

sauvegarde de toute association. Dévoué à son pays,
on se rappelle qu'il en défendit les droits avec un
courageux patriotisme [1]. Allié respectueux et fidèle
de la magistrature, on sait qu'il la suivit dans ses
disgrâces [2]. Mais jamais, encore une fois, il n'aliéna
son indépendance [3]. Une réciprocité de déférences
et d'égards était leur loi commune [4]. La magistrature ne croyait pas se déshonorer en appelant à elle,
dans les postes les plus élevés, les membres distingués du barreau [5]. Plusieurs d'entre eux furent pro-
mus aux sceaux de France [6], et, comme de notre
temps, l'on vit des gardes des sceaux ne pas dédai-
gner de rentrer au barreau, après avoir quitté la simarre [7].

Telle était la position de l'Ordre des avocats,
lorsqu'il fut supprimé par un décret de l'Assemblée
constituante du 2 septembre 1790, avec les Parlements dont il avait partagé les travaux, depuis

---

[1] Voir *Introduction*, p. xxiv.

[2] En 1419, les avocats de Paris vinrent s'établir près du Parlement réfugié à Poitiers.

[3] *Voir* ci-dessus, règle 127, note 1.

[4] Voir *suprà*, règle 151.

[5] Voir *Introduction*, p. xxv et note.

[6] Je citerai Antoine Duprat, en 1514, Guillaume Poyet,
en 1538, François Olivier, en 1545, François de Montholon,
en 1589, sous Henri IV. *Voir* ci-après, 3ᵉ partie, nº 134.

[7] François de Montholon et Poyet (celui-ci ne put pas se faire
réadmettre au tableau); MM. Teste et Vivien en 1840. *Voir* ci-
après nº 133 des *Précéd*.

Les Rois de France ont souvent assisté aux plaidoiries des avocats. On cite plus particulièrement, parmi ces augustes auditeurs, Charles V, que Mézeray appelle *l'avocat*, Louis XII,
François Iᵉʳ.

leur création (en 1300). L'article 2 du décret porte : « Les *hommes de loi*, ci-devant appelés avo-« cats, ne devant former ni ordre, ni corporation, « n'auront aucun costume particulier dans leurs « fonctions [1]. »

TITRE II.

DÉCRET DU 2 NIVOSE AN XII, QUI REND UN COSTUME AUX GENS DE LOIS.

La crise violente qui suivit le décret de 1790 contraignit presque tous les anciens avocats à quitter momentanément leur profession.

[1] L'Assemblée constituante était alors présidée par Thouret, avocat au Parlement de Rouen. Le barreau de Paris comptait, à lui seul, sept députés : Tronchet, Target, Camus, Treilhard, Martineau, Huteau et Samson, celui-ci, bâtonnier en exercice. On s'étonne, en lisant les discussions sur le décret de 1790, que, parmi tous les avocats célèbres qui siégeaient dans cette assemblée, aucune voix ne se soit élevée pour défendre l'Ordre, menacé dans son existence. Si l'on en croit FOURNEL, IIe vol., p. 540, « ils s'abstinrent de parler contre la mesure, ou plutôt ils y adhé-rèrent *par un dévouement exalté pour la gloire et la mémoire de la profession d'avocat*. Voyant que l'abolition des anciennes cours souveraines allait livrer l'administration de la justice à une multitude de petits tribunaux, et par suite disséminer les avocats autour de ces juridictions inférieures, ils craignirent que l'ancien Ordre y perdît aussi sa grandeur et sa dignité. «Cet opinion géné-reuse fut émise, il est vrai, au sein du comité où se préparait le projet ; mais il est permis de douter qu'elle ait ÉTÉ ADOPTÉE par

Au retour du calme, ils reparurent, et pour se séparer de cette foule de gens d'affaires que la loi nouvelle autorisait à exercer le ministère d'avocat, sous la dénomination d'hommes de loi ou de défenseurs officieux, plaidant et consultant par besoin ou par calcul, sans aptitude et souvent sans probité, ils se réunirent dans une sorte de société volontaire où ils n'admettaient que les hommes de leur choix, ils rappelèrent l'origine première de l'ancien barreau. Là, chose admirable! ils firent revivre et observer ses traditions, ses règles et presque ses mœurs. On sollicitait une admission comme une faveur; on la sollicitait avec d'autant plus d'empressement, qu'elle ne s'accordait qu'à bon escient et à des hommes éprouvés. On les nommait les avocats *du Marais*, parce que plusieurs des plus éminents habitaient ce quartier. A leur tête étaient MM. Ferey, Bellart, Delamalle, Delacroix-Frainville, Bonnet, Gayral, etc. [1].

Dès lors, il est vrai de dire que la profession qu'une loi révolutionnaire n'avait pu anéantir, fut rendue à sa pureté primitive et reprit son éclat; c'est de cette époque que datent, en effet, les brillants succès que les avocats de notre temps obtinrent au Palais.

Cependant ils songeaient à l'avenir, à leurs successeurs, ils réclamaient avec instance, près du gouvernement nouveau, la reconstitution légale de

tous les avocats députés. N'était-ce pas s'exagérer le péril que de craindre l'abaissement d'une profession toute libérale, parce qu'elle devait être appelée à s'exercer devant d'autres magistrats?

[1] *Voir* DUPIN, T. I, p. 128.

l'Ordre. Il fallait donner une base solide à cet édifice recréé sur ses antiques débris, au milieu de la société qu'un bouleversement avait profondément désorganisée. L'homme de génie qui, en s'emparant du gouvernement de la France, avait su la recomposer, comprenait que le rétablissement de l'Ordre des avocats se liait nécessairement à cette œuvre régénératrice, au grand ensemble de la législation dont il s'occupait, à l'administration d'une complète et bonne justice. Il n'était retenu que par une préoccupation, mais une préoccupation toute-puissante sur son esprit ombrageux. Consul, il voulait déjà régner en souverain absolu; il connaissait l'histoire du barreau, il redoutait son besoin d'indépendance. Il ne pouvait pas souffrir qu'une autre illustration vînt contrebalancer l'illustration militaire. Aussi, nous allons le voir hésiter longtemps, accorder à regret, peu à peu, ce que la force des choses lui arrache, et lorsqu'il aura cédé, le bienfait restera empreint du cachet de sa susceptibilité inquiète et despotique.

De là, le premier décret émané de lui, à la date du 2 nivôse an XII, lequel est ainsi conçu, art. 6 :

« Aux audiences de tous les tribunaux, les *gens*
« *de loi* et les avoués porteront la *toge* de laine, fer-
« mée par devant, à manches larges; *toque* noire ;
« cravate pareille à celle des juges; cheveux longs
« ou ronds. »

On voit donc, par ce décret, qu'il ne s'agit point encore des avocats. Ce titre demeure un sujet de proscription. C'est aux *gens de loi* que Bonaparte rend leur costume, et ce costume est celui que les avocats portaient autrefois [1]. Il croit faire assez, pour le moment du moins [2].

[1] Ce décret substitue seulement la toque au bonnet carré.

Dans les premiers temps du barreau, les avocats se couvraient la tête avec le chaperon, ils portaient une simarre en soie, et ils la gardaient même dans leur cabinet. Au Palais, ils avaient le droit de mettre la *robe rouge* avec un chaperon noir. Le dernier qui la prit fut Raoul Spifame, mort en 1563, et dont parle Loysel dans son Dialogue. Le droit de revêtir la robe rouge ne fut pas interdit aux avocats, ils y renoncèrent d'eux-mêmes, dit Boucher d'Argis, par un effet de la modestie, qu'ils ont toujours considérée comme le plus bel ornement de leur profession, (p. 88 et 89). Ce costume a, du reste, souvent varié. En ville, les avocats portaient l'habit noir, excepté pendant les vacances (Voir *ibid.*). Jacques de Lecornay a fait un petit traité *sur la robe rouge* et le droit que les avocats ont de la porter. M. de Riparfonds, fondateur de notre ancienne bibliothèque, et dont nous avons conservé le portrait, est représenté dans ce costume. Si ce portrait n'est pas un chef-d'œuvre, à beaucoup près, il est du moins précieux par le souvenir historique.

Anciennement, les avocats avaient aussi l'habitude de se ganter en plaidant. Voir *suprà,* notre règle 141.

[2] La disposition du décret a été maintenue quant au costume par l'art. 105 du décret du 30 mars 1808, en ces termes : « Les « avocats, les avoués et les greffiers porteront dans toutes leurs « fonctions, soit à l'audience, soit au parquet, soit aux comparu- « tions et aux séances particulières devant les commissaires, le « costume *prescrit.* » C'est-à-dire, celui prescrit par le décret de l'an XII.

TITRE III.

___

LOI DU 22 VENTOSE AN XII (1804), SUR LES ÉCOLES DE DROIT [1].

Cette loi qui rétablit enfin le titre d'*avocat,* porte, sous le titre **V,** *du tableau des avocats près les tribunaux :*

[1] Il est utile de dire qu'elle dispose que les élèves ne seront pas admis aux écoles avant l'âge de seize ans (art 1er), qu'elle exige trois années d'études pour la licence, et une année de plus pour le doctorat (art. 3). Le décret du 4 complémentaire an XII a organisé les écoles de droit par d'autres dispositions. Enfin, une ordonnance royale, du 5 juillet 1820, veut que l'on ne puisse prendre sa première inscription, si l'on n'a pas été reçu bachelier *ès-lettres* près l'Université. Il résulte donc de la législation qu'un mineur est apte à exercer la profession d'avocat. — MERLIN, v° *Avocat,* §. 9, n° 4.

A Rome, pour être reçu avocat, il fallait être âgé de dix-sept ans et avoir étudié le droit pendant cinq ans. (BOUCHER D'ARGIS, t. Ier, p. 35). Cicéron plaida sa première cause à vingt-trois ans. D'après une déclaration du 17 novembre 1690, on ne pouvait s'inscrire en droit qu'à seize ans accomplis, et le temps des études en droit avait été fixé à trois années par celle du 20 janvier 1700; on devait être bachelier et licencié (*Ibid.,* p. 35, 73, 74). *Voir* aussi les déclarations des mois d'avril 1679, art. 15, 16 et 20, et 3 août 1710.

Laroche-Flavin dit qu'il a été reçu docteur en droit à dix-huit ans, avocat–conseiller au présidial de Toulouse à dix-neuf, et examiné à la première chambre des enquêtes à vingt-deux, mais il ajoute malignement : « ayant trouvé des amis *qui me* « *prestèrent plus volontiers des années, que n'eussent faict* « *des escuts.* » (Liv. III, ch. I, n° 23.)

Art. 29. « Il sera formé un *tableau des* AVOCATS
« exerçant près les tribunaux[1]. »

La loi contient ensuite quelques dispositions or-
ganiques sur la profession :

Art. 30. — « A compter du 1ᵉʳ vendémiaire
« an VII, les avocats, selon l'ordre du tableau, et,
« *après eux*[2], les avoués, selon la date de leur ré-
« ception, seront appelés, en l'absence des sup-
« pléants, à suppléer les juges, les commissaires du
« gouvernement et leurs substituts. »

Art. 31. « Les avocats et avoués seront tenus, à
« la publication de la présente loi, et à l'avenir,
« avant d'entrer en fonctions, de prêter serment de
« ne rien dire ou publier, comme défenseurs ou

---

[1] *Voir* ce que nous disons du tableau, 3ᵉ partie, nº 199 et
suivants.

[2] Voilà l'ordre hiérarchique rétabli entre les avocats et les
avoués (qui représentent les anciens procureurs). Le même
principe a été consacré par l'art. 118 du Code de proc. civ.

Cette suppléance a lieu tant pour les juges de première instance, que pour ceux de cour royale. *Voir* ci-dessus, règles 113
et 127.

Les avocats doivent, en ce cas, prêter le serment exigé des
magistrats. Cass., 22 mars 1831, S. vol. 31, 1, 113. La même
cour avait jugé autrement le 8 décembre 1813. S. vol. 21, 1,
280. Alors aussi leur caractère est le même que celui du juge ;
en cas d'offense, ils ont droit à la même réparation ; en cas
de prévarication, ils sont soumis à la prise à partie. Réquis.
de M. Dupin, procureur-général lors de l'arrêt du 22 mars
1831. Autrefois, les avocats étaient appelés, non-seulement
pour suppléer au défaut d'un seul juge, mais pour compléter le
tribunal en majorité. Nouveau DENIZART, vº *Avocat*, §. 5,
nº 14, lequel cite les ordonnances de 1519, 1535, 1539, 1540.
Aujourd'hui, ce cas-ci donnerait ouverture à cassation du jugement. MERLIN, *Questions de droit*, vº *Homme de loi.*

« conseils, de contraire aux lois, aux règlements,
« aux bonnes mœurs, *à la sûreté de l'État et à la*
« *paix publique*[1], et de ne jamais s'écarter du res-
« pect dû aux tribunaux et aux autorités publiques. »

Art. 32. « Les avoués qui seront licenciés pour-
« ront, devant le tribunal auquel ils sont attachés,
« et dans les affaires où ils occuperont, plaider et
« écrire dans toute espèce d'affaires, concurremment
« et contradictoirement avec les avocats[2].

« En cas d'absence ou de refus des avocats de plai-
« der, le tribunal pourra autoriser l'avoué, même
« non licencié, à plaider sa cause[3]. »

Art. 38. « Il sera pourvu par *des règlements d'ad-*
« *ministration publique* à l'exécution de la présente
« loi, et notamment, à ce qui concernera *la forma-*
« *tion du tableau des avocats et la discipline du*
« *barreau*[4]. »

---

[1] Ainsi, le serment est lui-même un acte *politique*. Il faut
avouer que les anciennes ordonnances y attachaient ce caractère,
indépendamment des autres conditions. *Voir* ci-dessus p. 137,
règle 47, et ci-après, tit. IV, art. 14 du décret de 1810, et
tit. VII, art. 38 de l'ordonnance du 20 novembre 1822.

[2] Nous verrons que cette disposition de l'article 32 a été mo-
difiée, pour l'avenir, par le décret du 2 juillet 1812, et l'ordonnance royale du 27 février 1822. Quant au passé, elle est devenue d'une application fort rare.

[3] Cette seconde disposition subsiste encore aujourd'hui, bien
qu'elle reçoive peu d'application dans la pratique. Elle a son
principe dans la nécessité de prévenir un retard fâcheux pour
l'expédition des affaires.

[4] *Voir* les observations qui servent de préliminaire au titre
suivant. *Voir* ci-après tit. V, l'article 5 du décret du 2 juillet
1812.

TITRE IV.

DÉCRET DU 14 DÉCEMBRE 1810, CONTENANT RÈGLEMENT SUR L'EXERCICE DE LA PROFESSION D'AVOCAT ET LA DISCIPLINE DU BARREAU [1].

Il semblait que la mesure promise par l'article 38 de la loi de l'an XII, et dont l'exécution était si urgente, dût se réaliser immédiatement; il n'en fut pas ainsi : sept années s'écoulèrent.

Autant les anciens avocats, qui ne voyaient dans la restitution de leur titre *nu* qu'un bienfait illusoire, faisaient d'efforts pour obtenir la réorganisation complète de l'Ordre, autant le nouvel empereur apportait de délais à les satisfaire. Plus il grandissait en puissance, plus il semblait redouter la reconstitution d'une compagnie qui avait été si considérable sous l'ancienne monarchie. Il fallut qu'une circonstance particulière et presque fortuite vînt, en quelque sorte, faire violence à ses hésitations.

---

[1] Je n'ai pas cru devoir placer, parmi nos règlements, l'art. 103 du décret du 30 mars 1808, contenant *règlement pour la police et discipline des cours et tribunaux,* bien que cet article (où nous ne sommes pas nominativement désignés) nous ait été appliqué par plusieurs arrêts. (*Voir* mes observations, ci-après, sur l'article 16 de l'ordonnance du 20 novembre 1822, et sur l'article 5 de l'ordonnance du 27 août 1830. Il nous est justement permis de considérer encore cette grave question comme susceptible de controverse.

M. Ferey, savant et généreux confrère, dont la mémoire sera longtemps vénérée parmi nous, avait légué sa bibliothèque et des sommes importantes « *à* « *l'Ordre des avocats*, dit le testament, sous quel- « que nom que Sa Majesté l'Empereur et Roi juge à « propos de le rétablir. » Il était mort en 1807, et le legs n'avait pu être accepté par personne, dans l'état imparfait de la législation. Le 5 février 1810, M. Bellart prononça son éloge funèbre au milieu des avocats réunis dans la bibliothèque du lycée Charlemagne, sous la présidence de l'archichancelier. L'orateur parla du vœu du testateur, du vœu de tous ses confrères, avec cette éloquence entraînante que nous lui avons connue, et le 14 décembre suivant, Cambacérès aidant, le décret d'organisation fut enfin obtenu et publié. (*Voir* M. DUPIN, t. Ier, p. 132, 140 et suiv.)

Mais, en lisant le décret, on reconnaît qu'il était loin de répondre aux légitimes espérances du barreau. Méconnaissant le principe ancien de son indépendance, l'auteur du décret créait pour le barreau, ou plutôt contre lui, une législation toute nouvelle. Il reconstituait l'Ordre, mais en ôtant aux avocats cette liberté inoffensive dont ils avaient joui de tous les temps, en leur imposant les conditions les plus dures, en les frappant, tout à la fois, dans la dignité de leurs personnes et dans la dignité de leur caractère. Napoléon se plaignit pourtant qu'on lui avait surpris une concession trop libérale. M. Dupin atteste, t. Ier, p. 132, qu'il écrivit de suite à Cambacérès : « Ce décret est absurde ; il ne laisse « aucune prise, aucune action contre eux. Ce sont

« des factieux, des artisans de crimes et de trahisons ;
« tant que j'aurai l'épée au côté, jamais je ne signe-
« rai un pareil décret ; *je veux qu'on puisse couper*
« *la langue à un avocat* qui s'en sert contre le Gou-
« vernement. »

Heureusement, le décret, qui ne nous convenait
pas plus qu'à Napoléon, et contre lequel nous avons
réclamé tout aussitôt[1], a été abrogé[2] : je dirai plus
loin dans quelles circonstances[3]. Par cette raison,
j'aurais pu l'omettre, mais c'est un monument grave
et curieux dans l'histoire moderne de notre ordre ;
il a servi de base, sur plusieurs points, aux dispositions actuellement en vigueur ; et, d'ailleurs, un
assez grand nombre des décisions du Conseil de l'Ordre
que je me propose de rapporter, ont été rendues sous
son empire. À tous ces titres, je dois donc lui donner place ici, sauf à en réduire le commentaire à de
très-courtes annotations. Je m'abstiendrai aussi de
toutes critiques, puisqu'il a cessé d'exister. En fait
de lois comme en fait de personnes, il faut respecter
les morts. Voici le texte du décret :

« Lorsque nous nous occupions de l'organisation
de l'ordre judiciaire, et des moyens d'assurer à nos
cours la haute considération qui leur est due, une
profession dont l'exercice influe puissamment sur la
distribution de la justice a fixé nos regards ; nous
avons en conséquence ordonné, par la loi du 22 ven-

---

[1] *Voir* ci-après la note 1, au commencement du titre VII.
[2] L'article 45 de l'ordonnance royale du 20 novembre 1822,
qui prononce son abolition, est *absolu*. *Voir* ci-après, tit. VII,
nos observations et nos preuves sur ce point.
[3] *Voir* ci-après le commencement du titre VII.

tôse an XII, le rétablissement du tableau des avocats, comme un des moyens les plus propres à maintenir la probité, la délicatesse, le désintéressement, le désir de la conciliation, l'amour de la vérité et de la justice, un zèle éclairé pour les faibles et les opprimés, bases essentielles de leur état.

« En retraçant aujourd'hui les règles de cette discipline salutaire, dont les avocats se montrèrent si jaloux dans les beaux jours du barreau, il convient d'assurer en même temps à la magistrature la surveillance qui doit naturellement lui appartenir sur une profession qui a de si intimes rapports avec elle : nous aurons ainsi garanti la liberté et la noblesse de la profession d'avocat, en posant les bornes qui doivent la séparer de la licence et de l'insubordination.

Dispositions générales.

Art. 1er. « En exécution de l'article 29 de la loi du 22 ventôse an XII, il sera dressé un *tableau* des avocats exerçant auprès de nos cours impériales et de nos tribunaux de première instance [1].

Art. 2. « Dans toutes les villes où les avocats excèdent le nombre de vingt, il sera formé un *conseil* pour leur discipline [2].

---

[1] *Voir* ci-après, 3e partie, n° 199 et suivant, sur le tableau.

[2] L'institution d'un *Conseil de discipline* est une création nouvelle; ou plutôt (sauf les différences importantes qu'il convenait au décret d'y apporter), c'est une imitation du comité que formaient, sous l'ancien régime, le bâtonnier et les avocats dé–

*Du tableau des avocats, et de leur réception
et inscription.*

Art. 3. « Dans les villes où siégent nos cours impériales, il n'y aura qu'un seul et même tableau et un seul conseil de discipline pour les avocats [1].

Art. 4. « Il sera procédé à la *première* formation des tableaux par les présidents et procureurs-généraux de nos cours impériales, et dans les villes où il n'y a pas de cour impériale, par les présidents et procureurs impériaux des tribunaux de première instance. Les uns et les autres se feront assister et prendront l'avis de six anciens avocats, dans les lieux où il s'en trouve plus de vingt, et de trois, dans les autres lieux [2].

putés par chacune des dix colonnes dont se composait le tableau de l'Ordre à Paris. Voir *suprà,* p. 129, J'ai déjà relevé l'impropriété de cette dénomination *Conseil de discipline,* p. 5 de l'Introduction, à la note.

[1] Je dois dire que depuis la loi du 22 ventôse an XII, l'almanach, devenu impérial, avait imprimé la liste de tous ceux qui exerçaient le ministère d'avocats près les tribunaux de Paris. Cette liste était donnée par le collége provisoire que les avocats du *Marais* avaient formé, avant même la publication de la loi, et elle avait une sorte d'authenticité. C'est pourquoi j'ai vu le Conseil de l'Ordre la consulter quelquefois, lorsqu'il s'est agi d'examiner l'état d'un confrère qui prétendait avoir exercé la profession dès cette époque.

[2] *Voir* ci-après, tit. V, note sur le titre *Tableau* de l'ord. de 1822.

Voir ci-après l'art. 8. Un assez grand nombre d'avocats n'ayant pas été compris dans la première formation du tableau, réclamèrent près du nouveau conseil de discipline. Il ne se

Art. 5. « Seront compris dans la première formation des tableaux, à la date de leurs titres ou réceptions, tous ceux qui, aux termes de la loi du 22 ventôse an XII, ont droit d'exercer la profession d'avocat, pourvu néanmoins qu'il y ait des renseignements satisfaisants sur leur capacité, probité, délicatesse, bonnes vie et mœurs.

Art. 6. « Les tableaux ainsi arrêtés seront soumis à l'approbation de notre grand-juge ministre de la justice, et ensuite déposés aux greffes.

Art. 7. « A la première audience qui suivra l'installation des cours impériales, tous les avocats inscrits aux tableaux prêteront individuellement le serment prescrit par l'art. 14 ci-dessous.

« Les avocats qui n'auraient pu se trouver à cette audience, auront le délai d'un mois pour se présenter et prêter le serment à l'audience qui leur sera indiquée.

Art. 8. « Chaque année, après la rentrée des cours et des tribunaux, les tableaux seront réimprimés avec les additions et changements que les événements auront rendus nécessaires [1].

Art. 9. « Ceux qui seront inscrits au tableau, formeront seuls l'ordre des avocats.

Art. 10. « Les avocats inscrits au tableau dans

---

crut pas compétent pour statuer (*Voir* le procès-verbal des Séances de 1811).

[1] C'est au Conseil que cet article donnait le droit de recomposer le tableau chaque année, après la première formation. On a ainsi entendu et exécuté le décret à Paris, sans contradiction. Dès lors, le Conseil a divisé le tableau en colonnes, suivant l'ancien système. Voir *infrà*, n° 239 des *Précédents*.

une cour impériale, seront admis à plaider dans toutes les cours et tribunaux du ressort.

« Ceux qui seront inscrits dans un tribunal de première instance, plaideront devant la cour crimi-nelle et devant les tribunaux de tout le départe-ment.

« Les uns et les autres pourront néanmoins, avec la permission de notre grand-juge ministre de la justice, aller plaider hors du ressort de la cour im-périale ou du département où ils sont inscrits [1].

Art. 11. « Les avocats de cour impériale qui s'établiront près des tribunaux de première instance, y auront rang du jour de leur inscription au tableau de la cour impériale [2].

Art. 12. « A l'avenir, il sera nécessaire, pour être inscrit au tableau des avocats près d'une cour im-périale, d'avoir prêté serment et fait trois ans de stage près l'une desdites cours ; et, pour être inscrit au tableau d'un tribunal de première instance, d'avoir fait pareil temps de stage devant l'un des tribunaux de première instance [3].

« Le stage peut être fait en divers cours ou tribu-

---

[1] Nous avons dit que, sous l'ancien droit, l'avocat au Parle-ment pouvait plaider librement devant toute autre Cour de même degré ou de degré inférieur ; l'*exeat* qu'il obtenait de son bâ-tonnier était un certificat destiné à constater *sa qualité*, plutôt qu'à lui servir de permission. Voir *suprà*, p. 144.

[2] L'article décide une question qui avait été controversée sous l'ancien droit. *Voir* ci-après 233, 3e partie, sur le *Rang* au ta-bleau. La solution me paraît devoir encore être adoptée au-jourd'hui.

[3] Malgré l'abrogation du décret, cet article sert, dans la pra-tique, d'interprétation à l'art. 30 de l'ord. du 20 novembre 1822. *Voir* cet article ci-après, tit. VII.

naux, mais sans pouvoir être interrompu plus de trois mois.

Art. 13. « Les licenciés en droit qui voudront être reçus avocats, se présenteront à notre procureur-général au parquet; ils lui exhiberont leur diplôme de licence, et le certificat de leurs inscriptions aux Écoles de droit, délivré conformément à l'art. 32 de notre décret du 4 complémentaire an XIII.

Art. 14. « La réception aura lieu à l'audience publique, sur la présentation d'un ancien avocat et sur les conclusions du ministère public ; le récipiendaire y prêtera serment en ces termes :
« Je jure obéissance aux constitutions de l'Em-
« pire, et fidélité à l'Empereur ; de ne rien dire
« ou publier de contraire aux lois, aux règlements,
« aux bonnes mœurs, à la sûreté de l'État et à
« la paix publique; de ne jamais m'écarter du res-
« pect dû aux tribunaux et aux autorités publi-
« ques ; de ne conseiller ou défendre aucune cause
« que je ne croirai pas juste en mon âme et con-
« science. »

Le greffier dressera du tout procès-verbal sommaire sur un registre tenu à cet effet; et il certifiera, au dos du diplôme, la réception, ainsi que la prestation de serment [1].

---

[1] Même observation à l'art. 38 de l'Ord. *Voir* ci-après, tit. VII. *Voir* ci-dessus, règle 47, et p. 137. On voit que la formule du serment politique s'agrandit ; il ne suffit plus que l'avocat prête serment de ne rien dire ni publier de contraire à la sûreté de l'État et à la paix publique, il faut qu'il jure *fidélité à l'Empereur*.

Art. 15. « La preuve du stage ou fréquentation assidue aux audiences sera faite par un certificat délivré par le conseil de discipline ; et, là où il n'y en aura point, par notre procureur [1].

Art. 16. « Les avocats pourront, pendant leur stage, plaider les causes qui leur seront confiées.

Art. 17. « Les avoués licenciés qui, ayant postulé pendant plus de trois ans, voudront quitter leur état et prendre celui d'avocat, seront dispensés du stage, en justifiant d'ailleurs de leurs titres et moralité.

Art. 18. « La profession d'avocat est incompatible, 1°. avec toutes les places de l'ordre judiciaire, excepté celle de suppléant ; 2°. avec les fonctions de préfet et de sous-préfet ; 3°. avec celles de greffier, de notaire et d'avoué ; 4°. avec les emplois à gages et ceux d'agent comptable ; 5°. avec toute espèce de négoce. En sont exclues toutes personnes faisant le métier d'agent d'affaires.

Art. 19. « Les conseils de discipline seront formés de la manière suivante :

« L'ordre des avocats sera convoqué par le bâtonnier, et nommera, à la pluralité des suffrages de tous les avocats inscrits au tableau et présents, un nombre double de candidats pour le conseil de discipline. Ces candidats seront toujours choisis parmi les deux tiers plus anciens dans l'ordre du tableau.

« Cette liste de candidats sera transmise par le bâtonnier à notre procureur-général près nos cours,

---

[1] A Paris, c'est toujours le conseil de discipline qui délivre le certificat. *Voir* ci-après n° 184, 3ᵉ partie.

lequel nommera, sur ladite liste, les membres du conseil de discipline au nombre déterminé ci-après[1].

Art. 20. « Si le nombre des avocats est de cent ou au-dessus, les conseils seront composés de *quinze* membres[1].

« Ils seront composés de *neuf* si le nombre des avocats est de cinquante ou au-dessus ;

« De *sept,* si les avocats sont au nombre de trente ou plus ;

« De *cinq,* si le nombre des avocats est au-dessous de trente.

« Les membres du conseil pourront être réélus[2].

Art. 21. « Notre procureur-général nommera parmi les membres du conseil un bâtonnier qui sera le chef de l'ordre, et présidera l'assemblée générale des avocats lorsqu'elle se réunira pour nommer les conseils de discipline.

« L'assemblée générale ne pourra être convoquée et réunie que de l'agrément de notre procureur-général[3].

---

[1] Le 19 novembre 1818, M. Delahaye fit la proposition d'appeler au conseil les bâtonniers *sortants,* encore qu'ils ne fussent pas du nombre des quinze membres nommés. Le 26 du même mois, le Conseil arrêta qu'il serait écrit à M. le procureur-général, pour le prier d'obtenir l'autorisation nécessaire à cet effet. Cette autorisation n'a point été accordée.

[2] Ce système d'organisation admettait le principe de l'*élection* indirecte. En 1822 (*Voir* ci-après, tit. VII), l'événement a prouvé qu'elle pouvait contrarier les choix du procureur-général ; mais il ne l'a prouvé que *cette fois,* et n'a eu d'autre résultat que d'amener l'ordonnance du 20 novembre 1822.

[3] L'article aggravait la disposition de l'art. 10, 3e alinéa. En ôtant le bâtonnier à la nomination de ses confrères, en in-

Art. 22. « Les conseils seront renouvelés avant la fin de chaque année judiciaire, pour commencer leurs fonctions à la rentrée des tribunaux.

« Le membre du conseil, dernier inscrit au tableau, remplira les fonctions de secrétaire du conseil et de l'ordre.

Art. 23. « Le conseil de discipline sera chargé

« De veiller à la conservation de l'honneur de l'ordre des avocats;

« De maintenir les principes de probité et de délicatesse qui font la base de leur profession;

« De réprimer ou faire punir, par voie de discipline, les infractions et les fautes, sans préjudice de l'action des tribunaux, s'il y a lieu.

« Il portera une attention particulière sur les mœurs et la conduite des jeunes avocats qui feront leur stage; il pourra, dans le cas d'inexactitude habituelle ou d'inconduite notoire, prolonger d'une année la durée de leur stage, même refuser l'admission au tableau.

Art. 24. « Le conseil de discipline pourvoira à la défense des indigents, par l'établissement d'un bureau de consultation gratuite, qui se tiendra une fois par semaine.

« Les causes que ce bureau trouvera justes, seront par lui envoyées, avec son avis, au conseil de discipline, qui les distribuera aux avocats par tour de rôle.

« Voulons que le bureau apporte la plus grande attention à ces consultations, afin qu'elles ne servent

---

terdisant toute réunion générale de l'Ordre sans la permission du ministère public, on détruisait le principe capital de l'ancien barreau!

point à vexer des tiers qui ne pourraient par la suite être remboursés des frais de l'instance.

« Les jeunes avocats admis au stage seront tenus de suivre exactement les assemblées du bureau de consultation [1].

« Chargeons expressément nos procureurs de veiller spécialement à l'exécution de cet article, et d'indiquer eux-mêmes, s'ils le jugent nécessaire, ceux des avocats qui devront se rendre à l'assemblée du bureau, en observant, autant que faire se pourra, de mander les avocats à tour de rôle [2].

Art. 25. « Le conseil de discipline pourra, suivant l'exigence des cas,

« Avertir,

« Censurer,

« Réprimander,

« Interdire pendant un temps qui ne pourra excéder une année,

« Exclure ou rayer du tableau.

Art. 26. « Le conseil de discipline n'exercera le droit d'avertir, censurer ou réprimander, qu'après avoir entendu l'avocat inculpé.

Art. 27. « Il ne pourra prononcer l'interdiction qu'après avoir entendu ou appelé au moins deux

---

[1] Cette disposition est maintenue, implicitement, par celle finale de l'art. 45 de l'ord. du 20 novembre 1822. Voir *infrà*, tit. VII. Notre conférence remplace ce que le décret avait cru devoir appeler un bureau de consultation. *Voir* ci-après, n° 75 et suiv., 3ᵉ partie.

[2] Je ne sache pas que le procureur-général ait eu besoin d'user de son droit. Les avocats ont toujours considéré la prescription du décret comme un devoir sacré pour eux. *Voir* ci-après, n° 413 des *Précéd.* et règle 62.

fois, à huit jours d'intervalle, l'avocat inculpé.

Art. 28. « Si un avocat commet une faute grave qui paraisse exiger qu'il soit rayé du tableau, le conseil de discipline ne prononcera qu'après avoir entendu ou appelé au moins trois fois, à huit jours d'intervalle, l'avocat inculpé, qui pourra demander un délai de quinzaine pour se justifier : ce délai ne pourra lui être refusé.

Art. 29. « L'avocat censuré, réprimandé, interdit ou rayé du tableau, pourra se pourvoir, si bon lui semble, à la cour impériale par la voie d'appel.

« Dans le cas de radiation du tableau, si l'avocat rayé ne se pourvoit pas, la délibération du conseil de discipline sera remise au premier président et au procureur-général pour qu'ils l'approuvent ; et en ce cas, elle sera exécutée sur le tableau déposé au greffe [1].

Art. 30. « Il sera donné connaissance, dans le plus bref délai, à notre grand-juge ministre de la justice, par nos procureurs, des avis, délibérations et jugements intervenus sur l'interdiction et sur la radiation des avocats.

Art. 31. « Tout avocat qui, après avoir été deux fois suspendu ou interdit de ses fonctions, soit par arrêt ou jugement, soit par forme de discipline, encourrait la même peine une troisième fois, sera, de droit, rayé du tableau.

Art. 32. « Dans les siéges où le nombre des avocats

---

[1] Il est très-important de remarquer que le décret ne donnait pas au procureur-général, ainsi que l'ordonnance du 20 novembre 1822 l'a fait depuis, art. 25, le droit d'interjeter appel des décisions du conseil de discipline.

n'excédera pas celui de vingt, les fonctions du conseil de discipline seront remplies par le tribunal. Lorsqu'il estimera qu'il y a lieu à interdiction ou à radiation, il prendra l'avis par écrit du bâtonnier, entendra l'inculpé dans les formes prescrites par les articles 26, 27 et 28, et prononcera sauf l'appel.

Des droits et des devoirs des avocats.

Art. 33. « L'ordre des avocats ne pourra s'assembler que sur la convocation de son bâtonnier et *pour l'élection des candidats au conseil de discipline,* ainsi qu'il est dit article 19, ou pour l'élection d'un bâtonnier conformément à l'article 22.

« Le bâtonnier ne permettra pas qu'aucun autre objet soit mis en délibération. Les contrevenants à la disposition du présent article pourront être poursuivis et punis conformément à l'article 293 du Code pénal *sur les associations et réunions illicites* [1].

Art. 34. « Si tous ou quelques-uns des avocats d'un siége se coalisent pour déclarer, sous quelque prétexte que ce soit, qu'ils n'exerceront plus leur ministère, ils seront rayés du tableau et ne pourront plus y être rétablis [2].

---

[1] La Cour de Nancy avait jugé, par arrêt du 4 mai 1835, S. 36, 2, 439, que le §. Ier de cet article est applicable même depuis l'ordonnance du 20 novembre 1822 ; le contraire a été décidé, avec raison, par la Cour d'Aix et la Cour de cassation. *Voir ci-après* tit. VII, art. 45 de l'ord., notre avis sur la question d'abolition du décret de 1810, et tit. IX, art. 3, n° 9.

[2] La disposition a été portée en souvenir des faits historiques, que le gouvernement impérial réputait *séditieux*. Voir *suprà* la règle 127, à la note.

Art. 35. « Les avocats porteront la chausse de leur grade de licencié ou de docteur; ceux inscrits au tableau seront placés dans l'intérieur du parquet.

« Ils plaideront debout et couverts; mais ils se découvriront lorsqu'ils prendront des conclusions, ou en lisant des pièces du procès [1].

« Ils seront appelés, dans les cas déterminés par la loi, à suppléer les juges et les officiers du ministère public, et ne pourront s'y refuser sans motifs d'excuse ou d'empêchement.

Art. 36. « Nous défendons expressément aux avocats de signer des consultations, mémoires et écritures qu'ils n'auraient pas faits ou délibérés; leur faisons pareillement défense de faire des traités pour leurs honoraires, ou de forcer les parties à reconnaître leurs soins avant les plaidoiries, sous les peines de réprimande pour la première fois, et d'exclusion ou radiation en cas de récidive.

Art. 37. « Les avocats exerceront librement leur ministère pour la défense de la justice et de la vérité; nous voulons en même temps qu'ils s'abstiennent de toute supposition dans les faits, de toute surprise dans les citations, et autres mauvaises voies, même de tous discours inutiles et superflus.

« Leur défendons de se livrer à des injures et personnalités offensantes envers les parties ou leurs défenseurs, d'avancer aucun fait grave contre l'honneur et la réputation des parties, à moins que la nécessité de la cause ne l'exige, et qu'ils n'en aient charge expresse et par écrit de leurs clients ou des avoués de

---

[1] Cet article est encore exécuté aujourd'hui. Voir *supra* les règles 137 et 138 : il ne fait que consacrer un ancien usage.

leurs clients ; le tout à peine d'être poursuivis, ainsi qu'il est dit dans l'article 371 du Code pénal [1].

Art. 38. « Leur enjoignons pareillement de ne jamais s'écarter, soit dans leurs discours, soit dans leurs écrits, ou de toute autre manière quelconque, du respect dû à la justice ; comme aussi de ne point manquer aux justes égards qu'ils doivent à chacun des magistrats devant lesquels ils exercent leur ministère.

Art. 39. « Si un avocat, dans ses plaidoiries ou *dans ses écrits*, se permettait d'attaquer les principes de la monarchie et les constitutions de l'Empire, les lois et les autorités établies, le tribunal saisi de l'affaire prononcera sur-le-champ, sur les conclusions du ministère public, l'une des peines portées par l'article 25 ci-dessus ; sans préjudice des poursuites extraordinaires, s'il y a lieu.

« Enjoignons à nos procureurs, et à ceux qui en font les fonctions, de veiller, à peine d'en répondre, à l'exécution du présent article.

Art. 40. « Notre grand-juge ministre de la justice pourra, de son autorité et selon les cas, infliger à un avocat l'une des peines portées en l'article ci-dessus cité [2].

Art. 41. « Si, en matière civile, une partie ne trouvait point de défenseur, le tribunal lui désignera d'office un avocat, s'il y a lieu [3].

---

[1] Cet article et le précédent ne forment qu'une énonciation incomplète des devoirs traditionnels et toujours subsistants de l'avocat. Voir *suprà* nos règles 20, 65 et suiv. 97, 104, 105.

[2] Ainsi, un ministre pouvait, *de son libre arbitre*, enlever à l'avocat sa profession, son existence !

[3] Cette désignation est demeurée en usage, mais sans obliga-

Art. 42. « L'avocat nommé d'office pour défendre un accusé ne pourra refuser son ministère sans faire approuver ses motifs d'excuse ou d'empêchement.

Art. 43. « En attendant que nous ayons statué sur les dépens par un règlement d'administration publique, on suivra les règlements et tarifs existants dans les tribunaux, sur les honoraires et vacations des avocats [1].

« A défaut de règlements, et pour les objets qui ne seraient pas prévus dans les règlements existants, voulons que les avocats taxent eux-mêmes leurs honoraires avec la discrétion qu'on doit attendre de leur ministère. Dans le cas où la taxation excéderait les bornes d'une juste modération, le conseil de discipline la réduira, eu égard à l'importance de la cause et à la nature du travail : il ordonnera la restitution, s'il y a lieu, même avec réprimande. En cas de réclamation contre la décision du conseil de discipline, on se pourvoira au tribunal.

Art. 44. « Les avocats feront mention de leurs honoraires au bas de leurs consultations, mémoires et autres écritures; ils donneront aussi un reçu de leurs honoraires pour les plaidoiries [2].

Art. 45. « Les condamnations prononcées par les

---

tion pour l'avocat. *Voyez* règle 63 et les notes. *Voyez* aussi 3ᵉ partie, nᵒ 417.

[1] Où étaient ces prétendus tarifs?

[2] Cette disposition et celle de l'art. 43 étaient contraires à tous les usages, et subversives de la dignité du ministère. Ce fut une mesure de ce genre qui amena la célèbre protestation des avocats en 1602. Voir *suprà* 141 et la règle 127, à la note. Disons toutefois, que la disposition du décret est restée sans exécution à Paris.

tribunaux en vertu des dispositions du présent titre seront sujettes à l'appel, s'il y a lieu; et néanmoins elles seront exécutées provisoirement.

Art. 46. « Notre grand-juge, ministre de la justice, est chargé de l'exécution du présent décret, qui sera inséré au Bulletin des lois. »

TITRE V.

DÉCRET IMPÉRIAL DU 2 JUILLET 1812,
SUR LA PLAIDOIRIE DANS LES COURS ROYALES ET DANS LES TRIBUNAUX DE PREMIÈRE INSTANCE.

Ayant reconstitué à sa manière l'Ordre des Avocats, l'empereur Napoléon reconnut du moins qu'il était juste de consolider leur existence, en modifiant la concurrence trop grande que la loi organique du 22 ventôse an XII avait accordée aux avoués *licenciés* dans le domaine naturel et nécessaire des avocats. Pour les premiers temps, où les hommes d'étude étaient plus rares, on avait pu admettre cette exception au principe de l'incompatibilité, qui existe entre les deux professions; mais, cinq ans plus tard, elle avait cessé d'être utile. C'est pour réaliser cet acte de justice, principalement, qu'il décréta les dispositions suivantes :

Art. 1er. « Dans toutes les cours impériales de notre Empire, les causes portées à l'audience seront plaidées par les avocats inscrits sur le tableau des avocats de la cour ou admis au stage, conformément à l'article 16 de notre décret du 14 décembre 1810 [1].

Art. 2. « Les demandes incidentes qui seront de nature à être jugées sommairement, et tous les incidents relatifs à la procédure, pourront être plaidés par les avoués postulants en la cour dans les causes dans lesquelles ils occuperont.

Art. 3. « Il en sera de même dans les tribunaux de première instance séant aux chefs-lieux des cours impériales, des cours d'assises et des départements; les avoués pourront y plaider dans toutes les causes sommaires. Dans les autres tribunaux de première instance, ils pourront plaider toute espèce de cause dans laquelle ils occuperont [2].

---

[1] L'art. 86 du C. de proc. fait une exception à ce principe en faveur des magistrats qui veulent plaider soit leurs causes personnelles, soit celles de leurs femmes, parents ou alliés en ligne directe, et de leurs pupilles.

[2] On voit, en effet, que cet article et les deux précédents modifient déjà d'une façon grave l'art. 32 de la loi du 22 ventôse an XII, qui accordait aux avoués *licenciés* le droit de plaider et d'écrire dans *toute espèce* d'affaires (où ils occupaient), concurremment avec les avocats.

Il résulte du nouveau décret : 1º. qu'il attribue aux avocats, *seuls*, le droit de plaider, devant les cours et les tribunaux de chefs-lieux de département, toutes les causes *ordinaires*; 2º. que les avoués près des cours ne pourront désormais y plaider que les demandes incidentes qui sont de nature à être jugées sommairement, et les incidents de procédure, dans les causes où ils occuperont; 3º. que les avoués de 1ʳᵉ instance auront le même droit que les avoués d'appel, et pourront, de plus, plaider dans toutes leurs causes sommaires. Le décret ne statue cependant que pour l'avenir. *Voir* art. 9 ci-après.

Dix ans plus tard, le nouveau décret a encore été modifié par une ordonnance royale. *Voir ci-après*, tit. V.

Art. 4. « Il n'est point dérogé à la disposition du décret du 14 décembre 1810 portant que les avocats pourront, avec la permission du grand-juge ministre de la justice, aller plaider hors du ressort de la cour impériale ou du département où ils sont inscrits [1].

Art. 5. « En l'absence ou sur le refus des avocats de plaider, les avoués, tant en cour impériale qu'en première instance, pourront être autorisés par le tribunal à plaider en toute espèce de causes [2].

Art. 6. « Lorsque l'avocat chargé de l'affaire et saisi des pièces ne pourra, pour cause de maladie, se présenter le jour où elle doit être plaidée, il devra en instruire le président par écrit, avant l'audience, et renvoyer les pièces à l'avoué; en ce cas, la cause pourra être plaidée par l'avoué ou remise au plus prochain jour.

Art. 7. « Il en sera de même lorsqu'au moment de l'appel de la cause l'avocat sera engagé à l'audience d'une autre chambre du même tribunal séant dans le même temps.

Art. 8. « Hors de ces deux cas, lorsque l'avocat chargé de l'affaire et saisi des pièces ne se sera pas trouvé à l'appel de la cause, et que, par sa faute, elle aura été retirée du rôle et n'aura pu être plaidée au jour indiqué, il pourra être condamné person-

---

[1] Cette disposition que l'ord. royale du 20 novembre 1822 a amplifiée, art. 39, *voir* tit. VII ci-après, est définitivement abrogée par celle du 27 août 1830, art. 4. *Voir* ci-après, tit. IX.

[2] C'est la reproduction presque littérale de l'art. 32 de la loi du 23 ventôse an XII. Voir *supra*, p. 153. Ces dispositions sont maintenues.

nellement aux frais de la remise et aux dommages et intérêts du retard envers la partie, s'il y a lieu [1].

Art 9. « Les avoués qui, en vertu de la loi du 22 ventôse de l'an XII, jusqu'à la publication du présent décret, ont obtenu le grade de licencié, et ont acquis le droit à eux attribué par l'article 32 de ladite loi, *continueront d'en jouir comme par le passé* [2].

Art. 10. « Les présidents des chambres de discipline des avoués, tant de cour impériale que de première instance, seront tenus de déposer au greffe du tribunal près lequel ils exercent, dans un mois à compter de la publication du présent décret, et chaque année à la rentrée des cours et tribunaux, une liste signée d'eux, et visée, pour les cours impériales, par notre procureur-général, et, pour les tribunaux de première instance, par notre procu-

[1] Cet article, ainsi que les art. 5, 6 et 7, sont aussi toujours en vigueur à la Cour. MM. les Présidents tiennent ordinairement à être prévenus par une lettre de l'avocat lui-même, de la cause qui peut l'empêcher de plaider ; mais l'application des peines portées par l'art. 8 du décret n'offre pas d'exemple : il n'est pas un avocat qui ait poussé la négligence et l'oubli de ses devoirs au point d'y donner lieu. D'un autre côté, nous devons reconnaître qu'en première instance, comme en appel, les magistrats accordent au barreau toutes les facilités qui sont compatibles avec le besoin du service et l'expédition des affaires. Voir *suprà*, titre Iᵉʳ, p. 123 le texte des anciennes ordonnances, où a été puisé le décret.

[2] Cette disposition est encore subsistante ; mais elle n'a plus guère d'application aujourd'hui, parce qu'il existe peu ou point d'avoués dans le cas prévu. A Paris, il n'en est point devant le tribunal, on en compte un seulement près de la Cour. *Voir* ci-après, tit. VI, l'art. 1ᵉʳ de l'ordonn. du 27 février 1822.

reur-impérial, contenant les noms des avoués auxquels s'appliquera l'article ci-dessus, avec la date de
leur réception [1].

Art. 11. « Les dispositions des articles 37, 38 et
39 de notre décret du 14 décembre 1810 seront
applicables aux avoués usant du droit de plaider.

Art. 12. « Les avocats seuls porteront la chausse,
et parleront couverts, conformément à l'article 35
du décret du 14 décembre 1810 [2].

Art. 13. « Notre grand-juge ministre de la justice
est chargé de l'exécution du présent décret. »

TITRE VI.

**(N° 12219.) ORDONNANCE DU ROI DU 27 FÉVRIER 1822,
QUI MODIFIE LE DÉCRET DU 2 JUILLET 1812,
RELATIF A LA PLAIDOIRIE.**

« LOUIS , etc.

« Nous étant fait rendre compte des règlements
sur la discipline du barreau, nous avons remarqué
« Que le décret du 14 décembre 1810 déclare incompatible la profession d'avocat et le ministère
d'avoué, et proclame ainsi le principe, qu'il im-

----

[1] Par la raison donnée dans la note qui précède, il y a rarement lieu à l'exécution de cet article.

[2] La chausse n'est autre que le chaperon dont parle le décret du
2 nivôse an XII, art. 6. Voir *suprà*, règle 140, et tit. II,
p. 149.

porte de consacrer de nouveau, que les officiers ministériels ne sont préposés qu'à l'instruction des
procès, et que le droit de les défendre devant nos
cours et tribunaux appartient exclusivement aux
avocats ;

« Qu'il existe cependant deux exceptions à ce
principe : l'une en faveur des avoués qui ont obtenu
des lettres de licence dans l'intervalle de ventôse
an xii à juillet 1812, et sont autorisés à plaider, concurremment avec les avocats, les affaires qu'ils ont
instruites (art. 32 de la loi du 22 ventôse an xii,
art. 9 du décret du 2 juillet 1812);

« Que cette faveur accordée à des hommes qui se
sont livrés à l'étude du droit dans un temps où elle
était négligée, leur est justement acquise, et il n'est
pas dans notre intention de les en priver ;

« Que la deuxième exception concerne des avoués
même non licenciés qui postulent dans plusieurs
tribunaux de première instance, et à qui les règlements permettent de plaider toute espèce de cause
dans laquelle ils occupent , dernière disposition de
l'article 3 du décret du 2 juillet 1812);

« Que, si la nécessité exige le maintien de cette
disposition dans les tribunaux où les avocats, trop
peu nombreux, ne peuvent suffire à l'expédition
des affaires, elle est abusive, destructive de toute
émulation et nuisible à nos sujets, dans les lieux où
le barreau , composé d'hommes expérimentés et
d'une jeunesse studieuse, offre au public des défenseurs éclairés et en nombre suffisant ;

« Sur le rapport de notre garde des sceaux, ministre secrétaire d'État au département de la justice ;

« Notre Conseil d'État entendu ,

« Nous avons ordonné et ordonnons ce qui suit :

Art. 1ᵉʳ. « Les avoués qui, en vertu de la loi du 22 ventôse an XII, jusqu'à la publication du décret du 2 juillet 1812, ont obtenu le grade de licencié, continueront de jouir de la faculté qui leur est accordée par l'article 9 du susdit décret [1].

Art. 2. « Les avoués non licenciés, et ceux qui ne l'ont été que depuis la publication du décret du 2 juillet 1812, ne pourront plaider les causes dans lesquelles ils occuperont, que dans les tribunaux où le nombre des avocats inscrits sur le tableau, ou stagiaires exerçant et résidant dans le chef-lieu, sera jugé insuffisant pour la plaidoirie et l'expédition des affaires.

Art. 3. « Chaque année, dans la première quinzaine du mois de novembre, nos cours royales arrêteront l'état des tribunaux de première instance de leur ressort où les avoués pourront jouir de la faculté énoncée en l'article précédent.

Art. 4. « Les délibérations de nos cours, en exécution de l'article ci-dessus, seront prises, à la diligence de nos procureurs-généraux, sur l'avis motivé des tribunaux de première instance.

« Elles seront soumises à l'approbation de notre garde des sceaux, et recevront provisoirement leur exécution.

Art. 5. « Il n'est pas dérogé par la présente au droit qu'ont les avoués de plaider, dans les affaires où ils occupent devant nos cours et tribunaux, les

---

[1] *Voir* notre observation sur cet art. 9, à la note, *suprà*, p. 174.

12

demandes incidentes qui sont de nature à être jugées sommairement, et tous les incidents relatifs à la procédure [1].

Art. 6. « Notre garde des sceaux, ministre secrétaire d'état au département de la justice, est chargé de l'exécution de la présente ordonnance, qui sera insérée au Bulletin des lois. »

[1] C'est donc à la plaidoirie des deux espèces de causes dont parle l'art. 5 de l'ordonnance, c'est-à-dire, des demandes incidentes qui sont de nature à être jugées sommairement, et des incidents relatifs à la procédure, que *se réduit* aujourd'hui le droit des avoués, soit en première instance, soit devant la Cour royale (si l'on en excepte le très-petit nombre de ceux qui ont obtenu le grade de licencié avant le décret du 2 juillet 1812). Les avoués d'appel et de première instance sont par conséquent privés du droit de plaider les causes même *sommaires*.

Il est à remarquer que l'ordonnance n'interdit point aux avoués le droit de plaider, en matière correctionnelle et criminelle, ni devant les conseils de guerre, ni devant les jurys d'expropriation pour cause d'utilité publique, même à Paris.

Le Tribunal de première instance de Paris ayant adopté l'usage de retenir, pour être plaidées *par observations,* un assez grand nombre de causes, même ordinaires, et ces causes étant très-souvent plaidées par les avoués, les jeunes avocats ont réclamé, à diverses fois, près du Conseil de l'Ordre, pour qu'il sollicitât l'exécution ponctuelle de l'ordonnance du 27 février 1822. Le 1ᵉʳ février 1842, il a pris un arrêté dont nous rapportons les termes 3ᵉ partie, n° 428.

TITRE VII.

ORDONNANCE DU ROI, DU 20 NOVEMBRE 1822, CONTENANT RÈGLEMENT SUR L'EXERCICE DE LA PROFESSION D'AVOCAT ET LA DISCIPLINE DU BARREAU.

J'ai dit que, dès le moment où le décret du 14 décembre 1810 avait été publié, les avocats avaient protesté en réclamant, près du Gouvernement impérial, le rapport des dispositions qui les blessaient si vivement dans leurs droits comme dans leur caractère. Ils en firent autant sous la Restauration, et ce fut toujours vainement, elle n'était pas moins jalouse que l'Empire de les tenir sous sa main [1]. Il fallut qu'une circonstance, de force majeure, vînt trancher la question.

On a vu que, d'après le décret de 1810, art. 10, l'assemblée générale de l'ordre *élisait*, dans les deux tiers des membres plus anciens suivant le tableau, trente candidats, parmi lesquels M. le procureur-

---

[1] Sur le compte rendu par le bâtonnier de l'état de la négociation à la chancellerie pour le retour de l'Ordre à *son ancienne indépendance*, le Conseil arrêta, le 6 mars 1814, qu'une députation se rendrait près de M. le garde des sceaux le 13 du même mois; le ministre répondit qu'il était convenable d'ajourner à *un temps plus opportun*. Le 3 août suivant, le bâtonnier donna lecture d'un Mémoire à présenter à M. le chancelier, et le Conseil approuva la rédaction. Le 24 janvier 1816, le bâtonnier et M. Bonnet rendirent compte de la négociation entamée auprès de M. le procureur-général et de M. le garde des sceaux. Les choses en restèrent là.

général choisissait le bâtonnier et les quatorze autres
membres du conseil. Depuis 1814, ce choix portait
presque toujours sur les mêmes confrères, hommes
très-honorables sans doute, mais dont les opinions
politiques sympathisaient avec le système du gouvernement établi. Par la raison contraire, il éloi-
gnait des confrères plus jeunes que leur réputation
élevait déjà au premier rang [1], et qui se trouvaient
aussi sur la liste des trente. Le nombre des suffrages
n'était en aucune façon consulté.

Au mois d'août 1822, époque ordinaire des élections, il arriva que, par un accord spontané et
presque unanime, les noms des préférés furent tous,
ou à peu près, écartés de la candidature. Le parquet
s'émut aussitôt [2], et, le 24 août, il fulmina contre
cette élection, prétendue *séditieuse*, un réquisitoire
qui chargea deux conseillers de la Cour royale [3] de
se livrer à une enquête sur les circonstances qui
l'auraient produite. Il ne s'agissait rien moins, disait-
on, que d'un délit de *coalition*, puni par l'article 34
du décret. Mais, pour vider le débat, pour en prévenir le retour, on ne tarda pas à croire qu'il convenait d'adopter un moyen plus expéditif, et c'est
alors qu'à la rentrée suivante nous vîmes apparaître
l'ordonnance royale du 20 novembre 1822 [4].

---

[1] Entre autres, MM. Dupin aîné, Mauguin, Persil.

[2] M. Bellart était alors procureur-général.

[3] MM. De Glos et Gossin. *Voir* le texte dans l'ouvrage de
M. Dupin aîné, p. 625, t. IV.

[4] Il faut citer ici, en l'honneur de l'Ordre, la noble conduite
de son bâtonnier, du vénérable M. Billecocq. Appelé à *témoigner* sur le fait de l'élection devant MM. les commissaires, il
s'y refusa, en déclarant que, dans une affaire où plusieurs de

A peine cette ordonnance eut-elle été publiée qu'elle fut fortement contredite par le barreau de Paris, et par le plus grand nombre des barreaux de France. La circonstance extraordinaire qui l'avait enfantée tout à coup, les contradictions singulières que l'on remarqua entre son préambule et ses dispositions, donnèrent aux réclamations d'autant plus d'énergie. On l'attaqua sous un double rapport, comme inconstitutionnelle, comme attentatoire aux droits de l'Ordre. Je n'ai pas la pensée de renouveler ces griefs : c'est à un avocat, surtout, qu'est imposé le devoir de respecter la loi existante, quelle qu'elle soit ; mais j'ai bien le droit de rapporter les faits, et j'en userai avec indépendance.

Le premier reproche consistait à dire que, le décret du 14 septembre 1810 ayant force de loi, aux termes de la Constitution d'alors, une ordonnance royale était impuissante pour l'abroger. On répondit que l'article 38 de la loi du 22 ventôse an XII dispose qu'il sera pourvu, par un *règlement d'administration publique,* à tout ce qui concernera son exécution, notamment à la formation du tableau des avocats, à la discipline du barreau ; que le décret de 1810 n'était, en soi, qu'un règlement d'administration publique ; que, par conséquent, le Gouvernement, auquel il appartient de faire ces sortes de règlements, avait pu rapporter celui de 1810, et statuer sur le même sujet par un règlement nou-

ses confrères pouvaient se trouver inculpés, il ne devait ni être leur délateur, ni le paraître. M. le procureur-général lui écrivit dans les termes les plus pressants pour combattre ses motifs et sa résolution (la lettre est aux archives) ; M. Billecocq persista. Était-il dans son droit ? Je n'hésite pas à le penser.

veau. C'est, en effet, ce que la Cour de cassation a jugé plusieurs fois, depuis. (Arr. du 15 janvier 1829, *Journal des Avoués*, tom. XXXVI, p. 262, et tous les autres qui ont appliqué l'ordonnance.) M. Duvergier émet l'opinion contraire dans sa collection, année 1830, p. 217, aux notes. M. Dupin aîné, qui a concouru à l'ordonnance du 27 août 1830, adopte le système des arrêts. (*Profession d'avocat*, tom. I, p. 722.) Je suis moi-même, je l'avoue, de ce dernier avis, et le Conseil l'a partagé, en proposant, en 1834, le projet d'un nouveau règlement par ordonnance : il me semble qu'il n'y a plus de controverse possible.

Quant au fond des dispositions de l'ordonnance, la critique la plus remarquable est sans contredit celle qu'a publiée, en 1822, M. Daviel, avocat distingué du barreau de Rouen. Il serait inutile d'en reproduire ici les divers griefs. On peut lire cet écrit en entier, dans la *Profession d'avocat* de M. Dupin, tom. I, p. 617 et suiv. Je signalerai dans la suite quelques-uns des inconvénients que l'expérience des faits a démontrés, et j'ajouterai de suite que des réclamations aussi éloquentes, aussi unanimes, ont produit leurs fruits, du moins en partie. L'ordonnance, du 27 août 1830, qu'on lira plus loin, tit. IX, abroge les deux dispositions de l'ordonnance de 1822, qui étaient les plus blessantes pour nous [1].

Il est curieux de connaître d'abord le rapport qui a précédé l'ordonnance. On jugera, en le rapprochant des faits antérieurs et des articles de ce règle-

---

[1] *Voir* ci-après, titre XI, mes observations sur ce premier point.

ment, s'il faut toujours croire à la bienveillance des paroles ministérielles.

« Sire, dit M. de Peyronnet, alors garde des sceaux, la profession d'avocat est si noble et si élevée; elle impose à ceux qui souhaitent de l'exercer avec distinction tant de sacrifices et tant de travaux; elle est si utile à l'État par les lumières qu'elle répand dans les discussions qui préparent les arrêts de la justice, que je croirais manquer à l'un de mes devoirs les plus importants, si je négligeais d'attirer sur elle les regards bienveillants de Votre Majesté.

« Cette profession a des prérogatives dont les esprits timides s'étonnent, mais dont l'expérience a depuis longtemps fait sentir la nécessité. L'indépendance du barreau est chère à la justice autant qu'à lui-même. Sans le privilége qu'ont les avocats de discuter avec liberté les décisions mêmes que la justice prononce, ses erreurs se perpétueraient, se multiplieraient, ne seraient jamais réparées, ou plutôt un vain simulacre de justice prendrait la place de cette autorité bienfaisante qui n'a d'autre appui que la raison et la vérité. Sans le droit précieux d'accorder ou de refuser leur ministère, les avocats cesseraient bientôt d'inspirer la confiance, et peut-être de la mériter. Ils exerceraient sans honneur une profession dégradée. La justice, toujours condamnée à douter de leur bonne foi, ne saurait jamais s'ils croient eux-mêmes à leurs récits ou à leurs doctrines, et serait privée de la garantie que lui offrent leur expérience et leur probité. Enfin, sans une organisation intérieure qui l'affranchisse du joug inutile d'une surveillance directe et habituelle, cet Ordre ne pourrait plus espérer de recevoir dans ses rangs les hommes supérieurs qui font sa gloire ; et la justice, sur qui rejaillit l'éclat de leurs vertus et de leurs talents, perdrait à son tour ses plus sûrs appuis et ses meilleurs guides.

« Il y aurait peu de sagesse à craindre les dangers de ces priviléges. On a vu sans doute des avocats, oubliant la dignité de leur ministère, attaquer les lois en affectant de les expliquer, et calomnier la justice sous le prétexte d'en dévoiler les méprises. On en a vu qu'un sentiment exagéré de l'indépendance de leur état accoutumait par degrés à n'en respecter ni les devoirs ni les bienséances. Mais que prouveraient ces exemples, qu'on est contraint de chercher dans les derniers rangs du barreau ? Et faudrait-il, pour un petit nombre d'abus, abandonner ou corrompre une institution nécessaire ?

« Votre Majesté, qui recherche avec tant de soin les occasions d'honorer le savoir et les talents de l'esprit, ne partagera point les préventions que cette institution a quelquefois inspirées, et jugera bien plutôt qu'il convient de la consacrer et de l'affermir.

« Dans un temps déjà éloigné et auquel l'époque actuelle ressemble si peu, on entreprit de constituer l'Ordre des avocats et de le soumettre à une organisation régulière. C'était le moment où les diverses classes de la société, fatiguées de la confusion dans laquelle la Révolution les avait plongées, éprouvaient je ne sais quel besoin de subordination et de discipline qui les rendait, en général, plus dociles aux devoirs qu'on se hâtait de leur imposer. Un long oubli des formes protectrices de l'ordre et de la décence semblait exiger alors une sévérité plus constante et plus rigoureuse, afin de plier à des habitudes nouvelles ce reste d'esprits inquiets que le spectacle de nos malheurs n'avait pas encore désabusés, et pour qui la règle la plus salutaire n'était que gêne et que servitude. Le Gouvernement, d'ailleurs, préoccupé des obstacles qui l'environnaient, était contraint, par l'illégitimité même de son origine, d'étendre perpétuellement ses forces et son influence. L'instinct de sa conservation l'entraînait à n'accorder aux hommes unis par des intérêts communs et par des travaux analogues, que des priviléges combinés avec assez d'artifice pour lui donner à lui-même plus de ressort et d'activité.

« Telles sont les causes auxquelles on doit attribuer le fâcheux mélange de dispositions utiles et de précautions excessives dont se compose le décret du 14 décembre 1810. Ce fut ainsi que la formation du premier tableau fut attribuée aux chefs des tribunaux et des cours, et que la volonté des procureurs-généraux fut substituée, pour la composition du Conseil de l'Ordre, à cette désignation si respectable et si naturelle, qui, sous l'empire des vieux usages, résultait de l'ancienneté. Ce fut ainsi que les Conseils de discipline furent dépouillés du droit d'élire leur chef, et qu'enfin, indépendamment de la juridiction supérieure, directe et illimitée, de ces Conseils et des cours de justice, une juridiction supérieure, directe et illimitée fut réservée au ministre, comme pour se ménager une garantie contre la faiblesse des juges de l'Ordre et des magistrats.

« Les avocats, dont ces mesures inusitées blessaient la fierté et offensaient tous les souvenirs, se plaignirent dès le jour même de la publication du décret, et n'ont cessé, depuis cette époque, de renouveler

leurs réclamations. Retenu longtemps par la position
la plus favorable pour bien juger de la légitimité de
ces reproches, le désir de corriger des règlements si
défectueux fut l'un des premiers sentiments que
j'éprouvai lorsque Votre Majesté eut daigné arrêter
ses regards sur moi, et m'imposer le soin difficile de
cette haute administration qu'elle a confiée à mon
zèle. Des travaux dont Votre Majesté connaît l'importance m'ont forcé, pendant plusieurs mois, de
détourner mon attention de cet utile projet; mais,
aussitôt que le cours des affaires me l'a permis, je me
suis livré avec empressement, et même avec joie,
aux recherches et aux discussions préliminaires
qu'exigeait une entreprise aussi délicate.

« Non content des observations que j'avais faites
moi-même, j'ai soigneusement comparé toutes celles
qu'ont bien voulu me fournir les hommes habiles
auxquels de longues études ont rendu notre législation familière. J'ai rassemblé près de moi des magistrats blanchis dans les exercices du barreau, et pour
qui les fonctions publiques n'ont été que la récompense des longs succès qu'ils avaient obtenus dans
cette carrière. J'ai interrogé des jurisconsultes pleins
de savoir et d'expérience, en qui vivent encore toutes
les traditions qui leur ont été transmises dans leur
jeunesse, et qui sacrifieraient bien plutôt leur propre intérêt et leur propre gloire que ceux de l'Ordre
au milieu duquel leur honorable vie s'est écoulée.
J'ai recueilli leurs vœux et j'ai médité leurs conseils.
Aussi (je n'hésite pas à le déclarer, Sire), ce règlement nouveau que je vous apporte est leur ouvrage
plutôt que le mien. Ce sont eux qui m'ont indiqué la
plupart des modifications que je soumets à l'appro-

bation de Votre Majesté. C'est à eux surtout que je dois l'utile pensée de remplacer, par les formes employées dans l'ancien barreau de Paris, le mode d'élection établi par le décret du 14 décembre 1810. En un mot, je puis me rendre à moi-même ce témoignage, qu'ils ne m'ont rien proposé de favorable à l'honneur et à l'indépendance du barreau, que je ne me sois empressé de l'accueillir, certain, comme je l'étais, que Votre Majesté aimerait à accorder à un Ordre composé d'hommes utiles, éloquents et laborieux, ces hautes marques d'intérêt et de confiance.

« Je suis avec le plus profond respect, etc. »

Voici le titre de l'ordonnance, avec nos observations :

« LOUIS, etc.

« Ayant résolu de prendre en considération les *réclamations* qui ont été formées par les divers barreaux du royaume contre les dispositions du décret du 14 décembre 1810, et voulant rendre aux avocats exerçant dans nos tribunaux la plénitude du droit de discipline qui, sous les Rois nos prédécesseurs, élevait au plus haut degré l'honneur de cette profession et perpétuait dans son sein l'invariable tradition de ses prérogatives et de ses devoirs ;

« Voulant, d'ailleurs, attacher à la juridiction que l'Ordre doit exercer sur chacun de ses membres, une autorité et une confiance fondées sur les déférences et sur le respect que l'expérience des anciens avocats leur donne le droit d'exiger de ceux qui sont entrés plus tard dans cette carrière ;

« Sur le rapport de notre garde des sceaux, ministre secrétaire d'État au département de la justice,

« NOUS AVONS ORDONNÉ ET ORDONNONS ce qui
suit : ¹.

Du Tableau ².

Art. 1er. « Les avocats inscrits sur le tableau dressé
en vertu de l'article 29 de la loi du 13 mars 1804

---

¹ Il importe que les jeunes avocats connaissent bien ces dispositions, dans leur texte, dans leur esprit, dans leur application ;
elles sont le complément indispensable des règles de la profession, parce qu'elles tiennent plus particulièrement à la constitution de l'Ordre, à la répression des fautes disciplinaires, aux
droits de l'avocat.

² On sait que le tableau est destiné à comprendre , aux termes
de l'art. 29 de la loi du 22 ventôse an XII (*Voir* ci-dessus, p. 152),
les noms de tous les membres de l'Ordre par rang d'ancienneté.
Nous dirons ci-après ce qu'on entend par *rang d'ancienneté* et
formation du tableau, 3e part., n° 230 et suiv., 239 et suiv.
Tout annonce que le tableau des avocats remonte à la constitution même de leur Ordre. On conçoit qu'une agrégation
nombreuse et légale, dont le but est d'appeler la confiance des
citoyens, ne peut pas se former sans que les noms de ceux qui
la composent soient rassemblés et signalés dans une liste destinée
à devenir publique. La première mention faite du tableau ou
rôle se trouve dans l'ordonnance de Philippe de Valois, de février 1327, art. 41. Voir *suprà*, p. 136. Le premier tableau
connu date de l'an 1303 ; le dernier qui ait été publié, avant
la suppression de l'Ordre, est du 8 mai 1789, sous le bâtonnat
de M. Sanson, depuis député à l'Assemblée constituante.
M. Sanson avait succédé à l'illustre Gerbier, qui venait de
mourir. *Voir* aussi *suprà*, p. 127.
Lorsque l'Ordre eut été rétabli par le décret du 14 décembre
1810, le 28 février 1811, le procureur-général de la Cour impériale dressa le tableau. C'est seulement le 28 décembre de la
même année, que l'Ordre, présidé par M. Delacroix-Frainville,
bâtonnier, fut appelé à composer lui-même son tableau.
A Rome, sous les empereurs, le nombre des avocats reçus

(.22 ventôse an XII) seront répartis en colonnes ou sections [1].

Art. 2. « Il sera formé sept colonnes, si le tableau comprend cent avocats ou un plus grand nombre ; quatre s'il en comprend moins de cinquante et plus de trente-cinq ; et deux seulement, s'il en comprend moins de trente-cinq et plus de vingt.

Art. 3. « La répartition prescrite par les articles précédents sera faite par les anciens bâtonniers et le conseil de discipline actuellement en exercice, réunis sur la convocation de nos procureurs-généraux, pour les avocats exerçant près les cours royales, et de nos procureurs près les tribunaux de première instance, pour les avocats exerçant dans ces tribunaux.

était inscrit dans la matricule ou tableau, et l'on y marquait le jour de leur réception. BOUCHER D'ARGIS, p. 38. Le nombre était limité dans chaque tribunal ; on n'en recevait de nouveaux que quand il y avait quelque place vacante, et les fils d'avocats étaient préférés aux autres surnuméraires. *Ibid.*, 39. Une telle restriction n'avait pas été admise dans l'ancien barreau français, qui s'empressa, au contraire, d'adopter comme règle, en tous points, la plus entière indépendance.

Voir 3e partie, aux mots *Incompatibilités*, n° 88 et suiv., et *Tableau*, n° 199 et suiv.

[1] Cet article, ainsi que les trois autres qui suivent relativement aux colonnes, n'ont plus force de loi ; ils ont été abrogés par l'ordonnance royale du 27 août 1830. *Voir* ci-après la note sur l'art. 4 de l'ord. dont nous nous occupons.—PHILIPPE DUPIN, *Encycl.*, v° *Avocat*, p. 273.

On se rappelle que le Conseil de l'Ordre avait cru pouvoir lui-même former des colonnes, en exécution de l'art. 8 du décret du 14 décembre 1810, et selon le système de l'ancien tableau de Paris. Voir *suprà*, tit. IV, p. 159.

Art. 4. « Cette répartition pourra être renouvelée tous les trois ans, s'il est ainsi ordonné par nos cours royales, sur la réquisition de nos procureursgénéraux ou sur la demande du conseil de discipline [1].

Art. 5. « Nul ne pourra être inscrit sur le tableau des avocats d'une cour ou d'un tribunal, s'il n'exerce réellement près de ce tribunal ou de cette cour [2].

[1] Je dois dire, historiquement, que la conception sur la répartition des colonnes était nouvelle, et fort habile. On l'avait imaginée pour se rendre maître de la nomination du Conseil, et, dans le fait, l'idée avait merveilleusement réussi.

Sous le prétexte de décerner un hommage à l'ancienneté, qui est sacrée au barreau (*Voir* 3e partie, n° 238, et *suprà*, règles), la division de l'Ordre en sept colonnes fit entrer au Conseil *les anciens* avec le bâtonnier, presque sans aucune exception. Il en advint que l'Ordre eut pour chefs des confrères fort respectables sans contredit, mais qui, la plupart, étaient très-âgés, étrangers à la vie active du Palais, inconnus de nous, et dès lors incapables de juger, avec le discernement nécessaire, nos intérêts, nos besoins, notre conduite dans les affaires soumises à leur discipline.

On n'observa même pas toujours le principe de l'ancienneté; car, dans quelques colonnes, figuraient, aux premiers rangs, des avocats qui, sur d'autres colonnes, auraient dû passer après des confrères d'un rang plus avancé au tableau; mais on jugeait ceux-là dignes d'entrer au Conseil, les autres non. De telle façon qu'avec cette répartition arbitraire les hommes les plus distingués dont on ne voulait pas, pouvaient se trouver encore exclus du Conseil indéfiniment. Une nouvelle répartition n'aurait pas rendu leur situation meilleure. D'après l'art. 4, elle n'appartenait point à l'Ordre entier; il n'avait même pas le droit de la provoquer. Les colonnes avaient été reformées peu de mois avant les événements de 1830. *Voir* 3e partie, n° 241.

[2] Cet article est conforme au principe ancien. Voir *suprà;*

Art. 6. « Le tableau sera réimprimé au commen-

mais on ne tarda pas à vouloir lui donner une extension singulière, pour écarter, du tableau lui-même, certains avocats
qui portaient ombrage par leur position politique ou leurs écrits
dans les journaux. Le 6 janvier 1823, M. le garde des sceaux
adressa aux procureurs-généraux une circulaire ainsi conçue :

« En cas d'admission par le conseil de discipline d'individus
« qui vous paraîtraient n'avoir pas le droit d'être inscrits au ta-
« bleau, vous devez *dénoncer* au conseil de discipline l'irrégu-
« larité que vous auriez reconnue, et, dans le cas où l'inscrip-
« tion serait maintenue, *vous pourvoir par appel devant la cour.*
« L'article 5 tend, et avec raison, à écarter de l'Ordre des avo-
« cats, et à exclure du tableau des individus qui, pourvus du
« grade nécessaire et admis au serment, n'exercent pas réel-
« lement la profession d'avocat, et veulent, à l'aide d'un titre
« nu, sans se livrer habituellement et exclusivement aux exer-
« cices du barreau ou aux travaux du cabinet, jouir de préroga-
« tives qui ne peuvent appartenir qu'aux hommes laborieux et
« véritablement dévoués à la profession qu'ils ont embrassée.....
« Des signatures isolées, apposées de loin en loin sur des écrits
« judiciaires, sans aucune démonstration de l'exercice réel de sa
« profession, ne suffiront pas pour constituer l'avocat, et lui
« donner le droit d'être porté au tableau. A plus forte raison, le
« gradué qui, placé dans ces dernières circonstances, se trou-
« vera de plus *ne pas résider au chef-lieu* de la Cour ou du tri-
« bunal, de manière à ne pouvoir offrir aux justiciables un ac-
« cès, un recours facile, ne pourra être considéré comme un
« avocat. »

Le droit d'appeler des admissions prononcées par le Conseil
de l'Ordre, droit d'appel qu'il plaisait au ministre d'accorder aux
procureurs-généraux, n'existait point dans l'ordonnance. Aussi
ce droit leur a-t-il été formellement dénié par les tribunaux,
qu'en principe les circulaires ministérielles *n'obligent pas* (Arr.
de la Cour de cassation, du 23 juin 1828 et 3 février 1829 ;
DALLOZ, 1828, 1re partie, p. 287 ; *idem*, 1829, 1re partie,
p. 132). Il faut donc tenir, comme règle constante, que le Conseil de l'Ordre, d'après les circonstances, est seul juge *du fait
d'exercice de la profession* ; et qu'il en est juge SOUVERAIN (CARRÉ.

cement de chaque année judiciaire, et déposé au

De l'organisation judiciaire, tom. III, p. 128, à la note; Philippe Dupin, *Encycl.*, vᵒ *Avocat*, p. 374). C'est là notre jurisprudence à Paris. *Voir* 3ᵉ partie, nᵒ 201.

Quant à *la résidence* dont parle la circulaire en dernier lieu, elle est une condition toujours exigée pour le maintien comme pour l'admission au tableau. On entend par résidence, non pas seulement la demeure de fait au siége de l'Ordre, mais bien le domicile que l'avocat doit y avoir dans un cabinet *convenable et meublé par lui* (Arrêt d'Aix du 2 avril 1822. S. vol. 22. 2. 298). Nous avons vu que c'était le principe admis sous l'ancien barreau du Parl. du 5 mai 1751. *Voir* ci-dess., p. 143. C'est encore la jurisprudence du Conseil. *Voir* les *Précédents*, nᵒˢ 162, 222 et suiv.

Cependant Carré est d'avis que la conservation d'un cabinet au chef-lieu où réside la Cour n'est pas indispensablement exigée de l'avocat (p. 135). « L'avocat, dit-il, ne contracte avec per-« sonne, et personne ne contracte avec lui. L'indépendance est « le caractère de sa profession. » Je pense que ces motifs sont à côté de la question. La résidence est exigée : 1ᵒ. pour la facilité et la sûreté des communications entre les confrères; 2ᵒ. pour l'exercice de la surveillance que la loi remet au Conseil sur tous les membres de l'Ordre (art. 12 ci-après). Voilà l'esprit, et par conséquent, le vœu du règlement actuel. Si l'avocat prétend aux prérogatives du tableau, il doit en remplir les conditions. M. Philippe Dupin, après avoir résumé les deux opinions, ne se prononce pas sur la question, vᵒ *Avocat*, p. 375. Je n'ai pas hésité, je l'avoue, parce que les raisons qui militent pour mon avis me semblent décisives.

Nous exposerons, *ibid.*, 220 et 221, les conditions d'aptitude et de moralité requises pour l'admission au tableau.

Un autre principe, qui est fondamental dans les statuts de l'ordre, nous constitue MAÎTRES absolus de notre tableau. En d'autres termes, le procureur-général ne peut pas plus attaquer l'inscription d'un avocat au tableau, que celui-ci attaquer la décision qui refuse de l'y admettre ; l'une et l'autre sont sans appel. Cette règle conservatrice de l'Ordre, aussi ancienne que lui, respectée par tous les gouvernements, se fonde sur une vérité de droit na-

greffe de la cour ou du tribunal auquel les avocats
inscrits seront attachés ¹.

turel et déjà rappelée : toute société ne peut exister qu'autant
qu'elle se compose d'hommes de son choix. L'Ordre des avocats
n'est, je le répète, qu'une vaste agrégation d'hommes qui s'unis-
sent par des motifs communs de travaux et d'affections, et qui,
pour se convenir, doivent réunir, au plus haut degré, toutes les
conditions de moralité et d'honneur indispensables à l'exercice
de leur ministère. En donnant à l'Ordre une organisation légale,
ni le décret de 1810 ni l'ordonnance de 1822 n'ont entendu lui
enlever la condition essentielle de son existence. L'appel qu'ils
ont autorisé s'applique à des cas tout différents, et il ne peut
pas être permis d'en étendre ici la faculté. Au reste, la jurisprudence des tribunaux est uniforme en ce sens (Arr. de
Paris du 7 mars 1814 ; de Grenoble du 17 juillet 1823. S.
vol. 23, 2, 266 ; d'Orléans du 4 mars 1837, S. vol 37, 2,
234 ; de Cassation, sect. civ., du 6 avril 1840. S. vol. 40,
1, 319). C'était la jurisprudence de l'ancien barreau. (CARRÉ,
loco citato, p. 114 et plus haut p. 125.) Telle est celle du Conseil
de l'Ordre. *Voir* ci-après, nᵒ 201 et suiv., 3ᵉ partie. PHIL. DUPIN,
p. 373.

Il en est autrement, toutefois, pour la *radiation* du tableau ; on
comprend la raison de différence, il y a droit acquis. *Voir* ci-
après, art. 17 et 24 de l'ordonnance.

Autrefois, le bâtonnier déposait également le tableau au greffe
du parlement ou du siége auquel appartenait le barreau. Voir *suprà*, p. 131.

¹ Par une conséquence du principe posé sur l'article qui précède
à la note dernière, le procureur-général est non-recevable à se
pourvoir contre la formation du tableau. Aux arrêts déjà cités,
j'ajouterai celui de cassation, du 28 juin 1828, S. vol. 28,
1. 333.

Voir les *Précédents*, nᵒ 230 et suiv., sur la formation du tableau, et ci-après, art. 12 et 13 de l'ordonnance.

Celui qui a rempli les conditions, et le temps du stage
a-t-il nécessairement un droit acquis à l'inscription sur le

13

Du Conseil de discipline ¹.

Art. 7. « Le conseil de discipline sera composé : premièrement, des avocats qui auront déjà exercé les fonctions de bâtonnier; secondement, de deux plus anciens de chaque colonne, suivant l'ordre du tableau; troisièmement, d'un secrétaire choisi indistinctement parmi ceux qui seront âgés de trente ans accomplis, et qui auront au moins dix ans d'exercice.

Art. 8. « Le bâtonnier et le secrétaire seront nommés par le conseil de discipline, à la majorité absolue des suffrages.

« Ces nominations seront renouvelées au commencement de chaque année judiciaire, sur la convocation de nos procureurs près nos cours et nos tribunaux ².

tableau? J'examine cette question, 3ᵉ partie, nº 216, à la note.

¹ *Voir* plus haut, p. 157 nos observations sur l'origine du Conseil et sa dénomination. (CARRÉ, p. 139.)

² Cet article et le suivant sont abrogés par l'ordonnance du 27 août 1830, art. 1ᵉʳ et 3. *Voir* ci-après, tit. IX.

Il est aisé de voir, par les réflexions déjà faites sur l'art. 4, que le mode adopté pour la composition du Conseil était encore plus fâcheux que le système du décret de 1810, qui nous laissait au moins le droit de candidature par élection. Bien entendu, on n'avait voulu un changement, que pour en tirer profit.

Le secrétaire avait voix délibérative. (Arr. du Conseil du 30 janvier 1823.)

Art. 9. « Le bâtonnier est chef de l'Ordre, et préside le conseil de discipline [1].

Art. 10. « Lorsque le nombre des avocats portés sur le tableau n'atteindra pas celui de vingt, les fonctions des conseils de discipline seront remplies, savoir : s'il s'agit d'avocats exerçant près d'une cour royale, par le tribunal de première instance de la ville où siége la cour, dans les autres cas par le tribunal auquel seront attachés les avocats inscrits au tableau.

Art. 11. « Les tribunaux qui seront chargés, aux termes de l'article précédent, des attributions du conseil de discipline, nommeront annuellement, le jour de la rentrée, un bâtonnier, qui sera choisi parmi les avocats compris dans les deux tiers du tableau, suivant l'ordre de leur inscription [2].

---

[1] *Voir* plus haut, règle 110, ce que nous disons du bâtonnier, et ci-après 3e partie, n° 25 et suiv., comment nous entendons ses attributions à Paris.

Comme chef de l'Ordre, le bâtonnier le représente seul, activement et passivement, dans toutes les instances judiciaires : de telle sorte que les autres avocats, même les membres du Conseil, sont non-recevables à intervenir, fût-ce en leur nom personnel (Arr. de cassation du 5 avril 1841, rapp. plus bas n° 25). S'il était permis de supposer queleurs intérêts fussent mal défendus j'admettrais difficilement cette fin de non-recevoir.

Le bâtonnier actuel peut même signer les actes qui se rattachent à une instance introduite sous l'un de ses prédécesseurs. *Voir* ci-après, tit. X, *in fine*, et à la note.

[2] Cet article et celui qui précède sont encore abrogés par l'ord. de 1830, art. 1, 2 et 3, mais, seulement, dans le cas où il est possible de former, par *l'élection*, un conseil de discipline (*Voir* notre observation sur ces trois articles). Dans le cas contraire (c'est-à-dire, si le barreau ne compte pas plus de cinq membres), les

Art. 12. « Les attributions du conseil de discipline consistent ', 1°. à prononcer sur les difficultés relatives à l'inscription dans le tableau de l'Ordre ² ; 2°. à exercer la surveillance que l'honneur et les intérêts de cet Ordre rendent nécessaire ³ ; 3°. à appliquer, lorsqu'il y a lieu, les mesures de discipline autorisées par les règlements ⁴.

Art. 13. « Le conseil de discipline statue sur l'admission au stage, des licenciés en droit qui ont prêté

fonctions du Conseil sont exercées par le tribunal. M. BIOCHE, *Dict. de proc.*, p. 379, pense que l'ord. de 1830 abroge ici celle de 1822. C'est une erreur. La loi ne rapporte pas une disposition pratique, sans lui substituer une disposition nouvelle. Ici, rien ne se trouverait mis à la place de ce qu'on aurait détruit. La Cour de cassation s'est au surplus prononcée pour la non-abrogation, *in parte quâ.* Arr. du 18 juin 1834. S. vol. 34, 1, 455. *Sic*, Ph. DUPIN, n° 76.

¹ Pour bien entendre l'exécution que comportent cet article et les suivants, il est nécessaire de consulter les *Règles* et les *Précédents*, parties 1re et 3e : c'est pourquoi je me bornerai à présenter des notes fort succinctes.

² *Voir* ci-dessus p. 192 nos observations quant à la souveraineté de la décision qui statue sur l'inscription au tableau. Pour la *radiation* du tableau, laquelle admet l'appel, *voir* ci-après les art, 17 et 24. La disposition de l'art 12 est complétée par la 2e partie de l'art. 13 qui suit, en ce qui concerne le tableau.

³ Le principe sert de base à l'art. 15, qui donne au Conseil le pouvoir de se saisir *d'office* des faits de discipline imputables à un membre de l'Ordre.

⁴ Les mesures dont parle l'ordonnance sont celles permises par l'art. 18 ci-après, et la prorogation du stage, laquelle résulte implicitement de l'art. 24, 2e alinéa. Je ne connais pas d'autres peines disciplinaires. L'avertissement *confraternel*, dont il sera question n° 316 et suiv., 3e partie, n'a pas ce caractère.

le serment d'avocat dans nos cours royales [1] ; sur l'inscription, au tableau, des avocats stagiaires après l'expiration de leur stage [2], et sur le rang de ceux qui, ayant déjà été inscrits au tableau et ayant abandonné l'exercice de leur profession, se présenteraient de nouveau pour la reprendre [3].

Art. 14. « Les conseils de discipline sont chargés de maintenir les sentiments de fidélité à la monarchie et aux institutions constitutionnelles, et les principes de modération, de désintéressement et de pro-

Par quel nombre de membres présents les délibérations du Conseil peuvent-elles être rendues? *Voir* ci-après, *Précédents*, n° 58.

[1] *Voir* ci-après les art. 30 et suiv. sur les conditions du stage, et l'art 38, quant au serment. Il est encore de règle que le Conseil statue souverainement sur cette admission, de même que sur celle au tableau, et *à fortiori*. *Voir* les arrêts cités sur l'art 5, qui jugent implicitement la question. *Voir* aussi nos *Précédents*, n° 166, 3e partie.

[2] *Voir* la question importante posée sur l'article 6, à la note.

[3] *Voir* sur l'article précédent, notre observation, note 2.

Le rang au tableau est une question grave, mais dont la solution, établie par les précédents, n'offre plus de difficultés sérieuses. *Voir* ci-après, n° 230 et suiv., 3e part. C'est le rang qui crée l'*ancienneté*, unique privilége de la profession.

Autrefois on comptait aussi l'ancienneté des avocats par celle de leur matricule, et non par celle de leur âge (BOUCHER D'ARGIS, p. 114). J'ai dit qu'il y a, aujourd'hui, une sorte d'ancienneté, qui résulte de *dix années* de tableau, et qui est exigée pour les signatures des consultants sur requête civile. Art. 495, Code de proc. civ., voir *suprà*, règle 113 et p. 58.

On se rappelle encore qu'anciennement les avocats étaient distingués en trois classes. Ordonnance du 11 mars 1334. Voir *suprà*, p. 4.

Voir aussi la note sur l'art. 13 qui suit.

bité sur lesquels repose l'honneur de l'Ordre des avocats ¹.

« Ils surveillent les mœurs et la conduite des avocats stagiaires ².

---

¹ Le serment de l'avocat, *voir* art. 38, porte sur l'accomplissement de tous ces devoirs.

C'est l'article 45 ci-après qui détermine plus spécialement la portée des devoirs relatifs à la modération, au désintéressement et à la probité qui caractérisent l'avocat. Les développements se trouvent dans l'exposition des *Règles* sur la profession, et dans les *Précédents*.

Les articles 13 et 14 reproduisent, en substance, les dispositions écrites dans les art. 23, 24, 36 et 37 du décret de 1810, dispositions qui étaient elles-mêmes fort incomplètes. *Voir,* sur les questions *d'honoraires, suprà,* les règles 15, 95 et suivantes.

Quant aux sentiments de fidélité à la monarchie et aux institutions constitutionnelles, je rappelle ce que j'ai dit règles 48 et 49. Il me paraît évident que l'ordonnance n'a pas voulu et n'aurait pas pu imposer à l'avocat une opinion politique. Cette opinion est à lui seul, comme sa croyance religieuse. Tout ce qu'il doit à la loi, tout ce qu'il doit à son serment, c'est de respecter l'ordre public constitutionnellement établi. Autrefois on a vu l'Ordre *désavouer* l'avocat pour un manquement aux devoirs politiques (CABRÉ, p. 147, à la note). C'est ce que le précédent Conseil a fait lui-même, et à tort, dans l'affaire de M. Berryer fils dont j'ai déjà parlé sur la règle 48. *Voir* aussi nº 378 des *Précédents.* Il me suffit d'ajouter qu'au temps où nous vivons, l'application d'une disposition qui touche à la politique réclame de la part du Conseil de l'Ordre la plus grande circonspection. *Voir* aussi les *Précédents,* tit. II, ch. Iᵉʳ, sur les condamnations pour délits politiques.

² La base de cette disposition se trouve dans l'art. 12, nº 2. Cependant, il est essentiel de remarquer qu'à l'égard des stagiaires, le Conseil est chargé d'exercer une surveillance plus spéciale, plus intime, plus sévère. Les pouvoirs du Conseil vont,

Art. 15. « Les conseils de discipline répriment d'office, ou sur les plaintes qui leur sont adressées, les infractions et les fautes commises par les avocats inscrits au tableau [1].

Art. 16. « Il n'est point dérogé [2], par les disposi-

par conséquent, jusqu'à vérifier *leur conduite privée*. C'est pour les avocats inscrits au tableau, seulement, que nous avons posé la règle 30, et fixé une limite à sa juridiction. *Voir* les *Précédents*.

[1] Si cet article ne parle point des stagiaires, il faut se garder d'en conclure qu'ils soient affranchis par l'ordonnance des peines disciplinaires que porte l'art. 18. Il est, au contraire, certain que les stagiaires sont, comme les avocats inscrits au tableau, passibles de ces peines, indépendamment de la prorogation du stage, qu'il est permis de leur appliquer ainsi que nous le dirons 3e part., nos 251 et 397. Autrement, la surveillance que l'art. 14 accorde au Conseil sur les stagiaires, et dont il lui fait même un devoir, n'aurait ni sanction ni résultat. Carré partage cette opinion, p. 151. *Voir* aussi les divers *Précédents,* qui infligent aux stagiaires des peines disciplinaires.

[2] Les dispositions répressives auxquelles l'art. 16 de l'ordonnance fait allusion, sont :

1°. L'art. 103 du décret du 30 mars 1808, ainsi conçu (*Voir* notre observation *suprà*, p. 154) : « Dans les cours et dans les « tribunaux de première instance, chaque chambre connaîtra « des fautes de discipline qui auraient été *commises* ou *décou-* « *vertes* à son audience. — Les mesures de discipline à prendre « sur les plaintes des particuliers *ou sur les réquisitoires du mi-* « *nistère public,* pour cause de faits qui ne se seraient point passés « ou qui n'auraient pas été découverts à l'audience, seront arrê- « tées *en assemblée générale*, à la chambre du Conseil, après « avoir appelé *l'individu* inculpé. Ces mesures ne seront point « sujettes à l'appel *ni au recours en cassation,* sauf le cas où la « suspension serait l'effet d'une condamnation prononcée en ju- « gement.

« Notre procureur-général impérial rendra compte de tous les

tions qui précèdent, au droit qu'ont les tribunaux de réprimer les fautes commises à leur audience par les avocats.

« actes de discipline à notre grand-juge ministre de la justice, « en lui transmettant les arrêtés, avec ses observations, afin qu'il « puisse être statué sur les réclamations, ou que la *destitution* « soit prononcée, s'il y a lieu. »

Cet article, placé sous le titre des *Dispositions générales*, ne s'occupe point nominativement des avocats. Aucun autre article du décret ne parle d'eux, si ce n'est l'art. 105 qui les oblige à porter, à l'audience, le costume *prescrit*. On voit, d'un autre côté, que l'art. 102, qui précède immédiatement l'art. 103, inflige diverses punitions aux *officiers ministériels* contrevenants aux lois et règlements, et que celui-ci permet de prononcer, s'il y a lieu, la *destitution de l'individu* inculpé. L'art. 104 semble être une suite naturelle de l'art. 102, et dès lors s'appliquer à ces officiers seulement. Il faut ajouter qu'à cette époque (1808), les avocats n'étaient pas encore constitués. Tout annonçait donc que l'esprit et la lettre du décret leur sont étrangers. Et c'est ce qu'a jugé un arrêt d'Aix, du 17 mars 1836 (SIRET, vol. 36, 2, 435). Mais le contraire a été définitivement décidé, malgré nos vives réclamations. Je citerai, entre autres, les arrêts rendus par la Cour de Paris et la Cour de cassation, dans l'affaire de notre bâtonnier, M. Parquin, les 5 décembre 1833 et 22 juillet 1834 (S. vol. 34, 1, 457; — et ci-après, n° 436, 3e partie); un autre arr. de cassation, du 8 janvier, 1838 (S. vol. 38, 1, p. 266); un arr. d'Orléans du 4 mars 1837 (S. vol. 37, 2e partie, p. 234). Si nous ne pouvons faire mieux, réservons nos droits.

2°. Les art. 89, 90, 91 et 1036 du Code de procédure civile.

3°. L'art. 377 du Code pénal, qui dispose en ces termes : « A l'égard des imputations et des injures qui seraient contenues « dans les écrits relatifs à la défense des parties, ou dans les « plaidoyers, les juges saisis de la contestation pourront, en ju- « geant la cause, ou prononcer la suppression des injures ou « des écrits injurieux, ou faire des injonctions aux auteurs, du

Art. 17. « L'exercice du droit de discipline ne met point obstacle aux poursuites que le ministère

« délit, ou les suspendre de leurs fonctions et statuer sur les
« dommages-intérêts. »

4°. L'article 23 de la loi du 17 mai 1819 : « Ne donne-
« ront lieu à aucune action en diffamation ou injure les dis-
« cours prononcés ou les écrits produits devant les tribunaux ;
« pourront néanmoins les juges saisis de la cause, en statuant
« sur le fond, prononcer la suppression des écrits injurieux ou
« diffamatoires, et condamner qui il appartiendra en des dom-
« mages-intérèts. — Les juges pourront aussi, dans le même
« cas, faire des injonctions aux avocats et officiers ministériels,
« ou même les suspendre de leurs fonctions.—La durée de cette
« suspension ne pourra excéder six mois ; en cas de récidive,
« elle sera d'un an au moins et de cinq ans au plus.—Pourront,
« toutefois, les faits diffamatoires *étrangers à la cause,* donner
« ouverture soit à l'action publique, soit à l'action civile des
« parties, lorsqu'elle leur aura été réservée par les tribunaux, et,
« dans tous les cas, à l'action civile des tiers. »

Voir aussi l'art. 43 de l'ord. du 20 novembre 1822.

Quid, si l'affaire a été jugée, sans que les parties ni leurs défenseurs aient été rappelés à l'ordre par les magistrats, au moment du délit ? Il y a, suivant M. Carré, p. 154, présomption
que les parties et leurs défenseurs ne se sont portés à aucun
excès répréhensible, autrement les juges ne l'auraient pas souffert. Il cite DENIZART, v° *Avocat,* §. V, n° 23 ; MERLIN, *Répertoire,* v° *Injures,* §. VI ; Arr. de cass. des 5 messidor an x,
14 messidor an xii, 13 prairial an xiii, 19 mai et 29 août 1806,
9 février 1809. J'adopte la solution de ces graves autorités, bien
que le contraire ait été jugé dans l'affaire de notre confrère Dupont. *Voir* ci-après, 3° partie, n° 437.

Le ministère public doit-il faire des réserves pour pouvoir
poursuivre ultérieurement, contre l'avocat, les faits diffamatoires étrangers à la cause ? MM. Daviel, sur l'art. 17 de l'ord.,
Carré, p. 156, Victor Fouché, l'annotateur de celui-ci, résolvent
la question affirmativement. J'approuve cette opinion. Le ministère public est toujours en cause dans ces sortes d'affaires. S'il a

public ou les parties civiles se croiraient fondés
à intenter devant les tribunaux, pour la répression des actes qui constitueraient des délits ou des
crimes [1].

gardé le silence, c'est qu'il a jugé lui-même la non-gravité du
fait. Il faut un terme à de pareilles recherches.

Il en est autrement à l'égard des tiers qui seraient blessés par
l'écrit. S'ils ne sont pas en cause, on comprend que leur action
ne peut point être écartée pour défaut de réserves.

Pour qu'un écrit judiciaire émané de l'avocat soit réputé produit et punissable, il suffit qu'il ait été *remis* aux juges (Arr. de
cassation des 3 juin 1825, DALLOZ, 1825, 1, 229; 6 février et
12 septembre 1829; *ibid.*, vol. XXIX, 1, 141 et 397). Cette
décision me paraît incontestable. La remise aux juges est une
publication.

L'appel d'un jugement rendu publiquement, et prononçant
suspension contre un avocat pour un fait *d'audience,* ne peut
être porté devant la Cour royale en assemblée générale et à
huis clos (Arr. de Nîmes, du 28 avril 1836, SIR., vol. 36,
2, 440). En effet, ce mode extraordinaire de jugement n'est
prescrit que pour les questions de *discipline.* L'art. 103 du décret du 30 mars 1808 est positif. En voir le texte n° 1.

[1] Cette disposition consacre un principe d'évidente justice.
L'avocat en faute ne doit pas trouver, dans l'exercice de sa
profession un privilége qui l'affranchisse du droit commun.
D'une autre part, les peines disciplinaires étant extraordinaires
et prononcées dans l'intérêt d'un corps particulier, ne sauraient
faire obstacle à celles qui sont portées dans l'intérêt de la société. Il n'y a donc pas lieu, pour l'avocat, même condamné
disciplinairement, d'opposer, devant les tribunaux criminels,
l'exception *non bis in idem.* (CARRÉ, p. 153; CHASSAN, *Délits de
la presse,* t. I, p. 84; arr. de Grenoble du 26 décembre 1828;
SIRET, vol. 29, 2, 212, et de cassation du 9 avril 1836; SIRET,
vol. 36, 1, 276.)

Par la même raison, et à raison plus forte, la peine que l'avocat a encourue devant la juridiction ordinaire n'est pas un motif
dont il puisse exciper pour écarter les poursuites de discipline. C'est

Art. 18. « Les peines de discipline sont :

« L'avertissement,
« La réprimande,
« L'interdiction temporaire ,
« La radiation du tableau '.

là un principe constant. Le Conseil en a fait l'application, notamment dans les espèces , n° 261 et 234 des *Précédents*. Il n'est pas possible que celui qui a été frappé d'une peine infamante continue d'appartenir à l'Ordre, qui l'avait accueilli avant son crime.

' L'ordonnance supprime la *censure,* que l'art. 25 du décret de 1810 avait instituée dans l'ordre des peines, après l'avertissement. Je ne partage point à cet égard les regrets de M. Carré, p. 157 ; car il faut avouer que la censure se confond avec la réprimande, qui est maintenue. Nous verrons n° 316 et suiv., 3ᵉ partie, que le Conseil avait adopté, même sous l'empire du décret, et pour les fautes excusables, un espèce d'avertissement qui, sans être une peine caractérisée, en produit le résultat moral ; l'avertissement *confraternel* ou *paternel* que donne le bâtonnier. Cet usage est maintenu encore aujourd'hui.

J'ai dit, p. 90 et 199, que les peines disciplinaires s'appliquent aux stagiaires comme aux avocats inscrits sur le tableau, et que le bâtonnier y est soumis comme tous les autres confrères : la raison seule indique qu'il n'y a pas de distinction possible.

Quel est l'effet de la radiation du tableau? Lacombe résout ainsi la question , *Jurisprudence civile,* vᵒ *Avocat,* n° 20 : « La « défense par un juge d'exercer la profession d'avocat, ne s'étend « pas partout, si ce n'est pour cause *infamante.* » Dareau, dans l'ancien *Répertoire,* au même mot , §. XI, admet la distinction. MM. Carré, p. 160, 173, Daviel, p. 34, et Ph. Dupin, p. 398, l'adoptent eux-mêmes. En d'autres termes, ils pensent que l'avocat rayé du tableau n'est pas destitué du droit d'exercer comme jurisconsulte. Cette opinion, trop vague, a besoin d'être expliquée. Carré, dont on semble partager les motifs, invoque les art. 39 et 40 de l'ordonnance, qui, selon lui, distinguent le droit de consulter du droit de plaider, et ne rattachent exclusivement à

« L'interdiction temporaire ne peut excéder le terme d'une année.

l'inscription sur le tableau que le droit de plaider. Il ajoute que
la peine ne fait que détruire les rapports de la confraternité.

Quant au droit de délibérer les consultations destinées à être
produites en justice, et que l'on peut appeler légales, telles que
celles de mineurs, sur requêtes civiles, pour communes, etc., il
me paraît évident que l'avocat rayé, pour cause infamante ou non,
ne le possède plus ; ce droit tient à l'exercice régulier de la profession, et cet exercice, l'avocat rayé ne l'a plus. La distinction
entre le droit de plaider et de consulter, même dans les autres
affaires, est, à mon sens, dénué de vérité. L'avocat n'est pas uniquement institué par la loi pour plaider, mais pour plaider, écrire
et consulter. L'économie des diverses dispositions de l'ordonnance le prouve clairement ; elle parle en effet des écrits de
l'avocat autant que de sa plaidoirie ; or, la radiation ne serait
ni complète, ni efficace, si elle ne frappait pas sur les deux attributs à la fois.

Si la radiation n'est pas prononcée pour une cause infamante,
elle l'est presque toujours pour incompatibilité ; mais ces deux causes ne doivent-elles pas produire le même effet, à l'égard de l'exercice de la profession ? Il n'est pas plus permis aux confrères de communiquer avec lui dans un cas que dans l'autre. Je raisonne ainsi,
par rapport au siége du barreau où l'avocat rayé était inscrit,
parce que, chaque barreau ayant son indépendance (*Voir* ci-
après, nᵒˢ 201, 203 des *Précédents*), la radiation prononcée à
Paris contre cet avocat ne serait point un obstacle légal à ce
qu'il obtînt son admission au barreau de Rouen, si celui-ci l'en
jugeait digne, ou *vice versâ*.

Un arrêt de la Cour de Lyon, du 14 février 1834, Sɪʀ.,
vol. 14, 2, 539, a jugé que l'avocat rayé du tableau n'en conserve pas moins la qualité *d'avocat*, que, seulement, il lui est
interdit de prendre celle d'avocat à telle cour ou à tel tribunal,
ou même de défenseur devant le tribunal de commerce du lieu
dans lequel il était inscrit comme avocat. Cette solution, qui
tient à l'insuffisance de la législation sur l'applicabilité du
titre d'avocats (*Voir* ci-après, nᵒ 429 des *Précédents*), ne con-

Art. 19. « Aucune peine de discipline ne peut être prononcée sans que l'avocat inculpé ait été entendu , ou appelé avec délai de huitaine [1].

trarie en rien mon avis; car, qu'est-ce qu'un titre sans emploi? Si le soi-disant avocat ne peut pas plus consulter régulièrement que plaider, à quoi se réduira son office? à l'œuvre innommée du légiste ou de l'homme d'affaires , à des actes individuels, qui n'auront ni autorité, ni caractère près des magistrats. J'admets, toutefois , que la nature de la cause qui a motivé la radiation influera sur le degré de valeur qui peut s'attacher à de tels actes.

Enfin si la radiation a été prononcée pour abandon de domicile, ou pour démission volontaire (Voir *Précédents,* n° 245 et suiv.), s'il s'agit d'une interdiction temporaire qui n'a rien de flétrissant (par exemple en matière politique), la position change du moins moralement : et dans notre profession on peut presque dire que la considération morale est tout. Alors, sauf pour les consultations officielles, je ne vois aucun empêchement à ce que l'avocat délibère des consultations et des arbitrages, à ce que les confrères les délibèrent avec lui. Ni les règlements, ni les convenances de la profession ne s'opposent à ce que nous communiquions avec les confrères des autres barreaux; or, ce doit être même raison pour le cas de radiation. Dans le cas de la suspension temporaire, il y a , de notre part, secours et générosité.

Quid, à l'égard de l'avocat auquel le Conseil a refusé l'admission au tableau? La position de cet avocat est la même, suivant moi , et par les mêmes motifs. Ainsi, les avocats de Paris consultaient avec Manuel, bien que le Conseil eût refusé de l'admettre à leur tableau. *Voir* n° 205 des *Précédents.* Je citerai plus particulièrement, MM. Tripier, Grappe, Darrieux.

La peine disciplinaire peut-elle être remise à l'avocat par le Conseil? *Voir* ci-après , n° 277 des *Précédents.*

[1] Un seul avertissement suffit, l'ordonnance n'en exigeant pas deux , ainsi que le faisait le décret de 1810 , art. 27. Elle abroge par son article 45 le décret. La citation est donnée par une lettre du secrétaire. *Voir* ci-après tit. Ier, des *Précédents.*

Tout arrêté disciplinaire, rendu par défaut, est sujet à opposi-

Art. 20. « Dans les siéges où les fonctions du conseil de discipline seront exercées par le tribunal, aucune peine de discipline ne pourra être prononcée qu'après avoir pris l'avis écrit du bâtonnier [1].

Art. 21. « Toute décision du conseil de discipline emportant interdiction temporaire ou radiation sera transmise, dans les trois jours, au procureur-général, qui en assurera et en surveillera l'exécution [2].

Art. 22. « Le procureur-général pourra, quand il le jugera nécessaire, requérir qu'il lui soit délivré une expédition des décisions emportant avertissement ou réprimande.

Art. 23. « Pourra également le procureur-général demander expédition de toute décision par laquelle le conseil de discipline aurait prononcé l'absolution de l'avocat inculpé [3].

tion (Arr. de cassation du 20 février 1825, et S. v. 23, t. 179; CARNOT, des Avocats, p. 62; CARRÉ, p. 159). C'est aussi la jurisprudence du Conseil, Voir 3ᵉ partie, n° 69. Je pense que cette opposition n'est soumise à aucune déchéance, l'ordonnance ne prescrivant pas de délai.

[1] Cet article n'a d'application, depuis l'ord. du 27 août 1830, que pour le cas où, le nombre des avocats étant inférieur à six, l'élection devient impossible. Voir suprà, art. 11, tit. IX. Dans ce cas, le bâtonnier est nommé par le tribunal conformément à l'art. 11 ci-dessus.

[2] Il résulte de cet article et du suivant que le Conseil n'est pas tenu de transmettre au procureur-général les arrêtés qui ne prononcent que l'avertissement ou la réprimande, lorsque celui-ci ne l'exige pas. Hors ce cas, le Conseil doit même s'en abstenir, ce serait en quelque sorte aggraver la peine.

[3] L'avocat absous a-t-il le droit de demander une expédition de l'arrêté ? Je ne sache pas qu'une semblable requête ait été présentée officiellement au Conseil. La question a pourtant été agi-

Art. 24. « Dans les cas d'interdiction à temps ou de radiation, l'avocat condamné pourra interjeter appel devant la cour du ressort [1].

tée à une époque récente. On disait : Le confrère qui a été appelé devant le Conseil et qui se croit plus tard désigné par les suffrages électoraux pour en faire partie, peut avoir un grand intérêt à prouver qu'il a été honorablement renvoyé de la citation. Pour mon compte, j'estime que le Conseil n'est pas obligé de délivrer l'expédition, même dans ce cas, et cela, parce que l'ordonnance ne l'y oblige pas. Il y aurait danger pour l'Ordre et méconnaissance des traditions, à livrer les décisions du Conseil à la publicité. Mais je crois aussi que l'avocat est fondé à lui demander que communication de la minute de l'arrêté ou du procès-verbal des séances soit faite aux confrères qui désireraient connaître les termes de la décision. Je sais qu'une copie de la minute d'un arrêté de *non-lieu* vient d'être accordée à un confrère, par décision du 24 mai 1842. Bien que les circonstances fussent exceptionnelles, je n'approuve pas la décision : mes raisons subsistent.

Il me paraît contraire à nos règles, surtout, que le Conseil autorise la publication d'un de ses arrêtés. Le confrère dont il a vérifié et approuvé la conduite, se trouve suffisamment vengé par lui. Nos délibérations sont essentiellement intérieures et secrètes. Les livrer à la publicité ce serait, d'ailleurs, les exposer à une critique publique, en les dénaturant ; ce serait compromettre l'honneur et la dignité de l'Ordre. Je n'admets point que, pour obéir au progrès, il soit possible d'aller jusque là. Je dirai aussi, toutefois, que, le 24 mai 1842, le Conseil a cru devoir autoriser cette publicité en faveur d'un autre confrère, mais en l'avertissant *qu'il le verrait avec regret user de la permission.* Un tel correctif n'emporte-t-il pas avec lui l'annulation de l'arrêté ?

[1] Il suit des termes limitatifs de cet article que contrairement au décret de 1810, art. 29, l'appel de l'avocat n'est pas recevable, s'il a été simplement condamné à la peine de l'avertissement ou de la réprimande. C'est la jurisprudence constante du Conseil. MM. Daviel et Carré, p. 163, critiquent cette disposition de l'ordonnance. Il me semble, au contraire, que le refus de l'appel est assez motivé par la nature modérée de la peine.

Art. 25. « Le droit d'appeler des décisions rendues par les conseils de discipline, dans les cas prévus par l'article 15, appartient également à nos procureurs-généraux '.

Art. 26. « L'appel, soit du procureur-général, soit de l'avocat condamné, ne sera recevable qu'autant qu'il aura été formé *dans les dix jours* de la communication qui leur aura été donnée

L'ordonnance ne pouvait pas ne pas concéder quelque autorité au Conseil. Il est utile d'arrêter, au moins à ce degré, le cours d'un débat toujours fâcheux pour l'Ordre. On se tromperait gravement en espérant rencontrer plus d'indulgence près des magistrats, qu'au sein du Conseil. La justice des pairs est la meilleure. C'est ce principe qui forme la base de nos réclamations toujours pendantes. *Voir* ci-après, tit. XI.

L'appel peut être interjeté par une simple lettre écrite au bâtonnier (Arr. de Rouen, du 15 janvier 1840, SIR. vol. 40, 2, 258). Nous procédons ainsi à Paris.

¹ Ce droit d'appel accordé au ministère public est encore, mais dans un sens beaucoup plus grave, une innovation au décret, art. 29 et 30, innovation contre laquelle nous avons vivement réclamé.

Il paraîtrait résulter du mot *également* que le droit d'appel n'appartient au ministère public que dans les deux cas où ce droit est ouvert pour l'avocat, selon l'article précédent (art 24). Cependant, comme l'art. 25 parle des cas prévus par l'art. 15, *sans restriction*, il faut reconnaître que le procureur-général peut appeler *à minimâ*, même dans l'hypothèse d'une réprimande ou d'un simple avertissement (CARRÉ qui cite Daviel, p. 165). Ainsi l'avocat frappé d'une réprimande ou d'un avertissement ne peut pas se faire absoudre par un appel, et le ministère public aura le droit d'appeler *à minimâ* pour le faire condamner à l'interdiction temporaire ou à la radiation! Est-ce là une justice égale? Certes, il est impossible qu'une disposition aussi exorbitante ne soit pas rapportée.

Voir le projet de Règlement, ci-après tit. XI.

par le bâtonnier, de la décision du conseil de discipline [1].

Art, 27. « Les cours statueront sur l'appel en assemblée générale et dans la chambre du conseil, ainsi qu'il est prescrit par l'article 52 de la loi du 20 avril 1810, pour les mesures de discipline qui sont prises à l'égard des membres des cours et des tribunaux [2].

[1] Cette communication leur est donnée sur papier non timbré, en copie ou expédition signée par le secrétaire. *Voir* ci-après, n° 66, 3e partie.

Si la communication n'est pas faite au procureur-général, l'avocat peut rester longtemps sous le coup de l'appel. C'est un inconvénient, dit Carré, p. 165. Je fais observer que l'avocat préviendra les incertitudes, en pressant le Conseil de communiquer l'arrêté.

[2] Le Conseil n'est point appelé à défendre ses arrêtés devant la Cour. C'est pour cela qu'il ne doit omettre aucun des motifs importants qui les ont déterminés, malgré la gravité qu'ils pourraient présenter à l'égard de l'avocat. *Voir* ci-après, n° 66, à la note, sur les *Précédents*, un exemple du danger résultant de l'omission.

Devant le Parlement, l'affaire se jugeait en audience publique. Le célèbre procès de Linguet en offre un exemple (V. *suprà*, p. 131). Sous le décret de 1810, la publicité du droit commun nous avait été maintenue : serait-elle préférable dans l'intérêt de l'avocat ? Je le pense, avec MM. Daviel et Carré, p. 170. La vie militante de l'avocat ne doit pas seulement être pure de tout reproche ; elle doit être transparente comme le verre ; pour qui est convaincu de cette vérité, il faut le débat public. Pour celui qui a le malheur d'en douter, la crainte de la publicité serait du moins un frein salutaire. C'est ainsi que la Cour de cassation prononce, en audience publique, les censures disciplinaires dont les magistrats peuvent être l'objet.

D'après le texte précis de l'art. 27, la chambre des appels de police correctionnelle n'est pas compétente pour statuer sur l'ap-

14

Art. 28. « Lorsque l'appel aura été interjeté par l'avocat condamné, les cours pourront, quand il y aura lieu, prononcer une peine plus forte, quoique le procureur-général n'ait pas lui-même appelé [1].

Art. 29. « L'avocat qui aura encouru la peine de la réprimande ou de l'interdiction, sera inscrit au dernier rang de la colonne dont il fera partie [2].

pel d'une décision disciplinaire (Arr. de cass. du 18 septembre 1833, S. vol. 54, 1, 101).

La Cour de cassation a encore jugé que les Cours royales ont le droit de statuer disciplinairement, *omisso medio*, soit d'office, soit sur la réquisition des procureurs-généraux (22 juillet 1834, S. vol. 34, 1, 457). C'est l'affaire *Parquin*. *Voir* ci-après, n° 436 des *Précédents*.

[1] Cette autre disposition concourt à aggraver le nouveau système de rigueur que l'ordonnance fait peser sur l'avocat. Au surplus, je dois dire que le ministère public a rarement l'occasion d'exercer son droit, parce que les conseils de discipline, pénétrés de leur devoir, savent, sans mollesse comme sans passion, proportionner la répression à la faute.

[2] Je pense que, l'ordonn. du 27 août 1830 ayant supprimé les colonnes, la disposition de l'art. 29 est elle-même implicitement révoquée. D'une part, c'est la conséquence du principe qui veut que les dispositions pénales se renferment rigoureusement dans le cas prévu. D'un autre côté, j'ai déjà fait remarquer que, par suite de la formation arbitraire des colonnes, on avait, jusqu'à un certain point, *interverti* l'ordre du tableau. L'ancienneté n'était plus observée que relativement aux membres de chaque colonne; en sorte que le membre qui venait dans sa colonne après tel autre, se serait trouvé avant ou après lui dans un tableau général. Il est donc vrai de dire que le tableau auquel la nouvelle ordonnance nous ramène et l'ancienne liste par colonnes sont choses *différentes*. C'est aussi l'opinion de M. Phil. Dupin, *Encyclopédie du Droit*, v° *Avocat*, p. 392.

Du Stage [1].

Art. 30. « La durée du stage sera de trois années [2].

Art. 31. « Le stage pourra être fait en diverses cours, sans qu'il doive néanmoins être interrompu pendant plus de trois mois [3].

---

[1] Le stage est un temps *d'épreuve* auquel est soumis l'avocat qui aspire à l'honneur d'être porté sur le tableau. *Voir* nos observations sur les art. 12 et 13 ci-dessus. — *Voir* notamment les règles 52, 53, et les *Précédents*, n° 152 et suiv., 3ᵉ partie.

[2] Avant 1790, il était de *quatre* ans (Arr. du Parlement de Paris, du 5 mai 1751). *Voir* ci-dessus, tit. I, p. 143.

[3] *Voir* les *Précédents*, n° 174 et suiv., sur l'exécution de cette disposition, et les *notes*.

L'ordonnance ne dit pas *comment* le stage doit être fait ; mais, en confiant au Conseil de l'Ordre, par les art. 12 et 13, la surveillance et la direction des stagiaires, elle lui remet implicitement, selon nous, le droit de *régler* les conditions qu'ils seront tenus de remplir. A Paris, nous leur imposons l'obligation de suivre la conférence des avocats (*Voir* ci-après, n° 75 des *Précédents*) et les audiences du Palais. On a vu, p. 164, que l'art. 24 du décret du 14 décembre 1810 leur enjoignait expressément d'assister à cette conférence, qu'il désignait sous le nom assez peu digne de *bureau de consultations*.

Un arrêt de Bourges, du 30 mai 1822, a jugé que la date de l'admission au stage ne peut pas servir de rang pour l'inscription au tableau (SIRET, vol. 23, 2, 185). La jurisprudence du Conseil, au contraire, fait remonter cette inscription à la date de l'admission au stage, sauf quelques exceptions déterminées par les circonstances. *Voir* ci-après, n° 231. Tel était le principe sous l'ancien barreau. A partir de l'admission, le stagiaire exerce, en effet, la profession d'avocat. S'il n'a pas la plénitude des droits qui en résultent, s'il est soumis à une surveillance temporaire, si même son état se trouve provisoire et subordonné à la condition de l'admission au tableau (*Voir* ci-après, n° 231 des *Précédents*),

Art. 32. « Les conseils de discipline pourront, selon les cas, prolonger la durée du stage [1].

Art. 33. « Les avocats stagiaires ne feront point partie du tableau. Ils seront, néanmoins, répartis et inscrits à la suite de chacune des colonnes, selon la date de leur admission [2].

Art. 34. « Les avocats stagiaires ne pourront plai-

il est juste et conforme au principe général que la condition accomplie rétroagisse au jour de son entrée dans l'Ordre. Les droits des autres confrères n'en sont pas lésés, ils ont une garantie dans l'authenticité de son admission au stage. *Voir* ci-après, 3e partie, n° 231.

[1] Et cela indépendamment des cas de discipline, prévus et punis par l'art. 15. Voir *suprà*, p. 199. L'ordonnance s'en rapporte d'ailleurs, sur l'appréciation des motifs de prorogation, au libre arbitre et à la sagesse du Conseil.

M. Carré, p. 180, pense que le stagiaire dont le stage a été prorogé peut appeler de l'arrêté, parce que, dit-il, l'appel est de droit commun, et qu'il est juste d'assimiler, en ce point, l'état du stagiaire et l'état de l'avocat inscrit. La jurisprudence de notre Conseil est contraire à cette opinion, et avec raison, suivant moi. *Voir* ci-après, n° 251 note, 3e partie. Si l'ordonnance eût voulu accorder l'appel pour prorogation du stage, elle l'aurait dit explicitement, comme elle l'a fait pour les cas de radiation ou de suspension, qui sont différents (art. 24). D'une autre part, l'assimilation faite entre le stagiaire et l'avocat inscrit est inexacte; il suffit de consulter, à cet égard, l'économie générale du règlement. L'état du stagiaire n'est que provisoire, tandis que celui de l'avocat inscrit est définitif. (Arr. de Paris, du 7 mars 1814, cité plus haut, p. 193). Il existe un arrêt de Caen, dans l'autre sens, du 11 janvier 1837. SIRET, vol. 37, 2, 168.

[2] Cet article, abrogé par l'ordonnance de 1830, n'a pas reçu d'exécution à Paris, le nombre des stagiaires étant trop considérable dès ce temps-là. Il est aujourd'hui de 850.

L'avocat stagiaire peut prendre le titre d'avocat à la Cour royale. *Voir* toutefois la note sur l'art. 32.

der ou écrire dans aucune cause, qu'après avoir obtenu, de deux membres du conseil de discipline appartenant à leur colonne, un certificat constatant
leur assiduité aux audiences pendant deux années.
Ce certificat sera visé par le conseil de discipline[1].

Art. 35. « Dans les siéges où le nombre des avocats inscrits au tableau sera inférieur à celui de
vingt, le certificat d'assiduité sera délivré par le
président et par notre procureur[2].

Art. 36. « Sont dispensés de l'obligation imposée
par l'article 34 ceux des avocats stagiaires qui auront
atteint leur vingt-deuxième année.

Art. 37. « Les avoués licenciés en droit qui, après
avoir donné leur démission, se présenteront pour
être admis dans l'Ordre des avocats, seront soumis
au stage[3].

[1] Il est rare que cet article reçoive son application ; il avait
été déterminé par des considérations politiques qui n'existent
plus. *Voir* la note sur l'article suivant.

[2] Si l'ordonnance du 27 août 1830 (voir *infrà*, tit. IX) restitue leurs attributions aux conseils de discipline qui ont moins
de vingt membres, il faut dire que le droit de délivrer les certificats d'assiduité leur appartient, sauf le cas où l'élection n'est
pas possible. (*Voir* l'art. 5 ci-dessus.)

Les réclamations du barreau, restées pendantes, tendent à affranchir les stagiaires du lien dans lequel ils sont placés par les
deux articles ci-dessus. Voir *infrà*, tit. XI, et *suprà*, Introd.,
p. 33. M. Bioche, *Dict. de proc.*, pense que l'abrogation de ces
articles est chose faite par l'ordonnance du 27 août 1830. Je
n'admets pas cette opinion : l'art. 14 de l'ordonnance qu'il invoque n'a eu d'autre but que d'autoriser la plaidoirie hors du
ressort sans autorisation. Par conséquent, nulle abrogation des
deux dispositions qui sont étrangères à cet objet (PHILIPPE
DUPIN, p. 271).

[3] L'art. 17 du décret du 14 décembre 1810 dispensait les
anciens avoués du stage. Il faut voir aux *Précédents*, n° 158 et

Dispositions générales.

Art. 38. « Les licenciés en droit sont reçus avocats par nos cours royales. Ils prêtent serment en ces termes :

« Je jure d'être fidèle au Roi et d'obéir à la Charte
« constitutionnelle, de ne rien dire ou publier, com-
« me défenseur ou conseil, de contraire aux lois,
« aux règlements, aux bonnes mœurs, à la sûreté
« de l'État et à la paix publique, et de ne jamais
« m'écarter du respect dû aux tribunaux et aux au-
« torités publiques [1]. »

suiv., les justifications qui leur sont demandées pour l'admission au stage.

[1] A Rome, les avocats ne prêtaient pas de serment lors de leur réception, bien qu'elle fût une solennité. Les empereurs Auguste et Tibère y présentèrent eux-mêmes leurs fils. LAROCHE-FLAVIN, liv. III, chap. I, p. 233. Mais, *à chaque cause*, les avocats reçus étaient obligés, en la commençant, de prêter le serment de dire la vérité, serment qui s'appelait *juramentum calumniæ*.

Dans notre ancien barreau, celui qui avait acquis les degrés nécessaires pour devenir avocat (voir *suprà*, p. 151), devait prêter le serment d'*avocat* (*voir* la formule *suprà*, p. 137). Il était présenté au Parlement, grande audience, par un *ancien* avocat, ayant vingt ans d'exercice. Celui-ci demandait sur la barre qu'il plût à la Cour le recevoir au serment d'avocat, et il ajoutait : *MM. les gens du roi ont vu ses lettres*. Nouveau DE-NIZART, v° *Avocat*, §. 2, n° 6. La réception de l'avocat était inscrite sur un registre du Parlement appelé registre des *matricules*, dont un extrait lui était délivré. Cet extrait, sur parchemin, se nommait la matricule de l'avocat. Il contenait le nom du récipiendaire, celui de l'ancien avocat qui l'avait présenté, la date de la prestation de serment. Il était signé par le greffier en chef du Parlement (B. D'ARGIS, p. 79 et 80). Il existe dans nos archives une copie fort curieuse du registre matricule commencé

Art. 39. « Les avocats inscrits aux tableaux de

sous le Parlement, et finissant à la suppression de l'Ordre, en 1790. C'est le seul débris de nos antiques documents.

Aujourd'hui l'on observe encore le vieil usage, qui veut que le licencié se fasse présenter au serment par un ancien avocat. On devrait observer aussi une autre coutume qui obligeait le candidat à aller voir le bâtonnier avant le jour de l'audience. C'est ce que j'ai entendu plusieurs fois M. le premier président Séguier recommander aux jeunes licenciés qui paraissent à la barre et qui manquent trop souvent à cet acte de déférence. Le droit de présentation appartient au plus ancien des avocats présents.

Le renouvellement annuel du serment n'est point une obligation pour tous les avocats inscrits, mais seulement pour ceux qui sont *présents* à l'audience, le jour de la rentrée solennelle de la Cour (Décret du 6 juillet 1810, art. 35). Il suit de là que les membres du Conseil eux-mêmes ne sont pas *tenus* d'assister à cette audience et de prêter le serment. La Cour les y invite, et ils se rendent avec empressement, lorsqu'ils ne sont point absents ou empêchés.

Il a été jugé que les Cours royales ne peuvent, sous prétexte de causes graves, refuser d'admettre à la prestation de serment d'avocat un licencié porteur d'un diplôme régulier. Arr. d'Aix, du 14 mai 1840, S. 40, 2, p. 194; et de cassation, du 3 mars 1840, S., 40, 1, p. 193, lequel a cassé un arrêt de Nîmes, du 20 décembre 1837 (Sir., vol. 38, 2, 72), qui avait décidé le contraire. Le nouveau Denizart rapporte des arrêts qui ont annulé des réceptions d'avocat, accordées sans que les candidats justifiassent suffisamment de leurs études de droit aux termes des déclarations d'avril 1679 et d'avril 1710. Voir *suprà*, tit. III, à la note. *Voir* aussi n° 157 des *Précédents*.

Quid, si le licencié est un *étranger?* Autrefois, il n'aurait pas été admis à prêter serment devant un tribunal français; les ordonnances, édits et déclarations, notamment ceux des 26 février 1680, mars 1707, et 16 mai 1724, le défendaient en termes exprès. Je pense que le principe ancien est maintenu par les lois nouvelles, parce que le serment est un acte de *nationalité*. Comnos cours royales pourront seuls plaider devant elles [1].

ment concevoir sérieusement qu'un Allemand, un Piémontais, etc., puisse prêter le serment de fidélité au roi de France, aux constitutions et aux lois françaises ! *Voir*, au surplus, d'autres développements, nº 91 des *Précédents*, et ci-après, sur l'art. 42.

L'avocat qui a prêté serment devant une cour royale, et qui va se fixer dans un autre ressort, n'est pas tenu de prêter un nouveau serment. Ni la loi du 22 ventôse an XII, ni les règlements postérieurs n'ordonnent le nouveau serment. A l'instar de la loi, le serment est le même partout, *una lex, unum jus jurandum*. L'ordonnance du 27 août 1830, art. 4, consacre ce principe, d'une manière implicite du moins, en déclarant que l'avocat peut librement plaider, dans un autre ressort, sans autorisation. L'obliger à prêter plusieurs serments, ce serait d'ailleurs le soumettre à des droits fiscaux, auxquels il n'est pas assujetti. C'est aussi l'opinion de M. Philippe Dupin, p. 370, vº *Avocat*, *Encyclopédie du Droit*.

De ce qu'un licencié a été reçu *avocat*, en prêtant serment aux termes de l'art. 38, s'ensuit-il qu'il ait le droit de porter ce titre alors qu'il n'est ni stagiaire ni inscrit au tableau, alors surtout qu'il exerce des fonctions ou une profession incompatibles ? — *Voir* notre opinion sur cette grave question, nº 429 des *Précédents*, à la note.

[1] Ainsi, un avocat inscrit au tribunal de Versailles n'a pas droit de plaider devant la Cour de Paris ni devant une autre Cour.

Cette première disposition, complétée par l'art. 40, établit une distinction qui semble contraire à l'égalité, à l'indépendance devant exister entre les avocats de cour ou de tribunal. Nous sommes tous confrères, dira-t-on, le mérite seul peut être la mesure de l'emploi de chacun : c'est ce que M. Daviel fait observer (p. 46). Quant aux rapports de confraternité, j'adopte cette opinion sans réserve : ils doivent exister, ils existent entre les membres de tous les barreaux ; mais deux considérations ont touché l'auteur de l'ordonnance : 1º. il a cru que la dignité de la magistrature et la bonne administration de la justice s'opposaient

« Ils ne pourront plaider hors du ressort de la cour près de laquelle ils exercent qu'après avoir obtenu, sur l'avis du conseil de discipline, l'agrément du premier président de cette cour, et l'autorisation de notre garde des sceaux ministre secrétaire d'État au département de la justice [1].

Art. 40. « Les avocats attachés à un tribunal de première instance ne pourront plaider que dans la cour d'assises et dans les autres tribunaux du même département [2].

Art. 41. « L'avocat nommé d'office pour la défense d'un accusé ne pourra refuser son ministère sans faire approuver ses motifs d'excuse ou d'empê-

à ce que des avocats non assermentés devant les cours plaidassent à leurs audiences ; 2°. il a veillé à l'utilité légitime que chaque avocat est appelé à recueillir dans l'exercice de sa profession. Tel avocat de cour royale défiera la concurrence ; tel autre, non.

[1] Cette seconde disposition, renouvelée du despotisme de l'Empire, avec aggravation (art. 39 du décret de 1810), a été formellement abrogée par l'ord. du 27 août 1830. Elle était tellement contraire à l'indépendance de l'avocat, aux traditions du barreau, que les magistrats eux-mêmes semblaient en décliner la rigueur. Toutes les fois que j'ai eu à demander l'agrément de M. le premier président Séguier, il m'a toujours répondu, en signant l'autorisation : « Ce n'est pas moi qui le veux. »

Un grand privilége attaché à la profession de l'avocat, dit M. Dareau (*Répertoire*, v° *Avocat*), « c'est cette liberté qu'il a « de l'exercer quand il lui plaît et où il lui plaît : *l'avocat a le* « *globe pour territoire.* » Si l'art. 39 fait une exception à ce noble principe, j'en ai dit le motif. *Voir* l'observation sur l'art. 39.

[2] Je ne pense pas que l'art. 40 ait été rapporté par l'ord. de 1830. Si le ministère de l'avocat se trouve restreint dans ce cas particulier, c'est parce qu'il n'est point inscrit au tableau d'une Cour royale. L'art. 40 est une conséquence de la première disposition de l'article précédent.

chement par les cours d'assises, qui prononceront,
en cas de résistance, l'une des peines déterminées
par l'article 18 ci-dessus [1].

Art. 42. « La profession d'avocat est incompatible avec toutes les fonctions de l'ordre judiciaire,
à l'exception de celle de suppléant; avec les fonctions de préfet, de sous-préfet et de secrétaire général de préfecture; avec celles de greffier, de notaire
et d'avoué; avec les emplois à gage et ceux d'agent
comptable; avec toute espèce de négoce. En sont exclues toutes personnes exerçant la profession d'agent
d'affaires [2].

---

[1] *Voir*, sur les *défenses d'office*, nos règles 62 et suiv., et les
Précédents, n⁰ 412 et suiv. Cet article, qui commente l'art 42.
du décret du 14 décembre 1810, est encore empreint à notre
égard d'une défiance non motivée. Loin de nous plaindre des
défenses d'office, nous avons toujours tenu à honneur de les
accepter, même en matière civile; mais ce qui nous a paru
blesser gravement nos prérogatives, c'est la disposition ajoutée
à l'art. 294 du Code d'instr. crim., et par laquelle on nous contraint à déduire nos motifs d'excuse devant la Cour d'assises,
comme si le dépositaire naturel, le juge naturel de nos motifs
ou de nos répugnances n'était pas le Conseil de l'Ordre. En
portant une exception à l'indépendance de notre ministère,
il aurait été digne au moins de s'en remettre, pour l'exécution,
à notre désintéressement; on savait qu'il n'a jamais failli au
malheur et à l'indigence. Cependant l'ord. du 30 mars 1835 relative à la défense d'office devant la Chambre des Pairs, a renouvelé pour la deuxième fois cette mesure extraordinaire. *Voir*
ci-après, tit. X. Il est aisé de voir que de semblables dispositions ont été dictées par la politique.

[2] Pour éviter des répétitions sur les divers paragraphes de cet
article, je ne puis mieux faire que de renvoyer aux règles 30
et suiv., et aux *Précédents,* tit. II, chap. *des Incompatibilités,*
n⁰ 88 et suiv.

Art. 43. « Toute attaque qu'un avocat se permet-
trait de diriger, dans ses plaidoiries ou dans ses

Parmi les incompatibilités, on peut dire que les unes sont absolues et les autres seulement relatives. C'est ce que je me suis
attaché à expliquer.

Le ministère ecclésiastique est-il compatible avec la profession
d'avocat? — *Voir* mon opinion sur cette question, n° 126 des
Précédents.

Un étranger peut-il être admis à exercer cette profession? Les
précédents du Conseil qui sont nombreux (*V.* n° 91), ont adopté
la solution négative dans diverses espèces, et, je l'avoue, elle
m'a toujours paru conforme à la saine interprétation de la loi.
Elle est admise par un arrêt de Grenoble, du 6 février 1830, S.,
vol. 32, 2e partie, p. 96, parfaitement motivé; par Carré, p. 199,
M. Dupin aîné, tom. Ier, p. 694, et M. Dupin jeune, *Encycl.*, v°
Avocat, p. 368. Cependant la question est reproduite, en ce moment, devant le Conseil. Un Mémoire fort bien rédigé lui est soumis, et quelques esprits ont conçu des doutes. On se demande où
est le texte prohibitif de l'admission, pourquoi il ne nous serait
pas permis, à nous, pour qui le désintéressement est une règle
d'état, d'accueillir dans notre barreau un homme de talent,
d'honneur, que des malheurs privés ou des événements politiques
auront exilé de son pays. On rappelle l'hospitalité qu'une nation
voisine a offerte, sous la Restauration, à plusieurs de nos confrères,
dont quelques-uns avaient été proscrits par celle-ci. Je dois répondre en peu de mots. Les considérations, toutes généreuses
qu'elles soient, ne suffisent point pour entraîner la décision de la
difficulté : avant tout, il faut consulter la loi. Or, d'après la loi,
la profession d'avocat, comme le serment, est nécessairement un
acte de *nationalité*. En effet, 1°. cette profession ne peut pas être
exercée sans prestation préalable du serment; 2°. elle donne,
à l'avocat, certains droits civiques, la capacité pour le jury,
celle pour les élections municipales; 3°. elle est une fonction
quasi-publique, car l'avocat peut être appelé à siéger comme
juge (voir *suprà*, p. 152), à être arbitre-juge, en matière de
sociétés commerciales (Arr., *Parquin*, Cass., du 15 mai 1838,
Sirey, vol. 38, 1, p. 398), à délibérer des consultations confiées

écrits, contre la religion, les principes de la monarchie, la Charte, les lois du royaume ou les autorités établies, sera réprimé immédiatement, sur les conclusions du ministère public, par le tribunal saisi de l'affaire, lequel prononcera l'une des peines prescrites par l'article 18, sans préjudice des poursuites extraordinaires, s'il y a lieu [1].

par la justice pour des mineurs, sur requêtes civiles, etc. Ensuite, nos règlements veulent que l'avocat ait un domicile au siége de ses fonctions (voir *suprà*, p. 143, et ci-après, n° 70 des *Précédents*), et l'étranger n'a point de domicile en France, sans la permission du Gouvernement. Lorsque cette autorisation est accordée, le Gouvernement peut toujours la révoquer. Comment s'établiraient, en cet état, les communications de confrère à confrère, si précieuses pour nous, si importantes pour nos clients? Ne connait-on pas enfin tous les abus qui sont résultés de l'abolition du droit d'aubaine, qu'une assemblée célèbre avait décrétée par esprit de philanthropie! Si nous faisons de l'étranger un avocat, sachons bien que, par réciprocité, un Français ne sera pas avocat en Angleterre, en Prusse, en Autriche, nulle part. Le fait contraire que l'on cite n'est qu'une exception isolée, de circonstance, et dans l'intérêt même de ce pays qui venait d'être enlevé à la France, qui parlait français, où la justice, par conséquent, devait, pour un temps encore, se rendre en langue française, et avec le ministère d'avocats parlant français. Aussitôt que la politique le lui a permis, le roi de la Hollande a rétabli chez elle son idiome ancien et cette hospitalité si vantée a cessé. Voilà la vérité.

[1] *Voir* nos observations sur les art. 16, 17 et 18 *suprà*, et la règle 48, les *Précédents* divers, ci-après, 3° part., et la loi du 17 mai 1819.

L'ordonnance ne punit que l'attaque; elle laisse donc à la conscience de l'avocat toute la liberté de ses opinions. *Voir* la règle 48.

Lorsque l'ordonnance réprime toute attaque contre la religion, elle entend parler, en général, de la morale publique et reli-

Art. 44. « Enjoignons à nos cours de se conformer exactement à l'article 9 de la loi du 20 avril 1810, et, en conséquence, de faire connaître, chaque année, à notre garde des sceaux ministre de la justice, ceux des avocats qui se seront fait remarquer par leurs lumières, leurs talents, et surtout par la délicatesse et le désintéressement qui doivent caractériser cette profession [1].

gieuse (CARRÉ, p. 205, et DAVIEL, p. 36). Nous avons dit, sur la règle 48, quelle est à cet égard la mesure d'indépendance dont l'avocat doit jouir.

La Cour de cassation a jugé, le 17 mai 1828, S. vol. 28, 1, 331, que, si le tribunal se borne à infliger à l'avocat la réprimande ou l'avertissement, celui-ci ne peut pas appeler du jugement, et ce, par application de la restriction qu'a mise au droit d'appel l'art 24 de l'ord. Je partage l'opinion contraire avec les auteurs du *Dict. de proc.*, t. 1er, p. 383, et M. Ph. Dupin, *Encycl. du Droit*, n° 98, à la note. En effet, les peines infligées par l'art. 43 ne sont plus des peines disciplinaires de la nature de celles que porte l'art. 18. La différence résulte des termes mêmes du règlement, qui n'exclut point l'appel dans le cas dont parle l'art. 43, ainsi qu'il l'a fait par l'art. 24 pour les peines que prononce le conseil de discipline, et l'appel est de droit commun. D'un autre côté, ici, les peines ne sont pas prononcées par la même juridiction. Enfin, c'est à huis clos, et en famille, que le Conseil de l'Ordre statue, tandis que le tribunal juge publiquement et avec la solennité accoutumée. L'avocat peut se résigner à supporter la décision de ses pairs ; il doit éprouver le besoin de combattre l'autre jugement devant une seconde juridiction.

[1] Cette disposition est l'objet d'un rapport *secret*, dont le Conseil de l'Ordre n'a aucune communication. Est-elle exécutée ? M. Ph. Dupin, qui a été bâtonnier de l'Ordre pendant deux ans, répond négativement, et il s'en plaint avec raison. L'Ordre devrait être accoutumé, depuis nombre d'années, à la parcimonie des faveurs ministérielles. Je dirai, pourtant, qu'il y aurait justice et prudence à lui offrir, par intervalle, ces encoura-

Art. 45. « Le décret du 14 décembre 1810 est abrogé ¹. Les usages observés dans le barreau relativement aux droits et aux devoirs des avocats dans l'exercice de leur profession, sont maintenus ². »

gements auxquels les hommes les plus modestes ne sont pas insensibles. C'était l'ancienne tradition ; c'est le vœu de l'ordonnance ; faut-il croire qu'il n'était pas sincère, ou qu'on a résolu de le rétracter ?

¹ Cette abrogation du décret est *absolue ;* elle embrasse, dès lors, toutes ses dispositions. M. Daviel a cru pouvoir tirer la conséquence contraire de la seconde partie de l'article qui maintient les usages relatifs aux droits et devoirs des avocats, que le décret rappelle sous un titre particulier. La conclusion, rejetée par M. Carré, p. 208, ne me paraît pas exacte. En effet, je répète que l'abrogation est prononcée *sans réserve.* D'ailleurs, le décret ne rappelait que quelques-uns des usages seulement, et le maintien de ces usages ne suppose pas le maintien nécessaire des autres dispositions. Un arrêt de la cour de Nancy, du 4 mai 1835, avait aussi préjugé par ses motifs que l'article 33 du décret, qui prohibe les réunions d'avocats en assemblée générale, subsistait encore ; mais un arrêt d'Aix, du 14 août 1836. (SIRET, vol. 36, 2, 438), et un arrêt de cassation du 5 avril 1841, au rapport de M. Mestadier, ont décidé le contraire. *Voir* ces arrêts cités ci-après, tit. IX, et le rapport dont l'arrêtiste présente l'analyse. *Voir* aussi *suprà,* tit. III, art. 33, et ci-après, tit. IX, art. 3, n° 9.

² Le second paragraghe de l'article 45 est d'une haute importance, ainsi que nous l'avons dit plus d'une fois. En maintenant, d'une manière expresse, les anciennes traditions, dont le décret du 14 décembre 1810 n'avait fait que mentionner une faible partie, art. 36 et suiv., l'ordonnance a consacré authentiquement le fait acquis, et garanti à l'ordre le principe de son existence. Hommage lui soit rendu !

Je crois avoir développé, dans les Règles, les conséquences fécondes de cette disposition. Je me borne à y renvoyer.

Dispositions transitoires.

Art. 46. « Les conseils de discipline dont la nomination aura été faite antérieurement à la publication de la présente ordonnance, selon les formes établies par le décret du 14 décembre 1810, seront maintenus jusqu'à l'époque fixée par ce décret pour le renouvellement.

Art. 47. « Les conseils de discipline mentionnés en l'article précédent se conformeront, dans l'exercice de leurs attributions, aux dispositions de la présente ordonnance.

Art. 48. « Notre garde des sceaux, ministre secrétaire au département de la justice, est chargé de l'exécution de la présente ordonnance. »

TITRE VIII.

ORDONNANCE ROYALE DU 10 MARS 1825, RELATIVE A LA PLAIDOIRIE DEVANT LE TRIBUNAL DE COMMERCE.

Je crois pouvoir placer parmi nos règlements une mesure qui est passée en tradition constante et incontestable, bien qu'elle ne résulte pas d'une disposition écrite.

L'ordonnance royale, du 10 mars 1825, après avoir visé l'article 421 du Code de procédure civile, l'article 627 du Code de commerce, et l'article 66 de l'ordonnance du 5 novembre 1823, ajouta :

« **Considérant** que tout individu, quelle que soit *sa*
« *profession* ou *son titre*, qui plaide devant le Tri-
« bunal de commerce la cause d'autrui, doit, con-
« formément à l'article 627 ci-dessus transcrit, être
« autorisé par la partie présente ou *muni d'un pou-*
« *voir spécial;*

« Qu'il importe de rappeler à l'observation de cette
« disposition ceux des tribunaux de commerce qui
« pourraient s'en être écartés, et d'établir des règles
« qui en garantissent désormais la stricte exécution;
« .... Nous avons ordonné....

Art. 1ᵉʳ. — « Lorsqu'une partie aura été défendue
« devant le Tribunal de commerce par *un tiers*, il sera
« fait mention expresse, dans la minute du juge-
« ment qui interviendra, soit de l'autorisation que
« ce tiers aura reçue de la partie présente, soit du
« pouvoir spécial dont il aura été muni.

Art. 2. « Les magistrats chargés de procéder à la vé-
« rification ordonnée par l'article 6 de l'ordonnance
« du 5 novembre 1823 s'assureront si la formalité
« prescrite par l'article précédent est observée dans
« tous les jugements rendus entre des parties qui ont
« été défendues, ou dont l'une a été défendue par
« un tiers. Ils consigneront dans leur procès-verbal
« le résultat de leur examen à cet égard.

Art. 3. « En cas de contravention à l'article 1ᵉʳ de
« la présente ordonnance, il en sera rendu compte
« à notre garde des sceaux, pour être pris à l'égard
« du greffier telles mesures qu'il appartiendra. »

Aussitôt la publication de cette ordonnance, le
Tribunal de commerce de Paris crut devoir en faire
l'application aux avocats et exiger que, pour plaider
devant lui, ils fussent munis *d'un pouvoir spécial,*

dans le cas où les parties ne les assisteront pas en personne à l'audience.

Les avocats portèrent leur réclamation au Conseil de l'Ordre, et celui-ci, selon ses précédents [1], s'empressa d'intervenir, et de prendre, le 29 juin 1825, un arrêté ainsi conçu :

« Le Conseil, délibérant sur les représentations qui lui ont été faites par plusieurs membres de l'Ordre, et notamment par Mᵉ Aubert-Armand, avocat stagiaire, dans sa lettre, à M. le bâtonnier, du 7 avril dernier, relativement à la justification que le Tribunal de commerce exige de tout avocat se présentant pour plaider devant lui, *d'un pouvoir à lui spécialement donné à cet effet, par la partie*, au cas où celle-ci ne l'assisterait pas à l'audience;

« Vu :

« 1°. L'ordonnance royale du 10 mars dernier, qui prescrit de nouvelles formalités pour constater l'exécution de l'art. 421 du Code de procédure civile, et de l'art. 627 du Code de commerce;

« 2°. L'ordonnance royale du 20 novembre 1822, contenant règlement sur l'exercice de la profession d'avocat et la discipline du barreau;

« Considérant l'importance et la gravité des questions dont les tribunaux de commerce, spécialement celui de Paris, sont journellement saisis, et qui rendent le ministère des avocats aussi utile aux parties dans ces juridictions, que devant les tribunaux ordinaires;

[1] *Voir* ci-après, n° 411 et suiv.

15

« Considérant que l'équité exige que le sort des plaideurs soit égal, qu'une mesure qui accorderait à l'un un secours dont l'autre serait privé établirait entre eux une inégalité contraire au vœu de la loi et à l'intention du Gouvernement ;

« Considérant que le plaideur qui est présent au lieu où siége le tribunal de commerce saisi de la contestation a la faculté de se faire assister et défendre par un avocat, tandis que le plaideur qui serait dans l'impossibilité de paraître en personne devant le tribunal, soit parce que, domicilié dans un autre lieu, il serait retenu au lieu de son domicile par maladie, par ses affaires, peut-être même par des fonctions publiques ; soit parce qu'il serait absent pour un voyage de long cours ou par d'autres motifs, serait privé du ministère de l'avocat, si celui-ci ne pouvait être admis qu'en vertu d'un pouvoir rempli de son nom ;

« Qu'en effet, il est de discipline traditionnelle dans l'ordre des avocats, et de doctrine dans l'ordre judiciaire, que l'avocat ne peut ni ne doit jamais accepter de procuration ; que cette discipline est fondée sur la dignité de la profession qui ne permet pas que ce ministère dégénère en une agence d'affaires, et sur la nécessité de prévenir la responsabilité et les actions judiciaires inséparables des mandats, qui se multiplieraient indéfiniment ;

« Considérant que l'exécution rigoureuse de cette règle a été jusqu'à ce jour, pour le Conseil, l'un des objets de sa surveillance particulière ; que les avocats, pour la concilier avec les mesures prescrites par l'ordonnance royale du 10 mars dernier, seraient réduits à la nécessité de refuser leur ministère aux parties qui ne pourraient pas personnellement assister à l'audience ;

« Considérant que l'avocat qui est accompagné du mandataire spécial porteur de la procuration de la partie, paraît être dans la même position que celui qui est accompagné de la partie, puisque le mandataire représente le mandant ;

« Que la garantie est la même pour les magistrats, pour la société et pour les plaideurs ;

« Considérant que l'art. 627 du Code de commerce ne paraît pas exiger que le pouvoir donné à la partie soit au nom de l'avocat ; que la loi est exécutée, lorsque celui-ci est muni d'un pouvoir spécial au nom du mandataire qui est présent à l'audience, et qui l'autorise ;

« Considérant enfin qu'il appartient à l'autorité et à la sagesse de Sa Majesté, de décider si une mesure législative serait nécessaire pour maintenir les avocats dans l'exercice de leur ministère, avec la présence et le concours d'un mandataire spécial de la partie ;

« Arrête :

« Que M. le bâtonnier se retirera par devers Monseigneur le Garde des sceaux, pour le prier de mettre sous les yeux de Sa Majesté les représentations respectueuses du Conseil, au nom de l'Ordre, à l'effet que Sa Majesté daigne « prendre, dans sa « sagesse, les mesures propres à concilier entre elles, « en ce qui touche les usages relatifs aux droits et « aux devoirs de la profession d'avocat, les ordon- « nances royales des 10 mars dernier et 20 novem- « bre 1822. »

La démarche arrêtée par le Conseil a été faite et couronnée de succès. On a reconnu, sinon par une autre ordonnance, du moins officieusement, qu'il suffirait à l'avocat de se présenter, *assisté par un fondé de pouvoir*, devant le Tribunal de commerce ; et depuis lors, à Paris, ce mode d'interprétation s'exécute sans aucune espèce de difficulté. C'est presque toujours l'agréé qui est porteur du mandat.

TITRE IX.

ORDONNANCE DU ROI, DU 27 AOUT 1830, CONTENANT DES DISPOSITIONS SUR L'EXERCICE DE LA PROFESSION D'AVOCAT.

J'ai dit plus haut (page 181), que des protestations très-vives s'étaient élevées contre l'ordonnance du 20 novembre 1822, aussitôt sa publication, et qu'elles étaient restées sans résultat. En 1828, le barreau de Paris crut le moment favorable pour réitérer ses réclamations. Un grand fait politique venait de s'accomplir dans l'avénement du ministère Martignac. Nous espérions que le Gouvernement, ramené dans une voie libérale, ne refuserait pas de nous dégager des entraves que l'ordonnance multipliait autour de nous sous toutes les formes. Nous comptions particulièrement sur l'appui du nouveau ministre de la justice, de M. le comte de Portalis. Une demande, couveerte de cent vingt-trois signatures, en tête desquelles figuraient MM. Delacroix-Frainville et Tripier, lui fut présentée (V. *Gazette des Tribunaux* du 4 décembre 1828), et voici quelles étaient nos conclusions ; nous demandions :

1°. L'élection directe du Conseil par les membres de l'Ordre ;

2°. Le droit de plaider hors du ressort, sans nécessité d'une autorisation préalable ;

3°. Le jugement des faits disciplinaires par l'Ordre seul, et sans appel du ministère public;

4°. La suppression des restrictions que crée l'article 34, relativement aux avocats stagiaires.

Mais notre démarche fut encore sans succès. On connaît l'histoire de ce ministère qui n'eut que quelques jours de durée. Dominé par le système rétrograde, il fut impuissant pour réaliser l'attente du pays.

Arriva le Gouvernement de 1830, et il faut lui en rendre grâces [1], l'un de ses premiers actes fut de faire droit à nos réclamations les plus urgentes, de nous rendre la liberté de nos élections, de supprimer le besoin humiliant d'autorisation pour plaider hors du ressort. Il nous promit plus : la révision complète et définitive de nos lois et règlements [2].

Voici l'ordonnance :

« Vu la loi du 22 ventôse an XII, le décret du 14 décembre 1810, et l'ordonnance du 20 novembre 1822;

« Considérant que de justes et nombreuses réclamations se sont élevées depuis longtemps contre les dispositions réglementaires qui régissent l'exercice de la profession d'avocat;

« Qu'une organisation définitive exige nécessairement quelques délais;

« Que, néanmoins, il importe de faire cesser dès ce

---

[1] Nous serions ingrats, si nous pouvions oublier que cette mesure fut obtenue par les confrères qui, en parvenant à de hautes fonctions publiques, se souvinrent qu'ils avaient pris une part active à nos démarches antérieures et à nos luttes. Ils profitèrent du moment opportun, et ils ont fait sagement...

[2] *Voir* ci-après, tit. XI.

moment, par des dispositions provisoires, les abus
les plus graves et le plus universellement sentis;

« Prenant en considération, à cet égard, les vœux
exprimés par un grand nombre de barreaux de
France,

« AVONS ORDONNÉ ET ORDONNONS CE QUI SUIT [1] :

Art. 1er. « A compter de la publication de la présente ordonnance, les conseils de discipline seront
élus directement par l'assemblée de l'Ordre composée
de tous les avocats inscrits au tableau. L'élection
aura lieu par scrutin de liste et à la majorité relative
des membres présents [2].

[1] On s'étonne de voir rappeler le décret du 14 décembre
1810, puisque l'ordonnance du 20 novembre 1822, art. 45,
l'avait formellement abrogé.

La nouvelle ordonnance, entrant dans un système tout nouveau, a donné lieu à un assez grand nombre de questions, qui
ont été résolues par les Cours souveraines, et qu'il importe de
signaler avec soin. Je prie d'ailleurs, pour les développements,
qu'on lise les *Précédents* relatifs à l'organisation du Conseil,
n° 9 et suiv.

[2] I. *Tous* les avocats sont appelés à voter, quelle que soit la
date de leur inscription au tableau.

II. L'élection est nulle, si des avocats stagiaires ou non inscrits au tableau y ont participé. (Arr. de Bourges, du 12 mars
1834, S., vol. 34, 2, 669; et d'Agen, du 17 mai 1837, S.,
vol. 37, 2, 314.)

Dans l'espèce de ces arrêts, les avocats stagiaires ou non inscrits avaient été appelés à voter. *Quid,* s'ils n'ont point été appelés? — Il peut se faire, à Paris surtout, où les élections sont
très-nombreuses (on compte ordinairement de 3 à 400 votants),
qu'un ou deux stagiaires se présentent et soient admis, *par erreur,*
à voter. Je pense que, sans contredit, leurs votes devront être
annulés, mais que toutefois ils ne le seront que partiellement,
et s'ils peuvent contribuer à former la majorité dans l'élection.

Art. 2. « Les conseils de discipline seront provisoirement composés de cinq membres dans les siéges

Ainsi, par exemple, un stagiaire a voté, et deux candidats pour le Conseil ont obtenu un nombre égal de voix, ou bien, ce nombre est inégal d'une voix seulement. Comme la voix du stagiaire votant a pu influer sur le vote, il est évident que l'élection devra tomber. Mais il serait, suivant moi, d'une rigueur excessive d'annuler, à raison de cette seule voix irrégulièrement donnée, l'élection des autres membres nommés par une majorité que la voix irrégulière n'a pas pu, à elle seule, déterminer. D'autant plus que l'ordonnance de 1830 ne prononce point textuellement une pareille nullité. Dira-t-on que la présence et le vote du stagiaire, dans l'élection, ont dû exercer de l'influence sur d'autres suffrages? Cette raison me toucherait peu, parce que le fait est hors de toute vraisemblance. Il faudrait au moins qu'il fût constaté.

III. La convocation est faite par le bâtonnier. L'art. 19 du décret du 14 décembre 1804 le disait, en termes exprès... *Voir* ci-dess., p. 162. Elle s'opère par simple lettre, et au jour arrêté en Conseil de l'Ordre. Telle est notre jurisprudence à Paris. *Voir* ci-après, n° 11, 3ᵉ partie.

IV. Il faut qu'il y ait, entre la convocation et le jour de l'élection, un délai *moralement suffisant,* afin que les avocats appelés trouvent le temps de venir à l'élection et de se concerter sur les choix à faire. Ainsi jugé par la Cour de Grenoble (Arr. du 10 décembre 1835, S., vol. 36, 2, 12.) Bien que le principe proclamé par cet arrêt soit rigoureusement vrai, il convient pourtant de faire remarquer que, la loi n'ayant pas elle-même réglé la mesure du délai, il serait arbitraire et injuste d'annuler une élection par cet unique motif, s'il était prouvé que la convocation, faite de bonne foi et sans protestation, a réuni un nombre d'avocats assez considérable, pour que l'élection fût convenablement et dignement opérée. En 1831, la convocation avait été donnée pour nos élections du bâtonnier et du Conseil au même jour. L'élection du bâtonnier ayant épuisé le jour indiqué, la deuxième fut remise verbalement au lendemain, et personne n'eut la pensée de contester. *Voir* ci-après, n° 14, *Précédents*

V. L'élection est encore nulle, si elle a eu lieu pendant le temps où le nombre des avocats inscrits sera inférieur à trente, y compris ceux où les fonctions desdits conseils ont été jusqu'à ce jour exercées par les tribunaux ; de sept, si le nombre des avocats inscrits est de trente à cinquante ; de neuf, si ce nombre est de cinquante à cent ; de quinze, s'il est de cent et au-dessus ; de vingt et un à Paris [1].

Art. 3. « Le bâtonnier de l'Ordre sera élu par la même assemblée et par scrutin séparé, à la majorité absolue, avant l'élection du conseil de discipline [2].

des vacations, alors surtout que plusieurs avocats ont manqué à la réunion. Les motifs de cette solution sont les mêmes. (Arr. d'Agen, du 20 février 1838, S., vol. 38, 2, 379.)

VI. Par qui la nullité peut-elle être demandée, et par qui prononcée, dans les cas ci-dessus. *Voir*, ci-après, la note sur l'art. 5.

VII. En cas d'égalité de suffrages, l'avocat plus ancien est élu. C'est notre jurisprudence à Paris. *Voir* ci-après, n° 17 des *Précédents*.

[1] Pour qu'une élection soit possible, il faut qu'il y ait au moins six avocats inscrits au tableau.

Rien n'est plus certain. J'ai conclu de là (*Voir* la note sur l'art 10 de l'ord. du 20 novembre 1822, tit. VII, ci-dessus) que, lorsque l'élection n'est pas possible, les fonctions du Conseil de discipline doivent, comme avant l'ordonnance, être exercées par le tribunal aux termes de cet art. 10 (Arr. de Colmar, du 17 décembre 1833, S., vol. 34, 2, 137 ; et de Cassation, sect. civ., du 18 juin 1834, S., vol. 34, 1, 455). Il faut bien s'en tenir à la première ordonnance, puisqu'il y a impossibilité physique que le Conseil s'organise, en conformité de l'ordonnance de 1830.

[2] I. Par majorité *absolue*, on entend la moitié plus un des suffrages exprimés. Prise à la lettre, l'ordonnance pourrait être inexécutable, si, par exemple, les suffrages se divisant entre trois ou quatre candidats, les votants s'obstinaient à maintenir leur vote dans chaque scrutin. A Paris, nous avons admis, par

Art. 4. « A compter de la même époque, tout avocat inscrit au tableau pourra plaider devant toutes

une interprétation d'analogie, le mode appliqué aux élections politique et municipale. Nous tenons que la majorité absolue est nécessaire aux deux premiers tours de scrutin ; qu'à défaut de cette majorité il doit s'établir un dernier scrutin de ballottage entre les deux candidats qui ont obtenu le plus de voix au second tour, et qu'alors il suffit, pour être nommé, d'acquérir la majorité *relative*, c'est-à-dire, un plus grand nombre de voix que son concurrent. Voir ci après, n° 16 des *Précédents*.

II. Il convient d'appliquer à l'élection du bâtonnier ce que nous avons annoté sur l'art. 3, n° 2 et suiv., relativement à celle du Conseil de discipline.

III. C'est aux Cours royales qu'il appartient de juger la validité de ces élections, lorsqu'elles sont contestées. Alors les cours statuent, sections réunies, et dans la chambre du Conseil ou à huis clos, conformément à l'art. 103 du décret du 30 mars 1808 ; c'est ce qui a été décidé par plusieurs arrêts. Je me borne à citer celui de Bourges du 12 mars 1834, S., vol. 34, 2, 668, et un arr. de Grenoble du 10 décembre 1835, SIREY, vol. 36, 2, 12. Il convient de faire observer que la composition de la Cour, en chambres réunies, n'est régulière qu'autant que chacune des chambres y apporte le nombre de membres légalement prescrit pour qu'elle puisse juger isolément.

Ici, l'art. 103 du décret de 1808 est encore appliqué aux avocats, bien qu'il semble résulter de l'art. précédent (102) qu'il a été porté à l'égard des seuls officiers ministériels. *Voir* nos observations, *suprà,* p. 199.

IV. On juge que la demande en nullité de l'élection du bâtonnier ou du Conseil peut être formée par le procureur-général près la Cour royale, aux termes soit du même décret de 1808, art. 79, soit du décret du 20 avril 1810, art 46 ; tous deux chargeant les procureurs-généraux *de veiller à l'exécution des lois et règlements.* (Arr. de Bourges du 12 mars 1834, S., vol. 34, 2, 668 ; et arr. d'Agen du 17 mai 1837, S. vol. 37, 2, 314.)

La Cour de Grenoble admet cette solution, encore bien que

les cours royales et tous les tribunaux du royaume
sans avoir besoin d'aucune autorisation, sauf les dis-

le Conseil contesté se soit installé et mis en fonctions avant l'action du ministère public (Arr. du 10 décembre 1835. S.,
vol. 36, 2, 12). Et la Cour royale d'Orléans décide que l'exercice de l'action n'est soumise à aucun délai (Arr. du 4 mars
1837, S., vol. 37, 2, 462). On voit que ces deux derniers
arrêts laissent le champ libre au ministère public. Je dirai qu'une
pareille jurisprudence offre de graves inconvénients, parce
qu'elle peut amener l'arbitraire, Il serait plus juste et plus lo-
gique que le ministère public se pourvût contre l'élection, avant
que les élus nouveaux eussent pris possession. Il connaît l'élection par le procès-verbal, qui lui est adressé aussitôt qu'elle a
eu lieu. Il a le temps nécessaire pour agir avant l'installation
du nouveau Conseil, car l'élection se fait avant les vacances, et
l'installation, à la rentrée du Palais, seulement trois mois
après. C'est ainsi du moins que nous procédons à Paris. Voir
Précédents, n° 24.

V. L'arrêt de Bourges, du 12 mars 1824, a jugé que le procureur-général n'est pas tenu d'appeler, devant la Cour, les
membres dont l'élection est attaquée par lui. Je ne pense pas
que cette manière de procéder soit régulière : l'article 103 du
décret de 1808, qu'on invoque ici par une interprétation si
large, veut que l'inculpé soit *entendu*. Aussi la Cour de Grenoble a-t-elle reconnu que, si son élection est annulée, l'avocat
non appelé a droit de former tierce-opposition à l'arrêt. (Arr.
du 10 décembre 1835, S., vol. 36, 2, 668.)

VI. La Cour de Grenoble a encore décidé avec raison que le bâtonnier sortant ne peut, en donnant sa démission, se soustraire à
l'obligation de convoquer l'Ordre pour procéder à l'élection d'un
nouveau bâtonnier et d'un nouveau Conseil de discipline. (Arr.
du 7 janvier 1836, S. vol. 36, 2, 14.)

VII. De même, celui dont l'élection se trouve attaquée n'a
pas le droit de convoquer l'Ordre, pendant l'instance, à l'effet
de recevoir sa démission et de procéder à de nouvelles élections,
qui seraient dans ce cas irrégulières et nulles. (Arr. d'Agen, du
17 mai 1837, S., vol. 37, 2, 314.)

positions de l'art. 295 du Code d'instruction criminelle [1].

VIII. Le pourvoi en cassation contre ces arrêts n'est pas suspensif. C'est là le principe applicable à tous les pourvois en *matière civile*, et les questions relatives aux élections, ainsi que les questions disciplinaires, sont réputées matières civiles. Les pourvois se font suivant la forme civile (Arr. de Grenoble cité, n° 6, à la note.) *Voir* aussi l'affaire *Parquin*, aux *Précédents*, n° 436.

IX. Une question grave s'est présentée. Les avocats ont-ils le droit de se réunir *en assemblée générale*, pour délibérer sur un objet quelconque qui touche aux intérêts de l'Ordre, ou bien, n'ont-ils ce droit que relativement à leurs élections ? J'ai dit *suprà*, tit. III, art. 33, et tit. VII, art. 45, que la solution affirmative a été consacrée par des arrêts. La raison de décider résulte, suivant moi, du droit commun, qui permet à toutes personnes intéressées de se réunir, pour délibérer sur leurs intérêts communs, à moins qu'une loi spéciale ne s'y oppose formellement : cela n'existe point ici, la disposition prohibitive du décret de 1810, art. 33, a été abrogée avec lui. *Voir* nos précédentes observations.

Si l'arrêt de Nancy, du 4 mai 1835, a jugé le contraire, en considérant par erreur cet article du décret de 1810 comme toujours subsistant, il est à remarquer qu'il ne s'est prévalu, pour appuyer son système, ni de l'art. 291 du Code pénal, ni de la loi du 10 avril 1834. Ces lois, qui prohibent les réunions de plus de 20 personnes, ne s'appliquent qu'aux associations *non autorisées*. L'art. 2 de la dernière loi le dit en termes positifs. Il est certain, d'ailleurs, qu'il s'agit là des associations dont les réunions ont un objet politique. L'Ordre des avocats, formant un corps constitué et se réunissant pour délibérer *sur ses affaires*, ne peut pas évidemment être régi par de pareilles dispositions. Il ne tient à la liberté de ses assemblées générales que dans un intérêt privé, étranger à toute politique.

[1] Ainsi conçu : « Le Conseil de l'accusé ne pourra être choisi « par lui ou désigné par le juge que parmi les avocats ou avoués « de la Cour royale ou de son ressort, à moins que l'accusé n'ob- « tienne du président de la Cour d'assises la permission de pren- « dre pour conseil un de ses parents ou amis. »

Art. 5. « Il sera procédé dans le plus court délai possible à la révision définitive des lois et règlements concernant l'exercice de la profession d'avocat [1].

« Notre Garde des sceaux, ministre secrétaire d'état au département de la justice, est chargé de l'exécution de la présente ordonnance. »

TITRE X.

ORDONNANCE DU ROI, DU 30 MARS 1835, PORTANT RÈGLEMENT SUR L'EXERCICE DE LA PROFESSION D'AVOCAT DEVANT LA COUR DES PAIRS.

En 1835, la Cour des Pairs étant saisie d'un procès politique, on sut que les accusés voulaient se faire défendre par leurs amis, étrangers à la profession d'avocats, et aussitôt une ordonnance fut rendue pour mettre obstacle à cette prétention, qui pouvait amener quelques embarras. Le barreau ne fut en aucune façon consulté ; il ne connut l'ordonnance que par le *Moniteur*. En voici les termes :

« LOUIS-PHILIPPE, etc.

« Vu les art. 22, 28, 29 et 47 de la Charte consti-
« tutionnelle, et l'art. 5 de la loi du 10 avril 1834,

Cet art. 4 abroge l'art. 39 de l'ordonnance du 20 novembre 1822 qui exigeait une double autorisation pour plaider hors du ressort. Il parle évidemment de l'avocat inscrit au tableau d'une Cour royale, auquel s'appliquait la nécessité de cette autorisation ; et par conséquent, il maintient la disposition de l'art. 40, relative aux avocats attachés à un tribunal de 1ʳᵉ instance. *Voir* plus haut, p. 217.

[1] *Voir* ci-après nos observations, tit. X.

« qui déterminent les cas dans lesquels la Chambre
« des Pairs est constituée en cour de justice ;

« Vu l'art. 38 de la loi du 22 ventôse an XII, ainsi
« conçu : « Il sera pourvu par des règlements d'ad-
« ministration publique à l'exécution de la présente
« loi, et notamment à ce qui concernera..... »

« 7°. La formation du tableau des avocats et la
« discipline du barreau ;

« Vu le décret du 14 décembre 1810 et l'ordon-
« nance royale du 20 novembre 1822, contenant
« règlement sur l'exercice de la profession d'avocat
« et la discipline du barreau ¹ ;

« Vu l'art. 4 de notre ordonnance du 27 août 1830,
« ainsi conçu : « A compter de la même époque
« (de la publication de l'ordonnance), tout avocat
« inscrit au tableau pourra plaider devant toutes les
« cours royales et tous les tribunaux du royaume,
« sans avoir besoin d'aucune autorisation, sauf les
« dispositions de l'art. 295 du Code d'instruction
« criminelle » ;

« Vu l'art. 295 du Code d'instruction criminelle,
« ainsi conçu : « Le conseil de l'accusé ne pourra
« être choisi par lui ou désigné par le juge que parmi
« les avocats ou avoués de la Cour royale ou de son
« ressort, à moins que l'accusé n'obtienne du prési-
« dent de la Cour d'assises la permission de prendre
« pour conseil un de ses parents ou amis ; »

« Sur le rapport de notre Garde des sceaux, mi-
« nistre secrétaire d'État au département de la jus-
« tice et des cultes ;

---

¹ Ici encore on vise le décret de 1810, bien qu'il ait été
abrogé par l'ordonnance du 20 novembre 1822.

« Considérant que les règlements sur la discipline
« du barreau ne contiennent aucune disposition spé-
« ciale sur l'exercice de la profession d'avocat devant
« la juridiction de la Cour des Pairs, et qu'il convient
« d'y pourvoir dans l'intérêt de la défense et de
« l'ordre public ;

« Notre Conseil d'État entendu,

« Nous avons ordonné et ordonnons ce qui suit :

Art. 1er. « Tout avocat inscrit au tableau d'une
« cour ou d'un des tribunaux du royaume pourra
« exercer son ministère devant la Cour des Pairs [1].

« Néanmoins les avocats près la Cour royale de
« Paris pourront seuls être désignés d'office par le
« président de la Cour des Pairs, conformément à
« l'art. 294 du Code d'instruction criminelle [2].

Art. 2. « Les avocats appelés à remplir leur mi-

---

[1] Cet article étend le cercle des attributions des avocats inscrits au tableau des tribunaux de première instance ; il les appelle à plaider devant la Cour des Pairs concurremment avec les
avocats de Cour royale ; tandis que, pour les affaires criminelles
ordinaires, l'art. 40 de l'ordonnance du 20 novembre 1822
circonscrit les attributions de ceux-là dans le territoire de leur
département respectif. On a considéré que, la Cour des Pairs
étant unique pour le royaume, il était juste d'admettre tous les
avocats de France à plaider devant elle. Aucun de nous ne songe
à se plaindre de cette disposition.

[2] Cet article est ainsi conçu : « L'accusé sera interpellé de
« déclarer le choix qu'il aura fait d'un conseil pour l'aider dans
« sa défense ; sinon le juge lui en désignera un sur-le-champ,
« à peine de nullité de tout ce qui suivra. — Cette désignation
« sera comme non avenue, et la nullité ne sera pas prononcée
« si l'accusé choisit un conseil. » Il faut convenir que la nullité
serait illusoire ici, en cas d'inobservation de la formalité ; car,
par qui cette nullité serait-elle poursuivie ?

« nistère devant la Cour des Pairs y jouiront des
« mêmes droits, et seront tenus des mêmes devoirs
« que devant les cours d'assises.

Art. 3. « La Cour des Pairs et son président de-
« meurent investis, à l'égard des avocats, de tous
« les pouvoirs qui appartiennent aux cours d'as-
« sises et aux présidents de ces cours [1]. »

Cette ordonnance a donné lieu à de sérieuses difficultés qu'il est utile de rappeler.

Dès qu'elle fut publiée, M. le président de la Cour
des Pairs nomma d'*office* plusieurs avocats du barreau de Paris aux accusés qui n'en avaient pas choisi
pour défenseurs. Le Conseil de discipline, pensant
que cette mesure était inconstitutionnelle et attentatoire aux droits de l'Ordre, se réunit en séance
extraordinaire, sous la présidence de M. Dupin
jeune, bâtonnier, et prit, dans ce sens, le 7 avril
suivant, un arrêté qui fut rédigé par une commission spéciale de trois membres [2] :

Les avocats nommés d'office écrivent à M. le
président de la Cour des Pairs que, conformément
à cet arrêté, ils s'abstiendront de défendre ; ils
adressent aussi leurs remercîments au Conseil. M. le
procureur-général défère aussitôt l'arrêté du Conseil

---

[1] *Voir* les art. 391 et suiv. du Code d'instr. crim., ainsi que
l'art. 41 de l'ord. du 20 novembre 1822. —*Voir* aussi nos observations sur ce dernier article, tit. IX.

L'avocat se couvre en plaidant devant la Cour des Pairs. Voir
suprà, règle 137 et note.

[2] La minute manque aux Archives. J'ai dû m'en procurer la
copie au parquet de la Cour royale. Ce n'est pas la seule lacune
qui existe dans nos Archives, comme je le dirai sur les *Précédents. Voir* le texte transcrit, en note, à la fin de ceux-ci.

à la Cour royale. Le bâtonnier est cité devant elle.
Le 11 avril, le Conseil se rassemble encore extraordinairement, et décide que le Conseil tout entier
accompagnera le bâtonnier à l'audience du 13 avril.
La Cour statue ainsi, ce jour-là :

« Considérant que la délibération du Conseil de
« discipline de l'Ordre des avocats, du 7 du présent
« mois, a pour objet de tracer, sous la forme de
« résolutions ou d'avis, la marche à suivre pour
« les avocats nommés d'office pour la défense des
« accusés devant la Cour des Pairs, et de leur indi-
« quer la conduite qu'ils doivent tenir relativement
« à l'ordonnance du 30 mars dernier ;

« Considérant que le Conseil de discipline, chargé
« spécialement de maintenir les sentiments de fidé-
« lité aux institutions constitutionnelles, n'a pas le
« droit de mettre en délibération la force obligatoire,
« pour les membres de l'Ordre des avocats, d'une
« ordonnance royale ;

« Que, si l'on ne peut contester aux avocats la
« faculté qui appartient à tous les citoyens de se
« pourvoir, par les voies et dans les formes légales,
« contre des ordonnances qu'ils considéreraient
« comme inconstitutionnelles et attentatoires à leurs
« droits, le Conseil de discipline ne peut toutefois
« censurer ces ordonnances, et engager les avocats
« à s'affranchir de la soumission aux devoirs qu'elles
« leur imposent ;

« Considérant qu'en donnant aux avocats l'avis
« d'écrire au président de la Cour des Pairs que, dans
« un cas donné, ils regarderaient comme un devoir
« de s'abstenir, ce qui les dispenserait de se rendre
« devant la Cour pour faire agréer leurs motifs

« d'excuses, et que d'ailleurs, en prenant une dé-
« libération collective qui sortait du cercle de ses
« attributions, le Conseil a évidemment commis un
« excès de pouvoir ;

« Déclare nulles et comme non avenues la délibé-
« ration du Conseil de discipline de l'Ordre des avo-
« cats à la Cour royale de Paris, en date du 7 avril 1835,
« ensemble les résolutions qui en ont été la suite ;
« ordonne qu'à la diligence du procureur-général du
« Roi, le présent arrêt sera *notifié* ¹ au Conseil de
« discipline pour être annexé à sa délibération. »

Le lendemain, 28 avril, arrêté du Conseil, portant que le bâtonnier se pourvoira en cassation
contre l'arrêt. Le pourvoi est formé, et, le 20 janvier 1836, nouvel arrêté, décidant à l'unanimité
qu'il sera donné suite au pourvoi.

Les barreaux de Rouen et de Nancy ayant voulu
manifester leur généreuse adhésion à la mesure prise
par le Conseil, le ministère public s'est également
pourvu contre leurs arrêtés, et les Cours royales de
Rouen et de Nancy ont jugé dans le même sens que
celle de Paris. Les pourvois dirigés contre ces deux
arrêts ont été rejetés, le 5 avril 1841, par la section
des requêtes. Des questions importantes avaient été
soumises à la Cour de cassation. Voici les motifs de
l'arrêt qui a rejeté le pourvoi du bâtonnier de Rouen,
le 5 avril 1841 ² :

« La Cour, ouï M. Brière-Valigny, conseiller, en
son rapport, Mᵉ Scribe, avocat de Mᵉ Sénard, et

¹ Cette notification a été faite à M. Philippe Dupin, bâtonnier,
le 18 avril.

² L'arrêt sur le pourvoi de Nancy est conçu à peu près dans
les mêmes termes. *Voir* Sirey, vol. 41, part. 1, p. 290.

16

Mᵉ Dupont White, avocat de MM. Levarlet, Daniel et autres, en leurs observations, et M. Pascalis, avocat-général pour le procureur-général du Roi, en ses conclusions, et après en avoir délibéré;

« Sur le premier moyen, que les demandeurs font résulter d'une prétendue violation du droit de défense, en ce que l'intervention de MM. Levarlet et consorts aurait été déclarée non recevable;

« Attendu, en droit, que suivant l'art. 466 du Code de procédure civile, aucune intervention ne doit être reçue, si ce n'est de la part de ceux qui auraient eu droit de former tierce-opposition, et que, aux termes de l'art. 474 du même Code, une partie peut former tierce-opposition à un jugement qui préjudicie à ses droits si, lors de ce jugement, ni elle ni ceux qu'elle représente n'ont été appelés, d'où il suit que, si la partie a été appelée, elle ne peut ni former tierce-opposition au jugement, ni intervenir dans l'instance qui le précède;

« Attendu que la poursuite disciplinaire sur laquelle a statué la Cour royale de Rouen, n'était dirigée ni contre Mᵉ Sénard personnellement, ni contre aucun des avocats du barreau de Rouen individuellement, mais contre Mᵉ Sénard, en sa qualité de bâtonnier et à raison d'un fait imputé à l'Ordre entier des avocats de Rouen; que cette poursuite a dû être dirigée comme elle l'a été contre le bâtonnier, *comme chef et représentant légal de l'Ordre;* — qu'ainsi, chacun des intervenants était appelé en la personne du bâtonnier, et valablement représenté par lui, en sorte qu'il n'aurait pas eu le droit de former tierce-opposition à la décision, et que, par conséquent, il n'avait pas celui d'intervenir dans l'instance;

« Sur le second moyen, tiré de la prétendue incompétence de la Cour royale ;

« Attendu que si une peine ne peut être infligée qu'en vertu d'une loi antérieure dont le texte soit littéralement applicable au fait incriminé, il en est autrement du pouvoir de juger ; qu'une loi spéciale n'est pas nécessaire pour chaque espèce, pour chaque individu (ainsi pour les militaires, les conseils de guerre ; en matière criminelle, le jury et les cours d'assises ; en matière correctionnelle, les tribunaux de police correctionnelle ; en matière civile, les tribunaux civils, sont investis de la plénitude du pouvoir judiciaire) ;

« Attendu que la loi donne pour juges aux avocats les conseils de discipline, mais que le droit d'appel est consacré, et *la souveraine juridiction des cours royales reconnue;* que, fût-il vrai que les décrets et ordonnances n'eussent prévu que les fautes personnelles et individuelles des avocats, la haute mission de la magistrature ne devrait pas être condamnée à l'immobilité dans la circonstance où ce ne serait pas seulement un ou plusieurs avocats, où ce ne serait pas seulement le conseil de discipline de l'Ordre, mais l'Ordre entier qui serait prévenu, comme cela avait lieu dans l'espèce de la cause, d'avoir méconnu le devoir de donner l'exemple du respect et de la soumission dus aux pouvoirs établis ;

« Attendu que la formation d'un autre conseil de discipline était impossible, et que le barreau de Rouen ne pouvait pas être renvoyé devant le conseil de discipline des avocats d'une autre cour royale ; — Que l'action puissante, élevée, de la Cour royale devait donc protéger l'ordre social et les pouvoirs établis contre les attaques d'un ordre qui a lui-même un besoin spécial et journalier de leur protection ; que l'exercice nécessaire de ce pouvoir ne pouvait pas être mis en balance avec le danger de la licence, si la société était désarmée au point qu'aucun pouvoir constitué n'eût le droit de réprimer un tel désordre ; qu'ainsi la Cour royale était compétente pour prononcer sur le fait incriminé ;

« Sur le troisième moyen, tiré de la violation prétendue de l'art. 7 de la Charte constitutionnelle ;

« Attendu que, s'il était vrai que l'arrêt attaqué eût mal à propos qualifié d'infraction à la discipline, un fait qui n'aurait été que l'exercice légal d'une faculté naturelle, exercée même avec modération et convenance, la Cour de cassation ne pourrait pas se constituer en second ou troisième degré de juridiction, examiner les faits et en faire une nouvelle appréciation ; que le pourvoi n'est pas recevable en matière de discipline, sauf les cas d'incompétence ou d'excès de pouvoir ;

« Mais attendu que l'arrêt attaqué constate, dans ses motifs, que : dans sa délibération du 6 avril 1835, prise en assemblée générale, l'Ordre des avocats s'était permis de signaler l'ordonnance royale du 30 mars comme évidemment inconstitutionnelle, de protester contre son exécution, de s'affilier à un autre barreau, de se constituer les régulateurs des droits et des pouvoirs de la Cour des Pairs, de déclarer les mandements du président de cette Cour non obligatoires, ce qui était évidemment une infraction aux règles de la discipline, et non l'exercice légal du droit de publier une opinion ;

Sur le quatrième moyen, tiré de ce que la Cour

royale aurait commis un excès de pouvoir dans l'application de la peine;

« Attendu qu'il n'est pas plus permis en matière de discipline qu'en matière criminelle ou de police, d'infliger d'autres peines que celles qui sont autorisées par la loi; — qu'aux termes de l'art. 18 de l'ordonnance de 1822, les peines de discipline sont l'avertissement, la réprimande, l'interdiction temporaire et la radiation du tableau; que l'arrêt de la Cour royale, en annulant la délibération des avocats et en ordonnant la signification de l'arrêt au bâtonnier de l'Ordre, n'a fait autre chose qu'employer un mode d'avertissement qui n'a rien de contraire à la lettre ni à l'esprit de l'ordonnance de 1822, que l'annulation de la délibération n'est d'ailleurs que la conséquence nécessaire des motifs exprimés dans l'arrêt de la Cour royale;

« Par ces motifs, la cour rejette le pourvoi et condamne M⁰ Sénard, dans la qualité en laquelle il agit, et M⁰ Levarlet et consorts, chacun en l'amende de 150 fr. — Ainsi jugé et prononcé en audience publique de la chambre des requêtes de la Cour de cassation [1]. »

---

[1] Il ressort des arrêts de cassation, que des points de doctrine très-graves pour la profession ont été résolus. Il a été jugé :

1°. Que le bâtonnier, comme chef et représentant légal de l'Ordre, a SEUL *qualité* pour diriger ou repousser les actions qui intéressent l'Ordre; que des membres de l'Ordre, fussent-ils membres du Conseil, ne peuvent pas intervenir sur ces actions; *voir* p. 195, note 1ʳᵉ, mon observation;

2°. Que la Cour royale, comme ayant juridiction souveraine sur l'Ordre, est compétente pour prononcer sur le mérite des délibérations ou décisions prises par lui en dehors même des cas de discipline, *voir* ci-après n° 409 et suiv., d'autres arrêts.

En conséquence de cette jurisprudence qui ne paraissait plus attaquable avec succès, le Conseil a autorisé le bâtonnier à se désister de son pourvoi (arrêté du   mai 1841)[1].

Depuis l'arrêt de la Cour royale de Paris, du 13 avril 1835, M. le chancelier, président de la Cour des Pairs a usé, sans aucune contradiction, du droit de nommer les défenseurs d'office [2].

3°. Que l'Ordre peut user de la faculté *naturelle* de se réunir pour délibérer sur des intérêts généraux autres que celui des élections (l'arrêt n'est pas très-explicite en ce sens, mais le rapport de M. le conseiller Mestadier, dans l'affaire de Nancy, est exprès, *voir* cet arrêt), et que toutefois l'examen de ces délibérations rentre dans les matières *disciplinaires* (*voir* aussi sur cette autre question *suprà*, p. 235);

4°. Que le pourvoi en cassation *n'est pas recevable* en ces matières, sauf les cas d'incompétence ou d'excès de pouvoir;

5°. Enfin, qu'il n'y a pas excès de pouvoir dans la disposition de l'arrêt de la Cour royale, qui annule la délibération des avocats, et ordonne que l'arrêt sera notifié au bâtonnier de l'Ordre.

[1] Il s'est alors agi de savoir si le désistement serait signé par M. Dupin, qui avait signé le pourvoi, ou par M. Marie, bâtonnier actuellement en exercice. Le Conseil a pensé que la qualité de M. Dupin avait cessé avec ses fonctions; que l'Ordre est représenté, dans tous les actes qui l'intéressent, par son bâtonnier *actuel*. En effet, le désistement signé par M. Marie a été accepté par la Cour. *Voir* l'article 9 de l'ordonnance du 20 novembre 1822.

[2] Cet arrêt était exécutoire nonobstant le pourvoi. Je viens de dire qu'en ces matières les pourvois sont considérés comme faits en matière *civile*, et, par conséquent, *non suspensifs*. Voir *suprà*, p. 235.

TITRE XI.

PROJET DE RÈGLEMENT. CONCLUSION.

Nous avons vu que, par l'art. 5 de l'ordonnance du 27 août 1830, il a été dit « qu'il sera procédé, dans le plus court délai possible, à la *révision définitive* des lois et règlements concernant l'exercice de la profession d'avocat. » En 1833, le Conseil de l'Ordre a jugé utile, pour accélérer la mesure, de dresser lui-même un projet de règlement, et de le proposer directement à l'adoption du Gouvernement [1]. Une commission de six membres a été nommée au sein du Conseil ; M. Duvergier, et moi, nous avons eu l'honneur d'être chargés du travail, comme rapporteurs.

Ce travail, après avoir été soumis à la commission et approuvé par elle, fut discuté au Conseil, pendant plusieurs séances [2], avec toute la maturité que commandait l'importance du sujet. Il fut ensuite porté officiellement au ministre de la justice. Mais au milieu des changements si fréquents de personnes qui se sont opérés dans le ministère, au milieu des crises politiques que nous avons traver-

---

[1] *Voir* plus haut, p. 182, mes observations sur la question de savoir si l'Ordre peut être réglementé par une loi ou par une ordonnance. Il est certain qu'alors le Conseil adopta l'avis du règlement par ordonnance. Et, d'ailleurs, comment les Chambres trouveraient-elles le temps de s'occuper de nous ?

[2] Séances des 22, 29, 30 avril et 7 mai 1833.

sées, le projet est resté en suspens. Si le Conseil de l'Ordre a gardé le silence depuis, il ne se désiste pas, il attend : le moment opportun viendra.

Il peut être utile de faire connaître ce travail préparatoire, et je vais le rapporter, sans observations; il sera facile de reconnaître les améliorations, que le Conseil a cru devoir solliciter, dans l'intérêt général de l'Ordre et de tous les barreaux de France.

TITRE Iᵉʳ. — DE LA PROFESSION D'AVOCAT.

Art. 1ᵉʳ. « Nul ne pourra prendre le titre ni exercer la profession d'avocat, s'il n'est inscrit sur un tableau d'avocats ou admis au stage.

Art. 2. Les avocats inscrits au tableau formeront seuls l'Ordre des avocats dans chaque cour ou tribunal.

Art. 3. Partout où il existe un tableau d'avocats, le droit de plaider devant les cours et tribunaux civils, même dans les causes sommaires, appartient exclusivement aux avocats.

Les avoués pourront expliquer les incidents de procédure, dans les causes où ils occupent.

Les anciens avoués licenciés, qui ont le droit de plaider et d'écrire, aux termes de l'art. 32 de la loi du 22 ventôse an XII, le conserveront comme par le passé.

Art. 4. Les avocats inscrits au tableau dans le lieu où siége une cour royale, ont droit de plaider devant toutes les cours et tous les tribunaux du royaume.

Les avocats inscrits au tableau près d'un tribunal,

pourront plaider devant tous les tribunaux de première instance du royaume, et devant la Cour d'assises de leur département.

Art. 5. L'avocat, nommé d'office à la défense d'une affaire civile, par le bâtonnier, et, dans les causes criminelles, par le président de la Cour d'assises, conformément à l'art. 295 du Code d'instruction, ne pourra refuser son ministère, sans excuses légitimes. Ses motifs seront jugés par le Conseil de l'Ordre.

Art. 6. L'avocat communiquera librement avec son client détenu [1].

---

[1] Cet article réaliserait le vœu exprimé par M. Dupin aîné dans sa *Profession d'avocat*, 1er vol., p. 663 et suiv., et préviendrait le retour d'un grave abus qui a eu lieu lors de la défense du général Berton, accusé du crime de conspiration, en 1822. Me Drault, jeune avocat, nommé d'office au général à qui l'on avait refusé l'assistance de Me Mérilhou et celle de Me Mencard de Rochefort, raconte en ces termes les circonstances qui accompagnaient ses communications avec son client : « On m'amenait le général « dans un petit espace entouré d'une cloison en bois servant de « vestibule, si je puis m'exprimer ainsi, à une cave. Moi, j'étais « dans un corridor qui en est séparé par un mur percé à une « certaine élévation par une ouverture grillée. Il avait le geôlier « et un gendarme de son côté, et le second gendarme se plaçait « derrière moi. Le mur est épais d'environ deux pieds carrés ; « nous étions forcés d'être continuellement debout. L'endroit où « était le général ne reçoit le jour que par la porte, et la portion « du long corridor où je me tenais n'en reçoit que par les grillages. J'étais comme dans un cachot, tellement que j'ai été « forcé de faire apporter de la lumière pour lire et dicter au « général les conclusions qu'il a lues à l'audience. C'est avec la « plus grande vérité qu'il a déclaré aux débats que c'était pour « la première fois qu'il pouvait distinguer mon visage. Je ne « pouvais recevoir les papiers du général qu'après examen de

Art. 7. La défense est libre, tant au civil qu'au criminel. L'avocat parle couvert; il ne pourra se permettre, dans ses plaidoiries ou dans ses écrits, aucune attaque contre les lois, l'ordre public ou les bonnes mœurs.

Art. 8. La profession d'avocat est incompatible avec toutes les fonctions de l'ordre administratif ou judiciaire qui ne seraient pas gratuites, avec les fonctions de greffier, de notaire, d'avoué et de tous autres officiers ministériels; avec celles de professeurs dans les universités, autres que les professeurs en droit; avec les emplois à gage et ceux d'agent comptable; avec toute espèce de négoce.

En sont exclues toutes personnes exerçant ou ayant exercé l'état d'agent d'affaires.

Art. 9. L'étranger n'est pas apte à exercer la profession d'avocat, s'il n'est naturalisé Français.

Art. 10. Le licencié en droit, qui voudra être reçu avocat, prêtera serment devant une cour royale, ou devant un tribunal, en ces termes :

« Je jure fidélité au roi des Français, obéissance
« à la Charte constitutionnelle et aux lois du
« royaume; de ne point m'écarter du respect dû
« aux tribunaux, et de ne conseiller ou défendre
« aucune cause que je ne croirai pas juste en mon
« âme et conscience. »

TIT. II. — DU STAGE.

Art. 11. Pour être inscrit au tableau d'une cour ou d'un tribunal, il faut avoir fait un stage.

« M. Mangin, procureur-général. Il ne m'était pas permis de lui
« rien passer, même sauf examen préalable. » *Voir* règle 145.

Art. 12. Le récipiendaire ne sera admis au stage qu'autant qu'il présentera des renseignements satisfaisants sur sa moralité.

Art. 13. Le stage se fait en assistant exactement aux audiences des cours ou tribunaux, et aux conférences présidées par le bâtonnier.

Art. 14. La durée du stage sera de trois années, sauf ce qui est dit à l'article 33.

Il ne pourra pas être interrompu pendant plus de trois mois, sans congé du bâtonnier.

Art. 15. Les avocats stagiaires auront le droit de plaider. Ils pourront aussi consulter, sauf les cas exceptés par la loi.

Art. 16. La preuve du stage sera faite par un certificat du bâtonnier.

Art. 17. L'avocat qui, ayant fait un premier stage ou même ayant obtenu l'inscription au tableau, aurait quitté la profession pour exercer des fonctions incompatibles, autres que celles de la magistrature, est tenu de recommencer le stage.

Néanmoins, pour des considérations graves, le Conseil pourra dispenser de tout ou partie du stage.

TIT. III. — DU TABLEAU.

Art. 18. Il sera fait un tableau des avocats exerçant près d'une cour royale ou d'un tribunal de première instance.

Art. 19. Pour être inscrit sur le tableau des avocats d'une cour royale, il sera nécessaire d'avoir fait le stage près d'une cour.

Pour être porté au tableau près d'un tribunal, il suffira que le stage ait été fait devant ce tribunal ou tout autre.

Il n'y aura qu'un seul tableau pour les avocats exerçant près la Cour royale et le Tribunal de première instance de la même ville.

Art. 20. L'admission au tableau ne sera prononcée qu'autant qu'il sera reconnu que le stagiaire satisfait aux conditions de délicatesse, de désintéressement et d'honneur qui doivent distinguer la profession d'avocat.

Art. 21. La date de l'inscription au tableau constitue le rang d'ancienneté entre les avocats du même tableau.

Art. 22. Les avocats de cour royale qui s'établiront près d'un tribunal y prendront la date qu'ils avaient au stage ou sur le tableau de leur cour.

Art. 23. Le tableau sera dressé par le Conseil de l'Ordre dans les trois premiers mois de chaque année judiciaire ; il sera signé et déposé par le bâtonnier au greffe de la cour ou du tribunal.

Tit. IV. — Du conseil de l'ordre.

Art. 24. Le Conseil de l'Ordre sera composé de trois membres, y compris le bâtonnier, dans les villes où le nombre des avocats inscrits au tableau sera de six à quinze ; de cinq, si ce nombre est de quinze à vingt-cinq ; de sept, s'il est de vingt-cinq à quarante ; de onze, s'il est de quarante à cent ; de quinze, s'il est de cent et au-dessus ; de vingt et un, à Paris.

Dans le cas où le nombre des avocats serait au-dessous de six, le pouvoir disciplinaire sera exercé par le Conseil de l'Ordre des avocats près la Cour royale.

Art. 25. Le bâtonnier est élu par l'assemblée de

l'Ordre, composée de tous les avocats inscrits au tableau.

L'élection a lieu par un scrutin individuel, à la majorité absolue des membres présents.

Art. 26. Le Conseil de l'Ordre sera élu par la même assemblée au scrutin de liste, et à la majorité relative des membres présents.

Art. 27. S'il s'élève des difficultés sur l'élection, elles seront décidées, séance tenante et provisoirement, par le bureau composé comme il est dit dans l'art. 29.

Les réclamations contre la décision du bureau seront portées devant le Conseil de l'Ordre à la séance qui suivra l'élection contestée.

Art. 28. Il sera procédé aux élections dans la première quinzaine du mois d'août de chaque année. Le bâtonnier et le Conseil nouvellement élus n'entreront en fonctions qu'au 1ᵉʳ novembre suivant.

Art. 29. Le bâtonnier est le chef de l'Ordre et le président du Conseil. Il convoque et préside l'assemblée générale de l'Ordre toutes les fois que le Conseil juge nécessaire de la réunir.

Lorsqu'il s'agit de procéder aux élections, il désigne deux membres du Conseil, au moins, pour composer avec lui le bureau.

Il préside aussi les conférences tenues soit pour l'instruction des avocats stagiaires, soit pour les consultations gratuites réclamées par les indigents; il y appellera des avocats inscrits au tableau.

Art. 30. Le Conseil élira dans son sein, et pour le temps de sa durée seulement, un secrétaire et tels autres fonctionnaires qu'il jugera utile d'adjoindre au bâtonnier pour l'administration intérieure de l'Ordre.

Art. 31. Les attributions du Conseil de l'Ordre consistent :

1°. A prononcer sur les demandes en admission au stage ;

2°. A prononcer sur celles en admission au tableau, et sur les difficultés relatives au rang d'inscription ;

3°. A régler les changements, omissions et difficultés auxquels peut donner lieu la composition annuelle du tableau ;

4°. A veiller à la conservation de l'honneur et de la dignité de l'Ordre ;

5°. A surveiller la conduite des stagiaires ;

6°. A réprimer les fautes commises par les avocats dans l'exercice de leur profession ;

7°. A administrer, acquérir et aliéner au nom de l'Ordre.

Art. 32. Aucune délibération ne sera prise par le Conseil, si la moitié plus un de ses membres ne se trouvent réunis. Le Conseil délibère à la majorité absolue des membres présents. En cas de partage, la voix du bâtonnier, ou du membre plus ancien qui préside, est prépondérante ; s'il s'agit d'appliquer une peine disciplinaire, l'opinion la plus favorable à l'inculpé prévaudra.

Art. 33. Dans le cas d'inexactitude habituelle, d'interruption sans congé ou d'inconduite notoire, le Conseil peut prolonger la durée du stage, ou même rayer du stage.

Art. 34. Les peines de discipline que le Conseil de l'Ordre peut prononcer contre les avocats inscrits au tableau sont :

L'avertissement,

La réprimande,

L'interdiction temporaire, qui ne pourra excéder une année,

La radiation du tableau.

Art. 35. L'avocat puni de l'interdiction temporaire sera mis à la fin du tableau.

Art. 36. Les opinions, discours ou écrits politiques de l'avocat ne sont pas soumis au pouvoir disciplinaire.

Art. 37. Aucune des peines portées par les articles 33 et 34 ne peut être appliquée à l'avocat inculpé sans qu'il ait été préalablement entendu ou appelé par lettre du bâtonnier cinq jours à l'avance.

Art. 38. L'avocat inscrit au tableau, contre lequel le Conseil de l'Ordre aura prononcé l'interdiction temporaire ou la radiation, pourra se pourvoir contre la décision devant la Cour royale du ressort dans les dix jours de la communication qui lui en aura été donnée par lettre du bâtonnier.

L'appel sera interjeté par acte signé au greffe de la cour, qui statuera en audience publique, deux chambres réunies.

Art. 39. L'avocat qui aura été omis lors de la formation du tableau pourra porter devant le Conseil sa demande, afin d'y être rétabli. Si cette demande est rejetée, il aura droit de se pourvoir contre la décision, conformément à l'article précédent.

Art. 40. Il n'y aura lieu à appel des décisions du Conseil de l'Ordre que dans les cas prévus par les articles 38 et 39.

Art. 41. En aucun cas, le ministère public ne pourra se pourvoir contre les décisions du Conseil.

Art. 42. Si la conduite de l'avocat à l'audience ou la publication de ses écrits sur procès était de nature à donner lieu à des poursuites disciplinaires, il sera renvoyé devant le Conseil de l'Ordre, qui lui appliquera, s'il y a lieu, l'une des peines portées par l'art. 34, sans préjudice de l'application des lois sur la police de l'audience.

TIT. V. — DISPOSITIONS TRANSITOIRES.

Art. 43. Les Conseils dont la nomination aura été faite en conformité de l'ordonnance du 30 août 1830 seront maintenus jusqu'au mois d'août prochain : ils se conformeront, dans l'exercice de leurs attributions, aux dispositions nouvelles, à partir de la promulgation de la présente ordonnance.

Art. 44. Les décrets du 14 décembre 1810 et 2 juillet 1812, les ordonnances des 27 février et 20 novembre 1822, et celle du 27 août 1830 sur la profession d'avocat, sont abrogés. Les usages observés dans le barreau, relativement aux droits et aux devoirs des avocats dans l'exercice de leur profession, sont maintenus¹. »

On voit, par la lecture de ce projet, que, de toutes les améliorations demandées, la plus grave est celle que nous n'avons pas cessé de solliciter depuis la reconstitution de l'Ordre, l'indépendance complète de notre juridiction disciplinaire, telle qu'elle existait anciennement, c'est-à-dire le droit, pour le Conseil, de juger les confrères sur tous les faits de discipline, sauf leur appel devant la Cour royale, mais *sans l'appel du ministère public.*

---

¹ Ce projet a été remis à M. Barthe, garde des sceaux, par une députation composée des membres de la commission, MM. Parquin, bâtonnier ; Gairal, Thévenin, Mollot, Duvergier et Vatimesnil.

Cette prétention est-elle donc exorbitante et contraire à l'ordre des pouvoirs publics établis? C'est ce qu'il convient d'examiner maintenant, au point de vue légal, après les considérations générales, que j'ai déjà développées [1].

Il importe, d'abord, de bien poser la question. Pour tous les actes de la vie civile, l'avocat est régi par le droit commun, de même que tous les autres citoyens. Pour tous les actes de son ministère passés à l'audience et qui pourraient être compromettants par leur publicité, des lois spéciales que j'ai indiquées [2] le soumettent à la censure directe et instantanée des magistrats. De quoi s'agit-il donc? Des faits intérieurs qui sont de nature à altérer l'honneur et la dignité de l'Ordre.

Une première réflexion se présente : c'est que, l'Ordre étant la partie la plus intéressée à réprimer de pareils écarts, on ne doit pas craindre qu'il les laisse impunis par faiblesse ou par négligence. Il sait bien qu'il ne peut conserver sa considération qu'en veillant à sa discipline. Dans l'affaire de M. Parquin, dont je rendrai compte [3], l'arrêt de la Cour de cassation a cru devoir motiver le rejet de notre pourvoi, en disant que le Conseil de l'Ordre avait négligé de se saisir du fait reproché au bâtonnier; mais le Conseil a protesté très-énergiquement contre cette supposition erronée.

La seule objection serait de dire que les lois nouvelles, ayant accordé à l'Ordre le bienfait d'une organisation spéciale, elles ont pu y mettre telle

[1] Voir *Introd.*, p. xxxiii.
[2] Voir *suprà*, p. 199 et suiv.
[3] *Voir* n° 436 *des Précédents.*

17

condition qu'elles ont jugée utile. Les réponses me paraissent décisives.

Si, dans l'ancien droit, des lettres-patentes n'avaient pas consacré l'existence de l'Ordre, nous avons vu qu'elle était pourtant reconnue d'une manière légale, et par les cours judiciaires, et par les ordonnances, déclarations ou édits royaux. Entre l'état de choses ancien et l'état de choses nouveau, il n'y avait donc, sous ce rapport, aucune différence importante.

Je rappelle ensuite que, d'après les lois actuelles, la profession d'avocat n'est ni une fonction publique ni un privilége. Ce n'est point une fonction publique [1], car l'avocat ne reçoit pas l'investiture du Roi ni celle des délégués du Roi. S'il est appelé, dans certains cas, à suppléer un juge, et à faire à ce titre un acte d'autorité publique, les simples citoyens exercent un droit analogue, soit comme jurés dans les cours d'assises et les tribunaux d'expropriation, soit même comme arbitres-juges dans les affaires de sociétés commerciales [2]. Ce n'est point un privilége, car, s'il n'est permis d'exercer notre profession qu'à ceux qui sont licenciés en droit et inscrits sur le tableau, la loi a eu pour unique objet, par ces conditions, de s'assurer de la capacité et de la moralité des individus, dans un intérêt général. Il en est ainsi de beaucoup d'autres professions. La prestation préalable du serment n'est elle-même qu'une garantie de plus. La profession d'avocat est ouverte à tous, sans limitation de nombre. Les parties sont

[1] CARRÉ, p. 93 à 98. *Voir* ci-dessus, p. IV de l'Introduction.
[2] *Voir* l'arrêt de cassation cité p. 219.

libres dans le choix de l'avocat. Bien plus, elles peuvent se passer de lui, lorsque les tribunaux jugent qu'elles ont l'aptitude nécessaire pour se défendre elles-mêmes.

Quant à cette prétendue dépendance que toutes les institutions doivent subir, dans l'ordre hiérarchique, je réponds qu'elle existe aux termes des lois que j'ai citées. L'autorité supérieure est suffisamment armée contre toutes tentatives d'insubordination ou d'irrévérence. Encore une fois, elle a, pour les punir, le droit commun et les lois spéciales [1].

Ce qui prouve aussi que les dispositions contre lesquelles nous réclamons ne sont pas indispensables à l'ordre public, c'est qu'elles n'ont point été appliquées à deux autres compagnies, dont la direction aurait appelé, dans ce système préventif, des précautions bien autrement sérieuses. Pour les avoués, un arrêté des Consuls du 2 thermidor an x, interprétatif de l'arrêté du 13 frimaire an ix, qui organise leur chambre de discipline, porte, article 1er : « Dans « les cas prévus par l'art. 8, où la chambre a le « droit de prononcer le rappel à l'ordre, la censure « simple, la censure avec réprimande, l'interdiction « de la chambre, *les décisions sont exécutées sans* « *appel ou recours aux tribunaux.* » Pour les notaires, l'arrêté du Gouvernement, du 12 nivôse

---

[1] « N'occupant aucune place, ne jouissant d'aucun avantage, « d'aucune distinction qui ne soit la conséquence de ses talents « et de leur emploi, l'avocat n'espère et ne craint rien d'un su- « périeur, quelles que soient ses fonctions; le juge même, avec « lequel il a ses rapports les plus fréquents, est obligé de rendre « hommage à l'avocat qui se respecte lui-même et qui conserve « sa dignité. » MEYER, tom. V, p. 111. *Voir* d'ailleurs nos règles 127 et suiv.

an XII, permet également à leur chambre de discipline de prononcer, par voie de décision et *sans
appel,* « le rappel à l'ordre, la censure simple par
la décision même, la censure avec réprimande par
le président, l'interdiction de l'entrée de la chambre
pendant un certain temps. » La loi dit seulement
que pour les cas de suspension des fonctions, l'une
ou l'autre des chambres ne pourra émettre qu'un
avis et que le tribunal du lieu devra statuer. Or,
pourquoi nous refuserait-on ce que l'on concède
aux notaires et aux avoués? Ces officiers ministériels
ayant des fonctions exclusives, il semble que, si des
garanties de sévérité pouvaient être utiles, ce devait
être bien plutôt vis-à-vis d'eux.

La centralisation des pouvoirs est donc désintéressée dans la discussion; elle était de principe sous
le régime antérieur à 1789; elle est de l'essence de
tout gouvernement absolu; et cependant l'ancienne
royauté avait respecté notre indépendance. Si les
derniers règlements dont nous demandons le rapport ont attaqué cette indépendance, c'est qu'ils
ont suivi les errements du décret de 1810, qui était
l'œuvre du despostisme par excellence. Il est impossible que les idées libérales qui ont amené les
constitutions nouvelles ne modifient pas un système
aussi fâcheux.

TROISIÈME PARTIE.

PRÉCÉDENTS DU CONSEIL DE L'ORDRE DES AVOCATS A LA COUR ROYALE DE PARIS.

1. Sous le mot *Précédents*, je rappelle que nous comprenons les décisions et les usages du Conseil de l'Ordre, soit qu'ils résultent de ses arrêtés, du procès-verbal de ses séances, de sa correspondance [1], ou de sa manière constante de procéder [2].

Tous n'offrent pas un intérêt égal comme application des règles de la profession, mais ils ont au moins un intérêt historique, et sous ce rapport ils méritent d'être recueillis.

2. Ils embrassent à partir de 1810, date de la reconstitution de l'Ordre, trois époques qu'il importe de signaler, parce que chacune d'elles présente des nuances, qui peut-être ne sont pas sans influence pour l'appréciation des décisions rendues : l'Empire, la Restauration, le Gouvernement actuel. Ainsi que les arrêts des tribunaux, ces décisions ne sont que des exemples, et l'on sait que, pour obtenir une complète autorité, les exemples doivent être pris dans les temps de paix et de modération [3].

---

[1] Par l'intermédiaire du bâtonnier.

[2] Il arrive souvent, ainsi que nous le verrons, que le Conseil statue comme *Précédent*. Cette manière de prononcer indique qu'il entend, par là, poser un *principe général* applicable à tous les cas analogues, et c'est aussi une raison pour que sa décision ait d'autant plus d'autorité.

[3] Chancelier BACON, de *la justice universelle*, sur l'autorité des exemples, n° 22.

3. Je dois dire, d'ailleurs, sans vouloir affaiblir leur autorité, que nous ne trouverons pas, dans les arrêtés du Conseil, cette rigueur de principes ni cette uniformité systématique qui doivent caractériser la jurisprudence des tribunaux ordinaires. Fidèle aux anciennes traditions, autant qu'elles ne se heurtent pas contre les mœurs nouvelles, observateur religieux des règlements établis, autant qu'ils ne peuvent pas être tempérés par des circonstances gracieuses, le Conseil a toujours eu pour maxime de maintenir la discipline par les voies les plus douces. Pouvoir essentiellement paternel, il statue sur les questions disciplinaires avec la prudence et la mesure qui doivent protéger la famille. Pour lui, il y a peu de thèses absolues, la raison de décider est presque toujours dans les faits particuliers [1].

4. La période qui touche à l'Empire a été courte, et ne renferme qu'un petit nombre d'arrêtés. On est heureux d'y retrouver, à la tête de l'Ordre, beaucoup des vétérans qui avaient figuré sur le dernier tableau de 1789. Ils viennent tous au Conseil avec leurs souvenirs, leur expérience, leur dévouement; plusieurs y apportent la célébrité qu'ils ont su conquérir sous une autre dénomination [2], depuis que la justice régulière a repris son cours. Ils sont bien forcés de ployer sous le joug d'un décret qui n'a réorganisé l'Ordre qu'à des conditions rigoureuses; mais la politique s'arrête à la porte de leur sanctuaire. Le despotisme impérial, qui était fort, pouvait se

---

[1] Il convient, pourtant, d'excepter les arrêtés de *principe* ou rendus comme *Précédents*. *Voir* la note ci-dessus, p. 262.

[2] Comme défenseurs officieux.

passer d'eux; s'ils eussent fait de l'opposition [1], il ne l'aurait pas souffert.

5. Sous la Restauration, la situation change, par ce côté du moins. Le Gouvernement qui s'établissait, par un revirement de fortune extraordinaire, avait besoin d'appui. Aussi le voit-on, dès sa naissance, chercher des auxiliaires dans le barreau dont les chefs l'avaient accueilli avec une sorte d'enthousiasme. Il élève les uns aux fonctions les plus hautes de la magistrature, il place les autres aux Conseils de l'Ordre. Qu'il ait rencontré dans ceux-ci sympathie et concours : il ne faut pas s'en étonner. Ces hommes qui se dévouaient à lui, le faisaient avec conscience; il avaient connu l'ancien régime; ils avaient été frappés par sa chute; leur ostracisme avait duré vingt ans; ils eurent foi et amour dans un état de choses qui semblait devoir les ramener aux beaux jours de leur carrière; ils ne fléchirent jamais sur les principes de la profession. Cependant, je le dis à regret parce qu'ils ont acquis, par leurs services, des droits sacrés à notre reconnaissance; à notre vénération, la politique ne leur laissa pas toujours ce calme, qui assure l'impartialité des délibérations. Leur principe était : « de ne rien permettre qui s'é- « carte *de l'attachement inviolable que le barreau* « *de Paris avait de tout temps voué à la cause de* « *la monarchie* [2]. » C'est par suite de cette maxime, dont leur zèle exagéra les conséquences, que nous les verrons condamner, dans l'avocat de Cambronne, la

---

[1] Nous avons rapporté, p. 155, la lettre que l'Empereur écrivit à Cambacérès, après la publication du décret.

[2] *Voir* ci-après, n° 329.

fidélité à la gloire militaire[1]; dans le fils adoptif
d'un défunt, l'éloge d'un passé historique[2]; dans la
personne de Manuel et de Charles Comte, l'indépendance des opinions libérales[3].

6. Quant aux arrêtés qui regardent la période de
1830, je crois, sans prévention, qu'il serait difficile de leur adresser avec justice un pareil reproche :
aucune mesure réactive contre les personnes, respect pour toutes les opinions politiques, même dévouement aux règles fondamentales de l'Ordre. Je
conviens que les temps ont été meilleurs. Si les
émeutes de la rue ont été plus fréquentes que sous
la Restauration, les procès politiques l'ont été beaucoup moins. Les lois actuelles ayant élargi le cercle
des discussions, les points de résistance ont dû s'éloigner aussi. D'autre part, l'Ordre avait obtenu, dès
les premiers jours, une immense satisfaction ; ses
élections directes, vainement sollicitées depuis trente
ans, lui avaient été remises[4], et les membres élus
du nouveau Conseil ont pu y apporter plus de tolérance dans les opinions. Peut-être cet événement a-
t-il amené quelque mobilité dans les décisions du
Conseil, le renouvellement périodique des juges ne
s'opérant pas sans produire des variations de jurisprudence ; mais l'inconvénient a été léger, en présence d'une amélioration si précieuse pour nous.
Chaque jour fait sentir, du reste, la nécessité de se
rattacher aux anciennes traditions de l'Ordre, et

[1] *Voir* ci-après, n° 329.
[2] *Voir* ci-après, n° 378.
[3] *Voir* ci-après, n°ˢ 133 et 205.
[4] *Voir* ci-dessus, p. 228.

leur salutaire influence nous rendra la stabilité des Précédents, avec les préjugés de moins.

7. A part ces nuances légères qui caractérisent les trois époques et que je noterai plus spécialement par la suite, je me plais à déclarer qu'au point de vue des règles, le même esprit se reproduit partout dans les décisions du Conseil depuis trente ans : enseignement éclairé des principes de la profession, volonté ferme de les maintenir ; rigueur pour les fautes d'habitude et de calcul, indulgence pour les fautes d'inexpérience et de jeunesse [1] ; protection constante des droits généraux et particuliers de l'Ordre.

8. Je classerai les Précédents, avec autant de méthode que possible, en les appliquant successivement à l'organisation du Conseil, et à l'exercice de ses attributions.

De là, deux divisions principales : chacune d'elles embrassera les parties accessoires qui s'y rattachent.

TITRE PREMIER.

ORGANISATION DU CONSEIL DE L'ORDRE.

9. Sous une autre dénomination, sous une forme réglementaire, le Conseil actuel n'est, ainsi que je l'ai dit p. 157, que la représentation de l'ancien comité, qui était formé, avant 1790, par le bâton-

---

[1] *Voir* un exemple remarquable de cette indulgence dans l'arrêté du 17 juillet 1828, n° 372.

nier, les députés des colonnes et les anciens bâtonniers.

L'organisation du Conseil de l'Ordre comprend :

La nomination des membres du Conseil;

La nomination de ses fonctionnaires et leurs attributions;

La tenue de ses séances.

Je considère, comme une annexe du Conseil, la
conférence des avocats, et j'en parlerai dans un quatrième chapitre.

CHAPITRE PREMIER.

NOMINATION DES MEMBRES DU CONSEIL.

10. Le Conseil de l'Ordre, composé du bâtonnier
et de vingt membres, aux termes de l'ordonnance
du 27 août 1830, est renouvelé par l'élection directe
de tous les avocats inscrits au tableau [1], sans qu'il
soit besoin de recourir *à une autorisation* préalable
de M. le procureur-général de la Cour royale. Le
Conseil a décidé que cette autorisation n'était pas
nécessaire lorsque, après la première élection faite,
il s'est agi d'y remplacer M. Persil, qui venait d'être
nommé procureur-général près la cour (Arr. du 11
novembre 1830). Il a toujours ainsi procédé depuis
sans aucune contradiction.

11 C'est le Conseil qui fixe le jour auquel les élections auront lieu, et le bâtonnier qui signe les lettres de convocation [2].

---

[1] Les stagiaires seuls ne peuvent pas voter. *Voir* ci-dessus,
p. 230, note 2.

[2] Il faut qu'il y ait entre l'envoi des lettres et le jour indiqué
un délai moralement suffisant. *Voir* ci-dessus, p. 231.

12. L'élection générale se fait, à la fin de l'année judiciaire, dans la première quinzaine du mois d'août ordinairement. Les élections particulières s'opèrent aussitôt qu'une vacance survient.

13. Le Conseil place les deux élections au même jour ou à des jours différents, selon qu'il prévoit que celle du bâtonnier peut être plus ou moins prolongée (Arr. du 8 août 1831).

14. Si le temps manque après l'élection du bâtonnier, le Conseil peut remettre à un autre jour celle des membres du Conseil (Même arrêté du Conseil) [1].

15. L'assemblée est présidée par le bâtonnier, ou, à son défaut, par un membre du Conseil. A côté de lui, siégent comme scrutateurs deux membres du Conseil, qui peuvent se faire suppléer par deux confrères inscrits au tableau. Ce sont ces trois membres qui forment le bureau, et prononcent sur la validité des bulletins, en cas de difficulté [2].

16. Le bâtonnier, dit l'ordonnance, article 3, est nommé à la majorité absolue des suffrages. La jurisprudence du Conseil veut que, lorsqu'au premier tour de scrutin aucun des candidats n'a réuni cette majorité, on procède à un second tour. Si le même résultat se reproduit, il y a, pour le troisième tour, ballottage entre les deux candidats qui ont réuni le

---

[1] *Voir* l'observation ci-dessus, p. 231, quant au délai suffisant.

[2] Cette manière de procéder est passée en jurisprudence. L'ordonnance, du 27 août 1830, ne traçant aucune forme à cet égard, nous suivons le mode commun à presque toutes les élections. Si nous tenons à jouir de la plus grande latitude dans l'exercice de notre droit, nous ne voulons point en abuser.

plus de suffrages, et c'est alors la majorité simple
qui forme la nomination [1].

17. A égalité de voix, le membre plus ancien,
selon le tableau, est élu [2].

18. Un procès-verbal des élections est rédigé par
le bureau (Même arr.), et envoyé à M. le procureur-
général [3].

[1] Même observation qu'à la note précédente. *Voir* ci-dessus,
p. 232 ce qu'on entend par *majorité absolue*.

[2] Le Conseil n'a pas eu à émettre cette décision, mais il l'a implicitement adoptée, le cas s'étant présenté en 1834, lors d'un
partage de voix pour la nomination au conseil, entre MM. Couture et de Vatimesnil. M. Couture, plus ancien, a été élu et a
siégé. *Voir* règle 113.

Je pense que le même principe devrait s'appliquer à l'élection
du bâtonnier, si, au 3ᵉ tour, après ballottage, les deux candidats obtenaient un nombre égal de voix.

Voir ci-dessus, p. 230, comment se fait l'élection des membres du Conseil.

[3] Sur la demande consultative du barreau de Beauvais, le
Conseil arrête que M. le procureur-général n'a pas le droit de
demander la communication officielle des délibérations de l'Ordre
qui nomment le bâtonnier et les membres du Conseil de discipline, *lorsque déjà la communication officieuse a eu lieu.* (Arr.
du 18 décembre 1832.) — Il serait difficile d'invoquer cette décision comme autorité; car le procès-verbal n'énonce pas suffisamment les circonstances dans lesquelles elle a été prise. Nous
avons vu plus haut, p. 233, qu'en principe, le procureur-général a le droit de demander une expédition du procès-verbal,
et qu'il peut même, le cas échéant, provoquer la nullité de
l'élection.

— Il paraît être passé en usage, depuis 1830, que le bâtonnier
soit réélu pour une seconde année.—Personne, plus que moi, ne
respecte l'indépendance des élections générales qui nous ont été
rendues; cependant je partage le doute de plusieurs de nos confrères sur l'opportunité de cette réélection. Le même usage
existait, avant 1830; mais le contraire était observé dans l'an-

L'installation du nouveau Conseil a lieu, hors la présence de l'ancien [1].

19. En 1835, plusieurs avocats ont proposé au Conseil de décider qu'une portion des membres, un tiers ou un quart, en sortiraient sans pouvoir être renommés à l'élection prochaine, les anciens bâton-

cien barreau, où, sauf des circonstances extraordinaires, les fonctions de bâtonnier ne duraient qu'un an (BOUCHER D'ARGIS , p. 106). On tenait alors qu'il est juste, qu'il est digne de faire du bâtonnat la récompense d'une longue et belle carrière, et, pour cela même, de le décerner à un plus grand nombre. Les candidats honorables ne manquent pas au Palais. Or, une double élection diminue nécessairement des chances légitimes. Ajourner l'honneur du bâtonnat pour ceux qui touchent au terme de la carrière, je l'ai dit plus haut (règle 126) : c'est les exclure à jamais, et flétrir leurs derniers jours ; pour d'autres, moins âgés, c'est porter dans leur âme un découragement funeste, en ternissant leur avenir. Sous l'empire du décret de 1810 et de l'ordonnance de 1822, le système avait pour but de concentrer l'occupation du Conseil entre quelques privilégiés, il était conséquent de restreindre les nominations au bâtonnat, afin de ne pas ouvrir la porte à des hommes nouveaux ou d'un dévouement suspect ; mais, dans le système actuel de liberté, il n'y a plus même prétexte, il y a raison inverse. Qu'on ne dise pas qu'il importe à l'exercice de fonctions aussi graves, aussi élevées, que le bâtonnier reste une seconde année pour consolider les résultats de son expérience acquise dans la première. Le bâtonnier ne s'assied pas au fauteuil sans avoir fait son éducation au Conseil, sans être profondément pénétré de nos traditions , il est donc capable de réaliser dès la première année ce qu'il ferait dans la seconde ; et son successeur, arrivant avec les mêmes avantages, le remplacera dignement. Je l'avoue , pour le bâtonnier qui renoncera le premier à cette espèce de droit acquis, la résolution ne sera pas sans difficulté ; mais il prouvera qu'il a du désintéressement et de la générosité , il aura bien mérité de l'Ordre.

[1] Voir *infra*, n° 25.

niers étant toutefois exceptés. A l'appui de cette proposition, deux motifs ont été présentés : 1°. Ceux
qui sont en position d'arriver au Conseil, a-t-on dit,
ne peuvent pas y entrer, parce que, dans l'état actuel, deux, trois ou quatre membres au plus en sortent chaque année ; 2°. ceux qui ne sont pas réélus
ont le regret de penser qu'ils deviennent l'objet d'une
exclusion imméritée. Le Conseil n'a pas cru devoir
admettre la proposition, et l'on ne trouve, sur le
procès-verbal ni dans les archives, aucune trace de
l'arrêté. Il a été saisi, en 1841, de la même demande :
une commission [1] a été chargée de l'examiner de
nouveau ; elle n'a pas encore fait son rapport, mais
il est certain qu'elle écarte la proposition [2].

[1] Composée de MM. Marie, bâtonnier, Paillet, Vatimesnil,
Pinart et Flandin.

[2] Sans vouloir rien préjuger sur la délibération à prendre, je
partage l'avis de la commission, et j'exposerai franchement mes
motifs. Malgré tout le désir que j'aurais de voir adopter par le
Conseil une solution favorable, je dirai que des objections très-
fortes s'élèvent contre la mesure réclamée, soit dans son principe, soit dans son exécution. Avoir recouvré nos élections
directes, lorsque nous les sollicitons en vain depuis trente années, c'est avoir obtenu un résultat considérable (Voir *suprà*,
p. 226). Si nous demandions à restreindre le droit qui nous a
été accordé sans limites, nous paraîtrions reconnaître nous-
mêmes qu'il offre des inconvénients, nous provoquerions des
modifications qui pourraient, en dépassant nos vœux, devenir
pour nous des entraves gênantes ; nous nous exposerions à un
reproche d'incertitude et de mobilité, qui pourrait nuire à notre
indépendance et compromettre le succès de notre réclamation
toujours pendante en ce qui touche la police intérieure de
l'Ordre. D'un autre côté, il est bien difficile de régler le mode
d'après lequel on désignerait chaque année la fraction non rééli-
gible. Si l'on adopte la voie du sort, il tombera sur tel membre

CHAPITRE II.

FONCTIONNAIRES DU CONSEIL, LEURS ATTRIBUTIONS.

20. Les fonctionnaires du Conseil sont :

Le bâtonnier,

Le secrétaire,

Le trésorier,

Le conservateur de la Bibliothèque,

L'archiviste.

21. Le bâtonnier et le secrétaire sont les seuls fonctionnaires auxquels les règlements attribuent un caractère officiel et légal [1].

22. L'ordonnance du 27 août 1830 n'ayant pas

à peine élu depuis un an, ou sur tel autre dont la vieille expérience est précieuse dans les délibérations ; que si on laisse cette désignation au Conseil, il craindra de faire de l'arbitraire et du mécontentement. Dans les compagnies où le renouvellement des chambres de discipline se réalise tous les ans par fraction, les mêmes inconvénients n'ont pas lieu, parce que chaque membre étant élu pour un *certain* nombre d'années, la retraite des sortants se trouve prévue à l'avance d'une manière uniforme et régulière. Si ces difficultés ne sont pas jugées insolubles, je pense qu'au moins la mesure ne devra être admise que par une convention de l'Ordre, convention intérieure et tacite ; que le renouvellement devra se borner au quart des membres, et s'effectuer par le sort ; que les membres sortants ne pourront être réélus par aucune espèce de considération. J'admettrais, toutefois, la réélection pour les anciens bâtonniers, parce qu'ils méritent l'exception à un double titre : ils ont droit à cette marque de déférence, et leur expérience est utile au Conseil. Après cela, les élections en seront-elles meilleures ? c'est ce que je n'ose point affirmer. Il dépend de nous qu'elles soient toujours dignes et bonnes. J'ai dit comment. Voir *suprà,* règle 125.

[1] *Voir* ci-après, n° 35, la note à l'égard du trésorier.

indiqué le mode à suivre pour la nomination du secrétaire, dont elle ne parle même pas, le Conseil a
décidé qu'il serait nommé, dans son sein, par les
membres du Conseil à la majorité absolue des
suffrages présents et au scrutin secret (Arr. des 11,
26 novembre et 2 décembre 1830)[1].

23. Le trésorier, l'archiviste et le conservateur de
la Bibliothèque sont également nommés par le Conseil, dans son sein et à l'élection (Arr. du 2 décembre
1830).

24. Ces nominations de fonctionnaires ont lieu à
la séance de rentrée et lors de l'installation du nouveau Conseil. L'exercice des fonctions déférées commence et finit avec lui, à l'expiration de l'année[2].

---

[1] *Voir* ci-dessus l'art. 22 du décret de 1810, p. 164, et l'article 7 de l'ord. de 1822, p. 194.

[2] Le titre de doyen, qui résulte du premier rang d'inscription
sur le tableau, n'a aujourd'hui d'autre privilége que celui qui
appartient à l'ancienneté. *V.* règle 113, et *suprà*, p. 127 et 197.

Anciennement, c'était le doyen des avocats qui en formait la
liste ou le tableau. Il était le chef de l'Ordre, c'était lui qui faisait, au nom des avocats, toutes les représentations au Parlement; il venait en la grande chambre demander jour pour le
Landit (jour de la foire de saint Barnabé), et pour la Saint-Nicolas, cérémonies qui se rattachaient aux usages du moyen-âge,
ainsi qu'on le voit dans plusieurs endroits des registres du Parlement (Boucher d'Argis, p. 105). On appelait *sous-doyen* celui
qui était inscrit après le doyen, dans l'ordre du tableau. *Voir* ci-
dessus, p. 197.

L'Ordre n'admet pas, comme le font les compagnies de notaires, d'avoués, etc., le titre de membre honoraire du Conseil
de l'Ordre; ce titre n'était pas non plus déféré par l'ancien comité des avocats. Je ferai remarquer, à ce sujet, que nous avons
toujours tenu à nous renfermer dans nos usages, et à ne pas co-
pier ceux d'autrui. *Voir* ci-après, n° 64.

§. Ier. — Batonnier.

25. Le bâtonnier est installé, ainsi que le nouveau Conseil, à la prochaine rentrée qui suit leur élection; il est le chef légal de l'Ordre, et préside le Conseil [1].

26. Le bâtonnier nomme les rapporteurs dans toutes les affaires qui sont susceptibles de rapport;

Il nomme les commissions pour l'établissement du tableau, la vérification des comptes du trésorier, et l'examen de toutes les questions qui méritent une discussion sérieuse : il préside ces commissions;

Il est chargé de signer la correspondance officielle et particulière de l'Ordre, après que l'objet et les termes en ont été délibérés en Conseil;

Il signe, avec le secrétaire, la minute des arrêtés du Conseil, les certificats d'inscription au stage ou au tableau, les congés qui sont accordés par le Conseil aux stagiaires;

Il convoque les membres de l'Ordre ou les stagiaires pour les élections au jour indiqué par le Conseil (arr. du 11 novembre 1830);

Il préside la conférence des avocats (*voir* ci-après n° 75);

[1] Voir *suprà*, la règle 110, l'art. 9 de l'ord. du 20 novembre 1822; *suprà*, p. 195, et titre X *in fine*, la note sur le désistement du pourvoi contre l'arrêt relatif à la plaidoirie devant la Chambre des Pairs. *Voir* aussi p. 195.

Il était d'usage que, le jour de son installation, le bâtonnier *frappât de la main sur le bureau*, en signe de sa prise de possession (Boucher d'Argis, p. 107). Le procès-verbal mentionne que cet usage a été observé par MM. Fournel, Delahaye et Billecoq (séances des 20 mai 1816, 3 novembre 1820, et 4 novembre 1823).

18

Il surveille le bibliothécaire et les agents salariés de l'Ordre [1].

27. Il peut être remplacé dans toutes ses fonctions par un membre du Conseil. La suppléance appartient, suivant l'usage, au doyen; à son défaut, à un ancien bâtonnier, et, à défaut, au membre plus ancien.

28. L'usage a établi, depuis la réorganisation de l'Ordre, que le bâtonnier fasse, à l'ouverture de la conférence, un discours de rentrée sur un sujet qui intéresse la profession [2]. Le bâtonnier sortant, les membres du nouveau Conseil, une grande partie des confrères ont coutume d'y assister, comme à une solennité. Ce discours est imprimé aux frais de l'Ordre à quinze cents exemplaires (arr. du 3 décembre 1829, 27 novembre 1832, 25 novembre 1834 [3]).

[1] *Voir* encore, quant à ces fonctions, le n° 47 ci-après.

[2] Le même jour, on entend les discours de deux stagiaires. *Voir* ci-après, n° 83. Nos archives possèdent la collection des discours prononcés par les bâtonniers.

[3] Il est utile de rappeler le nom des confrères qui ont obtenu les honneurs du bâtonnat depuis le rétablissement de l'Ordre : en voici la liste chronologique

1811 — M. Delamalle. — Il n'a pas siégé en quelque sorte, l'Empereur l'ayant presque aussitôt nommé conseiller d'État.

1811—1816—M. Delacroix-Frainville.

1816—M. Fournel.

1816—1818—M. Bonnet père.

1818—1820—M. Archambaud.

1820—1821—M. Delahaye.

1821—1823—M. Billecocq.

1823—1825—M. Gairal.

1825—1826—M. Pautin.

1826—1828—M. Thevenin.

1828—1829—M. Tripier, nommé conseiller à la Cour royale quelques mois après son avénement.

29. Le bâtonnier est environné partout du respect des anciens et des jeunes confrères; il a le privilége de donner chez lui les rendez-vous d'affaires, même avec ceux qui le précèdent sur le tableau.

§. II. — SECRÉTAIRE.

30. Il signe, en vertu de son caractère officiel et légal, les lettres d'appel pour le Conseil adressées à l'avocat inculpé (art. 19 de l'ordonnance royale du 20 novembre 1822), la minute des arrêtés rendus par le Conseil, l'expédition de ceux portant une peine disciplinaire, et qui doivent être notifiés à M. le procureur-général et à l'avocat puni [1], les

1829—M. Collin, qui a donné *sa démission*, à cause de son grand âge et de ses infirmités, sans avoir même pris possession. Il était d'usage, autrefois, que l'on prévînt ceux que l'on se proposait d'élire, et plusieurs remerciaient, lorsque leur santé ou quelque autre circonstance les empêchait d'accepter (BOUCHER D'ARGIS, p. 108). C'était une déférence faite au mérite et à l'ancienneté. Le choix de M. Collin allait plus loin; on savait, à l'avance, qu'il ne pouvait pas accepter, et l'on voulait donner sa place de *député* de colonne à un autre confrère, qui entrerait au Conseil, à ce titre. *Voir* ci-après, n° 502.

1829—M. Louis.

1829—1830—M. Dupin aîné qui occupait le fauteuil, lors des événements de 1830.

1830—1832—M. Mauguin.

1832—1834—M. Parquin.

1834—1836—M. Dupin jeune.

1836—1838—M. Delangle.

1838—1839—M. Teste, nommé garde des sceaux, au mois d'avril.

1839—1840—M. Paillet.

1840—1842—M. Marie, bâtonnier actuel.

[1] Ainsi décidé par arrêté du 29 juillet 1812, pour la notifica-

certificats d'inscription au stage ou au tableau, les
congés accordés par le Conseil aux stagiaires [1].

31. Il tient la plume au Conseil, et rédige le procès-verbal des séances [2].

32. Il devrait, suivant moi, constater le nombre
des membres présents et indispensables, toutes les
fois qu'il s'agit d'une question disciplinaire [3].

33. Les fonctions de secrétaire sont ordinairement départies, par l'élection, au plus jeune dans
l'ordre du tableau.

34. Sous l'ordonnance de 1822, qui prenait le
secrétaire hors des colonnes, le Conseil le considérait comme ayant voix délibérative (arr. du 30 janvier 1823). Cette vérité est à présent hors de doute,
puisque le secrétaire fait partie des membres élus par
l'Ordre entier.

§. III. — TRÉSORIER.

35. Il est le gardien des fonds de l'Ordre [4];

---

tion d'un arrêté prononçant une radiation du tableau sous l'empire du décret de 1810 : il me paraît que l'ordonn. de 1822 admet
implicitement la même solution.

[1] Le bâtonnier signe avec lui certains de ces actes. V. *suprà*,
p. 273.

[2] Il ne saurait apporter trop de soin à cette rédaction, car le
Conseil ne conservant, en général, des minutes que pour les arrêtés portant des peines disciplinaires ou pour les réponses consultatives (voir *infrà*, n° 452), l'espèce, le motif et la solution
des autres questions ne peuvent se retrouver que dans le procès-
verbal. Cette précaution n'ayant pas été toujours observée, j'ai
plusieurs fois rencontré des lacunes regrettables dans l'accomplissement de mon travail.

[3] J'ai trouvé cette mention sur quelques procès-verbaux. *Voir*
ci-après, n° 58, quel est le nombre nécessaire.

[4] *Voir* ci-après, n° 506, l'art. 3 du décret du 3 octobre 1811,

Il touche ou fait toucher ses revenus ;

Il les applique à l'emploi que le Conseil *peut seul déterminer*[1], notamment : au paiement des pensions, des secours, des achats de livres, des frais d'agence.

36. Il rend ses comptes à la fin de l'année. Une commission de trois membres est nommée par le bâtonnier pour les vérifier (arr. du 16 mars 1813). Par un arrêté du 28 juillet suivant, le Conseil avait autorisé les commissaires à régler les comptes du trésorier ; mais il est reçu, à présent, que le Conseil doit arrêter lui-même les comptes, sur le rapport fait par les commissaires.

37. En 1834 et 1835, le trésorier (M. Leroy) avait cru devoir dresser et faire autographier un *budget* des recettes et dépenses. Depuis, on a élevé la question de savoir si cette mesure était opportune, et le Conseil a décidé négativement, par le motif que les affaires de l'Ordre sont des affaires d'intérieur et de famille qui doivent rester ignorées du public. Si les confrères désirent en connaître l'état, ils ont ce droit : le Conseil est toujours prêt à leur donner satisfaction (arr. de 1841).

38. Les fonctions de trésorier réclament un extrême dévouement. Les malheureux qui reçoivent ou sollicitent nos secours viennent le visiter, et quelquefois ils l'appellent chez eux. Il a des vérifications scrupuleuses à faire pour éclairer le Conseil sur les

qui semble reconnaître l'existence légale du trésorier en lui conférant le droit de recevoir du greffier de la Cour royale les 25 fr. que celui-ci perçoit pour l'ordre sur chaque prestation de serment. *Voir* encore *infrà*, n° 482, *rentes sur l'État*, et 484 sur les *legs*.

[1] *Voir infrà*, n°s 509, 518, 525 et suiv.

demandes présentées, des précautions, souvent délicates, à prendre pour la distribution des secours.
C'est, dans toute la vérité du mot, un office de bienfaisance.

§. IV. — CONSERVATEUR DE LA BIBLIOTHÈQUE.

39. Le conservateur de la bibliothèque est chargé
de veiller à l'exécution des règlements sur la tenue
de la bibliothèque [1], d'acheter les livres qu'il juge
nécessaires, et de pourvoir aux reliures dans les limites de la somme annuelle que le Conseil a fixée
pour ses dépenses [2] ;

Il règle les mémoires du libraire et du relieur
(art. 7 du règlement du 27 novembre 1811);

Il rédige les lettres de remercîments adressées par
le bâtonnier aux auteurs qui font hommage de leurs
ouvrages à l'Ordre.

40. La surveillance du conservateur doit être continuelle, car l'expérience prouve chaque jour combien il est difficile d'obtenir l'exécution des règlements [3].

§. V. — ARCHIVISTE.

41. L'archiviste conserve les archives de l'Ordre,
qui ne consistent que dans les procès-verbaux des
séances du Conseil, les minutes de ses arrêtés et des
réponses du bâtonnier délibérées en Conseil, les
demandes au stage ou au tableau, les documents
accessoires, les discours prononcés. *Nous n'avons
pas de registres*, l'Ordre n'en a jamais eu [4].

---

[1] Voir *infrà*, Bibliothèque, 466 et suiv.
[2] 3,000 fr. Voir *infrà*, n° 469.
[3] *Voir* le texte de ces règlements, n° 477 et suiv.
[4] *Voir* l'Introduction, p. VIII, à la note.

42. L'archiviste consulte les archives toutes les fois que le Conseil en a besoin pour délibérer, il doit les disposer avec soin et méthode, afin qu'en son absence les recherches soient toujours faciles pour celui qui peut être appelé à le suppléer.

43. Le dépôt des archives est tenu secret et sous clef, à cause des plaintes et des arrêtés disciplinaires qu'il renferme[1]. Il ne peut être ouvert qu'aux membres du Conseil rapporteurs, ou bien sur l'autorisation spéciale du bâtonnier.

CHAPITRE III.

SÉANCES DU CONSEIL.

44. Le Conseil n'est pas obligé par les règlements d'adopter un jour ni une heure fixes pour la tenue

---

[1] Quelques minutes importantes se sont égarées. Des documents ayant appartenu à l'ancien barreau de Paris, nous n'avons retrouvé que la copie assez curieuse du registre *matricule des avocats*, commençant au 22 novembre 1751 et finissant au 13 octobre 1790, c'est-à-dire à l'époque de la suppression de l'Ordre. Il constate, par chaque jour d'audience, qu'un tel, ancien avocat, a présenté, au serment, tel ou tels confrères. On y voit que Gerbier était bâtonnier en 1787. Voir *suprà*, p. 214, note.

En 1821, M. Delahaye, archiviste, représenta au Conseil la nécessité d'inscrire, sur un registre, les pièces dont le dépôt aux archives est journellement ordonné; il demanda l'autorisation d'employer un commis à ce travail jusqu'à la mise au courant, et offrit de le continuer lui-même; le Conseil appréciant cet acte de zèle de M. Delahaye, arrêta que le trésorier se concerterait avec lui (arr. du 6 décembre 1821). La mesure reçut un commencement d'exécution (arr. du 7 février 1822, qui vote à M. Delahaye des remercîments); mais elle a été abandonnée depuis longtemps, et avec raison; elle avait, à mon sens, le double inconvénient de déroger à nos *Précédents* et d'imposer

de ses séances. Depuis 1811, il a plusieurs fois changé ce jour, selon ses convenances [1]. Il peut aussi avoir des séances extraordinaires.

La séance s'ouvre à l'heure très-précise.

Tous les membres doivent siéger en robe.

45. A la première séance du Conseil organisé en exécution de l'ordonnance du 20 novembre 1822 (janvier 1823), le bâtonnier indiqua, par rang d'ancienneté [2], la place que chaque membre devait y occuper. Aujourd'hui, les membres prennent la place qui leur convient; il est pourtant reçu que les anciens bâtonniers siégent aux côtés du bâtonnier en fonctions, mais après le doyen [3].

46. En l'absence du bâtonnier, la séance est présidée par le doyen; à défaut par le bâtonnier plus ancien dans l'ordre du tableau; ou à défaut, par le membre plus ancien.

47. Le bâtonnier commence par distribuer aux divers membres les demandes afin d'admission au stage ou au tableau.

à l'archiviste un travail que, le plus souvent, ses occupations du Palais ne lui permettent pas d'exécuter.

[1] Il a lieu aujourd'hui le mardi, à deux heures. (Arr. du 5 janvier 1831.)

[2] *Voir*, règle 113 et p. 127 et 197, ce que l'on entend par *l'ancienneté* au barreau.

La première séance du Conseil, après la réorganisation, a été tenue, le 27 avril 1811, sous la présidence de M. Delamalle, bâtonnier.

[3] M. Archambaud, doyen et élu membre, occupait la première place. Cette déférence, qui est due au doyen et aux anciens bâtonniers, a d'ailleurs un utile résultat, en ce que l'un d'eux, au moins, est toujours appelé à voter le premier, et peut éclairer par son expérience les délibérations, lorsqu'elles ont lieu sans discussion préalable et par un simple vote motivé.

Il est d'usage que le bâtonnier, le secrétaire et le trésorier ne soient pas compris dans ces distributions.

Les membres absents sans cause légitime doivent être plus spécialement chargés des rapports (arr. du 11 janvier 1831)[1]. Et en général, les rapporteurs sont choisis par quartier pour la plus grande facilité de leur déplacement (arr. du 26 novembre 1829).

Le bâtonnier distribue ensuite, à son choix, les plaintes ou autres affaires susceptibles de rapport. L'usage à peu près constant veut qu'il nomme un rapporteur dans chaque affaire.

Il accueille les ouvrages dont il est fait hommage à l'Ordre, et charge le conservateur de rédiger les lettres de remercîments[2].

48. Le Conseil entend, d'abord, les rapports des demandes en stage, puis les rapports de celles en tableau; il statue sur chacune d'elles, successivement.

49. Le trésorier a la parole, avant toute autre discussion, pour les demandes de pensions, de secours ou de finances, à raison de leur nature urgente.

50. Les rapporteurs sont invités à lire au Conseil les arrêtés, ou projets de lettres, qu'ils ont rédigés sur les affaires réglées à une précédente séance.

---

[1] Les membres du Conseil, je dois le répéter ici, ne peuvent pas mettre trop d'exactitude à assister aux séances du Conseil : ils le doivent par intérêt pour les questions importantes qui s'y traitent, et par déférence pour les confrères qui leur ont fait l'honneur de les y appeler. Voir *suprà*, règle 111.

[2] *Voir* ci-après, n° 471, *Bibliothèque.—Voir* une exception. n° 472.

Le Conseil approuve ou modifie la rédaction [1].

51. On procède enfin aux rapports, à l'expédition des plaintes et autres affaires.

52. Aucun membre ne peut prendre la parole, sans l'avoir obtenue du bâtonnier.

53. *Devoirs des rapporteurs.* — S'il s'agit d'une demande au stage ou au tableau, ils attendent la visite des candidats; ils doivent ensuite se transporter en personne au domicile de ceux-ci (arr. du 26 novembre 1829). La visite des rapporteurs n'est pas seulement de convenance envers le confrère, elle a surtout pour objet de vérifier son domicile, sa bibliothèque, et les conditions de bonne tenue qu'il doit offrir aux termes des règlements. [2]

S'il s'agit d'une plainte, le rapporteur commence par entendre le confrère inculpé, en le priant de se rendre dans son cabinet; il mande plus tard le plaignant; il peut même les convoquer ensemble, si cela est nécessaire pour éclaircir les faits contradictoirement, ou pour amener une conciliation lorsque les règles de la discipline ne s'y opposent pas.

54. Toutes les fois qu'une lettre sera adressée au Conseil dans une affaire mise en rapport, le rapporteur nommé devra en accuser la réception (arr. du 28 septembre 1832). Ce devoir est de rigueur à l'égard des magistrats [3].

---

[1] Nous avons vu *suprà*, p. 91, que les avocats entre eux se sont toujours qualifiés *Monsieur*. Cette qualification se donne au rapporteur, et même à l'inculpé, dans la rédaction des arrêtés du Conseil. *Voir* ci-après, n° 64.

[2] *Voir* ci-après, nᵒˢ 152 et 199, les conditions pour le stage et le tableau.

[3] *Voir* ci-après, n° 320, Arr. du Cons. du 25 avril 1822, lequel charge le bâtonnier de répondre lui-même dans l'espèce.

55. Après que le rapport a été fait et la discussion close, le rapporteur doit présenter ses conclusions.

Il est chargé de rédiger l'arrêté [1].

Les rapporteurs remettent dans les mains de l'agent du Conseil les pièces produites, et cet agent les restitue à l'avocat ou aux parties [2].

56. *Délibéré.* — Le Conseil délibère à la majorité simple des suffrages exprimés par les membres qui ont entendu l'affaire.

Les votes peuvent toujours être motivés.

57. Le Conseil a décidé que, lorsqu'un avoué honoraire serait nommé membre du Conseil de discipline, il serait invité de s'abstenir de délibérer dans la chambre des avoués (arr. du 18 novembre 1812) [3].

58. Pour le jugement des questions disciplinaires, il faut qu'au moins la moitié, plus un, des membres composant le Conseil, prennent part au délibéré (c'est-à-dire, onze membres).

S'il s'agit de discuter un principe sur lequel il existe déjà un précédent, ou s'il s'agit d'une motion d'ordre, le bâtonnier convoque préalablement tous les membres, ou bien, il renvoie le rapport, la dis-

---

[1] Voir *suprà*, n° 50, à la note.

[2] Recommandation est faite à l'agent de retirer une décharge des parties.

[3] La nouvelle jurisprudence du Conseil, qui déclare que la qualité d'avoué honoraire n'est pas incompatible avec la profession d'avocat (voir *infrà*, n° 144) abroge-t-elle ce précédent? Je ne le pense pas. Je me rappelle, en effet, que le changement de jurisprudence a été particulièrement motivé sur ce que les avoués honoraires ne prennent plus aucune part aux délibérations de la chambre de leur ancienne compagnie.

cussion et le délibéré à une séance plus nombreuse ¹.

59. En cas de partage, la voix du bâtonnier n'est pas prépondérante.

60. Le Conseil, après avoir délibéré sur la question de savoir ce qu'il convient de décider en cas de partage des voix dans le Conseil, arrête : qu'il y a lieu d'établir une distinction ; qu'en matière de discipline, l'opinion la *plus douce prévaut*, qu'en matière d'administration, il y a lieu, pour opérer le départage, d'appeler les membres absents du Conseil, ou, en cas d'empêchement, un ou trois anciens dans l'ordre des colonnes (arr. du 26 février 1829)².

61. Le principe adopté, en cas de partage, quant

---

¹ *Voir* ci-après, nº 74 *bis*. Un arrêt de Caen du 8 janvier 1830 a jugé que les *deux tiers* des membres du Conseil doivent être présents, pour que la délibération soit valable. S., 31, 2, 77. Cette décision me paraît inadmissible, parce qu'elle ne repose sur aucune disposition de nos règlements. L'arrêt invoque trois motifs : 1º. l'article 90 des constitutions de l'an VIII, qui exigerait la présence de deux tiers des membres pour la délibération de tout corps constitué ; 2º. la raison d'analogie qui s'applique aux Conseils de discipline ; 3º. la nécessité d'une plus grande garantie dans l'intérêt des avocats inculpés. Ces considérations, toutes graves qu'elles sont, ne suffisent pas pour *créer* une nullité que les règlements spéciaux ne prononcent point. Aussi, nos délibérations, déférées plusieurs fois à la cour, n'y ont-elles jamais été critiquées pour cette cause. Il faut ajouter que, dans l'espèce jugée par la Cour de Caen, le nombre des membres délibérants ne formait pas même *la moitié* du Conseil : le fait a pu influer sur la décision. M. Philippe Dupin, après avoir posé la question et rappelé les motifs de l'arrêt, n'exprime pas nettement son opinion. *Encycl. du D.*, vº *Avocat*, nº 77. Je regrette de ne pas pouvoir m'appuyer sur son autorité.

² Les colonnes n'existant plus, il conviendrait d'appeler un ou trois anciens d'après l'ordre du tableau.

aux questions disciplinaires, a encore été consacré (avril 1841); il l'a même été sur une demande afin d'admission au stage (février 1841)[1].

62. Lorsqu'une récusation est dirigée contre l'un de ces membres, le Conseil a droit de la juger, il peut décider que le membre récusé ne s'abstiendra pas (arr. du 13 août 1833)[2].

63. Les votes émis au sein du Conseil doivent être tenus secrets; le Conseil a exprimé plusieurs fois cette recommandation importante, notamment par un arrêté du 29 juin 1826. Les deux raisons principales sont : le respect dû à toutes les opinions, le danger d'en détruire l'indépendance. Il arrive, d'ailleurs, que tous les motifs présentés dans la discussion ne sont point exactement reproduits par ces révélations indiscrètes. J'ai vu renouveler encore la recommandation, ce qui prouve qu'elle n'est pas toujours observée[3].

64. *Arrêtés du Conseil*[4]. — Il n'en est pas tenu registre; ils sont simplement transcrits et signés par le bâtonnier et le secrétaire. Quelquefois, les signatures sont portées sur la minute qu'a écrite le rap-

---

[1] Il y aurait, suivant moi, même raison de décider à l'égard d'une demande afin de tableau. Ces deux espèces de demandes ont une évidente affinité avec les matières de discipline. *Voir* ci-après, ch. IV.

[2] J'ai dit plus haut, p. 130, que le droit de récusation était accordé, sous l'ancien droit, à l'avocat poursuivi disciplinairement. On voit que le Conseil a maintenu cette jurisprudence, bien entendu, en se réservant le pouvoir de statuer sur l'exception, et de la rejeter lorsqu'elle est dénuée de fondement.

[3] *Voir* règle 111.

[4] *Voir* la note sur le n° 50 ci-dessus.

porteur¹. En cela, de tout temps, le Conseil a eu
pour précédent de s'affranchir des formes usitées
dans les tribunaux ordinaires², parce qu'il s'est
toujours regardé, non comme un tribunal,
mais comme une institution paternelle et de fa-
mille³.

65. Les décisions du Conseil ne doivent pas être
communiquées aux plaignants (arr. du 19 février
1833, jurispr. constante).

66. S'il y a condamnation à une peine disciplinaire, l'arrêté doit être motivé avec soin et assez
fortement, pour qu'il puisse se défendre par lui-
même en cas d'appel⁴.

---

¹ Il serait fort utile que des copies *en double* fussent faites
et signées pour tous les arrêtés pour prévenir l'adirement de
la minute. Cette précaution est recommandée au bâtonnier;
quelques bâtonniers l'ont observée avec soin.

² Dans la séance du 11 novembre 1821, M. Delahaye, archiviste, parla d'un registre qu'il avait fait faire pour que les délibérations du Conseil y fussent transcrites. Le Conseil approuva la
mesure, mais elle ne fut pas exécutée. L'antique usage prévalut.
Voir *suprà*, n° 43, à la note.

³ Je puis rappeler ici une anecdote curieuse. En 1829, dans
l'affaire de M. Berryer, dont je parlerai n° 432, M. le premier président de la Cour royale venait de prononcer un arrêt qui, en
réformant l'arrêté du Conseil, ordonnait que l'arrêt serait *transcrit sur les registres de l'Ordre*. Notre vénérable doyen, M. Delacroix-Frainville, qui était présent à la barre, prit sur-le-champ
la parole, et s'écria vivement : « L'Ordre n'a pas de registres. »

⁴ Cette résolution a été prise par le Conseil, sans arrêté
toutefois, par suite du fait que voici : M.***, ayant été rayé
du stage pour faits disciplinaires, la Cour royale, saisie de
l'appel, crut devoir infirmer l'arrêté, et prononça seulement la
peine de l'avertissement (Arr. du 18 février 1834). Le Conseil
sut depuis que l'infirmation avait été le résultat du ménagement

Il est communiqué à l'avocat et à M. le procureur-général, en copie ou expédition sur papier non timbré, signée par le secrétaire.

67. Il n'est pas délivré expédition de l'arrêté à celui dont la demande au stage ou au tableau est rejetée (arr. des 20 juillet 1826 et 11 janvier 1831). *Voyez* n° 168.

68. Lorsque la plainte est évidemment mal fondée ou que la question ne comporte pas une discussion, il n'y a pas lieu à délibéré, ni par conséquent à rédaction d'un arrêté; le secrétaire se borne à constater la solution sur le procès-verbal, sans énonciation de motif[1].

69. Lorsqu'un arrêté a été pris par défaut contre un avocat, la jurisprudence du Conseil admet l'opposition, sans limitation d'un délai fatal, alors même qu'en cas de radiation celle-ci aurait été exécutée sur le tableau[2].

70. L'Ordre a un sceau, qui s'appose sur tous les actes officiels émanés du Conseil ou du bâtonnier.

71. Le bâtonnier et le Conseil assistent en corps et en robe, avec chaperon herminé, à la rentrée solennelle de la Cour royale, et chaque membre présent renouvelle le serment au nom de l'Ordre[3].

---

qu'il avait mis à ne pas énoncer, dans l'arrêté, les motifs les plus graves de sa décision. C'est alors qu'il a reconnu qu'un tel ménagement était compromettant pour lui, puisqu'il n'est pas admis à soutenir ses arrêtés devant la cour. Voir *suprà*, p. 209.

L'avocat renvoyé de la plainte peut-il demander une copie de l'arrêté? Voir *suprà*, p. 206, la solution donnée sur cette question.

[1] A moins que l'indication des motifs n'importe à l'avocat injustement dénoncé. *Voir* ci-après, n° 280.

[2] Voir *suprà*, p. 205-206, l'arrêt rendu en ce sens.

[3] Depuis la réorganisation de l'Ordre (1810), il était d'usage

Ils assistent de même à la rentrée du Tribunal de première instance[1].

72. Ils se rendent, en robe, à l'enterrement et au service anniversaire d'un membre du Conseil ou d'un ancien bâtonnier, lorsque le Conseil en est prié par la famille (*voyez* l'arr. du 27 avril 1826). Pour les autres confrères décédés, l'Ordre est représenté par une députation de plusieurs membres du Conseil, qui sont désignés par le bâtonnier.

73. M.***, ayant demandé au Conseil la permission de lui dédier un ouvrage, le Conseil décide

que le Conseil en corps fît, à l'issue de l'audience solennelle de rentrée, une visite à M. le premier président et à M. le procureur-général de la cour, au Palais même et dans leurs cabinets. Ces magistrats lui rendaient cette visite à la plus prochaine de ses séances. Au 1ᵉʳ janvier, une députation, composée du bâtonnier, du secrétaire et de cinq autres membres, visitait M. le Garde des sceaux et les chefs de la magistrature, tant de la cour que de première instance. Le Conseil allait encore féliciter le Garde des sceaux à son avénement. En 1833, tous ces usages ont cessé par suite du fâcheux conflit qu'amena le procès fait à notre bâtonnier. Voir *infrà*, nᵒ 436.

La prestation du serment se renouvelait aussi chaque année, à la rentrée du Parlement, avec grande pompe et individuellement. Après MM. les gens du Roi, qui prêtaient eux-mêmes le serment, venaient les anciens avocats, chacun selon *l'ordre de leur matricule*. Le bâtonnier et les anciens bâtonniers n'avaient pas le pas dans la cérémonie; ils ne passaient chacun que suivant l'ordre *de leur réception*. (BOUCHER D'ARGIS, p. 102 et 103.)

La loi du 8 juillet 1810 n'exige le serment que de la part des membres *présents*. Voir *suprà*, p. 215.

[1] L'Ordre des avocats est toujours convié aux grandes cérémonies publiques, dans la personne de son bâtonnier et de quelques membres du Conseil que le bâtonnier a le droit de désigner : tel était l'ancien usage. Nouveau DENIZART, vᵒ *Avocat*, §. 7, nᵒ 8.

qu'il *n'accepte la dédicace d'aucun ouvrage*. (Arr. du 17 novembre 1835.)

74. Le Conseil est l'organe des sentiments patriotiques de l'Ordre; il les exprime, avec solennité, à l'occasion des grands événements publics. Sous la Restauration, l'on en trouve de fréquents exemples. Dans ces derniers temps, le Conseil a voté des adresses au Roi, lors des déplorables tentatives d'assassinat exercées contre sa personne. (Arr. du 4 août 1835, 1.er juin 1836[2].)

CHAPITRE IV.

CONFÉRENCE DES AVOCATS[2].

75. Elle est présidée par le bâtonnier, ou, en son absence, par un membre du Conseil que le bâtonnier désigne. Elle a deux objets très-importants :

[1] Le bâtonnier donne lecture d'une lettre à lui adressée par un avocat et demandant que le Conseil fasse frapper une médaille qui fera preuve de la qualité d'avocat.... Ordre du jour. (Arr. du 22 mars 1821.)

Tout récemment (en février 1842), un membre du Conseil demanda s'il ne conviendrait pas, pour exciter et honorer le zèle des membres du Conseil, de donner à chacun d'eux des jetons de présence en argent, ou au moins une médaille en bronze. Après examen et rapport, la mesure a été écartée sans discussion, comme inutile et contraire à la dignité de l'Ordre.

[2] J'engage mes jeunes confrères à lire CAMUS, dans ses *Lettres sur la Profession d'avocat*, p. 46 et suivantes. Il leur donne d'excellents conseils sur l'objet des conférences et le moyen d'en tirer toute l'utilité qu'elles doivent leur offrir.

— Si l'on cherche l'institution de la conférence actuelle dans les dispositions de l'ordonnance du 20 novembre 1822, on ne l'y trouvera pas, du moins explicitement.—Le décret du 14 décembre 1810 l'avait fondée ou plutôt rétablie sous la dénomination

19

1°. De délibérer sur les consultations gratuites, que l'Ordre doit aux indigents;

2°. D'exercer les jeunes avocats à la discussion des questions de droit, et de constater l'assiduité des stagiaires, pendant les trois années de stage.

76. Elle se tient une fois par semaine dans la bibliothèque de l'Ordre, au jour qu'il convient au bâtonnier d'indiquer [1].

assez peu convenante de *Bureau de consultations gratuites*; il avait même, ce qui était sage, astreint les stagiaires à suivre exactement les assemblées de ce bureau, puisque bureau il y a. (Art. 14.) — L'art. 45 de l'ordonnance déclare que le décret est abrogé. Toutefois, je pense que la conférence subsiste encore comme institution *légale*, parce que le même art. 45 maintient, d'une manière générale, les usages observés dans le barreau relativement aux droits et devoirs des avocats, et que cette conférence existait avant 1790. D'un autre côté, en chargeant le Conseil de veiller à la conduite des stagiaires (art. 14), en lui remettant le droit de prolonger la durée de leur stage à défaut d'assiduité (art. 32), en lui confiant le soin de conserver les principes de désintéressement sur lesquels repose l'honneur de l'Ordre tout entier (art. 14.), l'ordonnance a virtuellement investi le Conseil du pouvoir de maintenir une institution qui, par son double objet, tend d'une manière si directe à assurer de pareils résultats.

— L'ancienne conférence des avocats au Parlement de Paris se tenait dans le local de leur bibliothèque, au palais de l'Archevêché. Elle avait été créée en exécution des dernières intentions de M. Riparfonds, avocat, fondateur de la bibliothèque. (*Voir* ci-après, n° 466.) — « Cette conférence, dit BOUCHER D'ARGIS, « p. 132, a toujours été *célèbre* par l'émulation que les jeunes « gens y font paraître, et par la bienveillance des anciens qui « viennent pour y communiquer leurs lumières. » — « Les ques- « tions y sont résolues avec tant de science, de solidité et de « lumière, ajoute FYOT DE LA MARCHE, p. 262, que, si les déci- « sions n'ont ni la force ni l'éclat des arrêts, elles en ont la ma- « turité et le mérite. »

[1] Ce jour est le samedi.

77. Douze avocats stagiaires ou déjà inscrits au tableau sont attachés spécialement à la conférence comme secrétaires, et chargés de rapporter les affaires et questions qui doivent y être discutées. Depuis l'ordonnance de 1830, le Conseil a décidé que les secrétaires seraient nommés par élection, et dans une assemblée générale de l'Ordre. Cette élection doit précéder celle des membres du Conseil (arr. du mois de juillet 1840) [1].

78. *Consultations gratuites*. —Dans l'origine, le Conseil avait décidé (arr. du 15 mai 1811) que le bureau des consultations gratuites aurait une séance tous les mardis, et qu'il serait composé de deux anciens avocats, de deux modernes, de deux jeunes et d'un membre du Conseil de discipline.

Pour donner à la conférence plus de solennité, le Conseil arrêta, le 15 novembre 1821, que six anciens avocats seraient priés d'y assister [2].

27 novembre 1828; sur la proposition du bâtonnier, le Conseil prit un arrêté qui régla le mode de délibérer les consultations :

« Arrête, 1°. Que quatre avocats inscrits sur le « tableau seront invités, toutes les semaines, par « M. le bâtonnier à se trouver présents au bureau « des consultations gratuites et à la conférence des « jeunes avocats;

« 2°. Que les consultations gratuites seront dis- « cutées comme par le passé en assemblée générale, « mais délibérées seulement par le bâtonnier, pré-

[1] Avant 1830, ils étaient nommés par le bâtonnier (arr. du 27 novembre 1828); leurs fonctions durent un an.

[2] L'ancienne conférence du Parlement était ainsi composée (B. D'ARGIS, p. 188).

« sidant le bureau, par les anciens avocats appelés
« pour l'assister; par les avocats inscrits sur le
« tableau, qui voudront prendre part à la délibéra-
« tion, et par les secrétaires admis par M. le bâton-
« nier pour former le bureau de la conférence. »

5 janvier et 15 novembre 1831; nouvel arrêté qui,
revenant à l'arrêté de 1821, à raison de l'importance des consultations gratuites et des discussions,
décide que six avocats du tableau seront appelés à
chaque conférence et que ceux qui manqueront seront
signalés à la conférence où ils ne se seront pas rendus [1].

79. Après que la consultation a été délibérée par
toute l'assemblée, le rapporteur est chargé de la
rédiger. La rédaction est lue et arrêtée à la prochaine conférence [2].

80. M. le procureur-général ayant adressé au

[1] Il est à regretter que cette dernière mesure ne soit plus exécutée. Je sais que plusieurs des anciens avocats ont beaucoup
d'affaires, mais le tour de chacun ne viendrait pas souvent, et
celle-ci offre une haute gravité. Voici comment Boucher d'Argis
rend compte de l'origine de l'institution : « Le Roi Charles V
fit, en 1364, un règlement qui ordonnait que les avocats prête-
raient leur ministère aux *pauvres* plaideurs près du siége des requêtes. Henri IV voulut rendre la mesure applicable dans toutes
les cours; sa mort prématurée ne lui permit pas de réaliser son
projet : mais les avocats y suppléèrent *spontanément*. Un jour de
la semaine fut consacré, dans leur bibliothèque, à délibérer
sur les consultations gratuites. Six anciens avocats étaient nommés, par chaque jour, pour concourir à ce travail, auquel les
jeunes confrères prenaient part pour leur instruction » (B. D'ARGIS
p. 187 et suiv.). Voir *suprà*, p. 218, les *défenses d'office*.

[2] On tenait, autrefois, à ce que la délibération de la conférence fût mentionnée dans la consultation, afin que des solli-
citeurs n'en réclamassent pas les honoraires aux parties. N. DENI-
ZART, vᵒ *Avocat*, §. 4, nᵒ 11.

Conseil des pièces, avec invitation de donner une consultation gratuite *et de faire les avances de procédures*, le Conseil a répondu qu'il était disposé à faire délibérer la consultation, mais que les pièces seraient renvoyées, attendu que l'Ordre n'est pas dans l'usage de faire des avances de fonds pour le procès (arr. du 21 novembre 1822).

81. *Questions de droit à discuter.* — Ce sont les secrétaires qui les préparent. Si le bâtonnier les admet,[1] elles sont affichées, quinze jours à l'avance, sur un tableau placé dans la bibliothèque.

Le secrétaire rapporteur de la question commence par lire son rapport. Le bâtonnier ouvre et dirige la discussion; après qu'elle est close, il la résume, et met la question aux voix, sans avoir exprimé son opinion personnelle, pour ne pas influencer la décision. Le rapporteur constate ensuite cette solution sur un registre spécial, en reproduisant sommairement les motifs donnés pour et contre[2].

82. *Registre d'assiduité.* — Il est déposé entre les mains de l'agent de la chambre. Les stagiaires sont tenus de le signer avant l'ouverture de la conférence et le bâtonnier clôt par sa signature la feuille de

[1] Je ne pense pas qu'il convienne d'admettre en discussion les questions purement politiques. Elles sont étrangères à l'objet essentiel de la conférence, qui sert à former des avocats, non des députés. Elles tendent à jeter de fâcheuses irritations au milieu d'une jeunesse qui a besoin de calme pour se livrer à ses études judiciaires. Ceux qui ont du penchant pour la politique la traiteront facilement, lorsqu'ils se seront exercés au raisonnement et à la parole.

[2] J'ai eu l'honneur de présider la conférence en l'absence du bâtonnier, et j'ai plusieurs fois remarqué le zèle, le talent que les jeunes avocats déploient dans ces discussions pleines d'intérêt.

chaque jour. On comprend que la signature du stagiaire, sans l'assistance à la conférence, ne serait qu'une vaine formalité.

83. Les stagiaires ne sont pas reçus à signer le registre, s'ils se présentent *sans être en robe*. (Arr. du 3 janvier 1822). [1]

84. *Discours de rentrée prononcé par les stagiaires.*—A la fin de chaque année judiciaire, les avocats stagiaires et inscrits, sont convoqués en assemblée générale et procèdent à l'élection de six candidats *stagiaires* [2], parmi lesquels le Conseil en choisit deux qui auront l'honneur de prononcer l'année suivante, à la première séance de la conférence, deux discours sur des sujets que leur donne le Conseil. Le sujet de ces discours est, de préférence, l'éloge des confrères célèbres que l'Ordre a eu le malheur de perdre dans le cours de l'année. Cet usage, si propre à exciter

Quelques-uns des secrétaires ont cru pouvoir conserver le registre des discussions, après la cessation de leurs fonctions, c'est à tort. Le registre est la propriété de l'Ordre, et d'ailleurs : il peut fournir plus tard d'utiles documents sur les questions résolues par la conférence. Un simple avertissement du bâtonnier préviendra cet abus.

[1] Cette mesure, qui a pour objet de contraindre *tous* les stagiaires à l'assiduité, est trop souvent éludée par un grand nombre d'entre eux : ils se croient encore aux Écoles de Droit. La distribution des stagiaires, par colonnes, est le moyen le plus certain, le seul, pour s'assurer de cette assiduité. *Voir* l'Introduction, p. vij, et ci-après, n°s 241, 467 et suiv.

[2] La convocation de l'Ordre pour l'élection des secrétaires de la conférence et des candidats aux discours de rentrée serait illicite, s'il était possible de décider, comme l'avait jugé l'arrêt de Nancy rapporté plus haut, 2e part., tit. IV, sous l'art. 33 du décret du 14 décembre 1810, que cet article est encore en vigueur, et ne permet les réunions générales de l'Ordre que pour l'élection des membres du Conseil : nous croyons avoir prouvé que

l'émulation des jeunes stagiaires, existait avant 1790[1]. Il a été rétabli en 1831, sur la proposition de M. Mauguin, bâtonnier.

85. Un arrêté du 27 novembre 1832 porte : « Le Conseil décide, en *principe*, que les discours prononcés annuellement dans la séance d'ouverture de la conférence *ne seront pas imprimés aux frais de l'Ordre.* Toutefois, il décide, par exception, que le discours de M. de Goulard, contenant l'éloge de M. Delacroix-Frainville, sera imprimé à 500 exem-« plaires à raison des souvenirs honorables qu'a laissés « M. Delacroix-Frainville, de l'éclat qu'il a répandu « sur l'Ordre, des sentiments d'affection et de respect « que l'Ordre entier garde pour sa mémoire[2]. »

86. *Entrée à la conférence.* — M. ***, avocat à Genève, est autorisé par le Conseil à assister aux conférences (arr. du 11 décembre 1828).

12 mars 1839. — Arrêté qui décide que M. ***, conseiller à la Cour royale de la Guadeloupe, n'y sera point admis[3].

---

ce système de prohibition est inadmissible. *Voir* tit. III, art. 33 du décret, tit. VII, art. 45 de l'ord. de 1822, et tit. IX, art. 4, de l'ord de 1830.

[1] Le barreau a conservé deux excellents ouvrages prononcés à l'ancienne conférence : *l'Éloge de Dumoulin*, par M. Henrion de Pansey, et *les Trois âges de l'avocat*, par M. Bonnet. Depuis 1831, nous avons entendu plusieurs discours fort remarquables. Je citerai, entre autres, l'éloge de M. Delacroix-Frainville, par M. de Goulard ; celui de Toullier, par M. Paulmier ; celui de Merlin, par M. Mathieu.

[2] Je suis heureux de pouvoir citer ce bel éloge de notre vénérable confrère. L'impression a été accordée depuis à d'autres éloges, à ceux de Toullier, de Delamalle, de Merlin, etc.

[3] Le procès-verbal n'indique pas le motif de différence entre cette décision et la précédente.

TITRE II.

———

ATTRIBUTIONS DU CONSEIL.

87. Ces attributions ne s'appliquent pas seulement au pouvoir disciplinaire, ainsi que je l'ai fait observer, elles sont fort étendues, et comprennent [1] :

1°. La solution des questions sur les incompatibilités de la profession ;

2°. Le stage ;

3°. Le tableau ;

4°. Le pouvoir disciplinaire ;

5°. La protection due aux intérêts généraux de l'Ordre, et à chacun de ses membres en particulier ;

6°. L'administration des propriétés et revenus de l'Ordre.

CHAPITRE PREMIER.

INCOMPATIBILITÉ.

88. Les questions d'incompatibilité concernent le stage et le tableau ; elles se présentent, le plus ordinairement, lors de la demande en admission à l'un ou à l'autre. Comme elles sont préjudicielles, il convient de rapporter, d'abord, les précédents assez nombreux qui les ont résolues.

---

[1] Indépendamment des questions qui touchent à l'organisation du Conseil, et dont je viens de rapporter les solutions sous le titre Iᵉʳ.

89. Parmi les incompatibilités, on peut dire que les unes sont relatives, les autres absolues. Les premières ne mettent obstacle à l'exercice de la profession que pour un temps, c'est-à-dire tant que la cause d'incompatibilité subsiste : telles sont les fonctions judiciaires ou administratives. Les autres causes d'incompatibilité sont à jamais exclusives de la profession [1], par exemple : celles qui résultent de circonstances dégradantes ou d'une agence d'affaires. Cette distinction me paraît ressortir de l'art. 42 de l'ordonnance du 20 novembre 1822 (*V.* ci-dessus pag. 218), et des anciennes traditions de l'Ordre [2].

§. Iᵉʳ. — INCOMPATIBILITÉS RELATIVES.

90. Le Conseil a décidé que la profession d'avocat est incompatible, aux termes de l'art. 42 de l'or-

[1] Du moins, les exceptions sont extrêmement rares. *Voir* ci-après, nᵒˢ 127 et 129 à la note. Nous avons dit que la jurisprudence du Conseil n'admet guère de principes absolus. Voir *suprà*, nᵒ 3, et le projet de règlement, tit. XI, 2ᵉ partie.

[2] Dracon et Solon avaient tracé dans la législation grecque un large cercle aux incompatibilités du barreau. J'ai indiqué, p. xvj de l'Introduction, les principales causes de ces incompatibilités. J'ajouterai qu'ils excluaient encore de la profession ceux qui vivaient dans le luxe et avaient dissipé la fortune que leurs ancêtres leur avaient laissée. (BOUCHER D'ARGIS, p. 15.)

« De tout temps, ajoute celui-ci, ceux qui sont pourvus de « quelque office ou emplois incompatibles ont été écartés de la « profession (p. 72). On ne comprend point indistinctement « dans le tableau, continue-t-il, p. 110, tous ceux qui ont « prêté serment et dont le nombre serait immense ; mais seule- « ment ceux QUI EXERCENT LA PROFESSION, *qui le font avec* « *honneur, et qui n'exercent aucun autre emploi incompatible* « *avec cette profession.* » (*Voir* aussi 2ᵉ partie, p. 132.)

donnance du 20 novembre 1812 (soit pour le stage,
soit pour le tableau), savoir :

91. Avec la qualité d'étranger non naturalisé
(arr. des 4 décembre 1816, 27 août 1817, 2 mars
1825, 6 décembre 1827, et 6 décembre 1840); bien
qu'il ait été admis par une ordonnance du Roi à
jouir des droits civils en France (arr. du 26 février
1833) [1]; bien qu'il ait été porté sur le tableau, dans
l'ignorance de sa qualité (arr. du 24 mars 1840) [2];

92. Avec la pairie, parce qu'elle emporte la qualité de membre de la *Cour* des Pairs, c'est-à-dire,
la qualité de magistrat (ainsi décidé, lors de la retraite de M. le comte Roy, le 7 novembre 1822) [3];

93. Avec les fonctions de juge de paix (arr. du
6 janvier 1820, en réponse à une consultation du
barreau de Grenoble);

94. Avec celles de chef de bureau au ministère de
la justice (arr. du 1ᵉʳ décembre 1840) [4];

[1] *Voir* nos observations sur cette grave question, *suprà*,
p. 219. M. *** a été *ajourné* à six mois, pendant lequel
temps il ferait sa déclaration qu'il entend conserver sa qualité
de Français d'*origine*. (Arr. du 6 décembre 1827.)

[2] Dans ce dernier cas, il y a lieu à radiation. *Voir* ci-après,
nᵒˢ 381 et 397, comment elle se prononce.

[3] Je viens de voir, par les journaux, que M. Bourdeau, pair
de France, a été récemment rayé du tableau par les avocats à
la Cour royale de Limoges; qu'il n'a pas réclamé contre cette
radiation, et que cependant le procureur-général a interjeté
appel de l'arrêté. Si la radiation a eu pour motif la qualité de
pair, comme je suis porté à le penser, il me paraît impossible que
l'arrêté ne soit pas maintenu. La pairie est une juridiction, en
même temps qu'elle est un corps politique. Journal de *la Presse*,
17 juin 1842.

[4] Le Conseil a refusé d'admettre le candidat au stage, parce
que, de tout temps, l'exception, rétablie en 1839 (voir *infrà*,

95. Avec l'emploi de clerc d'avoué ou de notaire, que le clerc soit ou non gradué et appointé (jurisprudence constante) [1];

96. Avec les fonctions de secrétaire de la chambre des avoués (arr. du 4 avril 1838);

97. Avec celles d'huissier de la chambre du Roi (arr. du 23 mai 1829) [2];

n° 135), n'a été reçue que pour les emplois *supérieurs* de l'administration de la justice.

[1] *Voir* ci-après, n° 400, les nombreux arrêtés qui ont prorogé ou fait perdre le stage pour cette cause.

[2] M. le procureur-général ayant écrit au bâtonnier pour connaître les motifs de l'arrêté, celui-ci lui répondit par une lettre du 23 mars 1829, qu'il est utile de rapporter, parce qu'elle présente un exposé des principes sur l'interprétation de notre règlement.

« Après avoir pris l'avis du Conseil de discipline, voici les renseignements que je suis autorisé à vous transmettre :

« L'article 62 de l'ordonnance du 20 novembre 1822 a opposé un premier obstacle à son admission (du candidat qui s'était retiré). Suivant cet article, *tous les emplois à gages* sont incompatibles avec la profession d'avocat, et l'on a fait sentir à M. *** que cette expression, *emplois à gages*, s'applique *à toutes les fonctions auxquelles un traitement est attaché, quelle que soit leur importance.* — A ces raisons, tirées de l'ordonnance du 20 novembre 1822, il s'en est joint d'autres non moins puissantes, tirées de l'incompatibilité *de fait*, de la charge d'huissier de la chambre du Roi, *avec les devoirs imposés aux stagiaires.* L'article 34 de l'ordonnance exige d'eux l'assiduité aux audiences. La confiance des magistrats leur donne l'honorable mission de la défense d'office des accusés. Les règlements intérieurs ajoutent aux exercices du stage la présence et le concours aux conférences. Or, le service auprès de la personne de S. M. met un huissier de la chambre dans l'impuissance manifeste de remplir les premiers devoirs de la profession d'avocat.

« Telles sont, M. le procureur-général, les réflexions qui ont

98. Avec celles de chef de la division du commerce, des approvisionnements et de la navigation à la préfecture de police (arr. du 28 janvier 1830, qui déclare en conséquence que M.*** sera omis du tableau)[1];

99. Avec celles de chef de bureau au ministère de la guerre (arr. du 31 janvier 1838 et 3 décembre 1839);

100. Avec celles d'employé à la commission d'indemnité au ministère des finances (arr. du 14 janvier 1830);

été adressées à M. ***. Elles n'ont dû offenser ni lui ni le corps auquel il appartient, *puisqu'elles s'appliqueraient aux plus hautes fonctions*; par exemple, personne n'a jamais imaginé que des militaires , *même officiers supérieurs,* puissent s'imposer au barreau des devoirs incompatibles avec leur position sociale. C'est par un semblable motif d'incompatibilité que l'admission au stage de M. *** a paru devoir être refusée si elle était soumise au Conseil. »

[1] Nous transcrirons les motifs de l'arrêté qui, sur l'appel, a été confirmé par un arrêt de la première chambre de la Cour royale de Paris, même année : — « Considérant qu'aux termes de l'art. 42 de l'ordonnance du 20 novembre 1822, la profession d'avocat est incompatible notamment avec *les emplois à gages;* — Considérant que, de son aveu consigné dans sa lettre au Conseil, et répété par lui dans la présente séance, M. *** est employé à la préfecture de police, sous le titre *de chef de la division du commerce, des approvisionnements et de la navigation;* — que, quelque importance qu'on veuille attribuer à ces fonctions, elles n'en sont pas moins comprises dans la catégorie *des emplois rétribués.* — Arrête : M.*** sera rayé du tableau. »

Depuis 1830, M. ***, ayant quitté ces fonctions, qui ne formaient qu'une incompatibilité relative, a été replacé au tableau; mais à la date de sa nouvelle demande seulement. *Voir* ci-après, n° 230 et suiv.

101. Avec celles d'employé au ministère des finances (arr. du 11 décembre 1828);

102. Avec l'état militaire (arr. du 8 mars 1831), voir aussi *suprà*, n° 97 à la note, la lettre du 23 mars 1829;

103. Avec le ministère d'avocat à la cour de cassation (arr. des 12 mars et 18 juin 1833);

104. Avec les fonctions de directeur de la caisse d'épargne (arr. de décembre 1837);

105. Avec celles de maître des requêtes au Conseil d'État, en service ordinaire (arr. du 23 avril 1833)¹;

106. Avec celles de référendaire au sceau (arr. des 14 février 1838 et mars 1841)²;

---

¹ *Voir* ci-après, §. 3.

² Voici les motifs de l'arrêté qui refuse la réintégration au tableau, dans une espèce d'ailleurs très-favorable : « Considérant que, suivant l'art. 42 de l'ordonnance du 20 novembre 1822, la profession d'avocat est incompatible avec tout emploi à gages, et que, par ces termes, on doit entendre tout emploi *étranger à la profession d'avocat et donnant lieu à un travail salarié;* — que les fonctions de référendaire au sceau des titres rentrent dans cette catégorie ;

« Que M. *** invoque, il est vrai, des motif de considération tirés 1°. de ce qu'il a été maintenu depuis près de quatorze ans sur le tableau, quoiqu'il ait exercé lesdites fonctions, et d'autres également incompatibles ; — 2°. de ce qu'il n'a succédé à la charge de référendaire, dont son père était titulaire, que par des motifs graves et honorables pour lui ; — 3°. de ce qu'il n'en serait investi que temporairement, et dans l'intention de s'en démettre prochainement ;

« Que la gravité de ces considérations *ne peut cependant pas faire fléchir la rigueur d'un principe auquel l'Ordre des avocats doit son indépendance et sa dignité;* — que dès lors le nom de M. *** doit cesser de faire partie du tableau, tant qu'il exercera ses fonctions ;

« Arrête ce qui suit : — Il n'y a lieu, quant à présent, de

107. Avec celles de sous-secrétaire des comman-
dements de la Reine (arr. du 12 mars 1833);

108. Avec celles de secrétaire général du Conseil
de l'administration du Mont-de-Piété (arrêté du
10 janvier 1828);

109. Avec la qualité d'*attaché* au ministère de
l'intérieur, encore qu'il ne reçoive aucun traitement, mais parce que cette position dépendante n'est
pas digne pour un avocat, et que d'ailleurs, elle ne lui
permet pas, s'il demande le stage, de se livrer aux études et aux assiduités que le stage impose (arr. des
février et 11 mai 1841; on peut ajouter la lettre du
23 mars 1829, rapportée ci-dessus n° 97);

110. Avec la qualité d'associé d'un commissionnaire au Mont-de-Piété (arr. du 6 août 1833);

111. Avec les fonctions d'administrateur d'une
société anonyme, telles qu'elles sont définies par le
Code de commerce (arr. du 9 août 1838);

112. Avec la qualité de mandataire dans un conseil d'administration d'un chemin de fer (arr. du
15 janvier 1833);

113. Avec l'exploitation d'un brevet de maître de
poste (arr. du 12 mars 1833) ¹;

114. Avec la qualité de gérant d'une manufacture
de verres (arr. du 27 août 1818);

115. Avec celle de commis intéressé chez un négociant (arr. du 1ᵉʳ avril 1830);

rétablir au tableau le nom de M. ***. » — Voir *suprà*, n° 97,
l'arrêté transcrit à la note.

¹ L'avocat a été maintenu, le 26 mars, mais à la charge de
justifier : 1°. qu'il avait été obligé de se faire investir du brevet,
temporairement, pour sauver une créance considérable qui lui
était due, et 2°. que depuis il avait cédé ce brevet.

116. Avec celle de syndic salarié dans une faillite (arr. du 1er mai 1837);

117. Avec l'occupation qui consiste à solliciter des brevets d'invention (arr. du 25 août 1834);

118. Avec la qualité de directeur-gérant de l'École industrielle de Charonne (arr. du 17 février 1835);

119. Avec celle de professeur ou même de proviseur dans un collége royal (arr. du 28 décembre 1825, 27 novembre 1832 et 7 février 1838) [1];

[1] Voici la lettre écrite par notre bâtonnier au bâtonnier de Marseille, en conséquence de l'arrêté de 1832 : «Tous les membres du Conseil ont pensé qu'un *professeur de philosophie ou de belles lettres ne doit pas être admis sur le tableau des avocats*, non point par répulsion pour ces honorables professions, mais par le double motif qu'elles sont rétribuées, ce qui nuit à leur indépendance, et que d'ailleurs les travaux et les devoirs qu'elles imposent sont inconciliables et incompatibles avec les devoirs et les travaux de l'avocat.

« On peut opposer, il est vrai, que les professeurs de droit figurent cependant sur le tableau dans tous les ressorts où des Écoles de droit sont établies ; mais cette exception, qui n'est pas sans contradicteurs, est motivée sur ce que les études des professeurs de droit sont à peu près les mêmes que les nôtres, qu'ils consultent habituellement avec nous, et qu'il semblerait inconvenant d'exclure du tableau ceux qui mettent les jeunes gens à même de s'y faire inscrire. Je dois même vous dire à ce sujet, qu'avant la Révolution, de tous les professeurs de la Faculté de droit, *il n'y avait que le professeur de droit civil français qui fût admis sur le tableau.*

« Quant aux professeurs de belles-lettres et de philosophie, voici le seul précédent que nous connaissions. Lorsque l'Ordre des avocats fut rétabli, M. Lemaire, éditeur des *classiques latins*, alors professeur de poésie latine à la Faculté des lettres, demanda comme ancien avocat, à figurer sur le tableau nouvellement formé ; il y fut admis, en effet, et y est resté jusqu'à son décès ;

120. Avec l'enseignement de la langue française ou des langues anciennes et de mathématiques, donné au *domicile même des élèves* (arr. des 6 décembre 1821 et 11 juin 1833)[1];

121. Même décision dans une espèce où il ne paraît pas que l'enseignement fût donné au dehors (arr. du 14 février 1838)[2];

mais plusieurs de nos anciens confrères nous ont expliqué que M. Lemaire avait dû son admission à des relations d'amitié très-intimes avec quelques-uns des membres de l'Ordre qui avaient alors le plus d'influence, et au désir qu'on avait, à la rénovation du tableau, de le voir rehaussé par des noms jouissant de quelque célébrité. Mais, depuis, cet exemple ne s'est pas renouvelé, et si l'inscription de M. Lemaire est restée, c'est qu'une raison suffisante pour ne pas admettre un homme honorable sur notre tableau ne saurait suffire pour lui attirer le désagrément d'une radiation.

« Telle est, Monsieur et honorable confrère, l'opinion du Conseil, que je me suis chargé bien volontiers de vous transmettre. »

Je dois relever, dans cette lettre, une assertion qui ne me paraît pas exacte. Tous les professeurs de droit et non pas seulement, comme il est dit, le professeur de droit civil, étaient autrefois portés au tableau (arr. du 6 septembre 1777, sur les conclusions de M. l'avocat-général D'Aguesseau; DENIZART, §. 8, n° 8, vᵒ *Avocat*). On ne concevrait pas, en effet, la raison de différence.

[1] Voir *infrà*, n° 146 et suiv., les arrêtés qui admettent la compatibilité pour des cours de *droit*.

[2] Texte des motifs : « Considérant que, suivant l'art. 5 de l'ordonnance du 20 novembre 1822, le tableau ne doit comprendre que les avocats *exerçant réellement* près de la cour; que l'art. 13 prévoit le cas d'*abandon de l'exercice de la profession*, et charge le Conseil de statuer sur les réintégrations qui peuvent être réclamées; qu'il résulte de là qu'indépendamment de son pouvoir disciplinaire, le Conseil a le droit d'apprécier les cir-

122. Avec la direction ou la gérance d'un journal (arr. des 20 août 1818, 7 mai 1829, 11 février 1830 et   mai 1841[1]); toutefois, le Conseil a accordé, dans les deux dernières espèces, un délai suffisant pour que l'avocat pût opter et se démettre des fonctions incompatibles ;

constances qui constatent l'abandon par un avocat de l'exercice de sa profession ;

« Considérant qu'il est établi, par la notoriété et par les déclarations de M.***, qu'il se livre, depuis plusieurs années, à *l'enseignement des sciences et des lettres ;* qu'il a fait connaître au public cette profession par des affiches imprimées; qu'il reçoit de ses élèves le salaire de ses leçons; que, quel que soit l'honneur qui puisse s'attacher à ce genre de travail, il est complétement en dehors de l'étude du droit et des devoirs du barreau ; qu'il impose une suite d'obligations absolument incompatibles avec les obligations de l'avocat ;

« Par ces motifs : le Conseil décide que le nom de M.*** sera *omis* du tableau. »

N. B. L'omission est ici l'équivalent d'une radiation. *Voir* ci-après, n° 245, ce que c'est que l'omission.

[1] Motifs de l'arrêté du 11 février 1830 :

« Considérant qu'aux termes de l'ordonnance royale du 20 novembre 1822, la profession d'avocat est incompatible avec toute espèce de négoce ; que, depuis la loi du 18 juillet 1828, l'entreprise d'un journal périodique constitue nécessairement une *opération de commerce ;* qu'en effet l'art. 4 oblige les entrepreneurs à choisir entre eux un ou plusieurs gérants qui, aux termes des art. 22 et 24 du Code de commerce, auront chacun individuellement la signature ; et que M.*** a accepté, dans l'entreprise du *Courrier des tribunaux,* la double qualité de gérant responsable et d'associé en nom collectif ;

« Ayant néanmoins égard à la déclaration faite par M.***, dans le sein du Conseil, qu'il opte pour sa profession d'avocat ;

« Et considérant que M.***, auparavant simple actionnaire, n'est devenu associé en nom collectif que pour obéir à la disposition de la loi du 18 juillet 1828, laquelle a introduit pour

123. Avec la rédaction en *chef* d'un journal. (arr. du 18 décembre 1832 ¹);

les journaux périodiques la nécessité de constituer une société commerciale, et de désigner des gérants responsables; qu'il ne s'est conformé à la nouvelle loi que pour conserver une propriété dont il avait, depuis plusieurs années, la légitime possession; que l'incompatibilité réelle des deux professions d'avocat et de négociant ne fait pas d'obstacle à *ce qu'en abdiquant la dernière*, il soit maintenu dans celle qu'il avait principalement embrassée et qu'il a exercée avec honneur pendant quinze années consécutives;

« Considérant, enfin, qu'en déférant l'option à M.*** il est juste de lui laisser le temps nécessaire pour retirer son cautionnement, pour le choix à faire, par la réunion des propriétaires, d'un autre agent responsable, et pour prendre ses mesures de manière qu'à l'avenir il soit personnellement à couvert de toute action commerciale à raison de son intérêt dans le journal;

« Arrête ce qui suit : Art. 1ᵉʳ. le Conseil prend acte de l'option faite par M. *** pour la profession d'avocat. Art. 2. M.*** est maintenu sur le tableau de l'Ordre. Art. 3. M.*** justifiera, dans les six mois à dater de ce jour, de son désistement de la qualité d'agent responsable du *Courrier des tribunaux*, de la nomination d'un autre agent responsable en sa place, d'un nouveau traité portant dissolution de la société en nom collectif et affranchissement de toute action commerciale, ainsi que de la publication de ce nouveau traité. »

Voir ci-après, nᵒˢ 148 et 322.

¹ Motifs de la réponse adressée en conséquence par le bâtonnier au barreau de Rouen : « J'ai consulté le Conseil de l'Ordre sur l'objet de la lettre que vous m'avez fait l'honneur de m'adresser à la date du 6 de ce mois; voici son opinion, qui est aussi la mienne :

« Nous ne considérons pas la qualité de *simple rédacteur*, dans un journal, comme incompatible avec l'exercice de la profession d'avocat; en effet, dans l'état de nos mœurs actuelles, il arrive souvent que des hommes distingués, indépendants et désintéressés, fournissent des articles plus ou moins fréquemment aux jour-

124. Avec la qualité de mari d'une femme tenant un pensionnat et commune en biens, attendu qu'elle est *marchande publique,* et oblige son mari solidairement à raison de son commerce[1]. (Arr. des 10 et 17 novembre 1813. — Même décision par arrêté du 1er mars 1827[2].)

naux, et il ne serait pas raisonnable de les exclure d'un ordre qui se fait gloire d'accueillir tout ce qui est honorable.

« Mais nous considérons comme incompatible la *qualité de gérant* d'un journal et celle d'avocat; *il en est de même de celle de rédacteur en chef à appointements* ; les motifs relevés dans votre lettre nous guident ici, comme vous à Rouen.

« Quant aux exemples qui vous ont été cités, il y a inexactitude. . . . »

Cette décision, quant au rédacteur *en chef,* souffrirait difficulté aujourd'hui, le Conseil s'étant relâché de la sévérité des principes qui le guidaient alors.

Autre espèce :

— Le Conseil décide, à l'occasion de la plainte portée contre M. ***, qu'il y a lieu d'examiner s'il n'existe pas d'incompatibilité entre la profession d'avocat et la publication d'un ouvrage périodique par voie d'abonnement, avec *tenue de caisse* et bureau. M. Duvergier est nommé rapporteur (arr. du 12 mai 1835). On ne trouve aucune trace de la solution ni du rapport; pour notre compte, nous pensons qu'il y a incompatibilité, car c'est vraiment là une opération de commerce.

[1] *Voir* une autre espèce, n° 349.

[2] L'espèce et les motifs de ce dernier arrêté sont utiles à connaître :

« Attendu, y est-il dit, qu'il est constant et avoué que M. *** a fait afficher aux portes des Écoles de Droit, des placards par lesquels il annonçait qu'il mettait les jeunes étudiants en état de soutenir les épreuves probatoires avec le même succès que s'ils eussent suivi les cours publics des professeurs, avec promesse de sa part de remettre à ceux des candidats qui n'auraient pas été admis les sommes par eux payées d'avance (ce motif n'a pas été déterminant pour le Conseil. *Voir* ci-après, n° 146 et suiv.) ;

§. II. — INCOMPATIBILITÉS ABSOLUES.

125. La profession d'avocat est incompatible, eu ce sens ¹, savoir :

« Attendu en outre que M. *** a, par des affiches placardées aux murailles extérieures de la maison par lui occupée, rue.., annoncé aux mêmes étudiants une pension bourgeoise ou table d'hôte, à différents prix et à différents genres, ainsi que des chambres meublées, destinées à y recevoir des élèves internes;

« Attendu que M.*** mandé et entendu sur tous ces faits, dont avis avait été donné au Conseil, n'a pu indiquer la personne qui tenait dans le local, par lui occupé dans ladite maison, cette pension bourgeoise et cette table d'hôte; qu'*il a été forcé de convenir que c'était la dame son épouse, avec laquelle il est en communauté, qui était à la tête de cette entreprise, ce qui, d'après cette seule circonstance, soumettait M.*** à toutes les conséquences irritantes et commerciales des engagements qui pourraient être contractés envers les marchands et fournisseurs de la pension tenue par la dame son épouse;* —Attendu qu'il serait difficile de penser que M.***, malgré les promesses et les engagements qu'il avait manifestés, pût demeurer désormais étranger à une semblable spéculation, et que sa position pourrait faire craindre au Conseil une récidive;

« Considérant encore que, si elle ne présente rien de contraire à la probité et à l'honnêteté, elle est inconciliable avec la dignité et la délicatesse de l'avocat, et ne permet pas de conserver le nom de M. *** sur le tableau;

« Le Conseil, d'après ces considérations, décide que M.***. sera et demeurera rayé du tableau. »

¹ Voir *suprà*, nᵒ 89, ce qu'on entend par incompatibilité absolue.

Chez les Grecs et chez les Romains, la profession d'avocat était interdite aux femmes, à cause de la pudeur du sexe. On vit cependant à Rome deux femmes s'illustrer au barreau, *Amasia* et *Hortensia* (Bouher d'Argis, p. 37). Le Code théodosien laissait aux femmes le droit de plaider leur propre cause.

En France, la profession est demeurée le partage exclusif des

126. Avec le ministère ecclésiastique (arr. du 15 mars 1831, qui rejette le candidat au stage [1] sur le

hommes; on admettait aussi les femmes à plaider pour elles-mêmes (p. 72). — Je pourrais citer un fait semblable qui s'est passé récemment, sous nos yeux, devant la 1re chambre du tribunal de la Seine.

[1] Ce candidat était M. Lacordaire, aujourd'hui père dominicain et l'un de nos prédicateurs les plus distingués. En adoptant la décision du Conseil, je pense même qu'il faut ranger l'incompatibilité parmi celles absolues, parce qu'elle doit être permanente comme le caractère du prêtre. M. Ph. Dupin, *Encyclopédie du Droit,* v° *Avocat,* p. 375, s'il n'improuve pas cette solution, exprime pourtant un doute sérieux. Il conçoit difficilement qu'on puisse écarter de l'Ordre des hommes dont les habitudes de travail et de moralité lui offrent, au plus éminent degré, toutes les qualités désirables. Voici mes motifs : Je conviens que l'opinion du Conseil n'est pas sans difficulté, car, avant 1790, les ecclésiastiques (non religieux) pouvaient être portés sur le tableau. Dans les premiers temps de la monarchie, les ecclésiastiques étant presque les seuls qui eussent quelque teinture des lettres, un grand nombre d'entre eux exerçaient la profession d'avocat, et souvent avec éclat. Saint-Yves fut célèbre au barreau. Guy-Foucault, avocat au Parlement, devint pape, sous le nom de Clément IV, du temps de Saint-Louis. Plus tard, les prélats ayant été contraints de quitter le Parlement, les autres ecclésiastiques abandonnèrent aussi peu à peu le barreau; il en resta cependant quelques-uns (B. d'Argis, p. 71 et 72). *Voir* aussi l'*Introduction*, p. 25, à la note. Le Conseil n'a pas pu trouver, dans l'ordonnance de 1822, un texte qui déclare explicitement l'incompatibilité; mais il a été touché, si mes souvenirs sont exacts, de ces deux motifs généraux : 1°. que les ecclésiastiques reçoivent aujourd'hui un traitement de l'État; 2°. que l'exercice de leur ministère ne leur permet pas de consacrer à la profession d'avocat, surtout au stage, le temps et l'assiduité voulus par le règlement. Voir *suprà*, n° 97, et la lettre transcrite à la note.

A ces motifs, j'ajouterai que l'ancien droit canon ne permettait aux prêtres de plaider, soit devant un tribunal laïque, soit

rapport de M. Delacroix-Frainville et après mûr examen);

127. Avec la qualité d'ancien agent d'affaires, attendu que l'art. 42 de l'ordonnance du 20 novembre 1822 exclut de la profession d'avocat ceux qui ont été agents d'affaires (arr. du 1er février 1830 [1]);

128. Avec celle d'employé chez un agent d'affaires (arr. du 1er avril 1830 [2]);

129. Avec celle d'ancien agréé au Tribunal de commerce (arr. du 26 juin 1832, qui décide, en

devant un tribunal ecclésiastique que dans trois cas : pour eux ou pour leur église, pour les pauvres, pour des proches parents qui étaient hors d'état de trouver un autre défenseur aussi habile. Il y avait plus de latitude pour les clercs non prêtres, et plus encore pour les clercs seulement minorés. Dans l'état actuel, lorsqu'il n'existe plus de tribunaux ecclésiastiques, le ministère de l'ecclésiastique avocat serait donc presque illusoire ; il lui serait d'ailleurs difficile d'en concilier les devoirs avec l'esprit, les convenances et les obligations du sacerdoce. Il devrait, dans tous les cas, obtenir l'autorisation préalable de son évêque. Lui serait-elle accordée? je ne le pense pas. *Voy.* SAINT LIGUORY, lib. IV, c. III, *de Officio sæcularium.* Dub. 3, n° 218. *Voir* aussi LAROCHE-FLAVIN, liv. III, ch. III, n° 35.

[1] L'ordonnance dit : en sont exclus les agents d'affaires. J'adopte l'interprétation du Conseil. *Voir* tit. XI, 2e partie, notre projet de règlement.

Cependant le Conseil a admis, par l'une des très-rares exceptions dont j'ai parlé, n° 89 à la note, M.***, qui, après avoir exercé cette profession sans aucun reproche, avait été depuis honoré d'une haute magistrature et de la députation (arr. du mois de novembre 1841).

[2] Si le candidat justifiait n'avoir été employé que pendant un temps assez court, n'avoir pris aucune part directe à l'agence, n'avoir accepté aucune espèce de mandat, il serait difficile de le rejeter pour toujours ; les circonstances sont à considérer en pareil cas.

principe, qu'à l'avenir aucune personne ayant exercé ces fonctions ne sera admise dans l'Ordre; autre arrêté du 24 novembre 1835, qui déclare persister dans les précédents [1]) ;

130. Avec celle d'ancien associé d'un agréé, d'après le même principe (arr. du 20 novembre 1832);

131. Avec celle d'ancien huissier (arr. des 6 décembre 1827, 25 mars, 15 avril et 16 décembre 1830 [2]);

132. Avec la qualité d'ancien commissaire de police (arr. des 8 février et 1er mars 1831, celui-ci maintenant le rejet d'une demande en stage qu'avait prononcé le premier [3]);

133. Avec tous les faits et actes qui, tendant à dégrader la profession, constituent *l'indignité*, et

---

[1] Avant 1832, les anciens agréés étaient admis au stage. La nouvelle jurisprudence est fondée sur la similitude qui s'établit entre cette profession et celle d'agent d'affaires.

Il importe de dire que tout récemment, le 9 mars 1841, un ancien agréé a été admis au tableau ; mais le Conseil a déclaré qu'il n'entendait ni rapporter ni modifier le précédent en vigueur. L'espèce était toute différente. Après la cessation de ses anciennes fonctions, M. *** avait exercé la profession d'avocat à Orléans pendant sept années ; il faisait partie du Conseil de l'Ordre d'Orléans, il exerçait près le Tribunal civil de la même ville les fonctions de juge-suppléant.

[2] Par assimilation à la profession d'agent d'affaires.

[3] Le Conseil a pensé qu'il existe dans ces fonctions, toutes recommandables qu'elles soient, certaines pratiques qu'il n'est pas besoin de signaler plus explicitement, et qui répugnent au caractère de l'avocat. J'ajouterai que, le Conseil ayant son libre arbitre sur l'admission au stage ou au tableau, ces deux principes, qui sont essentiels à la conservation de l'honneur de l'Ordre (voir *infrà*, n°s 166 et 201), lui donnent toute latitude dans l'appréciation de pareilles incompatibilités. Il n'en abuse pas.

qui, émanant d'un avocat déjà inscrit au stage ou au tableau, sont de nature à entraîner contre lui la peine disciplinaire de la radiation [1]. Je citerai deux espèces pour exemples :

1°. M. ***, qui figurait sur la liste des notaires honoraires, en fut rayé par délibération de sa compagnie. Le Conseil, informé du fait, appela M. ***, qui prétendit avoir donné sa démission de l'honorariat volontairement, et parce qu'alors il était saisi dans ses meubles ; il ajouta que cette cause n'existait plus. Toutefois, le Conseil, considérant que, quel qu'ait été le motif du retranchement de la liste des notaires honoraires, il ne convient pas de conserver sur le tableau un sujet *que ses anciens confrères rejetaient,* arrête que M. *** sera invité à donner sa démission d'avocat, d'ici au prochain Conseil (arr. du 7 décembre 1814).

2°. Le bâtonnier de N.... soumet au Conseil la question de savoir : quelle mesure peut-être prise contre un avocat qui, possédant, à deux lieues de la ville, une maison et un vaste jardin, vient avec une charrette vendre lui-même ses légumes et ses fruits, tous les jours de marché, reprend ses paniers vides et retourne sur sa charrette à la campagne où il passe

---

[1] Les plus anciens règlements excluent de la profession les *indignes* ou *infâmes* (*voir* l'Introd., p. 17, et la note n° 89). Il est des exemples remarquables de cette répulsion, qui est la plus puissante garantie pour le maintien de la considération de l'Ordre. Le chancelier Poyet, ayant été dégradé de la dignité de chancelier, voulut rentrer au Palais, où il avait précédemment exercé la profession d'avocat. Ses anciens confrères s'y opposèrent, en lui disant *qu'il avait déshonoré la robe* (BOUCHER D'ARGIS, p. 69). — Voir *infrà*, p. 313 et suiv., mes réflexions sur les condamnations politiques. Voir *suprà*, p. 203 et suiv.

l'été, ne fréquentant le Palais que pendant l'hiver. Cet avocat prétend qu'il ne fait qu'exploiter sa propriété, sans spéculation ni commerce ; et que de pareils soins ne dérogent point à la dignité de la profession. Le Conseil autorise le bâtonnier à répondre que suivant sa jurisprudence, si l'avocat averti persistait dans cette manière d'agir, *on le rayerait du tableau* (arr. du 12 novembre 1820). *Voir* règle 34.

133 *bis*. La condamnation pour délit politique (non infamante) ne forme pas nécessairement une cause d'incompatibilité (arr. du mois de novembre 1841, relaté n° 127). Dans cette espèce, le candidat avait été condamné par la Cour d'assises, pour un délit de ce genre, à deux années d'emprisonnement, qu'il avait prescrites en s'expatriant. Le Conseil a écarté cette circonstance sans discussion [1].

---

[1] Je dois dire qu'avant 1830 la question s'était présentée à l'égard de M. Charles Comte , et que le Conseil a éludé la difficulté par une décision que je ne puis pas approuver. L'espèce mérite d'être rapportée.

« A la séance du 1er juin 1826, M. Gauthier, rapporteur, expose au Conseil la demande d'admission au stage de M. Comte, ancien rédacteur du *Censeur Européen,* qui , en cette qualité, a subi, il y a quelques années, *deux condamnations en police correctionnelle.* L'une de ces condamnations était à trois mois d'emprisonnement et mille francs d'amende. Il paraîtrait que l'emprisonnement n'a été subi que pendant le procès , mais non pas à la suite et comme exécution de l'arrêt. L'autre condamnation était à deux mois d'emprisonnement et deux mille francs d'amende. Depuis , M. Comte avait séjourné en Suisse et en Angleterre ; il produisait des lettres honorables du gouvernement suisse. Le rapporteur conclut à l'admission de M. Comte au stage, à la date du 13 mars 1826, sauf à l'avertir d'être plus circonspect à l'avenir. Le Conseil délibère. Seize membres sont présents ; la discussion est continuée à quinzaine , après quelques réflexions

§. III. — NON-INCOMPATIBILITÉS.

134. Au contraire, ne sont pas incompatibles, avec la profession d'avocat, les fonctions, qualités ou circonstances qui suivent :

générales successivement développées par trois membres du Conseil. »

Séance du 15 *juin* 1826. — « M. Gauthier recommence son rapport sur la demande, et reproduit ses mêmes conclusions. La délibération reprise, dix-neuf membres sont présents; le Conseil est complet, à l'exception de M. Savy. Sept membres votent pour l'admission ; *douze votent contre.* Le refus d'admission est par conséquent prononcé. Les motifs énoncés par la plupart des membres du Conseil, dit le procès-verbal, sont : que M. Comte était déjà avocat stagiaire lorsqu'il abandonna les travaux et les devoirs de sa profession pour se livrer à cette rédaction de journaux qui lui attira, dans les années 1817 et 1820, deux condamnations à trois mois et à deux mois d'emprisonnement en dernier ressort. M. Comte, qui a maintenant quarante-quatre ans, en avait trente-cinq lors de la première condamnation. La circonstance alléguée par M. Comte à M. le rapporteur, et dont celui-ci a dû faire part au Conseil, à savoir que M. Comte aurait été poussé et mis en avant, dans cette première affaire, par M. le duc D***, alors ministre, et que c'est pour cela qu'on ne retint pas en prison le condamné, après l'arrêt qui rejeta son pourvoi en cassation, ne serait pas, aux yeux du Conseil, une excuse pour M. Comte. Il avait trente-huit ans lors de la seconde condamnation. Avoir non pas rédigé, mais publié des écrits qui, en dernier ressort, ont été déclarés contenir des calomnies contre le Roi et sa famille, *n'est pas un délit purement politique.* La seconde condamnation, prononcée après déclaration du jury, est pour cause *de provocation à la désobéissance aux lois.* Ces précédents sont, dès lors, incompatibles avec l'observation du serment et de la discipline du barreau. »

En admettant la gravité des faits établis contre M. Comte, le long temps écoulé depuis, le caractère honorable du candidat et toutes les autres circonstances signalées par le rapporteur, ne

135. Les fonctions de garde des sceaux et de secrétaire général de la justice (arr. du 19 novembre 1839, qui a maintenu sur le tableau MM. Teste et Boudet)[1];

permettaient pas, suivant moi, de refuser l'admission demandée. Le véritable motif du rejet, c'était donc *l'opinion politique*. Nous verrons plus loin, n°s 329 et 378, d'autres décisions dictées par la même influence.

Le procès-verbal de la séance du 27 mars 1832 constate que le Conseil chargea un rapporteur (M. Crousse) d'examiner la question en principe ; mais il est certain que le rapport n'a pas eu lieu. Je n'hésite point à penser, avec le nouveau Conseil, que l'existence d'un jugement de condamnation pour délit purement politique ne saurait être une raison suffisante de déclarer l'incompatibilité. Quelque graves que soient les causes de la condamnation, il serait bien rigoureux d'en faire résulter un principe d'exclusion, ou du moins un principe absolu, parce qu'elles ne touchent pas essentiellement à la profession. D'un autre côté, si elles ne se justifient pas, elles peuvent s'atténuer par les circonstances, l'entraînement des opinions, l'exaltation du caractère, les influences extérieures, l'expiation. Toutefois, lorsque la condamnation est en cours d'exécution, on conçoit que, s'il s'agit surtout d'une demande en stage, l'ajournement peut être nécessaire ; car il y a, là, une des incompatibilités relatives dont nous avons parlé sous les n°s 90 et suiv., c'est-à-dire l'impossibilité physique d'exercer la profession et d'en pratiquer les devoirs. Encore moins, la condamnation politique doit-elle constituer une cause d'indignité et motiver la radiation du tableau ni même du stage.

[1] Le Conseil avait précédemment décidé que ces mêmes fonctions étaient incompatibles (arr. du 5 janvier 1831). Nous approuvons, quant à nous, cette exception au principe d'autant mieux que, avant 1830, elle existait. M. Roy, devenu ministre des finances, avait été maintenu sur le tableau. De même les employés *supérieurs* de la justice étaient conservés au tableau, à cause de l'affinité de leurs travaux avec les nôtres.

M. Teste a compris qu'à cette décision consciencieuse se joignait

136. Celles de directeur des affaires civiles au ministère de la justice (arr. du 24 novembre 1840, qui a maintenu M. Duvergier);

137. Les fonctions de juge-suppléant près le Tribunal de la Seine, bien qu'un traitement y soit attaché (arr. des 23 novembre 1814 et 5 janvier 1831 [1]);

138. Les fonctions de suppléant près d'une justice de paix (arr. du 20 novembre 1816);

un témoignage d'estime et d'attachement pour lui ; il nous l'a rendu. En sortant du ministère, il est venu reprendre au barreau la place qu'il y avait occupée avec tant d'éclat. M. Vivien, son successeur, a suivi son noble exemple. — Ceux qui se sont étonnés de cette résolution (car j'en ai vu) ne comprennent pas notre profession ; ils ne connaissent pas son histoire. Si le barreau peut donner un ministre à l'État, pourquoi le barreau serait-il indigne d'offrir à l'ex-ministre une honorable retraite ? Parmi les orateurs éminents de la Chambre des Députés, le barreau ne compte-t-il pas aussi plusieurs de ses membres ? Après la mort de Henri III, on vit le garde des sceaux, François de Montholon, cet avocat dont la probité fut citée de son temps comme un modèle (voir *suprà*, règle 9), donner sa démission pour rentrer dans les rangs de ses anciens confrères.

On lit dans le Nouveau DENIZART, §. 8, n° 2 : « C'est dans le barreau de Paris qu'on est le plus sévère sur l'incompatibilité de toute profession, de toute charge, avec la profession d'avocat. » On conservait sur le tableau les pourvus de charges de secrétaires du Roi, mais à la condition de ne pas en faire les fonctions. On y conservait aussi les secrétaires du sceau, les intendants des finances de Monsieur et de M. le comte d'Artois. Nous n'admettrions pas aujourd'hui des exceptions telles que ces dernières.

[1] Un arrêté de 1818 avait omis du tableau M. Danjan, juge-suppléant ; il a été réintégré par l'arrêté de 1824. Il ne peut plus s'élever de difficultés pour les nouveaux suppléants nommés à Paris, en exécution de la loi de 1841, puisqu'ils ne reçoivent aucun traitement.

139. Celles de secrétaire de la Chambre des Pairs, attendu qu'elles ne sont autres que celles de *conseil* près de l'une des commissions de la Chambre des Pairs (arr. du 17 août 1814)[1];

140. Celles de surnuméraire au ministère de la justice (arr. du   183)[2];

141. Celles de maître des requêtes en service *extraordinaire*, attendu qu'elles sont gratuites, et purement honorifiques (arr. du 16 juillet 1833 et 29 janvier 1839);

142. Celles de conseillers d'État en service extraordinaire et des auditeurs au Conseil d'État, par la même raison, et par ce nouveau motif qu'elles ne se trouvent dans aucun des cas d'exclusion ou d'incompatibilité prévus par l'ordonnance royale de 1822 (arr. du 29 janvier 1839)[3];

143. Celles de conseiller de préfecture (arr. du 22 décembre 1840)[4];

[1] Le fait donné pour motif serait à vérifier, depuis la nouvelle organisation de cette Chambre.

[2] Le contraire avait été décidé par deux arrêtés des 1er février 1831 et 12 avril 1832.

[3] La jurisprudence est fixée en ce sens. En 1833, on avait aussi décidé différemment. (Arr. du 16 juillet.)

[4] M. le procureur-général ayant écrit pour demander si le Conseil a déjà eu l'occasion de se prononcer sur la compatibilité des fonctions de conseiller de préfecture avec la profession d'avocat, M. le bâtonnier fut chargé de répondre que la question n'a pas été résolue spécialement; mais que, dans une circontance antérieure, le Conseil *a préjugé l'affirmative* (*Sic*, arr. de Toulouse du 21 décembre 1840, S., 41, 2, 100; CARRÉ, *Compétence,* n° 84). Le barreau d'Arras avait, en effet, consulté le Conseil sur l'espèce d'un conseiller de préfecture *faisant fonctions de secrétaire général* ; le Conseil a cru qu'il y avait dans cette espèce chose jugée en faveur de celui qu'on voulait éliminer du tableau.

144. Le titre d'avoué *honoraire*, sur l'avis conforme de trois rapporteurs différents (arr. du 3 juin 1834 [1]);

*V*oir ci-après, chap. IV. Au fond, il aurait incliné à reconnaître l'incompatibilité pour le cas particulier, à raison du cumul de ces *dernières* fonctions.

M. Phil. Dupin place les fonctions de conseiller de préfecture parmi celles incompatibles, p. 375, *Encycl. du Droit,* v⁰ *Avocat.* Il en donne pour motifs la nature judiciaire de leurs fonctions et le traitement qu'ils reçoivent. Je ne crois pas que ces raisons soient suffisantes. Les anciens juges-suppléants près le Tribunal de la Seine (il en reste encore plusieurs) étaient dans la même position, et le Conseil les a maintenus sur le tableau. Voir *suprà*, n° 137. Le Conseil ne doit exclure que les personnes comprises dans les incompatibilités prononcées par l'art. 42 de l'ordonnance, il ne peut pas étendre le cercle de ces incompatibilités. Il y a de plus, en faveur des conseillers de préfecture, la considération que le travail de leurs fonctions administratives peut très-bien se concilier, surtout dans les départements, avec l'exercice de la profession d'avocat.

[1] Cette décision a rapporté la jurisprudence qui était contraire, depuis la reconstitution de l'Ordre, et que par cette raison, il est utile de constater. Le Conseil avait constamment tenu que les avoués *honoraires,* conservant un titre incompatible avec celui d'avocat, conservant le droit de voter, sur certaines questions, dans la chambre de leur ancienne compagnie, devaient opter entre la qualité d'avoués honoraires et le tableau ou même le stage (arr. des 23 novembre 1814, 11 décembre 1816, 5 février 1817, 15 mai 1832, et 13 août 1833). L'arrêté du 15 mai 1832 l'avait décidé comme *Précédent.* Bien plus, le 14 mai 1817, MM. les membres honoraires de la Chambre des avoués, *représentés* par MM. Valton et Delahaye, avaient fait une visite au bâtonnier et lui avaient *promis officiellement de faire supprimer les noms des avoués honoraires qui sont avocats, sur toutes les listes d'almanachs ou de tableaux imprimés*, etc. Le principal motif qu'on a présenté, pour obtenir le rapport de la jurisprudence, a été pris de ce que les avoués honoraires ne sont plus appelés aux délibérations de la chambre des avoués.

145. Le travail dans le cabinet d'un avocat à la Cour de cassation, même avec honoraires fixes [1];

146. Un cours de droit commercial, alors même que les auditeurs remettraient des honoraires aux professeurs (arr. du 22 janvier 1833) [2];

147. Le cours qu'un avocat se propose de faire dans un établissement intitulé *École pratique de procédure civile* (arr. du 12 février 1833);

148. La qualité de *simple* rédacteur dans un journal, soit de droit, soit littéraire ou politique (arr. de décembre 1832) [3].

150 [4]. M. *** ayant été dénoncé, comme exerçant au ministère de la police un emploi incompatible, il écrit au Conseil, qu'en effet il est chef de division dans ce ministère, mais qu'il possédait cet emploi supérieur *lors de son inscription au tableau;* qu'il l'a fait connaître alors; qu'il s'est cru digne de la même faveur que les chefs du ministère

---

[1] Il existe deux arrêtés, des 21 décembre 1814 et 28 décembre 1820, portant que M. ***, qui demande le stage, est ajourné, comme travaillant chez un avocat aux Conseils. A présent le Conseil considère, avec raison, ce travail comme se rattachant fort utilement à notre profession. Voir *infrà*, n°.

[2] *Voyez* néanmoins *suprà*, n°s 119, 120, 121, 124, les décisions rendues.

[3] Voyez *suprà*, n° 123 à la note, la lettre écrite au barreau de Rouen. Avant 1830, le Conseil s'était vivement préoccupé de cette tendance qui a porté les jeunes avocats à écrire dans les journaux, pour se former au style, ou pour aider leurs débuts déjà devenus difficiles. Le 2 juillet 1817, il décida qu'il lui serait fait un rapport sur ce point et nomma M. Billecocq pour rapporteur. Je n'ai pas trouvé de décision. *Voir* encore ci-après, n° 322, un arrêté, rendu au rapport de M. Tripier sur le même point. *Voir* ci-dessus 122 et 123.

[4] Le n° 149 a été supprimé.

de la justice maintenus au tableau ; que d'ailleurs il se renferme dans les devoirs de sa profession, quand ses fonctions lui permettent de s'y livrer. Le Conseil arrête que M. *** sera maintenu , *attendu sa possession d'état* (arr. du 7 décembre 1814).

CHAPITRE II.

STAGE.

152[1]. Le stage est, ainsi que je l'ai dit, le temps d'épreuve que les règlements exigent du jeune avocat, pour prouver qu'il réunit l'aptitude, l'expérience et la moralité, nécessaires à l'exercice de la profession[2].

J'examinerai le stage sous ses divers rapports :

L'admission,

L'ajournement,

La continuation,

L'interruption,

L'abréviation,

L'assiduité et le congé,

La surveillance,

Le droit des stagiaires[3].

§. Iᵉʳ. — ADMISSION.

Serment. — Rapporteur. — Dispense de diplôme. — Ancien avoué. — Greffier. — Logement. — Demande nouvelle d'admission. — Principe de décision. — Motifs.

153. Le demandeur en stage doit justifier qu'il a prêté serment devant la Cour royale (arr. du 13 juin 1811)[4].

---

[1] Le n° 151 est supprimé.

[2] Voir *suprà*, p. 143 et 160.

[3] *V*. ci-après, n° 397 et suiv., *prorogation* et *révocation du stage*.

[4] Voir *suprà*, p. 214.

154. M. *** ayant été admis au stage sans avoir prêté serment, le Conseil révoque son admission (arr. du 6 août 1818).

155. L'arrêté du 24 août 1825 portait : « A compter du 1er novembre 1825, les licenciés en droit qui demanderont leur admission au stage, se présenteront *en personne devant le Conseil.* » Mais, le 16 décembre 1830, le Conseil a décidé que les stagiaires ne seront plus appelés pour recevoir le nom du rapporteur.

156. Aussitôt qu'ils connaissent le rapporteur nommé par le Conseil, les candidats doivent le visiter.

157. M. ***, ayant été dispensé par le Roi de la représentation de lettres de licence, demande à être reçu stagiaire : le Conseil admet M. *** au stage, *mais sans tirer à conséquence* (arr. du 3 août 1814).

Le Conseil examine quel est le droit de ceux qui se présentent porteurs d'une dispense de diplôme de licencié ; il arrête que cette dispense produit son effet, en tant que le porteur peut prêter serment, mais qu'il est soumis au stage, et n'y est admis que s'il réunit les qualités voulues (arr. du 3 avril 1816).

158. L'ancien avoué est tenu de faire un stage, alors même qu'il aurait été inscrit au tableau avant l'exercice de ses fonctions d'avoué [1].

159. M. ***, ancien avoué, sollicitant le stage, le Conseil invite le rapporteur à demander communication du traité passé entre le candidat et son successeur, pour vérifier si cet acte ne contient pas de clause par laquelle celui-ci s'engagerait à lui remettre

---

[1] Ainsi jugé par arr. de cass. du 1er mars 1827. S., 37, 1, 333, et par arr. de Paris, 27 mars 1828. S., 29, 2, 247.

les affaires de son étude à plaider (arr. du 4 septembre 1832).

L'ancien avoué pétitionnaire doit de plus justifier : 1°. de son *quitus* ou du retrait de son cautionnement (arr. du 26 mars 1833); 2°. d'un certificat de moralité délivré par la chambre de discipline [1].

160. Un ancien greffier [2], un ancien notaire sont soumis au stage, comme l'ancien avoué ; ainsi répondu par notre bâtonnier au bâtonnier d'Épinal, le 4 décembre 1838.

« J'ai communiqué à notre Conseil la lettre que vous m'avez fait l'honneur de m'écrire le 16 novembre dernier, et dans laquelle vous me demandiez si un avocat inscrit au tableau qui avait quitté l'Ordre pour exercer pendant plusieurs années les fonctions de greffier auprès d'un tribunal de première instance et qui aujourd'hui, ayant cessé ces fonctions, se présente pour rentrer au barreau, devait être ou admis au tableau ou *subir un stage.*

« Je suis autorisé à vous répondre que l'ordonnance, du 20 novembre 1822, *a placé sur la même ligne, dans son article* 42, *le greffier, le notaire et l'avoué ;* que, s'il y avait eu une exception à faire, elle aurait eu lieu pour l'avoué dont la profession le met à même de s'occuper d'affaires contentieuses, et même de plaider soit de certaines affaires, soit même toutes les affaires dans certaines localités ; que c'est à cause de ces motifs que l'art. 37, par une disposition spéciale, le soumet à un stage, sans pour cela en exonérer le greffier ou le notaire. Nous avons un

---

[1] Cette solution et la précédente sont de⸳⸳⸳ues un point de jurisprudence constant.

[2] *Voir* même décision, n° 219.

précédent, car un greffier de chambre de la Cour royale de Paris s'étant présenté, après cessation de fonctions, pour demander le tableau, n'a été admis qu'au stage. »

Un ex-greffier ne peut être admis au stage, qu'en justifiant de son *quitus* (arr. du 15 mai 1832 [1]).

161. M. ***, fils de M. ***, pair de France, ancien conseiller à la Cour royale de Paris, et premier président à la Cour royale d'Amiens, est admis au stage, sans autre rapport que celui fait par le bâtonnier, au moment même de la présentation (arr. du 17 août 2826 [2]).

162. Le demandeur doit justifier qu'il est logé *dans ses meubles* et dans une maison convenable. C'est la règle constante (arr. du 7 janvier 1830 [3]).

On fait exception à cette règle, s'il habite chez ses père et mère, ou chez un proche parent, tel qu'un oncle. Le fils de l'avoué est lui-même dans l'exception.

163. Le Conseil décide que M. ***, avocat stagiaire, doit résider dans l'intérieur de Paris; autrement, la surveillance du Conseil serait impossible (arr. du 10 novembre 1839). *Voir* n° 62.

---

[1] Il est d'usage aussi que le Conseil exige un certificat de moralité délivré par le tribunal près duquel le greffier exerçait ses fonctions. Les mêmes conditions sont imposées à l'ancien notaire, le certificat doit être donné par sa chambre de discipline.

[2] Depuis j'ai connu deux ou trois décisions semblables. La parole du bâtonnier ou d'un membre du Conseil garantit suffisamment l'aptitude.

[3] *Voir* ci-dessus, p. 143 et *infrà*, n° 222. C'était l'ancienne règle. Arr. du Parlement de Paris du 5 mai 1751. Je ne cite pas d'autres arrêtés qui sont plutôt des actes de tolérance temporaire que de véritables exceptions.

164. M. ***, demandant à être admis au stage, le Conseil décide qu'il sera *appelé* à la prochaine séance pour fournir des renseignements (arr. du 31 janvier 1832)[1].

165. Il n'existe pas de fin de non-recevoir contre une demande en stage qui a donné lieu à un premier refus, pourvu qu'elle soit reproduite avec des documents *nouveaux*. M. *** est même réadmis, après une radiation prononcée contre lui, le 10 août précédent (arr. du 29 mars 1827)[2].

166. Le Conseil qui refuse l'admission au stage *n'est pas tenu de motiver sa décision*. Ce principe fondamental qui régit l'admission au tableau devait s'appliquer au stage par une raison plus forte (arr. du 9 mars 1814). Dans cette séance, il a été donné par le bâtonnier au Conseil, connaissance d'un arrêt de la Cour royale de Paris, du 7 mars 1814, qui l'avait ainsi décidé. Il existe d'autres arrêtés en ce sens[3].

Le Conseil ordonne cependant qu'il sera tenu note par le secrétaire des motifs du rejet, afin qu'il en reste trace dans le cas où le candidat reproduirait sa demande (arr. du 18 janvier 1837).

---

[1] Cette décision isolée ne doit pas être prise pour règle. Au contraire, j'ai vu plusieurs fois refuser la comparution du demandeur par deux raisons : il peut communiquer ses renseignements à son rapporteur qui les transmet au Conseil dont celui-ci possède toute la confiance. D'un autre côté, le Conseil, ayant l'omnipotence sur les questions d'admission au stage, ne doit pas être gêné dans l'exercice de son droit. *Voir* ci-après, n° 211, note.

[2] *Voir* aussi *infrà*, chap. III, §. 1, n° 3, le principe sur toute demande en révision.

[3] Voir *suprà*, p. 192 et ci-après 201 et suiv. Le même arrêt du 7 mars juge que la décision du Conseil est sans appel.

167. Le Conseil peut se borner à ne pas admettre, *quant à présent*, comme dans l'espèce suivante : M. ***, ancien avoué, n'est pas admis quant à présent, attendu qu'il a reçu des procurations ; qu'il n'en rapporte pas la décharge, et qu'il reste sous le coup d'une action de mandat (arr. du 24 juillet 1811) [1].

168. M. ***, demandant une expédition de l'arrêté qui lui a refusé l'admission au stage, le Conseil arrête que l'on répondra qu'il est contraire aux règles et aux usages de l'Ordre *de délivrer aux candidats expédition des arrêtés en matière d'admission au stage ou au tableau* (arr. du 20 juillet 1826 et 11 janvier 1831) [2].

§. II. — AJOURNEMENT.

Obstacle temporaire. — Logement. — Travail chez l'avoué. — Étranger. — Renseignements.

169. Lorsque l'obstacle à l'admission n'est point absolu, et qu'il est de nature à cesser dans un bref délai, le Conseil a adopté l'usage, pour ne pas faire perdre au pétitionnaire la date de sa demande, de se borner à prononcer un ajournement. Ainsi, dans les espèces qui suivent :

M.*** est ajourné jusqu'à ce qu'il ait un logement convenable (arr. du 17 décembre 1833); M. ***, jus-

[1] *Voir* encore ci-après, n° 169, *ajournement* pour le tableau.

[2] Lorsqu'un stagiaire a été omis par erreur sur la liste du stage, cette omission doit être réparée, s'il justifie de son admission, (arr du 18 avril 1842). De même, lorsqu'un avocat avait perdu sa matricule, il conservait son rang du jour où il avait plaidé, JOUSSE, p. 470.

Voir *suprà*, n° 67.

qu'à ce qu'il ait cessé de travailler chez l'avoué (arr.
du 17 décembre 1833)[1] ; M. ***, comme étranger,
jusqu'à ce qu'il ait obtenu sa naturalisation (arr.
du 13 janvier 1835)[2].

Le Conseil ajourne encore, faute de renseignements suffisants sur la justification des conditions
voulues (arr. du 17 juillet 1835)[3].

§. III. — CONTINUATION DE STAGE.

*Stage commencé devant une autre cour. — Emploi du temps. —
Rang du stagiaire. — Stage à l'étranger. — Devant un tribunal.*

170. Lorsque le candidat qui a commencé son
stage devant une Cour royale demande à le continuer à Paris, notre bâtonnier doit écrire au bâtonnier de l'autre cour, pour obtenir des renseignements sur sa conduite pendant le temps du stage
déjà fait (arr. du 23 mars 1814). Ordinairement,
c'est le rapporteur qui écrit.

M. *** demandant à continuer son stage qu'il dit
avoir commencé à Grenoble, le Conseil arrête que
le candidat rapportera un *certificat* du Conseil de discipline ou du barreau de Grenoble (arr. du 22 novembre 1815)[4].

---

[1] Voir *suprà*, n° 95.

[2] Voir *suprà*, n° 91.

[3] En général, le Conseil est facilement disposé à accorder un
ajournement, pourvu que le délai ne doive pas être trop long.

[4] Cet arrêté ne déroge pas à celui qui précède. En effet, le
certificat offre d'autant plus de garantie qu'il a été obtenu sur la
demande directe d'un membre du Conseil. Il doit attester non-
seulement le temps du stage commencé, mais la *moralité* du stagiaire.

171. M.*** demande à être porté sur le tableau comme ayant fait son stage à Riom, pendant trois ans, en 1812, 1813 et 1814; il produit un certificat du bâtonnier de Riom, mais il ne rend pas compte de l'*emploi de son temps pendant les quatre années intermédiaires.* Le Conseil ajourne jusqu'à plus amples renseignements sur cette dernière circonstance (arr. du 27 août 1818). J'ai vu d'autres cas et d'autres solutions semblables '.

172. Lorsque le stage a été commencé devant une autre Cour royale, le temps du stage commencé compte au stagiaire; mais, en l'admettant à continuer son stage à Paris, le Conseil décide qu'il n'*aura rang*, plus tard, sur le tableau de Paris, que du jour où il s'y est présenté pour la continuation du stage (arr. du 17 juin 1824 et 20 décembre 1837). — Même décision (arr. du 8 juillet 1824)².

172 *bis*. M.*** demandant à être admis au tableau comme ayant fait son stage à Liége (Belgique), le Conseil rejette la demande par le motif que le stage ne peut avoir lieu valablement que devant une Cour royale de France; l'exercice de la profession devant une Cour étrangère est sans aucune conséquence aux yeux de la loi (arr. du 29 avril 1834).

173. L'inscription au tableau d'un tribunal de première instance, même dans le ressort de la Cour

---

' On comprend qu'il importe de vérifier les causes de la lacune extraordinaire que présente le stage. Il est assez vraisemblable, si elle a été longue, que le stagiaire aura volontairement abandonné sa première carrière pour se livrer à des occupations incompatibles.

² Jurisprudence constante. *Voir* ci-après, n° 233, ce qui concerne le *rang*.

royale, ne dispense pas du stage à Paris (arr. du 11 décembre 1823)[1].

§. IV. — INTERRUPTION DU STAGE[2].

Service militaire. — Absence prolongée. — Temps passé dans la magistrature.

174. M.***, stagiaire, ayant été appelé au service militaire comme garde d'honneur, le Conseil arrête que ce service *forcé* n'a point interrompu le stage (arr. du 29 avril 1814.)

175. M. *** ayant interrompu son stage pendant plus de trois mois, le Conseil refuse, à l'unanimité, de l'admettre au tableau et même à la continuation du stage, attendu que la disposition de l'ordonnance de 1822 est *formellement prohibitive* (arr. du 29 avril 1824)[3].

176. Le Conseil décide, comme *précédent*, que le temps de la magistrature *interrompt* le stage, mais

[1] *Voir* cependant *Abréviation du Stage, infrà,* nº 180, et nos observations.

[2] Lorsqu'elle résulte de l'inassiduité du stagiaire, elle donne lieu à une *prorogation. Voir* ci-après, nº 397.

[3] *Voir* ci-après, nº 216 et *Congé.* Cette décision paraît sévère ; cependant je pense qu'il convient de la maintenir, sauf de très-rares exceptions. Il y a danger à s'écarter des règles, et surtout des dispositions portées par le règlement. Le stagiaire est toujours en faute, lorsqu'il a pu demander un congé et qu'il ne l'a pas fait. C'est aussi vers cette opinion qu'incline M. Ph. Dupin, vᵒ *Avocat*, p. 371. *Encycl. du Droit.* Il fait observer que l'art. 32 de l'ord. conférant au Conseil le droit de proroger le stage, selon les cas, il semble en résulter pour lui une sorte d'omnipotence, quant à l'appréciation des effets de l'interruption. Si cette interprétation était facilement admise, elle détruirait la règle de l'art. 31.

n'empêche pas de le continuer, après qu'elle a cessé ;
que, par conséquent, l'on ne doit tenir compte
que du temps de stage antérieur (arr. du 18 janvier 1831).

La question ayant été réexaminée, le Conseil passe
à l'ordre du jour (arr. du 8 février 1831), ce qui
confirme le précédent arrêté [1].

177. Le non-paiement de la cotisation, après une
mise en demeure par lettre du trésorier, emporte
l'interruption du stage (arr. du 24 juillet 1816).
Même décision (arr. des 31 août 1820, 20 août 1821
et 9 janvier 1823). Telle est encore aujourd'hui la
jurisprudence du Conseil [2].

§. V. — ABRÉVIATION DU STAGE.

*Fils de confrères. — Anciens avoués. — Considérations particu-
lières. — Danger des exceptions.*

178. MM. *** seront inscrits à la date de leur présentation, bien qu'il manque *quelques jours* au

---

[1] Cette double solution est très-grave , parce qu'elle rapporte
l'ancienne jurisprudence du Conseil , d'après laquelle le temps
passé dans la magistrature était réputé *équivaloir* au stage (arr.
des 4 février 1820 et 10 mai 1821). Voici la lettre que, par
suite de ce dernier arrêté, le bâtonnier a écrite au barreau
d'Aix, le 4 février 1829 : « Quand d'anciens magistrats se présentent pour être sur le tableau , nous les y mettons seulement à
la date du jour *où ils se présentent,* et non point à celle du jour où
ils ont prêté serment d'avocat. Nous ne considérons le temps de
la magistrature que comme *un équivalent au stage ,* et non comme
un privilège pour être mis sur le tableau avant ceux qui y sont
déjà, de manière qu'un magistrat qui n'aurait exercé la magistrature qu'une ou deux années, plus ou moins, ne serait mis par
nous sur le tableau qu'après avoir accompli les trois années exigées par la loi pour le stage. »

[2] *Voyez* ci-après , n° 501, ce qu'est la cotisation.

complément des trois années de stage, cette faveur leur étant accordée en considération de ce que M. *** est gendre du bâtonnier, et M. ***, fils d'un confrère honorable, *mais sans tirer à conséquence* (arr. du 20 novembre 1814) [1].

179. Le Conseil, pour prévenir les inconvénients résultant de l'abréviation du stage, à l'égard des officiers ministériels, et pour éviter, dans l'intérêt de l'ordre, *les distinctions de personnes* que cette diversité de temps exigé établissait entre eux, décide qu'à l'avenir le temps du stage fixé par les règlements sera observé et ne pourra être abrégé (arr. du 17 décembre 1829).

[1] Il est certain que, depuis, le Conseil a toujours tenu qu'en principe, il lui appartient d'accorder l'abréviation du stage. Cette opinion me paraît souffrir grande difficulté. L'article 30 de l'ordonnance du 20 novembre 1822 qui nous régit à présent, porte, en termes exprès, que le stage *sera de trois* années. L'article 22 autorise bien, selon les cas, le Conseil à en prolonger la durée, mais on ne trouve, dans ce règlement ni ailleurs, aucune disposition qui lui permette de l'abréger. On conçoit, en effet, que la faculté d'abréger le stage pourrait conduire à l'arbitraire. Lorsqu'une question touche aux personnes, les exceptions sont dangereuses. Si tel qui la mérite a obtenu une exception favorable, tel autre qui ne la mérite pas et se trouve écarté par la règle, se croit offensé et crie à l'injustice. Ce qui est plus sérieux encore, c'est qu'en accordant cette faveur à un stagiaire, on *blesse indirectement* le droit de ceux qui sont inscrits au stage avant lui.

Dans l'ancien barreau, quelques bâtonniers, voulant encourager les jeunes avocats, avaient porté, à la suite du tableau, une liste de ceux qui n'avaient pas encore le temps de stage requis; l'arrêt de règlement, du 5 mai 1751, en a fait une défense expresse. Voir *suprà*, p. 143. Ces observations prouveront au moins combien le Conseil doit être circonspect et réservé sur l'abréviation. *Voir* l'arrêté qui suit et qui les confirme.

M. ***, ancien avoué, demande que la durée de son stage soit abrégée : le Conseil rejette cette demande (arr. du 10 décembre 1832, et juillet 1841)[1].

180. Le Conseil a pourtant consenti, par des considérations particulières, à abréger le stage de deux confrères qui avaient fait partie, pendant plusieurs années, du barreau de Versailles (arr. de 1832)[2].

§. VI. — ASSIDUITÉ ET CONGÉS.

Audiences des tribunaux. — Conférences. — Anciens avoués de Paris. — Certificat. — Demande de congés.

181. L'assiduité consiste à suivre la conférence tenue par le bâtonnier, et à signer le registre[3], à suivre les audiences du tribunal et de la Cour royale.

182. Il sera écrit aux stagiaires pour les engager à être exacts aux conférences (arr. du 17 décembre 1818)[4].

---

[1] La jurisprudence du Conseil est aujourd'hui fixée en ce sens et le Conseil doit y persister, par les raisons que j'ai présentées sur la note précédente. Il est à remarquer, que, dans l'espèce du dernier arrêté, le demandeur avait été inscrit sur le tableau pendant plusieurs années, avant d'exercer les fonctions d'avoué. Antérieurement à ces arrêtés, le Conseil avait abrégé le stage en faveur de deux anciens avoués (arr. du 12 novembre 1829). Il n'est jamais trop tard pour revenir à la vérité.

[2] Le Conseil a considéré leur exercice près du tribunal comme étant l'équivalent du stage pour une partie des trois années. Mais, dans ce cas même, l'objection prise du texte de l'ordonnance en faveur des autres stagiaires, inscrits à Paris avant ceux qui demandent l'abréviation, subsiste. *Voir* plus haut, n° 178.

[3] Voir *suprà*, n° 75 et suiv., ce qui concerne la conférence.

[4] Cette précaution serait bonne à renouveler, chaque année, deux fois au moins. *Voir* n° 187 et suiv., *surveillance* et *colonnes*.

183. Il est admis, dans l'usage, que les anciens avoués de Paris peuvent être dispensés d'y assister, le Conseil les réputant suffisamment préparés à la discussion des affaires. Mais ils doivent demander cette dispense au bâtonnier.

184. Le Conseil arrête que l'agent de la chambre ne peut délivrer aucun certificat sur la conduite des stagiaires, sans que le Conseil en ait délibéré (arr. du 30 avril 1829)[1]. Le certificat doit être signé par le bâtonnier.

185. C'est au Conseil que les stagiaires doivent demander les congés, en déduisant leurs motifs dans une lettre au bâtonnier. Le Conseil arrête qu'à l'avenir les lettres portant les demandes seront gardées aux archives (arr. du 11 janvier 1837).

186. Si l'assiduité n'est pas justifiée, le Conseil proroge le stage pour tout ou partie, selon la gravité des circonstances. *Voir* ci-après, n° 397 et suiv.

§. VII. — SURVEILLANCE DES STAGIAIRES[2].

Colonnes. — Réunions de colonnes. — Leur objet. — Mesures prises.

187. Elle doit être exercée par le Conseil de l'Ordre, aux termes de l'art. 14 de l'ordonnance du 20 novembre 1822[3].

---

[1] Voir *suprà*, art. 15 du décret du 14 décembre 1810.

[2] Je rappelle que les avocats stagiaires sont soumis au pouvoir et aux peines disciplinaires, de même que les avocats inscrits au tableau. Voir *suprà*, p. 203 ; *infrà*, n° 251 et suiv.

[3] Bien que le décret de 1810 fût muet à cet égard, le Conseil de l'Ordre avait cru pouvoir diviser le tableau en *sept* colonnes, par imitation de ce qui existait avant 1790 (voir *suprà*, p. 159).

188. Le Conseil arrête que les députés *de colonnes* préviendront les stagiaires qu'il ne leur sera délivré de certificats d'admission au tableau, qu'autant qu'ils auront suivi exactement les audiences (arr. du 8 janvier 1812).

189. Sur la proposition de M. le bâtonnier, le Conseil arrête que les chefs de colonnes convoqueront tour à tour, et à des jours différents, les stagiaires répartis dans les diverses colonnes, pour s'assurer s'ils se conforment aux règles de la profession et tenir note de ceux qui s'occuperaient d'autre chose que du stage (arr. du 8 février 1815)[1].

Le Conseil fixe le jour de la convocation des stagiaires pour chaque colonne, d'accord avec les chefs de colonnes (arr. des 5 février 1817 et 23 juillet 1818).

190. Un rapport est fait au Conseil sur les sta-

Il avait en même temps réparti les stagiaires dans les colonnes, et deux membres du Conseil, députés de chaque colonne, avaient pour mission spéciale de *surveiller la conduite et l'assiduité des stagiaires* appartenant à cette colonne. Depuis l'ordonn. du 27 août 1830, nous avons considéré la division du tableau en colonnes comme supprimée (*voir* ci-après, n° 241), et il n'y a plus eu d'assemblée de stagiaires. Cependant la commission dont j'ai parlé dans l'Introduction, p. vij, et qui vient de faire son rapport, depuis l'impression de cette partie du livre, étant d'avis que les colonnes doivent être rétablies, je crois utile de rapporter les arrêtés relatifs aux anciennes colonnes en ce qui concerne les stagiaires. Une pareille mesure me paraît indispensable, pour que le Conseil puisse remplir, à leur égard, la mission si essentielle que les règlements lui ont toujours confiée. *Voir* d'ailleurs mes observations, n° 241.

[1] Nous verrons, n° 399, des arrêtés, à la date des 1er et 8 mars 1815, qui ont révoqué, par suite des vérifications prises, l'admission au stage d'un grand nombre de stagiaires.

giaires, par colonnes. Ceux qui paraissent ne plus suivre le Palais, sont désignés (arr. des 25 juin, 2 et 9 juillet 1817, et 20 août 1818).

191. Le bâtonnier propose d'assembler les colonnes *deux* fois par an, au lieu d'une, la première assemblée ayant lieu en février, l'autre en juillet, *afin d'expliquer aux jeunes avocats les devoirs de la profession qui ne paraissent pas assez généralement connus.* Ainsi décidé (arr. du 8 février 1826) ¹.

¹ Voici les termes de l'arrêté :

« Le Conseil de discipline des avocats à la Cour royale, — Vu l'art. 14 de l'ord. du 20 novembre 1822, conçu en ces termes : — « Les Conseils de discipline sont chargés de maintenir les sentiments de fidélité à la monarchie et aux institutions constitutionnelles, et les principes de modération, de désintéressement et de probité sur lesquels repose l'honneur de l'Ordre des avocats, et de surveiller les mœurs et la conduite des avocats stagiaires ; »

« Considérant qu'en exécution des dispositions de cet article, relatif aux avocats stagiaires, les députés des colonnes sur lesquelles les avocats stagiaires sont répartis, sont chargés de les réunir pour recueillir, sur chacun d'eux, les renseignements qui leur seraient administrés ; que ces réunions ont particulièrement pour objet de leur faire connaître les règles de la profession à laquelle ils se destinent ; de leur rappeler surtout que le désintéressement, la probité et la délicatesse sont les qualités qui distinguent essentiellement l'avocat, et qu'un avocat ne doit se permettre aucun acte attribué aux officiers ministériels, moins encore se livrer à aucune agence d'affaires ;

« Considérant que les avocats stagiaires n'ont été, jusqu'à présent, réunis qu'une seule fois pendant le cours de chaque année judiciaire ; qu'il importe de doubler, au moins, ces réunions des colonnes, et de profiter de cette mesure pour pénétrer plus fortement encore les avocats stagiaires des sentiments qui doivent les animer ; —Arrête ce qui suit :

Art. 1ᵉʳ. « *Pendant le cours de chaque année judiciaire*, les

192. M. Tripier annonce une proposition tendante à appliquer *une peine de discipline* aux stagiaires qui n'assisteront pas aux assemblées des colonnes (arr. du 16 mars 1826) [1].

193. Le 27 novembre 1828, le Conseil prend un arrêté qui détermine l'importance des assemblées de colonnes, pour l'admission des stagiaires au tableau [2].

194. L'un des membres du Conseil appelle son attention sur l'absence de beaucoup d'avocats stagiaires, aux assemblées de colonnes. Il sera écrit à chacun des stagiaires absents pour les inviter à se présenter à leur chefs de colonnes, et à justifier des causes légitimes d'absence; ils seront prévenus que, faute par eux de le faire, il sera pris *par le Conseil*

avocats stagiaires seront réunis au moins *deux fois* par les députés de chaque colonne, savoir : pour cette année, dans les mois de mars et juillet, et pour les années suivantes, dans les mois de février et juillet.

Art. 2. « A chaque réunion des colonnes, il sera fait un appel des avocats stagiaires, en présence des deux députés, ou de l'un des deux, et il sera tenu note de ceux qui n'auraient pas répondu, pour y avoir par la suite tels égards que de raison.

Art. 3. « Indépendamment de l'appel prescrit par l'article précédent, les députés de chaque colonne, ou celui des deux qui présidera, adresseront aux avocats stagiaires des observations instructives sur la profession d'avocat.

Art. 4. « Le présent sera affiché dans la pièce qui précède la bibliothèque de l'Ordre. »

[1] La peine de discipline à appliquer était, d'après l'ordonnance, la révocation ou la prorogation du stage. *Voir* ci-dessus, n° 189, à la note. Je n'ai pas vu que le Conseil ait statué, par mesure spéciale, sur la proposition; mais il est certain qu'il a maintenu et appliqué la jurisprudence des arrêtés des 1er et 8 mars 1815, rapportés *infrà*, n° 399.

[2] Cet arrêté est transcrit ci-après, n° 211.

une mesure de prolongation de leur stage (arr. du
9 juillet 1829).

195. 16 février 1841, arrêté du Conseil qui
nomme une commission, à l'effet de rechercher s'il
est utile et opportun de prendre des mesures *pour
transmettre aux stagiaires les instructions relatives
aux règles et devoirs de la profession* [1].

§. VIII. — DROIT DES STAGIAIRES.

*Faculté de plaider. — Autorisation. — Certificat. — Interdiction
de siéger comme juges.*

196. L'avocat stagiaire, qui a le droit de plaider
devant la cour du lieu de son stage, a aussi le droit
de plaider devant toute autre cour royale : c'est ce
qu'a décidé le Conseil, aux termes des articles 33, 34,
36 et 39 combinés de l'ordonnance royale du
22 novembre 1822, et en revenant sur une décision
qu'il avait précédemment rendue (arr. du 24 juillet 1823) [2].

---

[1] *Voir* l'Introduction, p. vij et viij, *suprà* n° 187, et *infrà*
n° 241.

[2] « Vu, dit cet arrêté, les art. 33, 34, 36 et 39 de l'ordonn. du
Roi du 20 novembre 1820 ; — Considérant qu'après avoir, dans
les articles 33 et 34, disposé par principe général que les avocats
stagiaires ne font point partie du tableau, et ensuite que lesdits
stagiaires ne peuvent plaider ni écrire dans aucune cause. L'ordonnance excepte de cette dernière prohibition : — 1°. (fin de
l'art. 34) ceux d'entre eux qui prouveront, par les certificats
indiqués, qu'ils ont été assidus aux audiences pendant deux années ; — et 2°. (art. 36), ceux d'entre eux qui, sans avoir ledit
certificat d'assiduité, ont atteint leur vingt-deuxième année ;

« Considérant que, par ces deux exceptions, ceux des avocats
stagiaires *qui remplissent les conditions prescrites* sont *assimilés*

197. M.***, avocat stagiaire, demande si, ayant 22 ans, il peut plaider devant un tribunal de première instance du ressort. Le Conseil, décidant affirmativement, invite le bâtonnier à s'entendre avec M. le procureur-général et à lui communiquer le précédent arrêté, rendu le 24 juillet 1823, relativement

pour plaider ou pour écrire dans les causes, *aux avocats inscrits sur ce tableau,* et comme ce droit de plaider et d'écrire n'est pas restreint, il s'étend aussi bien aux causes à juger en première instance qu'à celles portées à la cour d'appel;

« Considérant que, par une conséquence naturelle, il résulte de ces dispositions de l'ordonnance que l'article 39 qui porte : « Les avocats inscrits aux tableaux de nos Cours royales pourront seuls plaider devant elles », doit s'entendre non-seulement des avocats inscrits, mais encore de ceux des avocats stagiaires qui, par exception privilégiée aux autres, sont, en remplissant les conditions indiquées, assimilés aux avocats inscrits, et ont comme eux le droit de plaider et d'écrire dans les causes ;

« Qu'entendre autrement le premier paragraphe de l'art. 39, ce serait lui donner une interprétation qui impliquerait contradiction avec les exceptions portées aux art. 34 et 36 qui précèdent, puisque ce serait ôter le droit après l'avoir donné, ou le restreindre au tribunal de première instance, quand il a été conféré d'une manière illimitée ;

« Considérant que, d'après cette interprétation, qui paraît la seule véritable, le dernier paragraphe de l'art. 39 s'applique également aux avocats inscrits et aux avocats non inscrits qui sont dans l'exception relative aux stagiaires, et par là assimilés aux inscrits, et comme eux exercent près la Cour royale ;

« Considérant enfin qu'aucun motif personnel ou autre ne s'oppose à ce que M.*** obtienne l'autorisation qu'il demande ;

« Est d'avis que l'autorisation requise par ledit M.*** lui soit accordée. »

On se rappelle que l'ordonnance du 27 août 1830 supprime la nécessité de l'autorisation pour plaider : mais l'arrêté consacre, encore aujourd'hui, le droit de plaidoirie au profit du stagiaire.

22

au droit de plaidoirie qui appartient aux stagiaires devant une autre Cour royale (arr. du 29 janvier 1824) [1].

Décision confirmative. — M.***, avocat stagiaire, expose que le tribunal de Versailles interdirait aux avocats stagiaires, sans distinction d'âge, le droit de plaider devant lui. Le Conseil décide, contrairement à ce jugement, et selon la jurisprudence antérieure, que les avocats stagiaires, âgés de 22 ans, ont le droit de plaider, *sans certificat du Conseil*, dans le ressort de la cour, conformément aux art. 34 et 36 de l'ordonnance du 20 novembre 1822 (arr. des 11 mai et 22 juin 1823).

198. Les avocats stagiaires ne peuvent pas siéger comme juges, pas même en 1ʳᵉ instance. C'est ce que le bâtonnier a répondu à celui de Dreux, aux termes d'un arrêté du 11 août 1840 [2].

[1] Voir *supra*, p. 212 et 213, nos observations sur les art. 34 et 36 de l'ord. de 1822.

[2] Voici cette lettre : « J'ai soumis au Conseil la lettre et la question que vous m'avez adressées, et je m'empresse de vous transmettre l'opinion *qu'il a émise*. Je regrette qu'elle ne réponde pas à vos désirs.

« Les avocats, pendant leur stage, ne jouissent pas de la plénitude des droits attachés à la profession ; ils sont dans un temps *d'épreuve*, pendant lequel ils n'ont que les prérogatives qui leur sont concédées par une sorte de tolérance. Or, l'art. 16 du décret du 14 décembre 1810 porte seulement ce qui suit : « Les avocats pourront, pendant leur stage, plaider les causes qui leur sont confiées. » Cette disposition aurait été inutile, si le stagiaire avait eu les mêmes droits que les avocats au tableau ; elle limite donc son droit à *la faculté de plaider*.

« L'ordonnance du 20 novembre 1822 a été plus sévère. L'article 34 dit que : « Les avocats stagiaires ne pourront plaider ou écrire dans aucune cause, qu'après avoir obtenu, de deux

CHAPITRE III.

DU TABLEAU [1].

199. Ici trois choses principales sont à considérer :

L'admission,

Le rang,

La formation du tableau.

§. Ier. — DE L'ADMISSION.

200. L'admission comprend elle-même trois points

membres du Conseil de discipline, un certificat constatant leur assiduité aux audiences pendant deux années.

« Voilà pour les fonctions qui se rattachent à la profession d'avocat.

« Quant au droit de siéger en l'absence des juges ou de leurs suppléants, ou en cas de partage, l'art. 30 de la loi du 22 ventôse an XII, l'art. 49 du décret du 30 mars 1808 et l'art 118 du Code de procédure n'appellent les avocats que selon l'ordre du tableau; or il n'y a *de tableau,* dans l'acception légale, que pour les avocats qui *ont achevé* leur stage, et dont l'inscription a été admise par le Conseil de discipline. Enfin l'art. 468 du Code de procédure, pour le cas de partage dans les cours, veut qu'on appelle trois anciens jurisconsultes.

« Ainsi, aucun article de loi n'autorise les stagiaires à *siéger comme juges* pour compléter un tribunal. Tous les articles que je viens de vous indiquer semblent dire formellement le contraire. — J'ajouterai que souvent l'inexpérience d'un tel juge pourrait avoir de graves inconvénients, et que cette considération justifie le silence de la loi. »

Cette lettre peut servir à développer les motifs de l'opinion que j'ai déjà émise sur l'état du stagiaire, *suprà,* p. 212. *Voir* encore ci-après, n° 216.

[1] Voir *suprà,* 2e partie, tit. V, p. 190, quelques détails historiques sur le tableau.

qu'il convient de distinguer : le principe, le mode,
les conditions.

I. PRINCIPE.

Omnipotence du Conseil. — Sa décision souveraine. — Droit
acquis. — Inscription. — Possession d'état. — Considéra-
tions politiques.

201. Le Conseil tient, en principe, que l'Ordre
est *maître de son tableau* [1] ; il déduit de cette règle
les conséquences suivantes :

1.º Qu'il est juge souverain de l'aptitude du candidat ;

2°. Qu'il n'est pas obligé de motiver son refus ;

3°. Que sa décision est sans appel [2] ; le tout, quelles
que soient les règles adoptées par les autres barreaux [3].

La jurisprudence du Conseil sur ce point est constante et invariable. Parmi une foule d'arrêtés qu'il
n'a pas jugé nécessaire de faire inscrire au procès-
verbal, je me contenterai de citer ceux des 9 mars
1814, 15 juillet 1834, et 20 décembre 1839 [4].

202. Le principe posé ne s'applique qu'aux avocats qui se présentent parmi nous sans droit acquis,
ni possession d'état. Nous entendons par *droit ac-*

---

[1] Voir *suprà*, p. 197 à la note.

[2] Arr. du Conseil du 15 juillet 1834, n° 448. *Voir* aussi
PHIL. DUPIN, *Encycl. du Droit*, vº *Avocat*, n° 72.

[3] *Voir* n° 202 la lettre transcrite. Chaque barreau a son indépendance. *Voir* n° 203.

[4] C'est aussi la jurisprudence des tribunaux. PHIL. DUPIN,
Encycl., vº *Avocat*, p. 373. Voir *suprà*, p. 192 à la note, et
n° 166.

quis l'inscription déjà opérée sur notre tableau ; ceux qui l'ont obtenue ne peuvent la perdre que par l'effet d'une mesure disciplinaire : la décision qui prononce cette radiation admet l'appel [1].

Le Conseil pense qu'il y a *possession d'état,* lorsque l'admission a été une fois prononcée. Il existe alors, en faveur de l'avocat inscrit, une chose souverainement jugée qui ne permet plus de remettre en question son maintien au tableau, sous le prétexte d'un incompatibilité dont la cause aurait existé au moment de l'admission (arr. du 20 décembre 1839) [2].

[1] Voir *suprà*, p. 207.

[2] Voici les termes de la lettre que le bâtonnier a écrite au barreau d'Arras en conséquence de cet arrêté :

« Conformément au vœu exprimé par le Conseil de discipline du barreau d'Arras, j'ai mis sous les yeux du Conseil de discipline du barreau de Paris les questions posées dans la note que vous m'avez fait l'honneur de m'adresser. Je m'empresse de vous rendre compte de l'opinion émise par le Conseil. — Le Conseil est d'avis qu'il résulte de la décision prise en 1838 (sur l'inscription de M..... au tableau d'Arras) une fin de non-recevoir en faveur de l'avocat désigné dans la question.

« A l'époque où cette décision est intervenue, cet avocat remplissait les mêmes fonctions administratives qu'aujourd'hui (celles de conseiller de préfecture, et par intérim celles de secrétaire-général). Sa situation n'a changé sous aucun rapport depuis la décision dont s'agit. — Le Conseil de discipline du barreau d'Arras *a prononcé alors sur la question d'incompatibilité* que l'on élève de nouveau maintenant. Tout indique que cette question a été mûrement examinée, puisqu'on énonce dans la position de la question que c'est à *la majorité des voix* que cet avocat a été maintenu sur le tableau, en sorte que le Conseil n'a prononcé qu'après une discussion contradictoire et en parfaite connaissance de cause.

« Une telle décision a l'autorité de la chose jugée.

« Le Conseil de discipline est une juridiction. C'est en qualité

203. Il faut que l'admission ait été accordée par le Conseil, car, d'après son principe général, le Conseil ne se tient pas pour lié par la jurisprudence des autres barreaux. Bien qu'un avocat ait été admis

de juridiction qu'il statue sur la radiation ou le maintien d'un avocat. Les décisions rendues sur cette matière ont donc la même autorité que les jugements. La profession d'avocat est une propriété; et, lorsque j'ai l'avantage d'écrire à un confrère, je n'ai pas besoin de faire remarquer qu'il n'en existe aucune qui soit plus honorable et plus précieuse que celle-là. Elle doit donc, comme toute autre, être protégée par la puissance de la chose jugée.

« Rien ne serait plus fâcheux, pour le barreau, que la faculté de remettre tous les jours en question l'état de chacun de ses membres. Il en résulterait même un grave inconvénient pour la société, car l'indépendance de la profession d'avocat serait compromise, et vous savez, comme moi, combien cette indépendance importe à la bonne administration de la justice.

« Le Conseil de discipline de Paris pense qu'il n'existe aucun recours possible contre la décision de 1838. — La faculté d'appeler des décisions du Conseil de discipline n'est établie par l'ordonnance du 20 novembre 1822 que d'une manière limitative. Il résulte de la combinaison des articles 15, 24 et 25 de cette ordonnance, que les décisions *relatives aux infractions et aux fautes commises par les avocats inscrits aux tableau* sont seules susceptibles d'appel. Le droit d'appeler appartient alors soit à l'avocat condamné, soit au procureur-général, conformément aux règles et aux distinctions établies par ces articles. — L'appel n'est ouvert dans aucun autre cas. Il ne l'est ni contre les décisions qui prononcent l'admission au tableau et au stage, ni contre celles qui refusent cette admission, ni contre celles qui prolongent le stage, ni enfin contre celles qui, rejetant les causes d'incompatibilité alléguées contre un avocat, le maintiennent au tableau. »

Une décision semblable avait été prise par le Conseil relativement à la *possession* d'état et sur le rapport de M. Moreau. La minute ne porte pas de date. *Voir* ci-après, nᵒ 226.

sur le tableau d'une Cour royale, le Conseil n'en conserve pas moins le droit de refuser l'inscription au tableau de Paris, si ses convictions le portent à statuer ainsi.

204. Le principe sur l'omnipotence du Conseil s'entend en ce sens, qu'il ne doit admettre d'autre motif de décider que ceux qui ont leur source dans la nécessité de maintenir la considération et l'honneur de l'Ordre. Il écarte de ses délibérations toutes les considérations politiques.

205. M. Manuel, avocat distingué du barreau d'Aix et membre du Conseil, avait été nommé député [1]. Tout le monde connaît sa carrière politique, qui occupe une grande place dans l'histoire parlementaire de la Restauration. Au commencement de 1816, il demanda à être inscrit au tableau de Paris, et M. Delacroix-Frainville fut nommé son rapporteur. Le 23 avril, le Conseil décida que le bâtonnier écrirait au bâtonnier d'Aix pour avoir des renseignements sur la moralité du candidat, et la lettre posait la question en ces termes : « si M. Manuel, « inscrit sur votre tableau, se présentait dans votre « Ordre et dans votre barreau pour y reprendre ses « fonctions, serait-il accueilli *sans contradiction et* « *l'unanimité des voix ?* » Le bâtonnier et quatre autres membres du Conseil d'Aix répondirent à cette

---

[1] J'ai cité plus haut, p. 313, le rejet de la demande en stage formée par M. Charles Comte. *Voir* aussi ci-après, n° 329, l'avertissement donné à M. Berryer fils, défenseur du général Cambronne ; et n° 378, la suspension prononcée contre M. Pierre Grand. M. ***, l'un des rédacteurs du *Constitutionnel*, a été rayé du tableau vers le même temps.

question si absolue, par une première lettre ainsi conçue :

« Cette question exige une observation préalable sur l'existence de notre Conseil. Le tableau de l'Ordre a été formé en 1811, au désir de la loi ; mais par des raisons qui nous sont étrangères, il n'a jamais été soumis à l'approbation du ministre de la justice. L'Ordre est resté dans l'état d'une organisation provisoire, et son administration, qui n'a pu dès lors être renouvelée, est *méconnue* depuis 1813 par divers membres du Conseil de l'Ordre et notamment par un des membres du Conseil de discipline qui, par ce motif, a refusé dans cette occasion de se rendre à nos invitations réitérées.

« Si, dans cet état précaire, le Conseil avait pu émettre un vœu, nous observerions que, si le Conseil de Paris a entendu parler du *vœu unanime* des membres *du Conseil* de discipline d'Aix, il serait impossible à ce conseil d'émettre ce vœu, *du moment que l'un de ses membres refuse de reconnaître son existence légale.*

« Que si au contraire, comme il paraît résulter de la question telle qu'elle est proposée, c'est le vœu *unanime* des membres *de l'Ordre*, il était naturel de prévoir que le conseil de discipline d'Aix ne pouvait garantir l'opinion personnelle des divers membres de l'Ordre sur un accueil purement facultatif, ni se permettre de les consulter individuellement sur cette question. »

Le 26 juin suivant, le bâtonnier et les membres du Conseil d'Aix adressèrent à notre bâtonnier la lettre suivante : « Monsieur et très-honoré confrère, nous avions dû renfermer notre réponse à votre lettre, du 22 mai dernier, dans le cercle de la question qui y était proposée. Nous nous devons aujourd'hui de prévenir toute induction que l'on pourrait en tirer relativement à notre opinion *personnelle* sur M. Manuel, tant qu'il a été parmi nous.

« Des talents distingués lui avaient acquis dans notre barreau une grande considération et l'y font regretter tous les jours. Une conduite sans reproche, des mœurs douces, un caractère liant l'avaient rendu cher à tous ses collègues; et si, comme il l'avait annoncé, son absence n'avait été que momentanée, il aurait trouvé chez nous, à son retour, le même accueil qu'il avait toujours trouvé chez tous ses confrères.

« Nous désirons que votre conseil de discipline trouve, dans cette expression de nos sentiments personnels, la preuve de notre désir de répondre à sa confiance autant qu'il était en nous.

« Nous sommes avec une considération distinguée, etc. »

La compagnie des avoués à la Cour royale d'Aix crut devoir écrire au bâtonnier dans les mêmes termes. Cependant, le Conseil, statuant le 18 juillet 1816, *ajourna* M. Manuel *indéfiniment*, et sans donner des motifs. En 1818, M. Manuel se présenta de nouveau, et le 9 avril, même année, le Conseil déclara *persister* dans son ajournement indéfini [1].

---

[1] On peut voir, par cet exposé, quel a été le motif déterminant de la décision. Un honorable confrère m'a assuré que le refus d'admission de M. Manuel aurait été motivé par un fait particulier, dont le dossier ne présente aucune trace. Il faut avouer que l'instruction suivie n'est pas de nature à expliquer le résultat.

II. MODE.

*Demande et dépôt de pièces. — Devoirs du rapporteur. — Visites
à faire. — Renseignements. — Arrêté réglementaire. — Introduction du récipiendaire.*

206, 207. Le Conseil a toujours apporté la plus
sérieuse attention aux admissions sur le tableau,
parce que, en effet, c'est cette inscription qui institue vraiment l'avocat [1].

208. En 1825, un membre propose un moyen de
remédier à l'insuffissance des précautions employées
jusque-là pour les admissions au tableau. Sur ce,
le Conseil arrête que désormais le candidat pour
l'admission au tableau sera tenu de déposer ses pièces *quatre mois à l'avance ;* que le rapporteur
nommé devra faire trois visites chez lui, à raison
d'une visite par mois, s'entourer de tous renseignements et se présenter personnellement au Conseil
pour le rapport (arr. du 17 août 1825).

209. Le 24 du même mois, le Conseil arrête
qu'à compter du premier janvier 1826, les stagiaires qui demanderont leur admission au tableau se
présenteront en *personne* devant le Conseil, au jour
qui leur sera indiqué et trois mois avant leur admission.

210. En 1827, le Conseil décide qu'à l'avenir le

---

[1] Voir *suprà*, n° 202. — Les arrêtés que je vais indiquer
tracent des formalités dont plusieurs restent sans exécution, bien
que non rapportées. Malgré la désuétude, il importe de connaître le droit toujours subsistant : on peut y revenir ; on le
doit, s'il prescrit des mesures utiles.

rapporteur d'une demande en tableau ne présentera la demande et ne proposera l'admission qu'après avoir pris des renseignements sur la famille, les occupations pendant le stage, et les rapports du stagiaire au Palais. Il décide, de plus, que le présent arrêté sera affiché dans la bibliothèque (arr. du 8 novembre 1827) [1].

211. 20 novembre 1828; — Une commission composée de MM. Tripier, bâtonnier; Delacroix-Frainville, doyen; Archambault et Billecoq, anciens bâtonniers, est nommée pour faire un rapport sur le mode d'admission au tableau.

27 du même mois, le rapport fait, le Conseil arrête : « 1°. que MM. les rapporteurs continueront de prendre des informations les plus exactes sur les pétitionnaires pour le tableau, sur l'emploi de leurs années de stage, leurs travaux comme avocats, leurs relations d'affaires avec leurs anciens ou avec les avocats venant habituellement au Palais;

« 2°. Que pour faciliter l'obtention de ces renseignements, les stagiaires seront prévenus soit par M. le bâtonnier visant leurs diplômes, soit par MM. les rapporteurs, soit par MM. les chefs de colonnes, que pour être inscrits au tableau ils devront faire les justifications ci-dessus;

« 3°. Que les colonnes s'assembleront deux fois par année et qu'il sera tenu note des stagiaires absents;

« 4°. Que les rapporteurs devront, quand ils le jugeront nécessaire, visiter les pétitionnaires pour

---

[1] On voit que cet arrêté n'exige plus le dépôt des pièces pendant trois ou quatre mois, ni la comparution du pétitionnaire en personne, ainsi que l'ordonnaient les arrêtés précédents. *Voir* toutefois l'arrêté du 27 novembre 1828, n° 211, qui suit.

le tableau, comme ils visitent maintenant les pétitionnaires pour le stage;

« 5°. Enfin, qu'en cas de doute du rapporteur sur
l'admissibilité des pétitionnaires, ces derniers [1] seront appelés devant le Conseil. »

212. MM. les rapporteurs, chargés des demandes
d'admission au tableau, devront se transporter au
domicile des postulants pour vérifier les conditions
d'admission; et à l'avenir, les rapporteurs seront
choisis par *quartier* (arr. du 26 novembre 1829).

213. M.***, ancien notaire, qui veut obtenir le
tableau sans faire un stage, demande à être introduit dans le sein du Conseil pour expliquer ses motifs. Le Conseil arrête qu'il ne sera pas introduit, la
proposition étant *contraire aux règles* (arr. du 17
novembre 1813).

En 1832, même décision sur mon rapport, à
l'égard d'un avocat de province.

III. conditions.

*Stage complet. — Emploi du temps postérieur. — Le stage fait
ne donne pas de droit acquis. — Moralité. — Domicile et
résidence dans Paris. — Avocats aux conseils et à la Cour
de cassation. — Possession d'état.*

214. Celui qui demande son admission au tableau
doit justifier : 1°. d'un stage régulièrement et complétement fait, ou de son inscription au tableau

---

[1] Par *ces derniers*, il faut entendre les pétitionnaires déjà
inscrits au stage. — Nous avons dit, n° 164 à la note, que ceux
qui demandent le stage ne doivent pas être admis à comparaître
devant lui. *Voir* n° 213.

d'une autre Cour royale; 2°. de sa moralité; 3°. de son domicile à Paris [1].

215. *Stage.*—Le stage peut avoir été fait à Paris, ou près d'une autre Cour royale [2].

216. M.***, stagiaire, demandant le tableau et justifiant qu'il a suivi les conférences pendant trois ans, de 1817 à 1820, le Conseil décide qu'il donnera ou qu'il sera pris des renseignements *sur l'emploi du temps postérieur de la part du candidat* (arr. du 14 novembre 1822) [3].

[1] Ces divers arrêtés, qui embrassent tout le temps postérieur à 1810, prouvent combien l'ancien Conseil, dans sa constante sollicitude pour le maintien des anciennes traditions et la conservation de la dignité de l'Ordre, attachait d'importance aux vérifications qui doivent précéder l'admission au tableau. Un tel exemple demande que nous le suivions, aujourd'hui plus que jamais. Les rapporteurs ne sauraient apporter trop de soins dans la recherche des renseignements qu'ils sont chargés de prendre. Il s'agit ici encore plus que du stage, il s'agit de l'état définitif du candidat.

[2] Les avocats qui avaient prêté serment dans un autre Parlement, dans une autre Cour ou près d'un Conseil supérieur, n'étaient point obligés de prêter un nouveau serment pour être admis à exercer la profession d'avocat au Parlement de Paris (le stage ayant été suivi, bien entendu). Il leur suffisait de faire viser leur matricule par le bâtonnier. Aujourd'hui, la prestation d'un nouveau serment n'est pas non plus exigée. Voir *suprà*, p. 216.

[3] Voir *suprà*, n° 175, *interruption de stage*, un arrêté analogue.

Le stagiaire qui a fait ses trois ans de stage à Paris, a-t-il un droit acquis pour y obtenir l'inscription au tableau?

Cette question délicate a été soulevée, au Conseil, dans une discussion toute récente (février 1842); elle n'a pas été résolue. Pour mon compte, j'adopte la solution négative. Si le Conseil est *maître de son tableau*, s'il peut le refuser sans donner de motifs,

217. M.***, inscrit au tableau du tribunal de Versailles, ne peut être admis *de plano*. Il doit faire son stage (arr. du 26 novembre 1830).

218. M.*** est admis au tableau par sept voix contre six, sans stage, attendu qu'il a été successivement consul aux États-Unis, conseiller d'État en Westphalie et directeur de la caisse d'amortissement (arr. du 15 décembre 1813) '.

comme le prouvent les décisions rapportées plus haut, nº 201 et suiv., il faut nécessairement conclure de ce principe qu'il a droit de refuser le tableau au stagiaire de Paris, de même qu'à tout autre qui aurait fait son stage ou aurait été inscrit ailleurs. Le principe étant absolu, il n'admet pas de distinction. Le stage ne constitue, d'ailleurs, qu'un état *provisoire* et toujours subordonné à l'admission au tableau. On dira vainement que le stagiaire jouit d'une partie des droits qui appartiennent à l'avocat inscrit. La réponse est qu'il ne les possède que pour la moindre partie, (voir *suprà*, p. 336, note 2); qu'il n'en jouit que provisoirement, et à condition, c'est-à-dire sauf l'admission ultérieure sur le tableau, s'il y a lieu. Par la même raison, il ne peut pas prétendre qu'il a dû compter sur cette admission et que sa foi a été trompée. Une telle décision semble rigoureuse, je l'avoue, surtout lorsqu'il n'est produit aucuns faits nouveaux contre le candidat, mais elle est conforme à notre règle, qui ne souffre pas de modification. J'ajoute que, le Conseil se renouvelant chaque année, les membres qui viennent, trois ans après le stage commencé, peuvent apprécier les faits différemment et ne doivent pas être liés par la décision rendue sur le stage.

Si l'admission est refusée, je pense qu'elle n'emporte pas *de plano* la radiation du stage. C'est ce que le Conseil a décidé dans l'affaire dont je viens de parler (arr. du mois de février 1842). On conçoit qu'en restant au stage et en le continuant pendant un temps plus ou moins long, le stagiaire peut finir par se rendre digne de la faveur qui lui a été refusée d'abord. J'inclinais vers l'opinion contraire, mais je n'y persiste pas.

' Ce partage des voix indique assez que cet arrêté ne doit pas faire jurisprudence.

219. Un ancien greffier ne doit point être admis au tableau *de plano*. Il doit faire un stage (arr. du 15 mai 1832) '.

220. *Moralité.* — M.***, inscrit au tableau de la Cour de Rennes et demandant à être porté au tableau, le Conseil décide que le bâtonnier écrira au bâtonnier de Rennes pour avoir des renseignements sur *la moralité du candidat* (arr. du 9 mai 1821)².

221. Le Conseil arrête que, pour l'admission au tableau, il ne sera plus fait lecture d'aucun certificat (arr. du 8 janvier 1812) ³.

222. *Domicile.* — Le Conseil arrête que tout aspirant au tableau joindra à sa demande le certificat de contribution personnelle (arr. du 8 mai 1828). Il n'exige plus à présent cette justification ⁴.

223. Un ancien magistrat ayant écrit au bâtonnier pour lui demander l'admission au tableau, *avant qu'il se soit établi à Paris*, le bâtonnier a répondu que cela n'est pas possible (arr. du 10 juin 1833).

224. M. Duvergier est nommé rapporteur sur la question de savoir si les avocats résidants dans la *banlieue* de Paris peuvent être maintenus au tableau (arr. du 11 décembre 1838). Je crois me rap-

---

' Voir *supra*, nᵒˢ 160 et 161.

² Cette décision est passée en jurisprudence constante. Elle s'applique à la continuation du stage. Voir *supra*, nᵒ 170.

³ Il ne s'agit là que de certificats sans gravité, de ceux qu'on appelle *de complaisance* et dont il paraît qu'alors on faisait abus. La lettre d'un magistrat au bâtonnier, par exemple, est et sera toujours une puissante recommandation.

⁴ Il faut tenir, toutefois, que le Conseil ne peut prendre trop de précautions pour s'assurer que l'avocat a bien réellement un domicile *à lui*. Nous avons signalé plus haut, règle 117 à la note, l'importance de ce domicile. *Voir* aussi *supra*, p. 143.

peler, et j'adopte cette opinion, que le Conseil a statué négativement. Je n'ai pas retrouvé la mention de l'arrêté.

225. Les avocats à la Cour de cassation et au Conseil d'État sont admis au tableau *de plano*, pourvu qu'ils aient accompli le temps du stage, avant ou depuis leur exercice devant cette Cour [1], et de plus, à la charge de justifier de leur quitus ou du retrait de leur cautionnement (arr. des 13 et 16 novembre 1836, et 2 mars 1842) [2].

[1] Il a été fait une exception en faveur de deux confrères auxquels il ne manquait que quelques semaines pour le complément des trois années de leur stage, commencé avant l'exercice en cassation. *Voir* ci-dessus, nº 178 à la note, nos observations.

[2] Avant la réunion des deux fonctions d'avocat au Conseil et d'avocat à la Cour de cassation, l'avocat au Conseil pouvait être inscrit au tableau (arr. du 27 novembre 1811). Nous citerons, pour exemple, M. Delacroix-Frainville. C'était aussi le droit ancien, avant 1790. « Les avocats au Conseil, dit Jousse, nº 468, « roulent avec les avocats au Parlement, suivant la date de « leur matricule. » Arr. du Conseil du 21 février 1683; Déclar. du Roi, du 6 février 1709.

Avant 1810, les avocats à la Cour impériale plaidaient comme défenseurs officieux devant la Cour de cassation, même dans les affaires civiles. Réciproquement, les avocats de cassation (qui, dans l'origine, n'avaient reçu de la loi nouvelle que le titre *d'avoués*) plaidaient devant la Cour impériale. Le barreau ayant été reconstitué par le décret du 14 décembre 1810, les avocats en cassation ne durent pas être portés sur le tableau à former, et la Cour impériale leur refusa le droit de plaider devant elle. Ils sollicitèrent alors l'interprétation du décret et contestèrent au barreau le droit de plaider et même de *consulter* à la Cour de cassation *dans toute espèce d'affaires*. Les avocats à la Cour impériale résistèrent, moins par esprit de calcul que par esprit de confraternité et en consécration des anciens règlements, qui admettaient les avocats du Parlement de Paris à exercer leur

226. Bien que l'admission au tableau ait été refusée, le candidat peut reproduire sa demande devant le Conseil, *si de nouveaux moyens justificatifs sont présentés ;* on doit appliquer, à ce cas particulier, le précédent dont voici les termes : « Le Conseil arrête, *en général,* que, lorsqu'il existe un arrêté relativement à un membre de l'Ordre, cet arrêté sera maintenu, à moins qu'il ne soit produit des pièces ou des moyens justificatifs *qui n'aient pas été connus* » (arr. du 25 novembre).

227. La possession d'état est un moyen en faveur de la demande, à fin de révision du refus d'admission '.

ministère près de l'ancien Conseil d'État, concurremment avec les avocats attachés à ce Conseil (Édit de septembre 1643 , Jousse, p. 477). Ce débat, devenu assez vif, et dont le Conseil de l'Ordre s'est occupé plusieurs fois, fut déféré au Conseil d'État de l'Empire, et l'on décida : 1°. qu'à l'avenir l'exercice des avocats à la Cour de cassation, comme celui des avocats à la Cour royale , serait respectivement renfermé dans leur juridiction spéciale, sauf quant aux affaires du grand criminel, pour lesquelles on maintint la concurrence ; 2°. qu'ils pourraient, les uns et les autres, consulter sur toutes sortes d'affaires, quelle que fût la juridiction. Telle est encore la situation des choses.

La chambre des avocats en cassation n'admet plus de candidat , s'il n'a été *inscrit* au tableau d'une Cour royale.

' Je rapporte les termes de l'ancien arrêté rendu en ce sens, sur le rapport de M. Moreau , et dont la minute n'indique pas la date (c'était vers 1812) : « Le Conseil de discipline délibérant, sur la *nouvelle réclamation* de M. ***, contre l'arrêté par lequel le Conseil avait maintenu la décision de la commission à son égard ; ladite réclamation, annoncée par lui être fondée *sur la production de pièces qu'il n'avait pu remettre* sous les yeux de la commission et du Conseil, comme aussi sur des renseignements qu'il n'avait pas été à portée d'administrer ;

« Considérant que les faits qui avaient servi de base à la dé-

23

228. La demande de M. ***, à fin de révision de
la décision qui lui refuse l'admission au tableau est
rejetée *par l'ordre du jour* (arr. du 29 décemb. 1830).
Le motif que l'arrêté ne donne pas a dû être pris

cision de la commission, et déterminé le Conseil à la maintenir,
se divisent en deux classes, dont l'une se reportait à une
époque où la discipline de l'ancien Ordre des avocats au Parlement de Paris existait dans toute sa rigueur, et l'autre appartenait à l'époque intermédiaire entre la suppression de l'Ordre
des avocats et la réorganisation de l'Ordre, et qui, sous ce rapport, était soumise plus particulièrement à l'examen de la commission et à celui du Conseil;

« Considérant, à l'égard des *faits anciens*, qu'il résulte des
pièces produites par M. *** *qu'il est resté en pleine possession
de son état, sans qu'il ait été pris à son égard aucune mesure
de discipline ; et que, d'ailleurs, l'ancienneté même de ces faits
a pu lui enlever des moyens de justification qu'il aurait été alors
en état de fournir ;*

« Considérant, en ce qui concerne les faits plus récents, que
si les pièces nouvellement produites par M. *** et les renseignements par lui administrés n'ont pas détruit entièrement les motifs des premières décisions, ils ont néanmoins paru au Conseil
être de nature à les atténuer assez, pour qu'un avocat *qui était
en possession de son état depuis quarante-six ans*, n'en demeurât
pas définitivement privé ; —Arrête que la décision du Conseil, en
date du 26 juin 1811, est rapportée, et que le nom de M. ***
sera rétabli sur le tableau des avocats à la Cour impériale de
Paris;

« Et néanmoins, que M. *** sera appelé, à la prochaine
séance du Conseil, que M. le bâtonnier lui donnera lecture du
présent arrêté, et lui fera les représentations convenables sur
ceux des faits qui ont fixé plus particulièrement l'attention du
Conseil. »

La lettre écrite au barreau d'Arras, rapportée nº 202, exprime
même l'opinion que la possession d'état a l'autorité de la *chose
jugée* en faveur de l'avocat.

de ce qu'aucun moyen justificatif nouveau n'était produit.

229. M. *** ayant demandé une expédition de l'arrêté qui lui refuse l'admission au tableau, le Conseil décide, que cette expédition ne lui sera pas donnée (arr. des 20 juillet 1826 et 11 janvier 1831).

§. II. — RANG.

Date de l'inscription au tableau. — Interruption du stage. — Inscription au tableau d'une autre Cour royale. — Exercice intermédiaire de la magistrature. — Anciens magistrats non précédemment inscrits. — Réadmission au tableau après omission.

230. Le rang de l'avocat, c'est la date de son inscription sur le tableau, sans égard à son âge. Il est très-important pour l'avocat, en ce qu'il lui confère les prérogatives qui se rattachent à ce que nous appelons l'*ancienneté*, d'après l'ordre du tableau [1].

231. En principe général, le rang ou le bénéfice de l'inscription remonte à la date de l'admission au stage [2]. La jurisprudence du Conseil est constante sur ce point.

[1] J'ai signalé ces prérogatives sur la règle 113 et note, tit. Ier, 2e part., et no 17 des *Précédents*.

[2] Contrairement à l'arrêt de Bourges du 30 mai 1822 (SIREY, vol. 23, 2, 185), lequel décide que le rang ne peut pas remonter au jour de l'admission, et ne date que du jour où il est terminé. La difficulté s'était élevée sur la formation du conseil de discipline de Bourges, et sous l'empire du décret de 1810. Les avocats de Bourges défendaient notre opinion; le procureur-général soutenait le système opposé, afin d'éliminer quelques avocats de la liste *des électeurs*, et le Garde des sceaux avait adopté la dernière interprétation, que je ne crois pas fondée sur la véritable doctrine. L'arrêt s'est borné à déclarer les avocats *non recevables* dans leur opposition à la pensée ministérielle,

232. Mais si le stage a été interrompu, le Conseil, en constatant l'interruption, règle aussi, d'après les circonstances, le jour d'où partira le rang au tableau : le temps de l'interruption ne peut plus profiter au stagiaire [1].

233. Les confrères qui viennent d'une autre Cour royale n'ont rang que du jour de leur demande à fin d'admission chez nous [2].

234. Lorsqu'il y a eu interruption du stage, par suite de l'exercice de fonctions judiciaires, le Conseil décide, comme *précédent*, que le rang au tableau ne doit partir que du jour de la demande en continuation de stage à Paris (arr. du 18 janvier 1831).

La question ayant été réexaminée, le Conseil passe à l'ordre du jour (arr. du 8 février 1831); ce qui confirme le premier arrêté.

235. Lorqu'un ancien magistrat demande le tableau, et qu'il a accompli son stage, soit avant les

---

sans donner des motifs sur la question du fond. Bien que l'état du stagiaire ne soit que provisoire, nous avons vu qu'il lui assure une partie notable des droits de l'avocat inscrit, voir *suprà*, n° 196, et que, d'ailleurs, la condition accomplie, c'est-à-dire l'admission au tableau doit *rétroagir*.

[1] Lorsqu'un stagiaire a *continué assidûment* son stage au delà des trois ans, sans réclamer son admission au tableau, le retard qu'il a mis à la demander ne peut pas lui être imputé à faute, ni être considéré comme une interruption : il doit être porté au tableau à la date de son admission au stage. Arrêté du 7 juin 1842.

[2] Voir *suprà*, n° 172, les arrêtés déjà cités. De même, les avocats des autres Parlements, Cours ou Conseils supérieurs, n'étaient mis au tableau que du jour où ils avaient présenté leur matricule au bâtonnier. BOUCHER D'ARGIS, p. 112.—Voir *suprà*, art. 11 du décret du 14 décembre 1810.

fonctions judiciaires, soit depuis en le continuant (nous avons vu plus haut, n° 176, que l'exercice de la magistrature ne vaut pas stage), le Conseil distingue deux cas : 1°. s'il n'a jamais été porté au tableau ; 2°. s'il en a déjà fait partie.

236. Dans le premier cas, la jurisprudence du Conseil n'a jamais varié ; voici la solution :

Quant aux anciens magistrats qui demandent le tableau, sans y avoir été précédemment inscrits, le Conseil arrête qu'il n'y a lieu à prendre une décision générale (arr. du 3 avril 1816) [1].

Sur la consultation demandée par les avocats de Caen, le Conseil décide qu'un ancien avocat *qui n'a pas été porté sur le tableau* avant d'entrer dans la magistrature, ne doit, après la cessation de ses fonctions, être inscrit sur le tableau *qu'à la date de sa demande* (arr. du 9 mars 1820).

En conséquence, M. ***, ex-procureur-général, est admis, à la date de sa demande, comme n'ayant jamais été inscrit au tableau (arr. du 18 novembre 1830).

Même décision à l'égard de M.***, ancien avocat-général à la Cour de cassation (18 novembre 1830).

237. Dans le deuxième cas, le Conseil arrête que M. ***, qui avait quitté la profession pour exercer des fonctions de magistrature à la Cour de Trèves, sera rétabli au tableau dans son ancien rang, *mais sans tirer à conséquence* (arr. du 23 novembre 1814).

Même hésitation sur le principe, dans l'espèce

---

[1] Cette solution, rédigée en termes trop vagues, suppose que le principe qui va être proclamé par les arrêtés postérieurs se trouvait dès lors constant.

suivante : Quel est le droit de l'avocat, qui ayant été porté sur le tableau, demande à y être reporté, après avoir exercé, dans l'intervalle, des fonctions judiciaires ? Le Conseil arrête qu'il a le droit d'être réinscrit, *à la première date, sans avoir pourtant le droit absolu,* et sauf à remplir, par lui, les conditions d'admission exigées par l'art. 5 du décret de 1810 (arr. du 3 avril 1816).

En 1830, ont été rétablis à leur ancien rang sans aucune discussion, deux anciens magistrats (arr. du 19 août 1830); un autre (arr. du 26 août), et M.***, conseiller à la Cour royale (arr. du 18 novembre 1830) '.

Mais cette question de rang est agitée à quelques jours de là, par suite de la survenance d'un assez grand nombre de demandes semblables ; et, après une mûre délibération, le Conseil décide, *comme précédent,* que les anciens magistrats qui demandent leur admission au tableau n'y sont admis qu'à la date de *leur demande,* bien qu'ils y aient été portés avant leur entrée dans la magistrature (arr. du 18 janvier 1831).

La question ayant été *réexaminée,* le Conseil a passé à l'ordre du jour (8 février 1831).

Mêmes décisions, qui forment le dernier état de notre jurisprudence :

Le Conseil prononce que l'avocat qui a accepté des fonctions judiciaires, ne peut être reporté au tableau qu'à la date de sa nouvelle demande (arr. du 25 novembre 1834).

M.***, ancien garde des sceaux, ayant demandé

' Les circonstances politiques qui amenaient leur rentrée dans l'Ordre appelaient sur les demandeurs l'intérêt du Conseil. C'est donc une raison de faveur qui, seule, peut expliquer ces arrêtés.

à être reporté au tableau, y est admis à la date de sa demande seulement (arr. du 10 novembre 1840).

238. M.*** ayant été omis au tableau par suite de l'acceptation de fonctions incompatibles, non judiciaires, le Conseil décide qu'il ne sera réadmis au tableau qu'à compter *de sa demande* (arr. du 5 janvier 1831). La raison de décider était *à fortiori* [1].

§. III. — FORMATION DU TABLEAU.

Époque et mode de la formation. — Ordre d'ancienneté. — Inscriptions nouvelles. — Éliminations. — Omissions.

239. Chaque année, au mois de novembre, le nouveau bâtonnier nomme, dans le sein du Conseil, une commission de cinq membres, lui et le secrétaire compris, pour procéder à la formation du tableau.

240. Le rapport de la commission a ordinairement lieu dans le courant de janvier, et l'impression du tableau, au mois de février suivant (arr. des

[1] On appelait autrefois un *n'a rang* la décision qui, prononçant contrairement à la demande, n'accordait rang au candidat qu'à une date postérieure à celle par lui réclamée.

Lorsque plusieurs avocats avaient été présentés au serment *le même jour,* le rang de leur matricule ou inscription se réglait, eu égard à la naissance ou à l'emploi de leur père. Les fils de magistrats passaient avant les fils d'avocats, ceux-ci avant tous autres. (BOUCHER D'ARGIS, p. 81.) Il est inutile de dire que de pareilles distinctions ne sont plus admissibles. La date de la demande à fin d'admission au stage est la date qui donne le rang au tableau. Dans l'espèce posée par l'auteur, si cette date est du même jour, je pense que la priorité du rang doit se déterminer par l'*âge.* La date de la prestation du serment ne me paraît pas être un titre de préférence ; celui qui a prêté serment doit s'imputer d'avoir tardé à se présenter au stage. On peut appliquer ici l'adage : *jura diligentibus prosunt.*

3 juillet, 13 novembre, 26 décembre 1811, 10 novembre 1813 et 3 décembre 1829) ¹.

241. Depuis l'ordonnance du 27 août 1830, le
tableau comprend tous les avocats inscrits au tableau, sans colonnes, ni fractionnements, mais
par rang d'ancienneté ². En 1831, le rapporteur de
la commission du tableau ayant proposé de partager
l'ordre en huit *colonnes*, le Conseil a rejeté cette
proposition, attendu que les colonnes sont *supprimées* par cette ordonnance (arr. du 11 janvier 1831) ³.

---

¹ Autrefois, le tableau était formé, d'après un antique usage,
par le bâtonnier, les anciens bâtonniers, et un ou deux députés
de chaque banc ou colonne. En 1707, Louis Nivelle, bâtonnier,
ayant fait le tableau sans l'aveu des représentants de l'Ordre,
ce tableau fut annulé. Après que le tableau avait été régulièrement arrêté, le bâtonnier le remettait à MM. les gens du roi,
qui le vérifiaient ; cette vérification opérée, il le déposait au
greffe et le faisait imprimer. Nous avons dit que le dépôt avait
lieu constamment le 9 *mai* de chaque année.

² Le dernier tableau des avocats au Parlement de Paris, dont
le ressort embrassait une grande partie de la France, ne comptait que 576 avocats. Le tableau actuel en comprend 904 pour
le ressort de la Cour royale de Paris seulement, sans parler des
stagiaires, qui s'élèvent à environ 850.

³ Cette décision ne s'oppose point à ce que le Conseil divise
les stagiaires par colonnes, ainsi que la commission nommée le
propose. Il s'agit d'un système tout différent. *Voir* introduction,
p. 7, et ci-dessus, n° 195. L'organisation des colonnes est licite
dès qu'elle a pour objet de mettre le Conseil à portée de surveiller la conduite et l'assiduité des stagiaires selon son droit,
que, assurément, l'ordonnance de 1830 n'a pas entendu modifier.

On peut voir plus haut, p. 128, ce qui a été dit sur l'institution et l'objet des colonnes avant 1790. *Voir* encore HUSSON,
dans la préface de son traité : *De Advocato*.

En 1830, le Conseil avait demandé à la Cour l'autorisation

242. Le travail de la commission consiste : 1°. à inscrire au tableau des avocats qui ont été admis dans l'année ; 2°. à proposer l'élimination de ceux qui sont décédés et de ceux qui doivent cesser d'en faire partie par suite d'une radiation disciplinaire déjà prononcée, ou par voie d'une simple omission à prononcer.

243. Au mois d'avril 1830, à l'occasion de la formation du tableau, s'élève la question de savoir si le nouveau tableau qui va être déposé, doit contenir le nom des avocats admis depuis le 1er janvier, époque à laquelle le tableau devrait, d'après les usages, être fait. D'une part, on rappelle qu'autrefois, et pendant des siècles, le dépôt s'est fait à époque fixe, le 9 *mai*, et que depuis la restauration de l'Ordre, on a considéré le tableau comme s'appliquant à l'année de janvier à janvier. D'autre part, on ajoute que le tableau est fixé par une délibération dont l'époque est incertaine en fait, et qui a lieu indéfiniment la veille du dépôt. Après discussion, le Conseil décide que le tableau ne comprendra que les membres admis *avant le 1er janvier* de chaque année (arr. du 22 avril 1830).

244. La commission, après avoir fait son travail, présente un rapport au Conseil qui statue sur chaque difficulté séparément.

245. L'omission du tableau, qu'il ne faut pas confondre avec la radiation disciplinaire, a lieu dans plusieurs cas, entre autres : pour cause d'incompa-

de reformer les colonnes aux termes de l'art. 4 (arr. du 1er février 1830); un arrêt, du 3 avril suivant, lui avait accordé cette faculté, et le Conseil en avait usé (arr. du 15 avril 1830). *Voir*, p. 190, nos observations.

tibilité relative [1], pour non-paiement de la cotisation annuelle [2], pour cessation de domicile à Paris [3], pour démission volontaire [4].

246. Bien qu'elle puisse être temporaire seulement, c'est-à-dire, jusqu'à ce que la cause vienne à cesser, l'omission affecte l'état de l'avocat inscrit [5], et par cette raison, il doit être appelé au Conseil pour fournir des explications (arr. du 22 janvier 1830 et 11 janvier 1836).

Un rapporteur est nommé, avant tout, pour prendre des renseignements.

247. Si l'incompatibilité est *notoire* et résulte, par exemple, d'une promotion à des fonctions publiques, le Conseil prononce l'omission, sans rapport ni citation préalables.

248. L'avocat omis est toujours recevable à réclamer, et il est rétabli sur le tableau, en justifiant que la cause de l'omission a cessé. Le Conseil décide s'il doit recouvrer son ancien rang ou n'être rétabli qu'à la date de sa demande à fin de rétablissement. Dans ce dernier cas, l'omission a l'effet d'une radia-

---

[1] « Ceux qui sont pourvus de quelque emploi incompatible « avec la profession d'avocat, dit BOUCHER D'ARGIS, p. 111, ne « sont point mis sur le tableau; ou, s'ils y sont, on en retranche « leur nom, *sans que cela emporte aucune note contre eux*, « parce que l'on considère la cause de ce retranchement. »
Voir ci-après, n° 396, l'arrêté du Conseil du 26 juillet 1831, et nos observations à la note.

[2] Voir *infrà*, n° 502, *cotisation*.

[3] Voir *infrà*, n° 232.

[4] Voir *suprà*, n° 121, à la note.

[5] L'avocat omis perd le droit d'être porté sur la liste du jury et des électeurs municipaux, aux termes des lois qui admettent les capacités en cette matière.

tion disciplinaire, moins toutefois la tache désho-
norante[1].

249. Le tableau est imprimé, chaque année, aux
frais de l'ordre.

250. Sur la proposition du rapporteur de la commission du tableau, le Conseil décide que, lors de
l'impression annuelle du tableau, les membres du
Conseil seront placés, non dans l'ordre numérique
des suffrages, mais *dans l'ordre fixe de l'ancienneté*
(arr. du 5 janvier 1831)[2].

250 *bis*. M.*** fait demander par son épouse un
certificat d'inscription au tableau. Le Conseil arrête
que, si l'on insiste, le certificat sera délivré, mais
avec mention *qu'à la suite de plusieurs plaintes*,
M.*** ayant donné sa démission, son nom a été depuis lors omis du tableau (arr. du 17 janvier 1816).

CHAPITRE IV.

POUVOIR DISCIPLINAIRE.

251. Le pouvoir disciplinaire s'applique, ainsi
que je l'ai dit page 199, aux avocats stagiaires comme
aux avocats inscrits au tableau.

A l'égard des stagiaires, le mode de répression
dont le Conseil use habituellement est le moins

---

[1] Lorsqu'il ne s'agit que de non-paiement de la cotisation ou
d'un abandon momentané de domicile, le Conseil est dans l'usage
de maintenir le rang.

[2] Ceci rentre dans les anciens usages. Voir *suprà*, p. 214, la
note relative à la prestation du serment annuel des avocats lors
de la rentrée du Parlement. — L'arrêté de 1831 continue de
recevoir son exécution.

sévère, ou la prorogation du stage : leur jeunesse appelle l'indulgence[1].

252. Aux termes de l'art. 15 de l'ordonnance du 20 novembre 1822, il y a lieu, pour le Conseil, d'exercer le pouvoir disciplinaire :

1°. Lorsqu'il est saisi d'une plainte portée contre un avocat par M. le procureur-général ou tout autre magistrat, par une partie quelle qu'elle soit ou un confrère;

2°. Lorsqu'il se saisit *d'office* des faits qui lui paraissent provoquer sa censure, ou au moins une vérification;

3°. Lorsque l'avocat qui se trouve atteint par des imputations blessantes pour son honneur, et qu'il croit imméritées, vient *proprio motu* lui soumettre sa conduite.

253. Je rapporterai successivement les précédents qui se rattachent aux divers degrés que parcourt le pouvoir disciplinaire, savoir :

Aux exceptions préalables sur les questions communes de discipline;

[1] Nous avons vu *suprà*, p. 197, que l'exercice du pouvoir disciplinaire diffère relativement aux deux classes d'avocats en un point essentiel. Pour le stagiaire, la décision du Conseil est toujours souveraine et sans appel, même lorsqu'elle prononce la radiation à l'égard des avocats inscrits au tableau. L'appel est, au contraire, recevable dans les cas d'interdiction à temps ou de radiation (art. 24 de l'ord. du 20 novembre 1822). Il suit du même principe que le procureur-général qui a le droit d'appeler de toutes les décisions disciplinaires concernant ces derniers (art. 25) ne peut pas se pourvoir contre celles qui sont relatives aux stagiaires. Cependant la Cour de Caen a jugé le contraire dans l'espèce d'une radiation, les 11 et 21 janvier 1837. S., vol. 37, 2, 168. M. Ph. Dupin, n° 99, combat cette décision par d'excellentes raisons que j'adopte en tous points.

Au non-lieu;

A l'avertissement;

A la réprimande;

A la suspension;

A la radiation du tableau;

A la prorogation et à la révocation du stage.

Le Conseil a cru pouvoir, même sous l'empire du décret de 1810, tempérer la rigueur des règlements en adoptant une voie plus douce, qui souvent produit le même résultat; je veux parler de l'avertissement confraternel [1].

§. Ier. — EXCEPTIONS PRÉALABLES SUR LES QUESTIONS DE DISCIPLINE.

254. J'entends, par ces exceptions, les divers incidents que les avocats, inscrits ou stagiaires, cités devant le Conseil (qui est une véritable juridiction), peuvent présenter pour préparer sa décision, l'ajourner, ou même l'écarter par une question préalable d'incompétence, ou par une sorte de fin de non-recevoir.

Quelquefois le Conseil croit devoir suppléer ces moyens d'office, dans un intérêt général ou particulier.

I. DÉMISSION.

255. M.***, ayant été *rayé* du tableau par un précédent arrêté, envoie sa démission. Le Conseil

---

[1] Le Conseil tient que le désistement de la plainte portée contre l'avocat n'éteint pas l'action disciplinaire (arr. du 26 mars 1833). *Voir* n° 370 — Le principe est le même devant les tribunaux criminels.

arrête qu'il n'y a pas lieu à revenir sur sa première décision (arrêt du 15 mars 1827 [1]). — Même décision (arr. du 30 août 1831).

256. Lorsque la radiation n'a pas encore été prononcée, le Conseil refuse ou accepte la démission, selon la gravité des plaintes dont le démissionnaire est l'objet.

Espèces diverses.

Des plaintes ayant été portées contre M. ✶✶✶, et celui-ci ayant envoyé sa démission, le Conseil, après avoir délibéré sur la question de savoir si l'on acceptera cette démission, arrête *qu'il sera statué,* et, après délibéré, il prononce la radiation (arr. du 26 mai 1813).

M. ✶✶✶, contre lequel existent des plaintes, donnant sa démission, le Conseil accepte cette démission, et décide qu'il n'y a plus lieu à s'occuper des plaintes (arr. du 23 avril 1829).

M.✶✶✶, contre lequel une plainte était portée, ayant donné sa démission, *il n'y a plus lieu à délibérer. M. ✶✶✶ sera omis du tableau, et il sera tenu note de la démission sur le dossier* (arr. du 1ᵉʳ avril 1830)[2]. — Même décision, à l'égard de M. ✶✶✶ (arr. du 27 mai 1830).

---

[1] Il existe un arrêté contraire du 7 décembre 1814, lequel accepte la démission et décide que la radiation n'aura pas de suite. Il y a, suivant moi, inconvénient grave à rétracter une décision rendue, ce n'est pas faire justice ; ensuite, c'est compromettre la dignité du tribunal disciplinaire. *Voir* ci-après, nᵒ 388, un arrêté très-explicitement motivé en ce sens.

[2] La note qui doit être recueillie, d'après cet arrêté et le suivant, atténue l'inconvénient que nous venons de signaler ; elle a

M. ***, cité pour plusieurs plaintes, ayant donné sa démission, le Conseil accepte cette démission; mais il décide que l'arrêté (qui admet la démission) *sera motivé sévèrement, et que les pièces demeureront aux archives* (arr. du 12 juillet 1831)[1]. — Même décision (arr. du 4 juillet 1839).

II. APPEL DEVANT LE CONSEIL.

257. La première question que se propose le Conseil, après le rapport sur la plainte, est de savoir si l'avocat inculpé sera appelé devant lui pour fournir des explications. Elle a beaucoup d'importance, parce que l'appel préjuge la gravité de la plainte. Aussi le Conseil n'ordonne cet appel qu'avec la plus grande circonspection, pour ne pas blesser un confrère qui peut être injustement attaqué.

258. L'avocat appelé est tenu de comparaître *en personne,* et de répondre aux questions qui lui sont

pour résultat d'éclairer le Conseil sur la moralité du démissionnaire, dans le cas où celui-ci demanderait plus tard sa réintégration. Il faut dire pourtant que cette note peut être incomplète; mais le Conseil se détermine à recevoir la démission en pareil cas, par deux motifs fort sages : 1°. il peut user d'indulgence, lorsque les faits sont encore en voie d'instruction; 2°. il prévient, pour l'honneur de l'Ordre, des débats toujours pénibles, surtout lorsqu'ils sont portés en appel. Si le fait était notoire et d'une gravité compromettante pour l'Ordre, je crois qu'on devrait passer outre et statuer comme dans l'espèce ci-dessus, n° 255.

[1] L'arrêté me paraît exiger une observation. En donnant pour motif, par exemple, que le démissionnaire *est agent d'affaires,* le Conseil applique à celui-ci une qualité qu'il peut avoir intérêt à contredire. Je pense que le Conseil doit ou rayer par ce motif, ou accepter la démission purement et simplement : c'est à cette opinion qu'il s'est arrêté dans une discussion récente (arr. du 18 avril 1842.)

adressées par le bâtonnier ou les membres du Conseil; il a le droit néanmoins de faire présenter sa défense par un confrère, s'il craint de ne pas être en état de la développer lui-même, et celui-ci peut assister à l'interrogatoire (arr. des 22 mai 1832 et 23 mars 1841). Cette décision est fondée sur le droit naturel de défense.

259. M. *** étant détenu pour dettes à Sainte-Pélagie, le Conseil arrête qu'il lui sera écrit pour savoir s'il a quelque moyen à faire valoir contre la mesure à prendre à son égard, à raison des opérations commerciales auxquelles il s'est livré (arr. du 28 mars 1838). M.***, son rapporteur, se transportera près de lui (arr. du 4 avril suiv.).

260. Le Conseil n'entend jamais les plaignants; cependant, une plainte très-compliquée de faits ayant été portée contre M. ***, le Conseil a décidé que le plaignant, bien qu'*étranger au barreau*, serait admis devant le Conseil, pour s'expliquer contradictoirement avec M. *** (arr. du 6 décembre). L'audition a eu lieu à plusieurs séances [1].

261. M. ***, stagiaire, ayant été condamné par la Cour d'assises à une peine afflictive comme complice de banqueroute frauduleuse, et son pourvoi en cassation ayant été rejeté, le Conseil a prononcé sa radiation du stage de *plano*, en décidant qu'il est inutile de l'inviter à présenter préalablement ses moyens justificatifs (arr. de juin 1841).

---

[1] Je ne connais pas d'autre exemple de ce fait, et l'arrêté doit être considéré comme une exception. — Notre Conseil représentant l'intérieur de la famille, il ne serait pas sans inconvénient d'y introduire des étrangers. Au reste, il a son libre arbitre sur ces sortes de questions.

III. RÉCUSATION.

262. M. *, ancien avoué, ayant dirigé contre
M. ***, membre du Conseil, une récusation fondée
sur ce que M. *** est avocat de la Compagnie des
avoués, qui ont rendu la sentence arbitrale prononcée
contre M. *, et formant l'objet de la citation, le
Conseil, décide que M. *** ne doit pas s'abstenir (arr.
du 13 août 1833)[1];

IV. INCOMPÉTENCE.

*Appréciation d'écrits politiques.—Garde nationale.—Stellionat.
— Intérêt privé. — Faits étrangers à la profession. — Faits
relatifs à d'anciennes fonctions ou antérieurs à l'admission.*

263. M. *** étant cité devant le Conseil par
M. le procureur-général, pour avoir, dans une requête au garde des sceaux, méconnu le respect dû à
la magistrature, et professé des thèses contraires à
l'ordre politique établi, prétend que le Conseil n'est
pas compétent pour le juger. Le Conseil statue en
ces termes, le 24 juin 1819 : « Après avoir entendu
les observations de M. ***, et sa déclaration qu'il
ne considère pas le Conseil comme ayant pouvoir
légal de l'appeler et de prononcer, aux termes du
décret du 14 décembre 1810, sur les mémoires et
imprimés émanés de lui en sa qualité de membre de
l'Ordre; —considérant que le Conseil ne peut se dispenser de remplir les devoirs qui lui sont imposés
par le décret du 14 décembre 1810, arrête que
M. *** sera invité, pour la seconde fois, à venir

---

[1] Le principe jugé, M. *** s'est volontairement abstenu. Nous
avons vu, p. 130, que la récusation était admise autrefois.

s'expliquer devant lui jeudi prochain, 1ᵉʳ juillet, sur le contenu en l'imprimé, signé en date du 8 juin 1819, et intitulé requête à M. le garde des sceaux » [1].

264. M. *** avait porté plainte contre M. ***, son confrère, en ce que ce dernier aurait, dans un arbitrage où ils se trouvaient en discord, rédigé un avis *tout autre* que celui qu'il lui avait d'abord communiqué; le Conseil, après les avoir entendus, considère « que les tribunaux *sont seuls compétents* pour prononcer sur les questions relatives à la régularité des arbitrages; *qu'ainsi il ne convient point au Conseil de s'expliquer sur la non-constatation des points en discord et sur ses conséquences*; mais qu'il lui appartient de maintenir les règles de loyauté et de confraternité qui doivent unir les avocats entre eux, et sur lesquelles reposent la considération et la dignité de la profession, etc. » (arr. du 5 février 1833) [2].

[1] M. Gauthier, que j'ai déjà eu l'occasion de citer avec éloge, était rapporteur dans cette affaire. La politique d'alors avait pris une telle influence sur la composition du Conseil et ses délibérations dans certaines affaires, qu'il crut devoir donner sa démission de membre. Je dirai qu'abandonner une position difficile, en pareil cas, c'est manquer de prudence et d'énergie. Les minorités protestent, et quand leur cause est bonne, elles finissent, avec la persévérance, avec le temps, par triompher. Ici, l'événement l'a encore prouvé.

[2] L'arrêté statue par un non-lieu sur cette seconde partie du débat.

Autre espèce : Une plainte ayant été portée contre M. ***, le plaignant prétendit, entre autres griefs, que M. *** l'avait calomnié comme garde national. Le Conseil a rejeté cette partie de la plainte : « Considérant qu'il s'agit de décider entre M. *** et M. *** si, dans la lettre imprimée, adressée aux officiers du . . .

265. Une plainte étant portée contre M. ***, pour fait de *stellionat*, le Conseil, considérant que l'appréciation de ce fait rentre dans le domaine des tribunaux, arrête qu'il n'y a pas lieu à délibérer (arr. du 24 novembre 1813).

266. M. *** ayant porté plainte contre M. ***, le Conseil décide qu'il n'y a lieu à délibérer, attendu que la difficulté ne présente qu'un intérêt *particulier, étranger* à la discipline de l'Ordre (arr. du 21 août 1823).

267. Un sieur F. *** s'étant plaint que M. *** lui avait adressé des injures et provocations, qu'il avait aussi, par des manœuvres contraires aux sentiments d'honneur et de délicatesse, cherché à s'emparer des abonnés au Recueil du journal publié par le plaignant, le Conseil, considérant que les discussions qui se sont élevées entre eux sont *étrangères* à la profession, décide qu'il ne peut en connaître (arr. du 23 juin 1835)[1].

268. M. *** ayant joué à la bourse, et obtenu un jugement qui, sur l'exception de nullité par lui présentée, repousse la demande formée contre lui en paiement de différences, par le motif qu'une pareille dette *n'est pas reconnue par la loi*, le Conseil décide qu'il n'y a pas lieu à appeler M. *** devant lui, pour répondre sur les faits dont il s'agit, attendu que ces faits *sont en dehors de l'exercice de la*

---

bataillon de la . . . légion, et datée du 5 août 1831, M. *** a été, ou non, calomniateur, et *que la connaissance d'un pareil différend n'est pas dans les attributions du Conseil;....* » (arr. du 10 avril 1832).

[1] *Voir* autre espèce, n° 285.

profession d'avocat (arr. du 26 janvier 1841)[1].

269. Sur la plainte dirigée contre M. ✱✱✱, ancien avoué, le Conseil arrête que le fait dont il s'agit étant relatif *à ses anciennes fonctions*, il n'y a pas lieu à délibérer (arr. du 30 décembre 1812). — Même décision dans une espèce semblable (arr. du 15 mars 1815).

Espèce analogue : — « Attendu que, si l'acte du 2 mars......., qui sert de base à la plainte, était postérieur à l'admission de M. ✱✱✱ au stage dans le barreau de Paris, le Conseil se verrait obligé de prononcer une peine de discipline contre lui, *puisqu'un pacte par lequel un avocat s'engage à faire face aux frais d'un procès, moyennant une somme déterminée qu'il doit toucher en cas de gain du procès*[2], *constitue une violation grave des devoirs de sa profession ;*

« Mais, attendu qu'à l'époque où ledit acte a été souscrit, M. ✱✱✱, qui avait cessé depuis quelques mois d'exercer les fonctions d'avoué à...., était avocat près le tribunal de ladite ville de...., et *que ce n'est que le........ qu'il a été admis au stage de Paris ;* que, dans cette situation, le Conseil ne pourrait infliger à M. ✱✱✱ une peine de discipline, qu'autant que la convention dont il s'agit serait contraire à la probité ou à la bonne foi, caractère qu'elle ne présente pas ;

« Que le stage est une épreuve ayant précisément

---

[1] J'ai combattu cette résolution. *Voir* mes motifs *suprà*, règle 29. Je dois dire que, l'année précédente, le Conseil avait ordonné cet appel. M. ✱✱✱ n'avait pas comparu, à raison d'une absence de Paris. L'opinion que je présente n'est donc pas sans gravité.

[2] Voir *suprà*, règle 105.

pour but de faire connaître aux licenciés qui entrent dans le barreau les devoirs particuliers à la profession à laquelle ils veulent se vouer, et de les former à la pratique de ces devoirs ; que, par conséquent, le Conseil ne saurait réprimer des actes *antérieurs à l'admission au stage*, lorsqu'ils sont simplement en opposition à ces devoirs, et qu'ils ne blessent pas les principes de délicatesse et de morale applicables à tous les états et à toutes les positions ;

« Arrête qu'il n'y a lieu de suivre contre M. *** » (arr. du..... 1840).

Même décision, par arrêté du 5 mars 1829 (*voir* aussi nᵒˢ 315 et 349).

270. Le Conseil décide, en principe, que l'avocat qui est en instance pour obtenir son admission au stage ne peut être puni disciplinairement par lui, même pour un fait postérieur à la demande ; que le Conseil peut seulement prendre en considération le fait pour rejeter cette demande, s'il y a lieu (arr. du 12 janvier 1841) [1].

[1] Autre espèce, nº 271. « Vu une lettre du sieur C***, du 27 mars 1822, contenant plainte de refus fait par M. *** de remettre des pièces réclamées par le sieur C*** comme lui appartenantes ;

« Considérant qu'encore bien que M. *** convienne que les pièces dont il s'agit lui ont été apportées par un sieur R***, son client, et une dame qui venait de la part du sieur C***, et qu'il croyait même l'épouse de ce dernier, il déclare ne pouvoir se rappeler précisément par qui les pièces lui ont été remises ; considérant *que, dans une pareille position*, le Conseil de discipline *cesse d'être compétent*, puisqu'il aurait à juger de qui M. *** tient les pièces, et peut-être même, une question de propriété entre deux individus *étrangers* à l'Ordre des avocats ;. .. » (arr. du 25 août 1822).

V. SURSIS.

271. Sur la plainte portée contre M. ✳✳✳, le Conseil, considérant qu'il y a *instance* à l'occasion du refus qu'il fait de remettre les pièces, arrête qu'il n'y a lieu à délibérer quant à présent (arr. du 15 mai 1811).

Autres espèces : — Une plainte ayant été portée contre M. ✳✳✳, à raison de faits qui se rattachent à un procès pendant entre lui et le plaignant *devant des arbitres*, le Conseil surseoit à statuer jusqu'après la sentence arbitrale (arr. du 4 août 1840).

Le Conseil, considérant que le fait qui forme l'objet de la plainte portée contre M. ✳✳✳ est actuellement soumis à une instruction criminelle, surseoit à prononcer jusqu'après l'instruction (arr. du 16 août 1839).

M. ✳✳✳ ayant été condamné par la Cour d'assises à la peine de reclusion, et s'étant pourvu en cassation, le Conseil surseoit à statuer jusqu'après le jugement du pourvoi (arr. du..... 1841)[1] ;

272. M. ✳✳✳, appelé devant le Conseil sur une plainte, témoigne le désir que le Conseil ne statue point avant que le procès, objet de la plainte, soit jugé par la Cour de cassation, et il demande toutefois à présenter de suite des observations justificatives. Le Conseil, sans rien préjuger sur la plainte, consent à entendre M. ✳✳✳ (arr. du 6 mai 1830)[2].

[1] Cette jurisprudence du sursis est constante. On en comprend le motif : le Conseil ne doit pas, par sa décision, préjuger contre l'avocat l'instance qui est pendante ailleurs, en matière criminelle surtout. *Voir* autre espèce, n°s 285 et 315.

[2] Cette décision ne contredit point les précédentes. On con-

VI. CHOSE JUGÉE.

272 *bis*. Lorsqu'une décision a été prise par le Conseil pour l'admission, soit au stage, soit au tableau, il y a chose jugée en faveur de l'avocat admis, si la cause qui pouvait créer une incompatibilité existait à l'époque où la décision a été prise; il n'y a plus lieu de revenir sur cette décision pour la même cause (*voir* la lettre du bâtonnier au barreau d'Arras, en vertu de l'arrêté du 20 décembre 1839, pag. 341, et arrêté du 7 décembre 1814, n° 150)[1].

VII. NON BIS IN IDEM.

273. L'espèce et le principe se trouvent dans un arrêté ainsi conçu : « Considérant que le sieur ★★★, qui avait été commis dans la fabrique de S★★★, et qui prétendait avoir été renvoyé de cet établissement sans indemnité, chargea M. ★★★, avocat, de former une demande en dommages-intérêts contre ce dernier; considérant que l'instance fut engagée devant le Tribunal de commerce, et qu'elle paraît avoir été désertée pour raison d'incompétence; considérant que M. ★★★ chargea encore M. ★★★, avocat, de payer les frais qui pouvaient être dus à l'huissier, à l'agréé et à l'avoué, et que le mémoire

çoit que l'avocat inculpé tienne à ne pas laisser planer trop longtemps, dans l'esprit de ses confrères, un soupçon qui porte atteinte à son honneur et à sa considération. Il peut craindre aussi que, par suite du retard, les moyens de justification deviennent plus difficiles pour lui.

[1] Il en serait de même si une plainte rejetée était reproduite contre un avocat et basée sur des faits déjà appréciés par le Conseil. — C'est le cas du *non bis in idem*.

s'élève à . . ., dont celui-ci donna quittance ; considérant que cette somme a été *versée volontairement par le sieur ***, qu'ainsi il n'y a lieu à répétition à cet égard;* considérant que si, dans cette occasion, M. *** a plutôt fait le *métier d'agent d'affaires* que la profession d'avocat, le fait qui pourrait donner lieu à une peine disciplinaire remonte à septembre 1831 ; considérant que M. ***, sur d'autres plaintes et pour des faits semblables, a reçu, au mois d'août dernier, un *avertissement du Conseil qui couvre les faits antérieurs et fait espérer que de pareilles plaintes ne se renouvelleront plus;*

« Le Conseil décide qu'il n'y a lieu à plainte » (arr. du 16 avril).

274. Cette fin de non recevoir, tirée du *non bis in idem*, est applicable dans le cas seulement où la décision antérieure procède du Conseil, et non lorsque la première peine prononcée l'a été par la Cour d'assises (arr. des 9 et 16 décembre 1820, nᵛ 334)[1] : j'ajoute, ou par tout autre tribunal.

De même, en général, le Conseil tient pour règle qu'il n'est pas lié par les décisions judiciaires qui incriminent la conduite d'un avocat; il se réserve toujours le droit d'en examiner et vérifier les causes. (*Voir* notamment les arrêtés sous les nᵒˢ 432, 433, 440. — Autre de   1841).

[1] Voici les motifs du deuxième arrêté rapporté ci-après, nᵒ 334 : « Considérant que la peine prononcée contre lui par la Cour d'assises ne serait pas, comme le prétend à tort M. ***, une fin de non-recevoir contre les déterminations que pourrait prendre le Conseil de discipline, toujours libre de prononcer contre ses membres en faute les peines qu'il croit applicables ; que les pouvoirs qui lui sont confiés constituent une juridiction intérieure et paternelle, *dont aucune autre ne peut arrêter l'action;....* » Voir *suprà*, p. 202 et 203.

VIII. NON-CUMUL DE PEINES.

275. **Deux plaintes étaient portées contre M. *****, avocat stagiaire, et chacune d'elles était de nature à entraîner une peine de discipline. Le Conseil, « considérant qu'en principe général, lorsqu'il y a lieu de prononcer deux peines, l'une d'elles seulement peut être appliquée ; que la jonction des plaintes doit être admise, et la peine la plus forte appliquée ; considérant qu'en matière de discipline, il y a même raison pour observer ce principe ; arrête, en déboutant de l'opposition au précédent arrêté par défaut, que la prorogation du stage de M. ***, pendant un an, est maintenue » (arr. du 3 décembre 1839).

IX. CONCILIATION.

276. **MM. ***** s'étant plaints de mauvais procédés exercés envers eux par deux confrères, le Conseil les renvoie devant M. le bâtonnier, qui fera l'office de conciliateur (arr. du 30 novembre 1814)[1].

X. REMISE DE PEINE.

277. **M. *****, contre lequel un arrêté disciplinaire avait été pris, ayant demandé la cessation des effets de cette délibération, le Conseil décide qu'il *n'y a lieu* (arr. du 21 août 1832).

Même décision à l'égard de M. *** (arr. du 28, même mois)[2].

---

[1] Voir *suprà*, règle 123.

[2] Le laconisme du procès-verbal laisse indécise, à défaut de motifs, une grave question, celle de savoir si le Conseil peut faire remise de la peine disciplinaire qu'il a prononcée. En

XI. CAS PARTICULIER.

278. M. *** écrit au bâtonnier pour être admis à donner au Conseil des explications sur sa moralité et sa conduite comme avocat, lesquelles seraient attaquées, selon lui, par des bruits et des inculpations injurieux. Le Conseil, considérant qu'il n'existe aucune articulation contre M. ***, arrête qu'il n'y a lieu à l'entendre (arr. du 8 novembre 1815) [1].

§. II. — ARRÊTÉS DE NON-LIEU [2].

279. On verra, par la lecture de ces arrêtés dont je devrai le plus souvent citer le texte, pour leur

thèse générale, le droit de grâce est l'attribut de la souveraineté. A l'égard des peines appliquées aux stagiaires, j'incline à penser qu'il peut, à raison de son omnipotence vis-à-vis d'eux, leur remettre ces peines, d'autant mieux que, par leur jeunesse et leur inexpérience, ils sont facilement graciables; mais je suis d'un avis contraire quant aux peines encourues par les avocats inscrits. L'art. 21 de l'ordonnance de 1822, chargeant le procureur-général d'assurer l'exécution des décisions rendues, il n'appartient plus au Conseil d'y mettre obstacle. Au reste, lorsqu'il s'agit d'une radiation prononcée, il n'est pas permis de supposer que le Conseil veuille rappeler dans l'Ordre celui qu'il en a expulsé pour cause d'indignité.

[1] Pourquoi et comment délibérer, lorsque la délibération ne peut porter sur aucun fait précis?

[2] Pour rendre les recherches plus faciles, j'ai adopté ici, et dans les quatre paragraphes qui suivent, la forme des arrêtistes; j'ai indiqué, en tête de chaque arrêté, son objet principal et les questions accessoires résolues. Je n'ai pas cru devoir donner un sommaire plus détaillé. Quant au principe, je l'ai posé dans les règles ou dans le commentaire des lois et règlements, et j'y renvoie. Quant au fait, les mots en tête l'indiquent suffisamment. Il fallait éviter les redites. Je continuerai à consigner à la note mes observations.

conserver toute leur autorité, que, s'ils renvoient de la plainte les avocats inculpés, à raison des circonstances qui pouvaient les rendre excusables, ils n'en proclament pas moins les principes qui servent de règles dans l'exercice de la profession.

Quelques-uns contiennent des motifs improbateurs et qui paraissent, au premier regard, contredire le dispositif adopté ; mais il faut considérer que le Conseil est, avant tout, une juridiction paternelle, et que parfois l'improbation tient lieu de la peine. Le Conseil ne doit pas seulement apprécier la gravité du fait, mais la position de l'avocat, son caractère, sa susceptibilité. Un premier écart réclame des ménagements. S'il a été appelé au Conseil, si la citation a eu du retentissement, n'est-ce pas déjà pour l'avocat une leçon sévère ?

280. Le Conseil ne rédige ses arrêtés de *non-lieu* que dans trois cas : 1°. s'ils doivent, d'après le délibéré, présenter des motifs désapprobateurs de la conduite de l'avocat ; 2°. s'il importe à celui-ci d'être vengé d'une plainte calomnieuse ou absurde ; 3°. si la plainte a été renvoyée par M. le procureur-général. Lorsque l'absurdité de la plainte est par trop manifeste, on se borne à une simple mention sur le procès-verbal des séances ; quelquefois même, il n'en est pas tenu note [1].

281. *Autorisation de plaider. — Devoir de l'avocat. — Excuse.* — M. Berville étant allé plaider devant le Tribunal correctionnel de Lille sans avoir obtenu l'autorisation préalable exigée par l'article 39

---

[1] Je pense qu'il est utile que cette note ait lieu, si le procès-verbal d'une séance antérieure relate la plainte et la nomination du rapporteur. Voir *suprà*, n° 68 et la note.

de l'ordonnance du 20 novembre 1822, le Tribunal lui permit de plaider. M. le procureur-général cita M. Berville devant le Conseil à raison de ce fait; mais le Conseil, considérant que M. Berville n'avait pas eu le temps d'obtenir cette autorisation, à cause des vacances de Pâques et de l'absence, soit du bâtonnier, soit de M. le premier président, déclara qu'il n'y avait lieu à plainte (arrêté du 8 juillet 1830) '.

282. *Arbitrage. — Erreur. — Non-responsabilité.* — MM. *** ayant procédé comme arbitres, en vertu d'un jugement rendu par le Tribunal de commerce et non attaqué, sont cités devant le Conseil sous le prétexte que ce jugement était susceptible d'être réformé. Le Conseil, considérant que les deux avocats ont agi de bonne foi, et que, *s'ils se sont trompés,* ils ne doivent pas compte de l'*erreur* par eux commise, arrête qu'il n'y a lieu à plainte (arrêté du 19 août 1824) ².

283. *Arbitrage. — Dignité de la profession. — Dommages-intérêts accordés à l'avocat.* — M. ***, ayant été arbitre et calomnié plus tard par les parties condamnées, obtient, devant la Cour d'assises, une condamnation à 3 000 francs de dommages-intérêts qui lui sont payés. Celles-ci le traduisent devant le Conseil, en alléguant qu'il n'est pas digne, pour un avocat, de recevoir une somme d'argent à

---

¹ Cette question ne se présentera plus depuis l'ordonnance du 27 août 1830, qui supprime la nécessité de l'autorisation. L'arrêté prouve du moins qu'avant tout le devoir sacré de la défense peut être une excuse pour l'avocat. *Voir* les règles 28 et 91.

² Ils étaient graciables à deux titres, comme avocats et comme juges. Voir *suprà,* règle 92.

pareil titre; que, d'ailleurs, le défenseur de M. ***
aurait dit, devant la Cour, que son client rougirait
de grossir sa fortune d'une obole provenant de telle
source. Le Conseil arrête qu'il n'y a pas lieu à suivre (arr. du 11 août 1840)[1].

284. *Arbitre rapporteur. — Double rapport. —
Non-responsabilité.* — « Considérant qu'il résulte
de la plainte que M. *** a été nommé par le Tribunal de commerce arbitre rapporteur, et devant donner un avis dans le procès pendant en ce Tribunal
entre le sieur *** et les sieurs ***; que M. *** a fait
un premier rapport qui aurait été ouvert le 7 septembre 1824; qu'il en a déposé un second dont l'ouverture aurait eu lieu le 22 novembre 1825; que
les deux rapports existent actuellement au greffe du
Tribunal de commerce; que, dans le système de la
plainte, le second aurait eu pour objet : 1°. de porter atteinte aux droits du fisc auxquels le premier
rapport pouvait donner ouverture, et 2°. de favori-
ser la partie adverse du plaignant;

« Considérant, en ce qui concerne l'intérêt privé,

« En droit : que l'arbitre nommé par le Tribunal
de commerce, conformément à l'article 429 du
Code de commerce, appelé seulement à donner *un
avis* sur les objets en litige, dont le Tribunal *reste
juge,* ainsi que du mérite du rapport ou des rapports, pourrait bien avoir la faculté, s'il croyait

---

[1] Faire remise au calomniateur de la réparation pécuniaire,
qui est pour lui la peine la plus sensible, ce serait, de la part de
l'avocat, se livrer sans défense à l'outrage et à la calomnie!
L'honneur de la profession ne lui commande point un tel sacrifice; la nécessité de la faire respecter veut qu'il résiste par tous
les moyens légitimes.

avoir erré soit en fait, soit en droit, de rectifier son premier avis dans les points qu'il croirait erronés;

« En fait : que vérification faite des deux rapports, ils sont identiques quant aux faits principaux et à la conclusion;

« Considérant, en ce qui touche l'intérêt du fisc, que les deux rapports étant déposés au greffe, le fisc peut exercer ses droits, s'il croit en avoir, contre qui il jugera convenable; que l'intention de les frauder ne peut se présumer, qu'en tous cas ils demeurent entiers;

« Le Conseil arrête qu'il n'y a lieu à suivre sur la plainte rendue contre M. *** par le sieur *** » (arr. du 6 avril 1826) [1].

285. *Conduite inconvenante.* — *Arrestation du débiteur facilitée.* — *Qualité de créancier.* — *Fausse allégation.* — *Incompétence.* — *Sursis.* — « Attendu que la lettre et les autres écrits du plaignant imputent à M. *** des faits dont la gravité a dû fixer l'attention du Conseil; que ces faits se réduisent à trois principaux...;

« En ce qui touche les deux premiers faits et les « circonstances dont ils sont accompagnés, *consi-* « *dérant que, s'ils étaient prouvés, ils auraient un* « *caractère et un but tout à fait inconciliables* « *avec l'esprit de loyauté et de convenance, que* « *la société doit attendre de tout véritable avocat;* « *qu'ils transformeraient, d'ailleurs,* M. *** *en* « *proxénète de la faillite et pour la plus subalterne* « *des fonctions;....*

---

[1] Voir *infrà*, chap. V, dernier paragraphe, d'autres arrêtés qui autorisent l'avocat à accepter la mission d'arbitre-rapporteur. *Voir* règles 41 et 92.

« Que le premier fait n'est pas prouvé;....

« Mais qu'il résulte tant des pièces produites que des explications données par les parties, qu'à l'arrivée du sieur***, ou à peu près, M.*** sortit, en apparence pour faire le recouvrement d'un billet de.... francs, *mais en réalité pour aller chercher les agents de police chargés de mettre à exécution le mandat d'amener* décerné par M. le juge d'instruction ; qu'il l'a amené à la maison où l'on procédait à la levée des scellés ; qu'ils s'emparèrent, là, du sieur *** et qu'ils l'entraînèrent immédiatement dans la prison ; qu'un pareil procédé signale *une âpreté d'intérêt et un oubli de convenance sur lesquels le Conseil ne peut s'empêcher de manifester son improbation* [1] ;

« Considérant, toutefois, qu'en se chargeant de faire arrêter le sieur ***, M.*** aurait agi, non comme avocat, non comme conseil du syndicat, *mais bien comme représentant sa famille menacée de perdre une somme de plus de........ mille francs et comme créancier personnel des faillis ; que, dès lors, il ne s'agit pas d'une faute commise par un avocat dans l'exercice de sa profession* [2]; que, pour en éviter de semblables à l'avenir, il lui suffira de se rappeler la fâcheuse impression que celle-ci a produite sur l'esprit de ses confrères ;

« Considérant, sur le troisième fait, qu'il est la matière d'une instance portée devant le Tribunal de commerce, sur laquelle le Conseil ne doit rien préjuger [3] ;

[1] Voir *suprà*, règle 35.
[2] Même observation que ci-dessus.
[3] Voir *suprà*, nos 271 et suiv., des décisions semblables sur le *sursis*.

« Considérant, enfin, qu'en faisant imprimer un mémoire dans lequel il s'est permis d'énoncer une décision du Conseil de l'Ordre, comme rendue le 28 février dernier *et comme renfermant sa justification,* M.*** a manqué à toutes les convenances et à la vérité, *puisque le Conseil n'avait pas même entendu alors le rapport de l'affaire;* qu'il s'excuse mal en alléguant qu'il avait compté sur une décision favorable dans la séance indiquée par lui, et que son mémoire ne devait être distribué qu'après que la décision aurait été réellement rendue; qu'il n'en est pas moins vrai que plusieurs exemplaires de l'imprimé ont paru *avant toute délibération;* qu'en cela M.*** a fait un trait de légèreté qui, s'il n'exige pas l'application d'un peine disciplinaire, *n'en mérite pas moins l'expression de l'extrême mécontentement du Conseil;*

« Arrête ce qui suit:....

« Sur les faits imputés à M.***, il n'y a pas lieu à plainte » (arr. du 10 avril) [1].

286. *Conduite inconvenante. — Conférence hors du cabinet. — Présence à des réunions politiques.* — Le Conseil, après avoir entendu le rapporteur sur les explications fournies par M.*** et sur les renseignements recueillis ;

« Considérant que, si M. *** *a oublié les convenances de sa profession et le soin de sa dignité personnelle en se rendant le 18 avril 1840* [2] *, sur la demande de plusieurs individus, dans une réunion tumultueuse d'ouvriers,* qui se proposaient de déli-

---

[1] *Voir* règle 8.
[2] Voir *supra,* règles 58 et 80.

bérer en commun sur leurs intérêts et sur leurs rapports avec leurs maîtres; il faut reconnaître cependant que cette réunion, à laquelle assistait un membre de l'autorité municipale et qui était surveillée par le commissaire de police, ne présentait aucun caractère d'illégalité qui fit à M.*** une obligation de se retirer;

« Que d'ailleurs, ce qui atténue encore la démarche imprudente de M. ***, c'est qu'il n'a fait qu'apparaître dans la réunion précitée, qu'il n'a pris part à aucune délibération et qu'il s'est borné à donner aux ouvriers, ou du moins à plusieurs d'entre eux, le conseil de ne se livrer à aucun désordre et ensuite de porter leur griefs et réclamations à l'autorité administrative;

« Considérant que si une décision a été prise par la commission des ouvriers, elle l'a été en son absence;

« Que, si elle lui a été présentée et soumise et s'il y a fait faire quelques corrections, ces corrections tendaient à adoucir certaines parties de rédaction trouvées trop acerbes; que M.*** a pu croire que cette décision ne présentait point les caractères de coalition, d'autant plus que par son conseil elle devait être portée à M. le préfet de police, dont on devait demander la sanction, destination qui pouvait la légitimer aux yeux de M. *** et lui ôter tout caractère de coalition coupable;

« Que de tous ces faits, il résulte que M. *** n'a eu, dans cette affaire, aucune pensée contraire à l'ordre public;

« Que le tribunal l'a jugé ainsi, en absolvant M.*** et en déclarant sans aucune réserve que sa complicité n'était pas établie;

« Que la seule *légéreté* [1] reprochable à M.*** n'est pas de nature à appeler des peines disciplinaires contre lui ;

« Arrête qu'il n'y a lieu à lui faire aucune application des peines prononcées par l'ordonnance du 20 novembre 1822 » (arr. du 17 décembre 1841).

287. *Conduite inconvenante. — Cartes d'adresse remises. — Démarches près de témoins. — Emploi d'un agent de police. — Honoraires.* — « En ce qui touche les faits de l'affaire C*** :

« Attendu que les reproches adressés à M. *** porteraient : 1°. sur le transport de lettres d'une prison à une autre pour que les accusés puissent concerter une défense [2]; 2°. sur l'émission de cartes par M.*** dans la prison de Saint-Lazare ; 3°. dans les conseils qu'il aurait donnés à des accusés pour dénaturer les objets volés ;

« Attendu qu'il résulte des explications de M.*** et des renseignements pris par le rapporteur, que ces faits n'étaient basés que sur une note informe, sans signature, jointe au dossier dans l'affaire C***; que M.*** les nie formellement; que seulement il déclare avoir quelquefois donné des cartes indiquant son nom et *sa demeure à des personnes pour lesquelles il était chargé de plaider* [3];

« En ce qui touche les faits de l'affaire T*** :

« Attendu que ces reproches consisteraient dans la demande et l'acceptation d'une procuration et dans des démarches auprès d'un témoin ou dans la

---

[1] Celle résultant du premier considérant.

[2] *Voir* règle 60.

[3] Cette remise de cartes d'adresse est contraire à nos usages. *Voir* règle 31, §. 12.

rue Dauphine pour découvrir quelle était la voiture qui aurait blessé le sieur T*** ;

« Attendu que M. *** a déclaré que la procuration avait été donnée pour la remplir au nom du sieur *** parent du sieur T*** ; que cette procuration n'a pas servi et qu'elle a été produite au Conseil sans que le nom du mandataire fût rempli ;

« Attendu que les démarches auprès d'un témoin et le fait d'avoir envoyé un agent pendant trois jours dans la rue Dauphine pour savoir quelle était la voiture qui avait blessé le sieur T***, s'expliquent par le zèle du défenseur et par ces circonstances que T*** blessé, ne pouvant marcher, était dans l'impossibilité de faire ces démarches [1] ;

« En ce qui touche la plainte B*** :

« Attendu que, sur une demande en dommages-intérêts formée par le sieur *** contre un sieur L*** à raison de blessures qu'il aurait reçues, l'affaire a été plaidée en instance et en appel par M.***, qu'il a fait obtenir à son client une indemnité de deux cents francs de rente viagère et que les honoraires de cent francs touchés par l'avocat ne sont pas hors de proportion avec les services qu'il a rendus ;

« Le Conseil arrête : Il n'y a lieu à suivre ni sur les faits dont il s'est saisi d'office, ni sur les plaintes B*** et C*** » (arr. du 20 novembre 1838).

288. *Liberté de la défense.* — *Faits de fraude signalés.* — « Considérant que M.***, plaidant pour M. B***, aurait employé des expressions qui ont motivé la lettre du 20 décembre 1832 ; considérant qu'il s'agissait de *faits de fraude* reprochés

[1] *Voir* règle 85.

à M. B*** (adversaire de son client), faits qui avaient été aussi l'occasion d'une plainte portée devant le Conseil par M. B*** contre M. B*** plainte suivie d'une décision rendue le 17 juillet 1832 et portant qu'il n'y avait lieu à suivre ; considérant *que, dans ces sortes d'affaires, l'avocat convaincu des faits de fraude doit les signaler dans sa plaidoirie ;* que M.***, tout en les reprochant à M. B***, ne s'est point écarté des faits de la cause et qu'ainsi nul reproche ne peut lui être adressé [1] ;

« Le Conseil décide qu'il n'y a lieu à suivre » (arrê du 15 janvier 1833).

289. *Liberté de la défense.* — *Attaque contre des experts et témoins.* — « Le Conseil statuant sur la plainte portée contre M. *** par le sieur *** (interprète), et après avoir entendu M. le rapporteur en ses conclusions ;

« Considérant qu'aux termes de l'article 319 du Code d'instruction criminelle, l'accusé et son conseil *sont admis à dire, contre les témoins entendus et contre leurs dépositions, tout ce qui peut être utile à la défense ;* que le même droit existe nécessairement à l'égard d'un *expert ou interprète,* alors même qu'il n'a pas été récusé au moment de sa nomination, si l'accusé ou son conseil prétendent avoir appris, depuis lors, des faits assez graves pour enlever à l'expert ou à l'interprète la confiance que la justice lui avait d'abord accordée ;

« Considérant que, s'il en était autrement, la liberté de la défense serait compromise, puisque l'accusé perdrait le droit de discuter, par tous les moyens

---

[1] Voir *suprà*, règle 20.

légaux, une des preuves les plus graves qui puissent
être produites contre lui; que l'abus de ce droit
pourrait seul motiver l'intervention du pouvoir disciplinaire, s'il apparaissait que le défenseur a, sans
nécessité, sans motif suffisant, avec mauvaise foi
ou trop de légèreté, attaqué un témoin ou un interprète;

« Considérant que, dans l'affaire H***, la position
du sieur *** et les fonctions qu'il avait remplies dans
l'instruction devaient appeler sur lui l'attention spéciale de la défense; qu'en effet, les charges produites contre H*** résultaient principalement des déclarations faites par H*** dans l'instruction, déclarations traduites et transmises au magistrat par le
sieur ***; que H*** ayant, dans le cours des débats,
désavoué formellement ces traductions et nié les déclarations qui lui étaient attribuées, il devenait du plus
haut intérêt pour la défense d'examiner la moralité de
l'interprète, puisque cette moralité même pouvait
seule garantir la fidélité des traductions par lui
faites;

« Considérant que dans une position aussi grave,
M. *** n'aurait pu, sans manquer à son devoir
comme défenseur, négliger les renseignements qui
lui étaient parvenus sur le sieur *** et qu'après avoir
cherché, autant qu'il était en lui, à en vérifier
l'exactitude, il a pu élever à l'audience l'incident qui
donne lieu à la plainte du sieur ***;

« Considérant que si les paroles dont M. *** s'est
servi pour développer ses conclusions, étaient fâcheuses pour le sieur ***, *ces paroles étaient imposées
au défenseur par la position dans laquelle il se trouvait placé;* que d'ailleurs (l'avocat) sollicitait lui-

même le moyen de réparer immédiatement le tort qu'il pouvait faire au sieur ***, en demandant une enquête publique sur des faits qu'il refusait d'articuler jusque-là, d'une manière formelle; qu'il est sans doute à regretter, dans l'intérêt du sieur *** que cette enquête ait été refusée par la Cour, puisque la position honorable de celui-ci, la considération dont il jouit auprès de ses chefs et de ses concitoyens, donnent lieu de penser que le débat l'eût complétement justifié des reproches dont il avait été l'objet; que toutefois la Cour, en rejetant l'enquête demandée, a suffisamment manifesté la pensée que les opérations et la moralité du sieur *** étaient à l'abri de toute attaque ;

« Mais considérant que, quelque inexacts que puissent être les renseignements transmis à M. *** (l'avocat), celui-ci a, de *bonne foi*, cherché à les vérifier et ne s'est rendu coupable d'aucune faute en demandant à prouver les faits qui lui avaient été révélés ;

« Le Conseil arrête : Il n'y a lieu à plainte contre M. *** » ' (arr. du   ).

290. *Liberté de la défense.* — *Mémoire.* — *Imputations.* — « Considérant que, dans plusieurs parties du mémoire dont il s'agit, il est échappé à M.*** qui convient de l'avoir rédigé pour M. D*** son client, des expressions *dont la violence ne peut être approuvée*, et qu'en s'abandonnant à la chaleur d'un zèle qu'il regrette lui-même de n'avoir pas maîtrisé davantage, M. *** *est sorti des bornes de la modération qu'il est du devoir de l'avocat de se prescrire*;

' Voir *supra*, règle 20.

mais considérant en même temps qu'il *y aurait de l'injustice à confondre les écarts d'une défense animée par la nature et la gravité des circonstances, avec des offenses personnelles et des imputations faites dans le seul dessein de dénigrer un adversaire ;* qu'il est établi, pour le cas présent, que le sieur D***, à l'instant même où le mémoire dont il s'agit a été rédigé et imprimé pour lui, était traduit devant un jury à Melun sur une accusation de banqueroute frauduleuse et que sa fortune et son honneur étaient engagés et fortement menacés ; que son mémoire, rédigé et imprimé à la hâte, était une défense improvisée rapidement, la veille de l'ouverture des débats, à un rapport fait par M***, agent salarié de la faillite de D***, et distribué soudainement aux jurés ; que ce rapport, devenu par cette distribution insolite une arme secrète contre l'accusé, contenait lui-même contre la probité de D***, et même contre ses mœurs, des *attaques virulentes* ; que dès lors, la récrimination dont se plaint aujourd'hui le sieur *** (l'agent) ne peut pas être sans excuse, puisqu'elle n'a point eu lieu sans provocation et sans nécessité ;

« Par ces motifs, le Conseil arrête qu'il n'y a lieu à suivre contre M. *** sur la plainte du sieur *** » (arr. du 24 janvier 1828) [1].

291. *Défense d'office. — Empêchement de plaider pour cause de santé.* — « Considérant que M. *** persiste à soutenir, comme il l'a fait à l'audience de la Cour d'assises du 20 septembre 1820, pour obtenir une remise et se dispenser de plaider, *qu'il était indisposé* ; qu'une simple indisposition, quoique suffisante pour faire admettre l'excuse

[1] Voir *suprà*, règle 20.

d'un avocat, peut n'être pas tellement grave que l'on puisse exiger une justification par certificat de gens de l'art; que sans qu'il soit besoin d'examiner la nature des impressions qu'ont pu produire sur lui les deux causes qu'il avait précédemment plaidées et perdues, il n'est pas impossible qu'il en soit résulté découragement et insuffisance de forces physiques; qu'en insistant pour obtenir une remise et en refusant ensuite de plaider, la remise n'ayant pas été accordée, M.*** n'a agi que d'une manière conséquente à l'état de santé par lui invoqué comme obstacle à ce qu'il remplît son ministère;

« Considérant que la manière dont M.*** s'est expliqué relativement à l'arrêt intervenu la veille contre P***, condamné comme coupable de propos séditieux, n'annonce pas qu'il ait entendu blâmer la décision du jury et qu'il en donne lui-même l'interprétation, en disant qu'il a parlé de l'opinion qu'il avait avant la déclaration du jury, non de celle qu'il avait conservée après cette déclaration;

« Considérant enfin que l'article 42 (et non l'article 40) du règlement de 1810, en s'appliquant plus particulièrement à l'avocat nommé d'office, *ne lui interdit pas l'excuse résultant du mauvais état de sa santé ou de tout autre empêchement physique;*

« Le Conseil déclare qu'il n'y a lieu à statuer sur la plainte dont il s'agit » (arr. du 21 déc. 1830)[1].

292. *Honoraires. — Prêt allégué. — Déclaration de l'avocat.* — « Attendu, en fait, que M.*** a été chargé pour un sieur T*** de divers travaux de cabinet; qu'il a également plaidé pour lui plusieurs fois;

[1] *Voir* règles 62 et 90.

« Attendu que, si la D^{lle} G***, mandataire de M. T*** a remis à M. *** ainsi qu'il le reconnaît, la somme de 150 francs qu'elle lui réclame, M. *** *déclare en même temps qu'elle lui a remis cette somme pour le compte du sieur T****, et pour honoraires des affaires dont il s'était occupé dans l'intérêt de ce dernier;*

« Attendu que la D^{lle} G*** n'apporte aucune preuve à l'appui des allégations contenues dans sa plainte, et qui consistent à prétendre qu'elle a remis à M. *** la somme de 150 francs qu'elle réclame à titre *de prêt*, pour son compte personnel et à charge de restitution ;

« Attendu qu'en l'absence de toute preuve à cet égard, le Conseil *doit s'en tenir à la déclaration de M.* ***, qui est d'autant plus vraisemblable que la D^{lle} G*** a gardé le silence, depuis 1836, sur la réclamation qu'elle fait aujourd'hui ;

« Le Conseil arrête: Il n'y a lieu à suivre sur la plainte » (arr. du 6 août 1839) [1].

293. *Honoraires* (offerts et payés volontairement). *Restitution partielle et volontaire.* — « Considérant qu'il est demeuré constant pour le Conseil que Mlle ***, accusée de vol par le sieur P ***, a choisi M. *** pour son défenseur; que les soins de ce dernier ont amené l'acquittement de l'accusée; que celle-ci, avant l'arrêt de la Cour d'assises, avait offert à son avocat de lui donner la moitié des sommes qui avaient été saisies et déposées au greffe de la Cour; qu'après l'arrêt elle lui a donné la moitié des sommes dont la remise avait été faite à cette

---

[1] Cet arrêté applique, en faveur de l'avocat, la règle du droit commun, qui oblige le demandeur à établir ses allégations.

demoiselle ; que quoique le Conseil ait vu avec peine *l'acceptation de l'offre et la réalisation d'un partage de ces deniers, et bien que de pareils faits doivent répugner à la délicatesse de l'avocat,* cependant comme M.*** n'a reçu que ce qui lui avait été *volontairement offert,* et que même il a depuis volontairement remis au mandataire de Mˡˡᵉ ***, une somme de 800 fr. sur 1417 fr. qu'il avait reçus, et que par suite il y a eu désistement de la plainte ;

« Le Conseil décide qu'il n'y a lieu à suivre sur cette plainte contre M.*** » (arr. du 20 mars)[1].

294. *Plaidoirie.* — *Remplacement d'avocat.* — *Honoraires rendus.* — 1ʳᵉ ESPÈCE. — « Considérant qu'il est demeuré constant pour le Conseil :

« Que M. *** avait été chargé par M. G*** de plaider sur un appel interjeté par ce dernier devant la Chambre des appels de police correctionnelle ; que cet avocat avait reçu par avance cinquante francs pour honoraires ; que le quinze mai, jour de l'audience, M. *** ne s'est pas présenté pour plaider et que M. G*** a été défendu *par un autre avocat* qui aurait obtenu une diminution de peine ; que, ce même jour 15 mai, M.*** a été *retenu à la sixième chambre de police correctionnelle où il a plaidé l'affaire d'un sieur S***, que le motif de son absence est ainsi suffisamment expliqué :* que, quant à la remise des honoraires au sieur G***, si elle n'a pas eu lieu immédiatement, M.*** l'explique par ce motif qu'il s'était présenté à la Conciergerie, mais que le sieur G*** avait été déjà transféré à la maison de la Roquette, et qu'aujourd'hui il est justifié que ce dernier a été désintéressé ;

[1] Voir *suprà*, règle 104.

« Par ces motifs, le Conseil décide : Il n'y a lieu à suivre *sur la plainte* portée par M. G*** contre M.*** » (arr. du 25 juin 1839) [1].

295. 2ᵉ Espèce. — « Considérant qu'il est justifié que M. ***, *dans l'impossibilité de se présenter à l'audience* de la Cour, chambre des appels de police correctionnelle, a remis les pièces à M.***, *qui a plaidé* pour le sieur H***, et fait confirmer le jugement dont était appel; considérant que M.*** (2ᵉ avocat) n'a point voulu d'honoraires et que M. ***, en renvoyant les pièces au sieur H***, lui a remis également les vingt francs que celui-ci avait volontairement donnés avant la plaidoirie ;

« Dit qu'il n'y a lieu à plainte » (arr. du 27 août 1833) [2].

296. 3ᵉ Espèce. — M. *** ayant été l'objet d'une plainte pour n'avoir par plaidé la cause dont il avait été chargé, le Conseil l'excuse, attendu que M. *** *a été empéché par une indisposition de plaider et qu'il a chargé un confrère de plaider pour lui* (arr. du 2 mars 1825) [3].

297. 4ᵉ Espèce. — « Considérant que M. *** chargé de défendre une cause des sieur et dame ***, appelants comme parties civiles d'un jugement de police correctionnelle, a, le 3 mai 1838, *laissé rendre en son absence* un arrêt confirmatif du jugement de police correctionnelle; mais que ce fait ne peut être attribué qu'à un concours de *circonstances fortuites ;* que, suivant l'usage de la Cour, plusieurs causes de détenus placées au rôle avant la cause des sieur et

[1] Voir *suprà*, règle 90.
[2] *Voir* même règle.
[3] *Voir* même règle.

dame ***, ont été renvoyées à la fin de l'audience pour cause de l'absence momentanée des avocats; que l'affaire des sieur et dame ***, s'est trouvée ainsi appelée *prématurément*, lorsque M. *** plaidait devant la deuxième chambre de la Cour;

« Qu'il ne paraît pas que son absence ait compromis les intérêts de ses clients, puisque les témoins ont été entendus, que des explications ont été données par les parties, et que le jugement a été confirmé sur la preuve acquise par la Cour de la réciprocité des injures et des mauvais traitements des appelants et des intimés;

« Que la seule obligation de M.*** était de rendre ce qu'il avait pu recevoir à titre d'honoraires; qu'il a été reconnu par les sieur et dame ***, que cette offre leur a été faite au moment même de l'arrêt par M.***, et que depuis il leur a remis au delà de ce qu'il avait reçu;

« Dit qu'il n'y a lieu à suivre sur la plainte » (arr. du 13 juin 1838)[1].

298. *Honoraires.* — *Billet reçu.* — « Attendu qu'il est justifié que M.*** a plaidé en première instance et en appel pour la dame ***; que M.*** a reçu 60 fr. en première instance et 150 fr. en la Cour, et que ces honoraires sont modiques eu égard à la gravité de l'affaire; qu'à la vérité M.*** a reçu de la femme ***, et avant la plaidoirie devant la Cour, *un billet* de 500 fr. qui depuis a été acquitté; *que ce fait est contraire aux règles et à la dignité de la profession; mais que M.*** l'a excusé par son inexpérience des usages du barreau de Paris;* que d'après les simples

[1] Voir *suprà*, règle 90.

observations de M. le rapporteur, il s'est empressé de remettre ces 500 fr. à la dame *** ;

« Que, depuis les deux premières plaidoiries, M. *** a plaidé une troisième fois pour la dame M***, qu'il n'a pas reçu l'honoraire qui était légitimement dû ;

« Que dans un tel état de choses la remise intégrale des 500 fr. porte un caractère de loyauté qui doit le disculper entièrement de la faute commise en recevant un billet ;

« Dit qu'il n'y a lieu à suivre sur la dite plainte » (arr. du 2 août 1839) [1].

299. *Honoraires* (offerts volontairement). — *Libre arbitre de l'avocat* (pour l'appréciation des moyens de défense). — *Bulletins d'audience.* — *Demande d'un avocat d'office.* — « En ce qui touche le premier objet de la plainte ; — considérant que le sieur L *** avait formé diverses sociétés avec un sieur V***, pour l'établissement de bains sur place et à domicile ;

« Considérant que des difficultés nombreuses s'étant élevées, MM. Gairal et Tripier, nommés arbitres, ont d'un commun accord, ainsi que le dit le pétitionnaire, rendu une sentence arbitrale entièrement favorable au sieur V*** ;

« Considérant que M. L *** ayant interjeté appel pria M. *** de se charger de son affaire et lui remit une première somme de 200 fr. ;

Considérant que M. L ***, ayant désiré un mémoire, chargea M.*** de le rédiger, et lui remit encore 200 francs ;

« Considérant que ces deux sommes *ont été vo-*

[1] Voir *suprà*, règle 103.

lontairement remises par le client qui dit dans la plainte qu'il aurait compté plus forte somme, si l'avocat eût seulement paru le désirer ;

« Considérant que M. L*** demanda que le mémoire dont il a produit la minute parlât de certains faits dont quelques-uns, d'une grande gravité, sont même indiqués dans la plainte ; que M. *** *déclara qu'il ne le ferait pas et qu'il ne signerait pas si ces faits y étaient rapportés* ;

« Considérant que M. L*** a dès lors été prévenu que l'avocat ne présenterait pas la cause avec les détails que le client pouvait désirer, que néanmoins les pièces furent laissées à M. *** pour plaider ;

« Considérant qu'il est encore avoué dans la plainte que M.*** avait annoncé qu'il ne plaiderait pas une audience, mais environ deux heures, et que M. L*** convient qu'il a plaidé au moins cinq quarts d'heure ;

« Considérant que l'avocat est *le maître de présenter la cause qu'il plaide, comme il le juge convenable dans l'intérêt du client, et qu'il ne peut être responsable des décisions qui sont rendues par les juges* [1] ;

« Considérant que l'allégation que M.*** aurait trahi la cause de son client par une plaidoirie incomplète n'est aucunement justifiée, que la plainte n'articule pas même un fait qui montrerait l'intérêt qu'aurait eu M.*** à manquer à la confiance qui lui aurait été accordée ;

« Considérant que la plainte reproche à M.*** d'avoir empêché que les bulletins annonçant les remises de causes fussent remis à l'avoué ; que l'avocat *étant étranger soit à l'envoi, soit à la ré-*

_____
[1] Voir *supra*, règles 88, §. 3, et 93.

ception de ces bulletins qui sont envoyés par le greffier et remis à l'avoué par les huissiers audienciers, ce fait prouve au moins la légèreté avec laquelle la plainte a été conçue ;

« Considérant que la plainte, rédigée dans des termes peu mesurés, contient l'allégation calomnieuse que M. *** aurait encouru les peines de la censure dans une affaire précédente;

« Considérant qu'il résulte des motifs ci-dessus et des renseignements pris par M. le rapporteur qu'aucun reproche ne peut être adressé à M.*** ;

« En ce qui touche le deuxième objet de la plainte : — Considérant que M. L*** n'est dans aucun des cas prévus par les règlements et par nos usages pour obtenir qu'un avocat lui soit nommé d'office [1];

« Décide qu'il n'y a lieu à suivre sur la plainte » (arr. du 2 avril 1829).

300. *Production de pièces et de témoins. — Libre arbitre de l'avocat à cet égard.* — « Considérant que *l'avocat est juge de l'opportunité de la production des pièces et du moment où cette production peut avoir lieu;* — considérant que M. *** a pu penser que des témoins à décharge et des certificats, qui n'avaient pour objet que d'établir la moralité de M. ***, pouvaient n'être produits que lors des débats devant la Cour d'assises;

« Le Conseil arrête : Il n'y a lieu à suivre sur la plainte du sieur B *** » (arr. du 31 juillet 1838) [2].

301. *Mandat* (de pure obligeance). 1re ESPÈCE. — « Considérant qu'il résulte de l'aveu même de Mme ***, fait en présence de M. le rapporteur et

[1] *Voir* règle 62.

[2] Voir *suprà*, règle 88, §. 2.

des pièces produites par M. ***, que celui-ci, loin
d'être débiteur de Mᵐᵉ *** , par suite du mandat
qu'elle lui a donné, est resté son créancier d'une
somme assez considérable; qu'ainsi la plainte de
Mᵐᵉ *** est évidemment mal fondée;

« Considérant que M.***, en se chargeant du
mandat de Mᵐᵉ ***, *a manqué aux règles et aux
usages de la profession d'avocat;* qu'il s'en est également écarté en acceptant le mandat d'un créancier
de la succession; mais qu'en prenant la procuration
de Mᵐᵉ ***, il avait pour but d'obtenir le paiement de sommes qu'il lui avait prêtées, et qui lui
sont encore dues; que le mandat dont il s'est chargé
dans la liquidation a été accepté *par pure obligeance*
et *qu'il n'a d'ailleurs reçu aucune exécution;* que
ces circonstances excusent la conduite de M.***,
conduite *qui pouvait être répréhensible* [1];

« Par ces motifs arrête : Il n'y a lieu à suivre, ni
sur la plainte portée par Mᵐᵉ ***, ni à raison des
deux mandats dont M. *** s'est chargé » (arr.
du 18 juin 1859) [2].

302. 2ᵉ ESPÈCE. — « Considérant que, si M. ***
a consenti à devenir l'intermédiaire du recouvrement d'un billet à ordre de 100 fr. dû au sieur ***,
cet acte en dehors du devoir de la profession d'avocat
est excusable par l'*état de captivité* du sieur ***, par
l'*inexpérience* de M.***, et qu'il *peut être considéré comme l'excès d'un zèle mal entendu;* que

---

[1] La prohibition faite à un avocat d'accepter un mandat est
l'une des règles les plus constantes de la profession. Voir *supra*,
règle 33. La nuance entre ce qui est de pure obligeance ou intéressé présente si peu de corps, qu'un avocat ne doit pas s'autoriser du précédent pour sortir de notre règle.

rien ne prouve que M. *** ait voulu s'appliquer tout ou partie de la somme de cent francs à titre d'horaires, contre la volonté de son client ; que loin de là, dès qu'il a eu connaissance, au retour des vacances, de l'encaissement de ce billet, il s'est empressé d'en faire part au sieur ***, en lui soumettant sa réclamation ; et que depuis M.*** et M.*** se sont réglés entre eux ;

« Le Conseil dit qu'il n'y a lieu à suivre sur la plainte du sieur ***, contre M. *** » (arr. du 6 décembre 1837)[1].

303. *Offre de son ministère.* — *Cas d'infortune excepté.* — « Le Conseil, considérant que M. ***, en s'adressant à....., pour obtenir de lui la défense d'un de ses coaccusés, ne paraît avoir été mû par aucune idée de lucre ; qu'il se serait seulement laissé entraîner, *avec trop de facilité, par le désir de se faire connaître ;* —*considérant que si, en thèse générale, l'avocat ne doit pas offrir son ministère, cette règle souffre exception dans certains cas, notamment, quand il s'agit d'offrir à l'infortune un secours désintéressé ;*

« Décide qu'il n'y a lieu à suivre contre M. *** » (arr. du 8 décembre......)[2].

304. *Pièces* (remise de)—*Déclaration de l'avocat.* —*Conséquence du principe :* 1re ESPÈCE. — Sur la

[1] *Voir* l'observation sur l'arrêté qui précède. — Le mandat était ici *verbal,* la décision ne change pas.

[2] *Voir* règle 58. — L'arrêté me paraît motiver une observation. Le second motif indique, pour exception au principe proclamé, un cas que j'admets sans difficulté ; mais je dirai, sur le premier considérant, que le désir de se faire connaître doit être rarement une excuse en faveur de l'avocat. Les convenances inflexibles du ministère le condamnent à attendre l'occasion.

plainte contre M.***, le Conseil déclare qu'il n'y a
lieu à délibérer, attendu que M. *** *déclare* qu'il
a remis toutes les pièces et qu'il n'en retient aucunes
(arr. du 23 février 1825)[1].

305. 2e Espèce. — « Attendu qu'en matière de
retrait ou de réclamation de titres et pièces qu'un
client aurait confiés à son avocat, la *déclaration de
celui-ci qu'il les lui a tous rendus et qu'il n'en retient
aucuns est complétement suffisante ;*

« Attendu que ce principe se trouve consacré *par
un usage immémorial et par une jurisprudence non
interrompue ; que, s'il en était autrement, ce serait
imposer aux avocats l'obligation d'exiger des dé-
charges, lorsqu'ils remettraient des titres ou pièces,
ce qui porterait atteinte à cette indépendance sur
laquelle repose la profession d'avocat et qui est un
de ses principaux attributs ;*

« Attendu que M. *** a perpétuellement déclaré
qu'il avait remis à M. de***, tous ses titres et pièces
et qu'il n'en retenait aucuns ; qu'ainsi le Conseil a
dû, en appliquant le principe ci-dessus posé, arrêter
(comme il l'a fait par sa décision du 7 décembre
dernier) qu'il n'y avait lieu à délibérer sur la plainte
dudit sieur ***.

« Le Conseil de discipline déclare qu'il persiste
dans son arrêté, dudit jour 7 décembre dernier »
(arr. du 8 mars 1827)[2].

306. 3e Espèce. — « Considérant qu'un avocat se
charge des pièces qui lui sont remises par ses clients
*sans inventaire et sans récépissé ; qu'il les remet de
même sans retirer aucune décharge, et que sa dé-*

---

[1] *Voir* règle 93.

[2] *Voir* même règle.

claration qu'il a rendu ce qui lui a été confié, doit
le mettre à l'abri de toutes recherches ; considérant que M.*** déclare qu'il a fait rendre toutes
les pièces qu'il avait reçues et qu'il n'a dans son
cabinet aucunes pièces appartenant au sieur C*** ;

« Le Conseil arrête qu'il n'y a lieu à plainte »
(arr. du 25 février 1830) [1].

307. 4e ESPÈCE. — « Attendu qu'il résulte de la
plainte que le sieur *** réclame de M.*** plusieurs
projets de plainte ; attendu que M.*** déclare n'avoir
pas eu les plaintes réclamées *et que foi doit être
ajoutée à la déclaration de l'avocat ;* attendu d'ailleurs, et surabondamment, que cette déclaration est
corroborée par la correspondance du sieur ***, qui
établirait que la mémoire du plaignant peut ne pas
être toujours fidèle ;

« Le Conseil décide qu'il n'y a lieu à suivre sur la
plainte » (arr. du 5 mai 1829) [2].

308. 5e ESPÈCE — « Le Conseil, vu la lettre
adressée par le sieur *** à M. le procureur-général,
par laquelle il réclame de M.***, avocat, la copie dé-
livrée conformément à l'art. 307 du Code d'instruction criminelle de la procédure suivie devant la Cour
d'assises de la Seine contre lui et ses coaccusés ;

« Considérant que M.*** déclare avoir reçu cette
copie de son client ;

« Considérant que, si cette pièce est la propriété
commune des coaccusés qui en ont donné un récépissé collectif, l'avocat *n'est pas juge du droit de
chacun d'eux à en obtenir la possession et doit se
borner à la rendre à celui qui la lui a confiée,* sauf

[1] *Voir* règle 93.
[2] *Voir* même règle.

aux intéressés à se régler entre eux ainsi qu'ils
aviseront ;

« Renvoie M.*** de la plainte » (arr. du 17 décembre 1839).

309. *Pièces retenues*. — Des pièces étant réclamées contre M.***, par son client, le Conseil,
en rejetant la plainte, décide que M. *** remettra
les pièces (arr. du 3 décembre 1839)[1].

310. *Pièces*. — *Communication imparfaite entre
confrères*. — *Manquement à la confraternité*. —
M. *** ayant porté plainte contre son confrère
M***, pour défaut de communication de pièces, le
Conseil :

« Considérant, que, s'il résulte évidemment des
faits et des explications données devant le Conseil,
par MM.***, 1°. que M.***, plaignant, a eu communication de la pièce dont il s'agit; 2°. et que cette
pièce lui a été remise à l'audience et à l'issue des
plaidoiries par M.*** lui-même, et avec les autres
pièces qui composaient son dossier, il est vraisemblable que cependant M.*** n'a pas eu connaissance
de la communication qu'il faisait à son confrère, et
que la pièce a passé par lui *inaperçue* au milieu des
autres pièces de son dossier; que, dès lors, on s'explique ainsi comment il a pu plus tard, et devant la
Cour, nier la communication que cependant il avait
précédemment faite ;

« Considérant que si M.*** a demandé la pro-

---

[1] La jurisprudence du Conseil est que l'avocat ne peut pas
retenir les pièces, alors même que le honoraires seraient dus;
elle est conforme à l'ancien usage. Voir *suprà*, règle 94.—L'arrêté ne dit pas si, dans l'espèce, les honoraires étaient encore
dus : il y a lieu de le supposer.

duction de la pièce entière, c'est dans la conviction qu'il affirme avoir eue que M.*** (plaignant), représentant une partie des héritiers, avait reçu d'eux la lettre originale dont lui M.*** ne possédait qu'une copie; que sa conviction à cet égard était d'autant plus ferme que, dans sa pensée, il n'avait jamais donné communication à M. *** (plaignant) de cette copie, et que dès lors, il ne pouvait s'expliquer les citations de fragments faites par celui-ci, qu'en admettant qu'il les avait extraits de la lettre originale ;

« Considérant, toutefois, qu'aussitôt que M.*** a su par les réclamations qui lui ont été personnellement adressées par son confrère, que la pièce entière n'était point entre ses mains et qu'il avait extrait les fragments cités, non d'une lettre originale dont il n'avait jamais été possesseur, mais bien de la copie de cette lettre que lui M. *** lui aurait communiquée en instance, volontairement ou involontairement, *il aurait dû dès l'instant même, pour paralyser le mauvais effet que son mémoire pouvait produire sur l'esprit des magistrats, remettre la copie qu'il avait dans son dossier; qu'il y avait là, tout à la fois, un devoir de convenance et de confraternité;* qu'en négligeant de le remplir ou en ne le remplissant que tardivement, M.*** a exposé son confrère *à des soupçons injustes* dont la manifestation s'est révélée même à l'audience; qu'en effet les magistrats, qui ignoraient l'impuissance de M.*** (plaignant) à produire la pièce demandée, ont paru croire que c'était à dessein que cette production n'était pas faite, et qu'il entrait dans les vues de l'avocat de dissimuler la partie de la pièce qui pouvait balancer ou contredire les fragments qu'il citait comme favorables à sa cause;

« Considérant, au reste, que si *cette infraction aux convenances et à la confraternité est de nature à exciter la désapprobation du Conseil*, cependant elle ne peut motiver l'application d'aucune peine disciplinaire ;

« Arrête : Il n'y a lieu à statuer sur la plainte portée par M.*** » (arr. du 10 mars 1837) [1].

311. *Plaidoirie. — Communication à un journal. — Notes inexactes. —* M. *** ayant communiqué ses notes d'audience à un journal, et l'adversaire s'étant plaint devant la Cour qu'elles étaient contraires à la vérité des faits et blessantes pour lui, un arrêt de la 1ʳᵉ chambre donne acte au ministère public de ses réserves de déférer M.*** au Conseil de discipline pour le fait de la communication. M. le procureur-général traduit M. *** devant le Conseil; mais l'avocat et la partie se rapprochent. Un article d'explications est inséré dans le même journal, et par ce motif, attendu d'ailleurs l'indulgence que mérite M.***, le Conseil décide qu'il n'y a lieu à donner suite à la plainte (arr. du 30 décembre 1839) [2].

312. *Signature* (d'acte de procédure).—« Le Conseil : vu la *Gazette des Tribunaux* du..... dernier; considérant que cette feuille contient une *requête* dans l'intérêt du sieur***, signée par M. ***, avocat à la Cour royale; considérant que M.***, en signant une requête pour son client, s'est placé dans la position d'un *fondé de pouvoirs*, et par là a contrevenu à

[1] Voir *supra*, règle 118.
[2] *Voir* règle 54.

la discipline de l'Ordre ; mais considérant que M.*** s'excuse sur sa jeunesse et sur les usages de la province dans laquelle il est né et a séjourné long-temps ; considérant qu'à raison de sa faute M. *** a déjà reçu, dans le cabinet de M. le bâtonnier, un avertissement paternel du chef de l'Ordre ;

« Arrête qu'il n'y a lieu à suivre » (arr. du 6 août 1829)[1].

313. *Signature* (de convention), *à titre de conseil*. — Sur la plainte portée contre M.***, le Conseil décide que rien n'interdit à un avocat, par les conseils de qui une convention est rédigée, de lui imprimer l'autorité de sa signature comme conseil (arr. du 20 décembre 1827)[2].

314. *Signature* (de requête à un commissaire de police). — *Imputation de calomnie.* — *Publication par la presse* [3]. — « Le Conseil : — En ce qui touche le second chef de la plainte ; — Attendu que, en admettant que dans la requête au commissaire de police, M.*** ait présenté l'individu que la femme de chambre de la dame ***, devait introduire chez sa maîtresse comme ayant formé le projet de commettre un vol, ce fait ne pourrait porter atteinte à la réputation du plaignant, puisqu'au moment où cette requête a été rédigée et remise au commissaire, M.*** ne connaissait point cet individu et ne pouvait avoir de notions précises sur ses desseins ;

« Attendu que, *dans des circonstances ordinaires,*

---

[1] *Voir* règle 31.

[2] *Voir* règle 85.

[3] Cet arrêté rappelle les principes sur la modération et la convenance de la profession.

la rédaction ainsi que la présentation, par un avocat, d'une requête adressée à un commissaire de police et l'assistance prêtée par cet avocat à son client, au moment où celui-ci attend un individu qui doit s'introduire chez lui, et qu'il se propose de faire arrêter par le ministère d'un agent de police présent dans son domicile, *constitueraient des faits de nature à compromettre cet avocat et devraient entraîner contre lui des mesures disciplinaires* [1];

« Mais attendu qu'il faut tenir compte de la situation particulière dans laquelle se trouvait M.***, conseil d'une femme étrangère, isolée, privée de toute protection, et qui paraissait menacée dans sa sûreté personnelle et dans son honneur, par des tentatives que nos mœurs et nos lois réprouvent énergiquement; que, dans une telle position, M.*** est excusable d'avoir suivi l'impulsion d'un zèle même exagéré ou peu éclairé;

« En ce qui touche le troisième chef; — Attendu que M. *** ne saurait encourir aucune censure, soit à raison des conseils qu'il a donnés de bonne foi à la dame ***, relativement à l'action à intenter par cette dame, soit à raison de l'action qu'il a cru devoir intenter lui-même;

« En ce qui touche le quatrième chef : — Attendu *qu'on ne peut contester à un avocat le droit de publier par la voie de la presse, soit périodique, soit non périodique, des explications ou des réflexions sur une action que son client a intentée ou se propose d'intenter, pourvu qu'il use de ce droit avec circonspection et mesure;* — Attendu que, bien qu'il eût été préférable que M. *** se fût ab-

[1] *Voir* règles 16 et suiv.

stenu d'insérer, dans les journaux, des articles qui
ne pouvaient être utiles ni à sa cause ni à la personne de sa cliente, néanmoins les expressions dont
il s'est servi n'offrent rien qui, dans les circonstances
de l'affaire, puisse être considéré comme excédant
les limites que lui prescriraient les devoirs et les
convenances de sa profession ;

« Déclare qu'il n'y a lieu à suivre contre M.*** »
(arr. du   1840)[1].

315. *Syndicat accepté. — Excuse. — Faits antérieurs à l'admission au stage.* — En ce qui touche
le fait imputé à M.***, d'être agent salarié de la
faillite du sieur *** ; — Attendu que M. *** a justifié qu'il était *créancier de la faillite* du sieur ***,
*qu'ainsi il est syndic dans sa propre chose et non
salarié ;*

Attendu que, quoiqu'il eût été préférable que
M. *** n'eût pas accepté les fonctions de syndic,
cependant il n'y a pas dans cette circonstance un
fait qui puisse donner lieu à l'application d'aucune
peine de discipline ;

« En ce qui touche le fait imputé à M.***, d'être
agent d'affaires et mandataire : — attendu qu'il résulte des explications données par M.***, et des
vérifications faites par le Conseil, que M. *** n'a pas
fait d'affaires et qu'il n'a accepté de mandat qu'*antérieurement* à *son admission* au sein de l'Ordre
des avocats, et que depuis cette admission il n'est
pas établi que de pareils faits puissent lui être
imputés [2] ;

---

[1] *Voir* règle 54.
[2] *Voir* semblables décisions, *suprà,* n°s 269, 270, et règle 34.
— Il y avait d'ailleurs chose jugée, puisque les faits étaient antérieurs à l'admission.

« Déterminé par ces motifs, le Conseil décide qu'il n'y a lieu à plainte » (arr. du 5 mars 1829).

§. III. — AVERTISSEMENT CONFRATERNEL.

316. Il n'est pas inscrit parmi les peines disciplinaires, ainsi que je l'ai dit plus haut, page 365, mais sa dénomination seule en indique l'objet, et l'expérience en confirme chaque jour les heureux résultats. Les représentations douces et amicales produisent souvent plus d'effet que les censures et les peines. Si cette vérité ne saurait être contestée, c'est surtout au Palais [1].

La décision du Conseil, portant un avertissement confraternel, n'est pas rédigée [2].

Elle implique nécessairement un non-lieu.

317. *Frais réclamés.* — M. *** ayant réclamé *des frais* au nom d'un confrère, à l'insu de celui-ci, on décide que M. *** sera averti *fraternellement ;* que le Conseil a vu avec peine qu'il se soit écarté des convenances de la profession; que M. *** sera de plus invité à se renfermer scrupuleusement dans les devoirs qui la concernent. Cet avertissement *fraternel,* ne portant pas le caractère d'une peine, *ne fera pas la matière d'un arrêté;* il sera donné toutefois en Conseil, M *** y étant appelé (arr. du 29 janvier 1812) [3].

[1] On verra, par les arrêtés ci-après, que cet avertissement est appelé tantôt confraternel ou fraternel, tantôt paternel; la variante importe peu. — On remarquera aussi qu'il est administré le plus souvent par le bâtonnier, quelquefois par le rapporteur et par le Conseil lui-même. Je pense qu'il convient mieux que la mission soit toujours remise au bâtonnier : de la part du Conseil, elle a trop de solennité; de la part du rapporteur, elle peut n'en avoir point assez. — *Voir* les arrêtés ci-après.

[2] *Voir* l'arrêté qui suit, nᵒ 317.

[3] *Voir* règle 31.

318. *Honoraires excessifs*. — Sur la plainte portée contre M. *** le rapporteur ayant conclu à ce
qu'il remît 160 fr. sur 260 fr. d'honoraires reçus du
client, le Conseil décide que M. *** sera mandé devant lui pour recevoir seulement un avertissement
confraternel, à la charge toutefois de restituer 160 fr.
(arr. du 23 novembre 1825)[1].

319. *Plaidoirie publiée*. — Dépôt aux archives
est ordonné d'un pamphlet de Paul-Louis Courier,
où est inséré tout le plaidoyer prononcé en son nom
par M. Berville; le bâtonnier en parlera à M. Berville,
avec les observations convenables, mais sans reproches personnels (arr. du 13 décembre 1821)[2].

320. *Devoirs de la défense*. — M. le conseiller,
président d'assises, ayant dénoncé au Conseil M. ***,
le Conseil décide que le bâtonnier appellera près de
lui cet avocat pour lui remontrer la faute qu'il a
commise en n'indiquant pas son véritable motif
d'abandon de la cause à lui confiée, et pour l'inviter à ne pas retomber dans la même faute. M. le bâtonnier donnera connaissance de la décision à M. le
conseiller (arr. du 25 avril 1822)[3].

321. *Oubli de la dignité de la profession*. — Attendu que M. *** a remis aux plaignants la somme

---

[1] Il est à regretter que le procès-verbal ne présente pas le fait
en termes plus précis. La décision, ainsi présentée, ne préjuge
donc rien contre le principe que j'ai cru devoir poser sur la répétition des honoraires. Voir *suprà*, règle 101 et note.

[2] L'observation, si elle était nécessaire, ne pouvait porter que
sur la publication collective et simultanée du pamphlet et du
plaidoyer, car un avocat a incontestablement le droit de publier
sa défense, alors même que le client a été condamné.

[3] Il est d'usage et de devoir que le bâtonnier réponde au magistrat qui a dénoncé le fait au Conseil. Voir *suprà*, n° 54.

qu'ils lui réclamaient; mais attendu qu'il a eu tort de se mêler d'opérations contraires à la dignité de la profession; le Conseil invite le bâtonnier à le faire venir chez lui et à lui faire les observations convenables sur son oubli des devoirs de son état » (arr. du 17 février 1820) [1].

Dans un cas analogue, le Conseil décide que l'avertissement sera donné par le rapporteur (arr. du 23 mai 1838).

322. *Articles de journaux.* — M. *** s'étant plaint de divers articles du journal de MM. ***, le Conseil charge M. Tripier, rapporteur, de les appeler dans son cabinet pour leur faire des représentations sur ces articles, et sur l'inconvenance qu'il y a à ce que des avocats soient *entrepreneurs de journaux* (arr. du 1er avril 1812) [2].

323. Voici la sanction donnée à cette justice gracieuse; M. *** ne s'étant pas présenté chez le bâtonnier, qui était chargé par le Conseil de lui donner un avertissement confraternel, le Conseil arrête que M. *** sera mandé pour être averti en plein Conseil à la prochaine séance (arr. du 15 février 1815) [3].

---

[1] *Voir* les règles, tit. Ier. — Les faits ne sont pas autrement énoncés au procès-verbal.

[2] *Voir* incompatibilités, *suprà,* n°s 122, 123, 148, et règle 53. Le procès-verbal est encore, comme on voit, fort incomplet. Je ne pense pas que, par cette qualification *entrepreneurs de journaux,* il faille entendre que les avocats dont il s'agit fussent des *gérants* de journaux proprement dits. Dans ce cas, ils auraient été commerçants et passibles de la radiation pour cause d'incompatibilité. Il suffisait qu'ils eussent le titre de rédacteurs, pour qu'*alors* le Conseil s'en préoccupât et le vît avec répugnance.

[3] Cette décision peut s'appliquer aux cas analogues, même à l'espèce qui suit, n° 324.

324. L'arrêté suivant consacre un autre mode de réparation qui n'est pas disciplinaire : M. *** plaidant dans une cause personnelle, une altercation s'élève entre lui et le président de la chambre. Le Conseil reconnaît que M. *** a eu tort d'écrire à ce magistrat avec trop de vivacité, et surtout de le récuser. Il arrête qu'il sera fait à celui-ci une visite d'honnêteté (arr. du 19 avril 1815)[1].

§. IV. — AVERTISSEMENT.

325. L'avertissement est la peine la plus légère de celles prononcées par l'ordonnance du 20 novembre 1822 (art. 118), pour faute disciplinaire. Voir *suprà*, p. 203. Nous allons présenter les diverses espèces.

326. *Défense négligée. — Accusés non défendus.* — « Le Conseil, considérant que, d'après la justification même de M. ***, il a commis une négligence grave, *en retenant jusqu'à la veille du jugement* l'acte d'accusation dont il s'était chargé quinze jours auparavant, et l'expédition de la procédure qui, de son aveu, lui avait été envoyée le 8 ou le 9; que par suite de cette négligence, une accusée, ayant encouru la condamnation capitale, a paru devant la Cour d'assises, privée du défenseur qui lui avait été nommé d'office et de tout autre conseil, et que, telle que puisse être d'ailleurs l'honnêteté des procédés de M. ***, il a manqué dans cette circonstance au devoir de sa mission et compromis l'honneur de sa profession ;

« Arrête que M. *** sera mandé à l'une des pro-

---

[1] Il n'est pas dit par qui la visite sera faite ; je suppose qu'elle doit l'être par l'avocat : *Pœnitere non pudet.*

chaines séances du Conseil, pour être *averti* par
M. le bâtonnier, que le Conseil l'invite à mettre
plus de vigilance et d'attention dans les affaires où
l'assistance de son ministère sera réclamée par les
accusés » (arr. du 7 janvier 1819)[1].

327. 2ᵉ ESPÈCE.—*Défense criminelle abandonnée.*
— L'imputation faite à M. ***, de ne s'être pas présenté à l'audience de la Cour d'assises, bien qu'il ait
été porteur des pièces nécessaires à la défense de
l'accusé, étant parvenue à la connaissance du Conseil, le Conseil décide que M. *** sera mandé devant
lui pour donner des explications. M. ***, après avoir
été entendu, est puni de l'*avertissement* (arr. des
14 juillet et 4 août 1835)[2].

328. 3ᵉ ESPÈCE. —*Oubli du jour de l'audience.*—
Démarches à fin d'honoraires. — Billets. — « Considérant que des faits parvenus à sa connaissance
par la notoriété publique, et des renseignements
obtenus, il résulte : que M. ***, avocat, a été chargé
de défendre, à la Cour d'assises, le sieur *** accusé de vol; que M. ***, par une fâcheuse inadvertance, n'avait marqué que pour le 14 l'affaire
qui a été appelée et jugée le 13 juillet....., par un
arrêt qui a prononcé l'acquittement de ***; que,
d'un autre côté, M.*** *s'était chargé de faire des démarches* auprès d'un sieur ***, pour obtenir de lui
de souscrire un billet de 100 francs, montant d'une
somme dont celui-ci était débiteur envers l'ac-

---

[1] Voir *suprà*, règle 91. La peine de l'avertissement, prononcée par cet arrêté, paraît, il faut l'avouer, peu proportionnée à
la gravité du fait constaté, malgré la circonstance atténuante que
relève le Conseil.

[2] Même observation qu'à la note ci-dessus.

cusé *** ; que M. *** a ensuite accepté l'ordre de ce
billet, qui lui était offert pour ses honoraires [1] ;

« Considérant que *l'oubli* de M. ***, quoiqu'il
n'ait pas été préjudiciable à ***, ne saurait être excusé, si les bons antécédents de cet avocat ne faisaient
croire à la sincérité de ses déclarations, qui sont d'ailleurs fortifiées par le manque de motifs d'absence du
défenseur, et par les démarches bienveillantes qu'il
avait faites pour ***, son client ;

« Considérant *que ces démarches sortent du devoir de la profession*, et qu'elles auraient pu faire
penser qu'elles n'ont eu lieu que pour arriver au
paiement d'un honoraire, supposition qu'au surplus la bonne réputation de l'avocat, la modicité de
l'honoraire doivent ici faire écarter ; que, cependant, il est juste d'avertir M. *** qu'il ait à l'avenir
à se renfermer dans les stricts devoirs de la profession ;

« Le Conseil arrête : M.*** sera *averti* » (arr. du
4 août 1835) [2].

329. *Plaidoirie.* — *Fausses doctrines.* — *Règles sur la défense.* — « Considérant que M. Berryer fils, en se disculpant de toute intention répréhensible, ne s'est pas justifié avec le même succès
sur l'indiscrétion de sa plaidoirie [3], qui a causé le

---

[1] *Voir* règles 33 et 91.

[2] On voit que cet arrêté relève deux faits : 1°. la défense non
prêtée par inadvertance ; 2° les démarches inconvenantes faites
pour le client. *Voir* règles 33 et 91. Toutefois, la conduite de
l'avocat était ici moins reprochable que dans les deux espèces
précédentes.

[3] Pour le brave général Cambronne. Cet arrêté, l'un des plus
importants que nous ayons à rapporter, mérite des explications.
Je n'ai trouvé dans les archives que le texte de l'arrêté, mais

scandale dont il s'agit; et que, *sur le refus de M.* Berryer *de produire aucune déclaration osten-*

M. Berryer a bien voulu me fournir lui-même des documents que je crois aussi utiles que curieux. Voici le fait :

On se rappelle que Cambronne et le général Drouot avaient suivi Napoléon à l'île d'Elbe, dont les généreux alliés avaient bien voulu lui accorder la souveraineté. Le général Drouot avait été nommé par lui gouverneur de l'île; Cambronne, commandant de la ville de Porto-Ferrajo. En 1815, tous deux rentrèrent en France avec Napoléon, et l'accompagnèrent dans sa marche militaire jusqu'à Paris. Drouot fut mis plus tard en jugement et acquitté, par le motif qu'il n'avait fait qu'obéir aux ordres de *son souverain,* devenu comme lui étranger à la France. Cambronne, qui s'était retiré en Angleterre, apprenant qu'il était lui-même traduit devant un conseil de guerre, revint se constituer prisonnier. M. Berryer fils, fort jeune encore, et dont le talent oratoire avait déjà jeté son premier éclat, fut chargé de le défendre. On lit dans le *Moniteur* du 27 avril 1816 :

« M. Berryer pose ainsi la question : Il ne s'agit donc pas de savoir si le fait a été commis, mais si l'accusé est coupable *l'ayant commis;* si l'action qui lui est reprochée serait jugée criminelle dans tous les temps, dans tous les lieux, dans la conscience de tous les hommes sages. Ensuite « il établit ces trois propositions : 1° Que le général Cambronne n'était pas Français à l'époque où se sont passés les faits qui lui sont imputés; qu'étant alors sujet d'un souverain étranger, il ne peut être assimilé à un Français qui a porté les armes contre la France, et qu'il ne saurait être justiciable que du droit des gens; 2°. qu'ayant dû obéissance au souverain qui avait reçu ses serments, il fut contraint de le suivre dans son expédition contre la France; que sa volonté n'ayant pas été libre, ses actions n'avaient pu avoir aucun caractère de criminalité; 3°. que d'ailleurs Cambronne, lorsqu'il partit de l'île d'Elbe, ne connaissait point la nature et le vrai caractère de l'expédition à laquelle il lui était ordonné de prendre part; que tout concourut même, pendant le voyage, à le maintenir dans l'erreur où on l'avait mis: qu'il ne s'agissait point d'attaquer la France. Il en tire la conséquence que, suivant les principes des

sible, propre à rectifier l'impression défavorable qui en est résultée, le Conseil de l'Ordre ne doit pas

lois de tous les peuples policés, le général Cambronne ne fut point coupable. »

Après l'acquittement de Cambronne, M. le procureur-général Bellard dénonça M. Berryer au Conseil de l'Ordre pour avoir plaidé des principes *contraires aux règles de la profession.* M. Berryer comparut, le 20 mai, devant le Conseil, qui crut devoir lui demander de *désavouer* le système de sa plaidoirie. Le lendemain, il écrivit au bâtonnier (M. Fournel) une lettre qu'il fit *imprimer,* et dans laquelle *il déclara, de nouveau,* « qu'il devait se croire à l'abri de tout reproche, puisque le président du Conseil de guerre et le procureur du roi, qui avaient seuls la discipline de l'audience et le droit de faire respecter les principes, ne l'avaient pas interrompu dans sa plaidoirie ; qu'il s'est borné à développer, au nom de son client, les moyens invoqués par lui, sans prétendre s'expliquer en aucune façon sur ses opinions personnelles. « *Si l'on voulait m'obliger aujourd'hui,* « ajoute-t-il, *à reconnaître et à proclamer que son système de* « *défense est erroné, criminel, condamnable,* ce serait renver- « ser toutes les idées ; ce serait censurer les deux jugements que « j'ai dû provoquer, ce serait condamner les juges qui ont absous « le général Cambronne, *ce serait me constituer l'accusateur de* « *mon propre client,* ce serait m'obliger à lui ravir ce qu'il a « reconquis. Un avocat ne peut jamais être contraint *à trahir,* « à ce point, celui qui lui confia tout à la fois sa vie et son hon- « neur. »

Malgré cette défense qui, dans d'autres temps, aurait été accueillie sans contradiction, M. Berryer fut *averti* par l'arrêté ci-dessus. M. le procureur-général eut bientôt regret d'avoir frappé si imprudemment l'un des avocats les plus dévoués et les plus utiles à la cause monarchique ; le 28 juin suivant, il le chargea d'une affaire civile à plaider d'office, en lui écrivant ce petit billet de sa main en marge de la requête : « Je prie M. Ber- « ryer fils de vouloir bien entendre la personne qui lui remettra « cette affaire, et je sais que je puis m'en remettre *à son honneur* « et à sa charité du soin de la défendre s'il la trouve juste. *J'au-* « *rai du plaisir à en causer avec lui,* quand il l'aura examinée,

27

tarder plus longtemps à donner un témoignage authentique de son improbation;

« Usant du droit qui résulte de l'article 25 du décret du 14 décembre 1810;

« Arrête que Mᵉ Berryer sera *averti*, en la forme ordinaire :

« 1°. D'observer à l'avenir plus de circonspection dans l'emploi des doctrines dont il composera la défense des parties, en rejetant tout ce qui pourrait blesser les principes consacrés par nos antiques constitutions;

« 2°. Dans le cas où l'exposition de doctrines fausses et dangereuses entrerait énarrativement dans le plan de sa défense, d'avoir le plus grand soin de n'en parler qu'avec des modifications improbatives qui ne permettent pas au juge ni au public (comme dans l'espèce dont il s'agit), de confondre la doctrine de l'avocat avec celle de l'accusé;

« 3°. Dans le cas où cette ligne de démarcation ne pourrait pas se coordonner avec les intérêts du client, qu'il est de son devoir de refuser son ministère et d'abjurer ce système antisocial, qu'un avocat doit employer toute espèce de moyens utiles au succès de sa cause, l'Ordre auquel il a l'honneur d'appartenir ayant au contraire, de temps immémorial, tenu pour principe que toute cause, même la meilleure en apparence, cesse d'être défendable, quand elle a besoin de l'appui de principes dépravés;

« 4°. Que dans les causes confiées au ministère

« *et j'aime bien à lui donner* CETTE PREUVE DE MA CONFIANCE EN « LUI. *Signé* BELLART. » C'était une sorte de réparation personnelle.

d'un avocat, celui-ci ne doit pas se regarder comme ayant la liberté d'émettre telle ou telle opinion politique, à ses risques, périls et fortune ; mais qu'il doit se considérer comme le dépositaire et l'organe des principes adoptés par son Ordre, et ne rien se permettre qui s'écarte de *l'attachement inviolable que le barreau de Paris a, de tout temps, voué à la cause de la monarchie* » (arr. du 18 mai 1816) [1].

330. 2ᵉ ESPÈCE. — *Plaidoirie.* — *Doctrines immorales.* — « Considérant qu'il résulte des faits parvenus à la connaissance du Conseil, que M.***, avocat stagiaire, dans un plaidoyer prononcé par lui à l'audience de la Cour d'assises du 30 janvier dernier, pour la défense du nommé ***, accusé de violences graves envers sa *mère*, a établi : 1°. que le délit était excusable parce qu'il y avait eu provocation de la part de celle-ci, qui aurait porté des coups à la fille ***, à laquelle *** donnait le bras ; 2°. qu'il n'y avait de la part de ***

---

[1] Les principes posés dans les trois premiers chefs de l'arrêté sont admissibles encore aujourd'hui, et je les ai cités à l'appui des règles, avec une restriction importante toutefois, *Voir* règle 48 ; mais ils n'ont pas été justement appliqués ici. L'avocat plaidait un système vrai, et les deux décisions du Conseil de guerre l'ont bien prouvé, dans ce temps où l'on n'était pas disposé à l'indulgence envers les accusés politiques. Quant au quatrième chef, j'ai déjà dit, règle 49, qu'il ne tend à rien moins qu'à imposer à l'avocat son opinion, ou plutôt sa *religion* politique. Que chacun des membres du Conseil de l'Ordre ait professé, pour son compte, un dévouement absolu à la cause de la monarchie d'alors, le Conseil n'avait pas le droit de vouloir que cette opinion, très-respectable en soi, fût une obligation pour tous les membres de l'Ordre. La doctrine de l'ancien barreau tenait à un autre système constitutionnel. S'il faut faire aux idées nouvelles les concessions que commande la force des choses, c'est assurément en ce point.

ni crime ni délit, parce qu'il était dans le cas de la légitime défense d'autrui ; — le Conseil déclare qu'il a vu, avec douleur, *et qu'il désapprouve formellement l'application que M.*** a faite de ces principes à la défense d'un fils coupable de violences graves envers sa mère ;* que M.*** a, à la fois, blessé toutes les convenances et porté atteinte aux lois de la morale et de la nature ;

« En conséquence, le Conseil décide que M.*** sera *averti* d'être plus circonspect et plus mesuré à l'avenir ; la présente délibération lui sera lue, en présence du Conseil, par M. le bâtonnier, » (arr. du 1ᵉʳ mars 1821) ¹.

331. 3ᵉ Espèce. — *Plaidoirie.* — *Respect dû aux magistrats.* — Le Conseil décide que M.*** sera *averti* d'être plus circonspect dans ses plaidoiries, et de ne pas s'écarter du respect dû aux magistrats (arr. du 1ᵉʳ février 1821) ².

332. 4ᵉ Espèce. — *Plaidoirie.* — *Attaques contre l'adversaire.* — M.*** ayant attaqué trop vivement dans ses plaidoyers et mémoires l'*adversaire* de son client, est *averti* par le Conseil, conformément à l'article 25 du décret du 14 décembre 1810, de mettre plus de modération et de retenue dans ses plaidoyers et mémoires (arr. du 22 juillet 1812) ³.

333. 5ᵉ Espèce. — *Note aux journaux.* — *Inexactitudes.* — « Considérant que M.*** reconnaît avoir fourni à la *Gazette des Tribunaux* la note sur laquelle il a été rendu compte de sa plaidoirie dans l'affaire ***** ; — considérant qu'il y a inconvenance

¹ Voir *suprà*, règle 47.
² *Voir* règle 50.
³ *Voir* règle 21.

blâmable dans cette note, en ce que, hors la défense, M.*** a modifié, en les aggravant, quelques-unes des expressions de sa plaidoirie; le Conseil arrête que M.*** sera *averti* » (arr. du 3 mai 1831) [1].

334. 6ᵉ Espèce.—*Conduite inconvenante.—Effet d'audience.* — *Fin de non-recevoir.* — Bis in idem. — « Le Conseil de discipline, après avoir délibéré sur la plainte à lui renvoyée par M. le procureur-général, et dirigée contre M.***, relativement à sa conduite dans la défense de ***, dans l'audience de la Cour d'assises du.......;

« Considérant que la conduite de M.***, à cette audience, a été très-répréhensible; que l'*annonce subite et avec les préparations qui lui ont été données et les termes qui l'ont accompagnée, de la mort de la femme de l'accusé*, était, d'une part, un moyen hors la cause et tout à fait étranger à la justification de l'accusé et à l'atténuation de la peine; que, d'autre part, cette annonce et le mouvement désordonné qui l'environnait pouvait devenir, et est, en effet, *devenu l'occasion d'un trouble scandaleux;* qu'ainsi M.*** a encouru une peine de discipline très-sévère [2];

« Mais, considérant que la Cour d'assises, pour la prompte répression de la faute de M.***, et pour satisfaire l'opinion publique qui s'était manifestée, a cru devoir prononcer elle-même une suspension d'un mois; que cette peine prononcée par la Cour d'assises ne serait pas, comme le prétend à tort M.***, une fin de non-recevoir contre les déterminations que pourrait *prendre le Conseil de disci-*

[1] *Voir* règle 54.
[2] *Voir* règle 21.

pline, toujours libre de prononcer contre ses mem-
bres en faute les peines qu'il croit applicables ; que
les pouvoirs qui lui sont confiés constituent une ju-
ridiction intérieure et paternelle dont aucune autre
ne peut arrêter l'action [1]*;*

« Mais, considérant que M.*** a subi la suspension d'un mois ; qu'après l'expiration de ce temps,
ayant appris qu'il était dénoncé à l'Ordre, il a cru
devoir ne point reprendre ses fonctions avant d'avoir
été jugé par le Conseil, composé de ses anciens confrères ; que, ainsi, M.*** a augmenté sa peine spontanément et par une déférence respectueuse pour
l'honneur et la discipline de l'Ordre, ce qui annonce
un louable regret de l'action qui lui est justement
reprochée ; considérant aussi que M.***, appelé au
Conseil de discipline, y a comparu dans la séance du
7 de ce mois, y a donné toutes les explications demandées, dans lesquelles il a franchement reconnu
ses torts et manifesté l'intention très-prononcée de
n'en point commettre de pareils à l'avenir ; considérant que la suspension de M.*** s'est prolongée jusqu'à ce jour, ce qui forme une espace de plus de six
semaines ;

« Arrête qu'il n'y a lieu de prolonger la suspension de M.***, qui cessera à dater de ce jour, et qui
paraît au Conseil une peine suffisante et proportionnée à la faute ; arrête seulement que M.*** sera
mandé à la prochaine séance, où M. le bâtonnier
lui déclarera que le Conseil improuve et censure sa
conduite, l'invite à se surveiller lui-même, à modé-
rer ses élans et son imagination ; mais que le Conseil, prenant en considération sa conduite posté-

[1] *Voir suprà*, n° 274.

rieure à l'arrêt de la Cour d'assises, n'a pas cru devoir ajouter à la peine de suspension que la Cour a prononcée, et à celle volontaire que M.*** s'est imposée » (arr. du 16 décembre 1820).

335. *Écrits injurieux (pour les autorités).* — *Attaques contre les institutions établies.* — « Considérant que la lettre adressée par M.*** à M. le procureur-général avait un objet très-licite dans la demande que M.*** faisait à ce magistrat pour obtenir, comme avocat du sieur ***, communication des pièces du procès dirigé contre son client ; mais qu'à l'occasion de cette demande M***. *s'est livré, dans sa lettre, à des déclamations injurieuses contre les autorités et contre leurs agents;* que, notamment, on lit dans cette lettre les phrases qui suivent : etc., etc.;

« Considérant que ce langage d'injures et d'invectives est d'autant plus répréhensible qu'il est employé vis-à-vis d'un des premiers magistrats, chargé par ses fonctions de maintenir et faire respecter le pouvoir confié aux autorités pour veiller à la sûreté, prévenir les crimes, découvrir les coupables et assurer par tous les moyens le repos de la société, et que la lettre qui contient ces déclamations injurieuses est, en général, écrite d'un ton irrespectueux et contraire aux bienséances qu'un avocat doit observer, lorsque, dans l'exercice de sa profession, il se trouve dans le cas d'adresser quelques demandes au premier magistrat du ministère public;

« En ce qui concerne le mémoire imprimé pour le sieur ***; considérant que M.***, au lieu de se renfermer dans les bornes d'une légitime défense, s'est encore livré dans cet écrit à des écarts très-répréhensibles, en s'élevant *contre les institutions établies par les lois*, et en se permettant de nouvelles déclamations *contre les agents de la police judiciaire*; que, notamment à la page 3, on lit ces phrases : etc., etc.; que ces invectives, par leur généralité, tendent à décrier les moyens nécessaires et légalement autorisés pour assurer le repos de la société;

« Qu'à la suite de ces déclamations, M.*** s'élève contre la mesure du secret ordonné dans les procédures criminelles, tout en convenant qu'elle est autorisée par le Code d'instruction criminelle, et il prétend que la question ancienne était préférable, pour les accusés, à la méthode de la solitude et du silence, sans considérer que la torture qui avait lieu autrefois ne s'appliquait qu'à des criminels qui étaient déjà dans le secret des cachots;

« Considérant que ces diverses assertions et déclamations tendent à répandre dans le public et à inspirer aux esprits mal intentionnés le mépris et la haine des institutions et des lois que l'avocat jure de respecter et d'observer dans l'exercice de sa profession et que les magistrats sont chargés de faire exécuter; et qu'enfin ce mémoire est généralement écrit d'un style inconvenant et inusité au barreau, l'avocat *ne devant pas sortir des formes de la discussion judiciaire pour parler en son propre nom et exprimer son opinion personnelle sur le mérite des lois et des règlements qui doivent servir de base à sa discussion et non de matière à sa critique* [1];

« Le Conseil déclare qu'il désapprouve et censure la lettre de M. *** à M. le procureur-général, ainsi

[1] *Voir* règles 4, note, 47, 50; et *suprà*, p. 418.

que le mémoire imprimé pour le sieur *** dans les passages de ladite lettre et dudit mémoire qui viennent d'être rappelés » (arr. du 25 février 1819) [1].

336. 2ᵉ Espèce.—*Écrit injurieux pour les jurés et pour les magistrats.* — « Considérant, d'un côté, que dans le mémoire dénoncé (recours en grâce), M. *** présente la femme L*** comme entièrement innocente et comme victime malheureuse d'une condamnation fondée *non sur l'intime conviction de sa culpabilité, mais sur des motifs tirés d'ailleurs;* ce qui est très-offensant, tant pour la majorité des jurés que pour les magistrats qui se sont rangés à leur opinion, puisqu'il semble que c'est imputer aux uns et aux autres une injustice volontaire, une sorte de prévarication, et qu'il importe de réprimer de pareils écarts;

« Mais considérant, d'un autre côté, qu'instruit du mécontentement que causait son mémoire, M. *** s'est empressé, même avant la dénonciation de M. le procureur-général, d'écrire de suite à M. le garde des sceaux pour lui exprimer le chagrin qu'il éprouvait d'avoir donné lieu à ce juste mécontentement sans le vouloir, et pour désavouer tout ce que son mémoire pouvait contenir de contraire au respect dû aux magistrats et dont il fait profession d'être lui-même profondément pénétré;

« Considérant que ce qui doit persuader qu'en effet il y a eu de sa part, dans la circonstance dont il s'agit, plus d'irréflexion que de mauvaises intentions, c'est qu'il met habituellement autant de décence que de zèle dans la défense des accusés, qu'il se montre constamment animé du meilleur esprit, qu'il n'y a que de bons témoignages à rendre de ses

[1] *Voir* règles 50 et 127.

principes et de sa moralité, et qu'ainsi il paraît mériter qu'on le traite avec quelque indulgence ;

« Arrête : M. *** sera averti, par l'organe de M. le bâtonnier, d'être à l'avenir plus circonspect et plus mesuré dans ses expressions et à ne point sortir des bornes du respect qui est dû aux magistrats ; à l'effet de quoi il sera invité à se rendre dans le sein du Conseil au jour qui lui sera indiqué » (arr. du .... 1820) [1].

337. 3ᵉ ESPÈCE. —*Diffamation envers des particuliers.*— « Considérant que, de la première partie du mémoire signé par M.***, il résulte que M. *** aurait fait usage de moyens tout à fait inconvenants, en ce sens qu'il s'y serait permis des réflexions qui ne tendaient à rien moins *qu'à troubler le repos et la bonne harmonie des familles ;* que cette conduite est, dans l'espèce, d'autant plus répréhensible que ces réflexions *étaient totalement étrangères au procès* d'entre les sieurs *** et *** (ses clients); qu'en se livrant ainsi à des déclamations aussi injurieuses qu'elles étaient inutiles à sa cause, il est contrevenu à l'*une des règles* de la profession d'avocat ;

« Arrête que M.*** sera *averti* en plein conseil, par M. le bâtonnier, d'apporter à l'avenir plus de modération et de discernement dans la discussion verbale ou écrite des affaires qui lui seront confiées » (arr. du 9 avril 1829)[2].

338. 4ᵉ ESPÈCE. — *Consultation.* — *Manque de respect envers la magistrature.* — « Délibérant sur la consultation et sur la lettre à M. le procureur-général qui la dénonce au Conseil comme of-

---

[1] *Voir* règles 50 et 127.
[2] Voir *suprà,* règle 19.

fensante pour la magistrature, le Conseil : — considérant que la consultation contient, en effet, divers passages où le consultant s'exprime avec irrévérence soit sur l'autorité judiciaire en général, soit sur la Cour royale de Paris en particulier ; que cet oubli du respect et ce manque d'égards envers la Cour royale sont répréhensibles, surtout de la part d'un avocat attaché à la cour ; qu'à la page 14, le consultant représente la cour comme tendant à l'usurpation, et l'autorité judiciaire comme *pesant* immédiatement et tous les jours sur les membres du corps social ; que d'autres expressions qu'on trouve, à la dernière page de la consultation, ne sont pas moins inconvenantes et même irrévérentes ; mais considérant aussi que M. *** est un jurisconsulte estimable, connu de ses confrères par sa probité et ses sentiments droits et justes, que d'ailleurs il a donné verbalement au Conseil des explications satisfaisantes, en lui témoignant le regret de ce que cette faute lui était involontairement échappée et en protestant de son respect pour la Cour royale et pour chacun de ses membres ;

« A arrêté que M. *** serait *averti* d'être plus circonspect à l'avenir, et de se conformer dans ses écrits aux sentiments de modération en général et de respect en particulier dus aux cours souveraines et aux magistrats » (arr. du 9 février 1821) [1].

339. *Conduite inconvenante.* — *Déposition* — *Manque d'égards envers des magistrats.* — « Considérant que M.*** reconnaît l'exactitude du compte rendu dans le numéro de la *Gazette des Tribunaux* précité ; qu'il en résulte, ainsi que des renseignements

[1] *Voir* règles 50 et 127.

pris par M. le rapporteur, que M. ***, reçu dans le cabinet de M. le juge d'instruction et invité à y attendre une permission qu'il y allait demander pour voir
M. ***, non comme client, mais comme ami, a été à
portée d'entendre une conversation entre M. le juge
d'instruction et un magistrat du ministère public ;
qu'il a instruit le sieur *** de tout ce qu'il avait entendu, et que se trouvant à l'audience de la Cour
d'assises du......., il a, sur l'indication et l'invitation
du sieur ***, dans une déposition détaillée, fait connaître au public ce qui s'était dit en sa présence ;

« Considérant que tout individu, quel que fût son
état, aurait dû comprendre qu'encore bien qu'on
ne lui confiât pas expressément sous le sceau du secret ce qui se disait, lui présent, *les égards dont on
usait envers lui, et qui l'avaient amené à entendre
la conversation de deux magistrats, lui faisaient un
devoir de n'en rien révéler ;*

« Arrête, M.*** sera *averti* » (arr. du 21 janv. ....)[1].

340. 2ᵉ Espèce. — *Honoraires réclamés chez le
client.* — *Recherche de clientèle.* — *Conduite inconvenante.* — «En ce qui touche la plainte relative au
sieur P*** ;

« Attendu, quant au fait de *s'être entendu et mis en
relation avec un des garçons de bureau du parquet,*
que M. *** prétend que, si des causes lui sont parvenues par des garçons de bureau, c'est à *son insu* ;
que néanmoins la lettre de M. le procureur du roi
constate un fait de cette nature ;

« Quant à l'imputation *d'avoir pris une somme
exorbitante pour la rédaction d'une simple requête
de mise en liberté, et d'avoir dit à la dame *** que la*

---

[1] *Voir* règle 127.

présentation de cette requête entraînait à des frais ; que la somme remise à M. *** a été de 45 francs ; qu'il prétend l'avoir reçue, non pour la requête de mise en liberté, mais pour la suite du procès ; qu'en effet, une somme de 3o francs sur ces 45 francs a été reçue par lui *depuis le rejet* de la requête à fin de mise en liberté provisoire ; qu'il a été constaté que jamais aucune réclamation n'a été faite à M. ***, et que devant M. le rapporteur il a remis 3o francs au sieur P*** ; que néanmoins reste le fait d'avoir reçu une somme de 15 francs dès l'origine du procès, et avant même qu'on ait pu savoir si le procès serait suivi ;

« 2°. En ce qui touche les faits relatifs au sieur D*** ;

« Attendu, quant à la fixation que M. *** aurait faite d'un honoraire supérieur à l'importance de l'affaire et à la position de son client, que le sieur *** n'a élevé aucune réclamation à ce sujet ; que la position de ce client n'était pas celle d'un homme malheureux ; que l'affaire était importante, et qu'à raison de son insuccès, M. *** a offert de remettre au sieur D*** et lui a remis en présence de M. le rapporteur une somme de 6o francs sur 12o francs qu'il avait reçus ; que néanmoins, le fait d'avoir imposé un honoraire à son client dès le premier moment du procès et d'avoir été *chez lui* recevoir une somme de 5o francs est une grave inconvenance et un oubli des règles de la profession d'avocat ;

« 3°. En ce qui touche la plainte relative au sieur N*** ;

« Attendu que cette plainte est fondée sur ce que M. *** *se serait fait remettre par un nommé N* ***,

*une somme de 35 francs, pour rédaction et frais
d'une requête à fin de mise en liberté provisoire;*
qu'il a été vérifié que cette imputation de N *** est
contraire à la vérité; que cet homme, depuis condamné pour vol à treize mois de prison, n'a rien remis à M.***; que, seulement, un sieur R ***, chez
lequel N *** était employé, a remis à M. *** une
somme de 35 francs, mais qu'il a déclaré la lui avoir
remise de son propre mouvement et comme honoraires du procès;

« Attendu, néanmoins, qu'il résulte, tant des
circonstances ci-dessus appréciées, que des aveux de
M. ***, qu'*il a recherché une clientèle dans les affaires de police correctionnelle, par des moyens peu
convenables;* qu'il a, dès l'origine des affaires, exigé
de ses clients des honoraires fixés par lui; qu'il s'est
chargé sur ces honoraires des frais du procès; que
ces faits sont contraires aux usages du barreau et à
la dignité de la profession d'avocat; que leur gravité
ne peut être atténuée que par l'inexpérience de
M. ***, et par ses bons antécédents constatés par les
maires des communes de..... et de....., le préfet
de....., le bâtonnier de l'Ordre des avocats et le
président du tribunal de.....;

« Le Conseil arrête: la peine de l'*avertissement*
est appliquée à M. *** » (arr. du 21 juin 1837)[1].

341. 3ᵉ Espèce. —*Honoraires.* —*Billets exigés.*
— *Conduite inconvenante.* — Sur la plainte portée
contre M. ***, le Conseil ne pense pas qu'il soit répréhensible quant au fait à lui imputé; mais considérant qu'en général sa conduite n'est pas exempte
de reproche, *qu'il se fait endosser des billets à ordre*

[1] *Voir* règles 58, 60 et 101.

pour nantissement de ses honoraires, et que par sa fréquentation habituelle des prisons et la nature de ses rapports avec les prévenus, il s'est attiré l'épithète injurieuse de *commissionnaire des détenus,* le Conseil arrête que M. *** sera *averti* (arr. du 22 novembre 1818)[1].

342. 4ᵉ ESPÈCE.—*Menace de poursuites et de frais.*
— M. *** étant inculpé d'avoir écrit à une partie de verser 30 francs de frais *dans ses mains,* sinon *qu'il lèverait l'arrêt* rendu contre elle, et le fait étant avéré, le Conseil *avertit* M. *** de ne plus confondre ainsi les fonctions d'avoué avec la pureté de la profession d'avocat (arr. du 7 février 1816)[2].

343. 5ᵉ ESPÈCE.—*Cartes d'adresse. — Recherche de clientèle. — Bon accepté. — Démarches pour réclamer des honoraires.* — « En ce qui touche la lettre écrite par M. le procureur du roi, relative à l'affaire O ***; attendu qu'à l'audience du 5 février 1839, dans l'affaire d'une fille ***, défendue par M. ***, contre le sieur ***, ce dernier a produit son assignation, à laquelle se trouvait jointe une adresse de M. ***; que de ce fait on a conclu que M. *** se proposait à la confiance des individus traduits en police correctionnelle, *en leur faisant remettre son adresse par des employés des huissiers ou des prisons*[3]; que l'attention du Conseil a dû être éveillée par un fait de cette nature, *qui serait dégradant pour la profession d'avocat;* mais que ces faits ne sont pas prouvés contre M. ***;

« En ce qui touche la plainte de la dame T***;

---

[1] *Voir* règles 60 et 103.
[2] *Voir* règle 31.
[3] *Voir* règles 58, 60 et 80.

attendu que la dame T***, après avoir reçu longtemps les conseils de M.***, dans une affaire de séparation de corps contre son mari, lui a *souscrit un
bon de 5o francs* ¹ ; que, si cet honoraire est plus
que justifié à l'égard de la dame T***, il y a eu cependant de la part de M.*** oubli des règles de la
profession dans l'acceptation d'un *bon* de sa cliente ;
qu'il y a eu également inconvenance dans *la démarche faite chez la* dame T***, pour réclamer d'elle le
paiement de la somme de 5o francs ;

« Par ces motifs, le Conseil arrête : Il n'y a lieu
à suivre contre M.*** à raison de la première
plainte; 2°. M.*** est averti à l'égard de l'affaire
T*** » (arr. de 7 mai 1839).

344. *Mandats. — Honoraires retenus. — Quittances.* — « Le Conseil, considérant que la profession
d'avocat est incompatible avec celle de mandataire,
de proxénète, d'agent d'affaires ² ;

« Considérant que M.*** a violé cette règle de
notre profession ; considérant, en effet ; 1°. que
M.***, qui avait plaidé pour un sieur O*** dans une
affaire contre le sieur M***, a écrit a celui-ci de
passer chez lui pour lui payer cent francs de dommages-intérêts auxquels il avait été condamné ;
2°. que M.*** s'est ensuite transporté chez le sieur ***
pour presser le paiement ; 3°. que M.*** a reçu du
sieur *** soixante-quinze francs sur les condamnations et qu'il en a donné quittance ; 4°. que par
suite le sieur *** s'est fait donner quittance des
sommes qu'il remettait à M*** ;

« Considérant qu'il n'est pas suffisamment justifié

---

¹ *Voir* règle 103.
² *Voir* règle 31.

que lors des comptes qui ont eu lieu entre le sieur O*** et le sieur *** dans le cabinet de M. ***, ce dernier se serait fait payer par O*** vingt-cinq francs pour prix de son entremise ; considérant que jusqu'à présent le Conseil n'a été saisi d'aucune plainte contre M. *** ;

« Le Conseil arrête que M. *** a encouru la peine de l'*avertissement* et qu'il sera mandé au sein du Conseil pour le recevoir » (arr. du 10 avril 1828).

345. 2ᵉ Espèce. — *Mandat.*« Considérant qu'il est reconnu que M. *** a été chargé par la dame L***, sa cousine, *d'un mandat pour faire liquider ses droits dans la succession de son père et pour recevoir les sommes et valeurs qui pouvaient lui revenir ; que la qualité de mandataire est incompatible avec la profession d'avocat ;* que cependant ce mandat unique, ayant été donné *par une parente* et pour arriver à la liquidation d'affaires de famille, ne peut faire peser sur lui aucune peine disciplinaire ;

« Mais considérant que par suite de ce mandat, M. *** reconnaît avoir reçu une somme de ..... francs, sur laquelle un faible à compte seulement a été remis par lui à sa commettante ; qu'il est resté et qu'il est encore débiteur du surplus de la somme reçue ; considérant que le reproche très-grave que M. *** paraît avoir encouru par cet abus du mandat est atténué par le consentement de la dame *** de recevoir une reconnaissance à terme pour le paiement de cette somme ; qu'il est justifié que M. *** a payé ces intérêts et qu'il a récemment donné à ladite dame une obligation notariée du montant de sa dette ; considérant néanmoins que le fait environné de ces circonstances atténuantes est

28

encore *un acte répréhensible* et qu'il convient d'avertir M. *** à quel point il peut compromettre la dignité de sa profession ;

« Vu l'article 18 de l'ordonnance du 20 novembre 1822 : le Conseil arrête que M. *** sera mandé dans la séance pour recevoir un avertissement » (arr. du 21 mai 1833) [1].

346. 3e Espèce. — Le Conseil décide que M. *** sera *averti*, pour le tort qu'il a eu de se constituer *comptable* d'une somme de 325 francs envers un de ses clients (arr. du 23 mai 1838) [2].

347. *Participation à des affaires commerciales.* — « Le Conseil, considérant qu'il résulte : 1°. de la correspondance de M. *** avec le sieur O***, 2°. *d'un compte ouvert au profit de* M. *** *sur les livres du sieur* O***, *compte dans lequel* M. *** *est débité de diverses sommes à titre de prélèvements, que* M. *** *est plusieurs fois et dans différentes circonstances intervenu activement dans les négociations commerciales* du sieur O*** ; considérant que, si cette intervention de M. *** dans les opérations du sieur O*** ne suffit pas pour le constituer associé de ce dernier, il n'en résulte pas moins *qu'en agissant ainsi* M. *** *s'est écarté des devoirs que lui imposait sa qualité d'avocat* ; considérant néanmoins qu'il a existé entre la famille de M. *** et le sieur O*** des relations d'amitié et même des projets d'alliance qui atténuent les faits attestés par la correspondance ;

« Ayant égard à ces circonstances, le Conseil ar-

[1] *Voir* règles 31 et 105.
[2] *Voir* règle 105.

rête : la peine de l'avertissement est prononcée contre M. *** » (arr. du 28 mars 1836) [1].

348. *Pièces (remise de).* — *Mandat.* — *Sommes reçues.* — *Quittances.* — « Attendu que, par sa plainte, la demoiselle *** demande que M. *** lui remette : 1°. toutes les sommes qu'elle prétend qu'il a touchées pour elle, soit de Mme J*** soit de Mme R*** ; 2°. les titres qui seraient aussi entre les mains de M. *** et qui constitueraient au profit de la plaignante une créance contre Mme J*** et contre Mme R*** ;

« Attendu que M. *** avait été chargé de l'affaire de la demoiselle *** par l'intermédiaire du sieur ***, qui la tenait directement de celle-ci ; que déjà et avant la plainte portée M. *** avait rendu au sieur *** toutes les pièces de l'affaire et toutes les sommes qu'il avait touchées, y compris même 200 francs d'honoraires que lui avait alloués le sieur *** ; qu'en agissant ainsi, et d'ailleurs lorsqu'il n'en avait reçu aucune défense de la demoiselle ***, M. *** n'a fait que se conformer *aux usages reçus en pareil cas, de rendre les titres et les pièces aux intermédiaires dont on les tient directement* [2] ; que c'est donc au sieur ***, son mandataire direct, que la demoiselle *** doit s'adresser pour se faire rendre les titres, les pièces et les sommes qu'elle réclame ; que dès lors la plainte n'est pas fondée ;

« Mais attendu qu'il résulte des pièces produites et des explications données par M. *** lui-même, que, dans l'affaire dont s'agit, *il s'est constitué l'intermédiaire de diverses conventions dont il a suivi lui-même l'exécution ; qu'il a donné des quittances et*

---

[1] *Voir* règle n° 33, sur l'incompatibilité.
[2] *Voir* règle 93.

*reçu des sommes qui le rendaient passible d'un
compte de mandataire* [1] *;* attendu, que s'il est vrai de
dire qu'en agissant ainsi il a rendu meilleure la
position de la demoiselle ★★★ et qu'aucun acte d'indélicatesse ne peut lui être imputé, il faut cependant reconnaître que M. ★★★ *est sorti des règles de
sa profession d'avocat ;*

« Par ces motifs : le Conseil décide qu'il n'y a
lieu à suivre sur la plainte de la demoiselle ★★★, et
statuant *d'office* sur ce qui ressort de ladite plainte
contre M. ★★★, quant à l'oubli des règles de la profession d'avocat, le Conseil lui faisant application du
paragraphe premier de l'ordonnance du 20 novembre 1822, déclare que M. ★★★ est *averti* » (arr. du
11 juin 1839) [2].

349. *Prête-nom.—Quittance.—Faits antérieurs
à l'admission. — Femme marchande publique. —
Incompatibilité.* —« Sur le reproche fait à M. ★★★ :
1°. de s'être rendu le prête-nom du sieur A★★★ pour
l'acquisition de la créance du sieur B★★★ contre le
sieur M★★★ ; 2°. d'avoir affirmé cette créance au Tribunal de commerce ; 3°. d'avoir concouru aux délibérations des créanciers de la direction de T★★★,
notamment à celle qui a retiré l'agence de l'Union
au sieur D★★★ ; 4°. d'avoir donné quittance de deux
sommes montant à ....., payées sur la créance
B★★★, sans en avoir rendu compte ; 5°. d'avoir
reçu une somme de 500 fr. pour le prêt de son
nom ;

« Considérant qu'en prêtant son nom au sieur ★★★,
et surtout en affirmant une créance dont il n'avait

[1] *Voir* règle 33.
[2] *Voir* des décisions semblables , *suprà*, n°s 307 et 308.

pas la propriété, M. *** a fait deux actes contraires
à l'honneur et à la délicatesse de l'avocat, mais que
ces deux actes sont *antérieurs d'un an* à son admission au stage [1] ;

« Considérant *qu'en continuant*, depuis son admission, de rester le prête-nom du sieur A***, en
concourant aux délibérations et en donnant des
quittances comme propriétaire de la créance, M. ***
a méconnu les devoirs de sa profession ; mais que la
gravité de cette faute est atténuée par le fait qu'il
n'a retiré aucun lucre de sa complaisance et par le
sentiment qui l'avait déterminé à s'y prêter, celui
*de la reconnaissance envers un ami qui lui avait
rendu d'importants services ;*

« Qu'à l'égard des sommes dont il a donné quittance, il est constant qu'elles ont été immédiatement touchées par le sieur A*** qui s'en est chargé
dans les comptes qu'il avait à rendre au sieur D***,
son associé ;

« Qu'enfin les 500 francs touchés par M. *** lui
ont été remis à une époque récente, non pas pour le
prix du prêt de son nom, mais comme indemnité
de conseils et de travaux faits dans l'intérêt du sieur
A*** et de ses associés ;

« Sur le reproche d'avoir cumulé l'état de mar-
chand avec l'exercice de sa profession ; considérant
qu'à l'époque de son admission au stage, M. ***
était marié avec une marchande publique ; que sa
femme a continué son commerce jusque dans le
courant de l'année 1829 ; qu'aux termes de l'art. 5
du Code de commerce, elle a obligé son mari à

---

[1] Le même principe a été déclaré par d'autres décisions. Voir
infra.

toutes les dettes qu'elle a pu contracter pour son négoce, et *qu'un tel état de choses est incompatible avec la tranquillité d'esprit et l'indépendance si nécessaires à l'exercice de la profession d'avocat* [1] ;

« Mais attendu que M. *** fit connaître sa position au rapporteur du Conseil lors de son admission et que, depuis un an, Mᵐᵉ *** a totalement cessé d'exercer le commerce ;

« Sur le reproche de s'être constitué l'agent d'affaires de la succession L*** ; considérant que dans le Journal Général d'affiches, M. *** a été indiqué au nombre des personnes qui devaient donner des renseignements sur deux maisons mises en vente par licitation ; mais qu'il est déclaré par M. *** que cette indication a été donnée *à son insu et sans doute* parce qu'il avait été le conseil des colicitants pendant le cours de leur liquidation ; que la vérité de cette déclaration est d'ailleurs confirmée par M. ***, l'avoué poursuivant ;

« Considérant enfin qu'il résulte des renseignements fournis au Conseil sur la moralité de M. ***, qu'en diverses circonstances il a fait preuve de délicatesse et de désintéressement ;

« Arrête : M. *** recevra, dans le sein du Conseil, *l'avertissement* autorisé par l'article 18 de l'ordonnance royale du 20 novembre 1822 » (arr. du 11 mars 1830).

§. V. — RÉPRIMANDE.

351 ². C'est la peine disciplinaire, du deuxième degré, qu'inflige l'ordonnance du 30 novembre 1822 (art. 18) ³.

----

[1] Voir *suprà*, nº 124. Incompatibilités.

² Le numéro 350 est supprimé.

³ On a vu plus haut, p. 203, que la censure, qui était autorisée

La réprimande a été prononcée par le Conseil dans les espèces suivantes :

Écrit. — *Moyens d'intimidation contre la partie adverse.* — « Après avoir entendu M.***, dans ses explications;

« Considérant qu'elles ne sont nullement satisfaisantes ; qu'il est contre toute vraisemblance, qu'après avoir menacé Mᵉ ***, notaire, d'un zèle peu ordinaire, de toute son ardeur et de toute son énergie, et de faire imprimer contre lui, M.*** ne soit pas l'auteur du mémoire qui a été en effet imprimé contre Mᵉ***, et qui a été supprimé;

« Qu'il est également impossible de douter qu'il soit l'auteur du mémoire clandestin qui lui a servi d'épouvantail pour forcer Mᵉ *** d'acquiescer à la demande de la dame sa cliente; que la méthode qu'il a employée dans cette affaire donne beaucoup de probabilité au reproche qui lui est fait par Mᵉ*** de lui avoir conseillé le même genre de procéder dans une affaire de même nature, et de s'être offert pour l'exécution;

« Considérant que, de ces faits et circonstances, il résulte que M. *** ne semble connaître *les règles de la modération qui doit régner dans la défense judiciaire,* que pour s'efforcer de les violer impunément, *en se cachant sous le voile de l'anonyme;* qu'il paraît aussi se faire une habitude de chercher à épouvanter les parties adverses de ses clients par la jactance de son zèle, de son ardeur, de son énergie, et par des menaces de diffamation; et que, jusque dans la forme de sa correspondance, il se

par le décret de 1810, se trouve supprimée. J'ai cru inutile, par cette raison, de rapporter les arrêtés relatifs à cette mesure; ils n'avaient d'ailleurs rien d'important, sauf celui n° 352.

montre étranger aux convenances de sa profession;

« Considérant d'ailleurs qu'en vertu d'arrêté du 22 juillet ....., M.*** a déjà été averti à l'occasion de son mémoire imprimé pour.... contre la dame... de mettre plus de modération et de retenue dans ses plaidoiries et mémoires » (arr. du 23 mars 1814)[1].

352. *Écrits publiés avant toute action.* — *Moyens d'intimidation.* — *Testament publié du vivant de son auteur.* — Considérant 1°. que M.***, avant qu'aucune instance fût entamée, *avant qu'il existât un procès* entre le sieur ***, et la D^{lle} ***, a fait imprimer pour cette dernière un mémoire qui inculpait le sieur ***, et qu'il a livré à la D^{lle} ***, *toujours avant l'action*, quelques exemplaires de ce mémoire dont il paraît qu'on a de suite abusé par un envoi fait, à ....., envoi qui eut pour objet et pour résultat d'être nuisible au sieur ***; 2°. que, dans ce mémoire, M.*** a inséré et *fait imprimer un testament olographe* du sieur ***, *vivant*, que celui-ci avait déposé de confiance à un tiers; 3°. que M.***, en faisant au sieur *** l'envoi d'un exemplaire de son mémoire, l'a *menacé d'en faire distribuer un autre encore plus redoutable;* que dans une autre lettre du mois de ....., M. *** menace le sieur *** d'envoyer les premiers exemplaires du mémoire à M. le duc et Mme la duchesse ***; que ces deux lettres sont *antérieures à l'existence de tout procès;*

« *Que ces divers actes sont répréhensibles et contraires à la délicatesse et aux principes adoptés par l'Ordre, qui ne permettent à un avocat ni d'imprimer et diriger un mémoire contre une tierce personne, quand il n'existe pas d'action, et bien moins encore de les livrer*

[1] *Voir* règles 4, 16, 20 et 78.

à des clients qui peuvent en abuser; ni d'imprimer le testament d'une personne vivante, sans sa permission, de quelque manière que cet acte *arrive dans les mains de l'avocat,* ni *d'user de menaces de diffamations, pour forcer une conciliation »* (arr. du 6 avril 1820)[1].

353. *Honoraires.—Recherche de clientèle.—Pacte pour honoraires proposé. — Restitution convenue*[2]. — « Considérant..... qu'il est établi : — que lorsque le sieur ✳✳✳ , après son acquittement, vint répéter 200 francs sur les 600 francs originairement remis, M. ✳✳✳ ne crut pas devoir les remettre, quoique la demande du sieur ✳✳✳ *ne fût que l'exécution d'un engagement pris*[1] et que la somme restant dans ses mains dût être considérée par lui comme un honoraire convenable, en proportion avec l'importance de l'affaire, le temps et les soins qu'il avait pu y donner ;

« Qu'il résulte des explications des parties, et de la déclaration même de M. ✳✳✳, que ce dernier, au lieu de répondre comme il le devait à la demande du sieur ✳✳✳, *l'engagea à amener dans son cabinet un client qu'il lui nomma, lui promettant remise entière des honoraires qu'il en recevrait, de manière à le rendre parfaitement indemne, lui,* de la somme qu'il avait déboursée pour sa défense personnelle ;

« Que ces deux faits constituent, à la charge de M. ✳✳✳, un oubli grave des devoirs de sa profession » (arr. du 17 mars .....)[3].

---

[1] Cet arrêté, rendu sous l'empire du décret de 1810, prononce la *censure.*

[2] Ici, la restitution étant particulièrement fondée sur l'engagement, il serait difficile d'en tirer une solution de principe.

[3] *Voir* règles, nos 58 et 105.—L'arrêté dit en outre que M. ✳✳✳ devra remettre les 200 francs.

354. *Honoraires.* — *Restitution.* — « En ce qui touche la plainte du sieur *** : — Considérant que M. ***, en se chargeant de suivre au ministère de la justice l'effet d'une demande en commutation de peine, s'était fait remettre à l'avance, à titre d'honoraires, une somme de 5o francs ; que ledit sieur ***, ayant cru devoir presque aussitôt après sa demande formée renoncer quant alors à d'inutiles sollicitations, fit demander à M. *** tout ou partie des 5o francs qui lui avaient été remis ; *que celui-ci se refusa à toute restitution, bien que cependant il n'ait pu établir qu'il se fût alors livré à aucun travail, ni qu'il eût fait aucune démarche dans l'intérêt du sieur* *** ; que les 5o francs n'ont été par lui rendus qu'après la plainte portée devant le Conseil [1] ;

« En ce qui touche la dame *** : — attendu que M. *** avait, dès le mois de septembre dernier, reçu d'elle une somme de 3o francs, destinée à subvenir aux frais des assignations qui devaient être données, à la requête de ladite dame ***, à diverses personnes prévenues ou témoins, sur une plainte qu'elle se proposait de former ; que pendant plusieurs mois, M. ***, malgré les pressantes instances de la dame ***, n'a pas fait donner ces assignations, sans cependant lui rendre les 3o francs qu'il avait reçus *avec une destination spéciale* [2] ; qu'en vain prétend-il que sa position particulière dans l'affaire ne lui permettait plus de former la plainte ; qu'il devait alors prévenir la dame ***, lui remettre les

---

[1] *Voir* règle 101.

[2] On voit que les 30 francs remis ne l'avaient pas été pour honoraires. On peut donc dire que ni l'un ni l'autre des deux chefs de l'arrêté ne contredit cette règle.

sommes qu'il avait reçues d'elle, sous la seule déduction des honoraires qu'elle aurait pu consentir à lui allouer; que ce n'est, comme dans la première affaire, qu'après la plainte formée que les 30 francs ont été rendus; qu'en agissant ainsi à l'égard du sieur *** et de la dame ***, M. *** a méconnu les règles de la professsion » (arr. du 13 juin 1838).

355. *Honoraires.* — *Billet exigé.* — *Dénégations contraires à la vérité.* — « Attendu qu'il est suffisamment établi : — que c'est dans l'intérêt de M. ***, à titre d'honoraires et avant le jugement, qu'a été souscrit le billet de mille francs par D*** à l'ordre de P***; — que c'est à lui, M.***, que ce billet a été remis par P***; — que c'est lui qui en a disposé au profit du sieur B***, comme garantie *de son propre engagement ;* — et que c'est encore sur sa demande et dans son intérêt qu'a eu lieu le transport de la même créance au profit du sieur D***, au mois de décembre dernier; — qu'en agissant ainsi, M. *** s'est écarté des règles de bienséance et de délicatesse que sa qualité d'avocat lui imposait ;

« Attendu qu'il a encore aggravé sa faute par des dénégations contraires à la vérité »(arr. du 4 août 1835)[1].

356. *Irresponsabilité de l'avocat.* — *Honoraires.* — *Bons exigés.* — « Considérant que le reproche fait à M. *** de n'avoir pas suffisamment défendu le plaignant n'est pas fondé; — qu'il est reconnu en fait que M. *** a plaidé pour lui sur l'appel du jugement de police correctionnelle qui l'avait condamné à trois ans de détention, et *qu'un avocat*

---

[1] *Voir* règle 103, *suprà,* n°s 298, 341 et 343.

*choisi par un prévenu ne saurait être responsable
de l'insuccès de l'affaire* [1] *;*

« Mais attendu que M. ✳✳✳, en paiement de ses
honoraires, s'est fait remettre par la sœur du prévenu deux bons de ..... francs chacun; que cette
forme de paiement, que M. ✳✳✳ a déclaré lui-même
avoir acceptée comme *garantie*, suppose de la part
de l'avocat *une intention de contrainte* incompatible
avec les règles de la profession, et d'autant plus répréhensible qu'elle devait s'exercer non contre le
client lui même, mais contre sa sœur, qui, sur la
demande de M. ✳✳✳, s'était obligée de payer cette
somme de ..... francs pour les honoraires [2] » (arr.
du 25 août .....).

357. *Démarches inconvenantes.* — Dominus litis. — *Nantissement pour honoraires.* — « Considérant que des aveux et de la défense même de M.✳✳✳,
il résulte qu'il s'était chargé non-seulement de
suivre l'affaire comme il convient à un avocat, c'est-
à-dire en prêtant son patronage par voie de consultation, de plaidoirie ou de mémoire ; *mais qu'il s'est
prêté à des démarches qui conviennent plus à un
agent d'affaires qu'à un avocat;* que de plus, il s'est
en quelque sorte constitué le Dominus litis, *choi-
sissant et dirigeant les avoués, les agréés et les
huissiers,* consentant à se rendre responsable vis-à-
vis d'eux du paiement de leurs frais, recevant pour
cette destination des fonds dont par cela même il
devenait comptable, ce qui est contraire à la dignité
de sa profession ;

« Considérant enfin que, s'il n'est pas établi que

---

[1] *Voir* règle 92.
[2] *Voir* règle 103.

M. *** se soit fait donner par R*** le brevet de pension militaire de celui-ci, pour obtenir dessus un emprunt applicable à des honoraires exigés et convenus par part préalable, il est constant et avoué du moins que M. *** aurait accepté ledit brevet, soit *comme gage* des sommes qu'il devait payer aux officiers ministériels, ce qui est sans convenance, soit pour procurer à R*** un emprunt dont le produit lui serait remis, ce qui serait une opération d'agent d'affaires, dans laquelle un avocat ne pouvait tremper sans ravaler sa profession » (arr. du 13 août 1833) [1].

358. *Défense.* — *Pacte* DE QUOTA LITIS. — *Conduite inconvenante.* — « En ce qui touche l'affaire M*** : — Attendu *qu'il y a eu légèreté à se charger d'une cause, lorsque la remise des pièces devait l'avertir qu'un de ses confrères tenait déjà de l'accusé les premiers actes de l'instruction* [2]; — que néanmoins il peut n'avoir été chargé de la cause confiée à M*** que par un malentendu, résultant de ce que M.*** avait reçu la défense du sieur J***, et M*** des mains de l'accusé ; — que dès lors il n'y a lieu à suivre sur ce chef ;

« En ce qui touche la plainte du sieur G*** : — attendu qu'il est justifié que M. ***, chargé des intérêts d'une veuve B***, s'est trouvé à la vente des meubles du sieur *** ; que *sa présence à une vente est une grave inconvenance pour un avocat* [3]; que là M. *** a reçu du sieur G***, l'un des créanciers, la proposition de lui faire rentrer une créance de de ..... francs ; que, par une convention faite, le

[1] *Voir* règle 31.
[2] *Voir* règle 114.
[3] *Voir* règles 31 et 34.

lendemain, dans le cabinet de M. *** et de sa main, le sieur G*** a *fait l'abandon de moitié de sa créance, à la* condition de ne rester soumis au paiement d'aucun frais ; que seulement cet acte a été mis sous le nom d'un sieur R***, mais qu'il est maintenant reconnu que le bénéfice de cet acte devait être *du moins* en partie pour M. *** ; — qu'une telle convention est une violation des devoirs de la profession d'avocat ; *qu'elle établit un pacte* DE QUOTA LITIS, *formellement interdit par les règlements* [1] ; qu'un tel acte est d'autant plus coupable qu'il est fait au profit d'un avocat déjà *chargé des intérêts d'un autre créancier ;* qu'il a été convenu à la *sortie d'une vente mobilière, où l'avocat ne devait pas se trouver ;*

« Attendu néanmoins que M. *** n'a pas recueilli le bénéfice de la convention ; que d'ailleurs sa jeunesse, son inexpérience, ses aveux devant le Conseil et ses regrets doivent porter le Conseil à user d'indulgence » (arr. du 28 mars .....).

359. *Recherche de clientèle. — Rémunérations données à des employés de prisons.* — « Considérant que, même avant d'être admis au nombre des stagiaires, M. *** s'est trouvé chargé de plusieurs affaires criminelles ou correctionnelles ; que, de son aveu, il a remis à un garçon de service, employé dans la maison de La Force, une somme de 10 ou de 20 francs pour une affaire que cet homme lui avait adressée ; que, de son aveu, il était dans la disposition de remettre la même somme au même individu toutes les fois qu'il lui adresserait une affaire ; *qu'une telle rémunération est incompatible avec les conve-*

---

[1] *Voir* règle 104.

nances et tous les devoirs de la profession d'avocat »
(arr. du .....) [1].

360. 2ᵉESPÈCE.—*Recherche de clientèle.—Débat
entre deux avocats. — Conduite inconvenante.* —
« En ce qui touche la plainte portée par M. ★★★
contre M. ★★★ ;

« Considérant qu'il résulte des lettres produites
par M. ★★★, et des explications verbales qu'il a données lors de sa comparution devant le Conseil : 1°. que,
dans le désir d'obtenir la défense de ★★★, il a
fait des démarches personnelles, soit auprès de la
famille de l'accusé, soit auprès de l'accusé lui-même;
2°. qu'après que celui-ci eut fait choix d'un autre
avocat, M. ★★★, il a encore insisté et a renouvelé
ses démarches pour retenir une clientèle qui ne lui
avait pas été spontanément accordée; 3°. qu'à cette
occasion, une lutte tout à fait inconvenante s'est engagée entre lui et M. ★★★, et que, pour y mettre
fin, M. ★★★ est allé jusqu'à proposer à son confrère
de s'en remettre au sort du soin de décider à qui, en
définitive, appartiendrait la défense [2];

« Considérant que, ce mode de procéder n'ayant
point été accepté par M. ★★★, et celui-ci ayant été,
en définitive, choisi comme défenseur par l'accusé
et par la famille, M. ★★★ a cru devoir imputer ce
résultat à M. le procureur du roi de ★★★, et que,
dans cette pensée, il a adressé à ce magistrat une lettre dans laquelle il va jusqu'à le menacer, si M. ★★★
n'abandonne pas ses prétentions, *de le déférer à la
magistrature supérieure et, au besoin, d'en saisir la
voie de la presse;* —considérant qu'en agissant ainsi,

[1] *Voir* règle 60.
[2] *Voir* règle 114.

M. *** a manqué aux devoirs essentiels de sa profession [1] ; considérant toutefois qu'encore jeune au barreau, il trouve une excuse dans son inexpérience;

« En ce qui touche M. *** ; — considérant qu'il résulte de la correspondance produite que M. *** a fait, soit par lui-même, soit par les siens, des démarches inconvenantes *pour obtenir la clientèle de l'accusé;* qu'en cela, il a manqué également aux devoirs de sa profession [2], le Conseil arrête : M. *** est averti » (arr. du 5 février .....).

361. 3ᵉ Espèce. — *Conduite et démarches inconvenantes.—Circulaire et tête de lettre.*—«Considérant que le sieur *** et plusieurs autres individus auxquels M. *** convient avoir adressé une *circulaire,* pouvaient, le cas échéant, être appelés comme témoins à déposer dans un procès civil existant entre le sieur *** et un sieur *** pour lequel M. *** se trouvait momentanément chargé; que, s'il est vrai que la lettre circulaire de ce dernier n'ait pas eu, comme il le dit, pour objet la tentative coupable de corruption ou de subornation, qu'il n'ait voulu que s'assurer de la nature et de la force des preuves, il s'est permis du moins une démarche inconvenante, contraire aux règles de la profession et même aux intérêts des parties et de la justice, qu'il pouvait priver ainsi des moyens de s'éclairer;

« Considérant que M. *** a également méconnu nos règles et nos usages, *qu'il s'est en quelque sorte constitué agent d'affaires, solliciteur de procès, en accompagnant le sieur ***, ainsi qu'il l'a avoué,*

---

[1] *Voir* règle 127, et *suprà*, nᵒˢ 346, 338, 339.

[2] *Voir* règle 58.

chez des notaires et autres officiers ministériels et même chez des magistrats ;

« Considérant que *la tête de la lettre*, sujet de l'inculpation, est *imprimée* et qu'elle porte, en marge, également imprimée, l'énonciation suivante, rue de....; consultations, de 7 à 9 heures du matin et de 4 à 6 heures du soir; consultations gratuites, les dimanches, de 7 à 10 heures du matin ; considérant que l'*honneur de la profession ne permet pas de tolérer une pareille manière de se faire connaître*, non plus que cette distinction emphatique de consultations gratuites et non gratuites, ce qui confirme dans la pensée que M.*** n'a pas bien compris la limite qui sépare l'avocat de l'agent d'affaires ;

« Considérant néanmoins qu'il n'est que stagiaire, jeune encore, qu'il a exprimé au Conseil son repentir » (arr. du 31 décembre 1820) [1].

362. *Altération de pièces pour rectification.* — *Conseil donné par ignorance.* —« Considérant que les altérations de pièces reprochées dans la plainte portée contre M.*** sont constantes ; qu'il est également reconnu par M. *** qu'il les a *conseillées* et qu'encore bien qu'il nie les avoir opérées lui-même, il a avoué, au procès-verbal du 19 avril, avoir écrit ce qui se trouve à la marge dans la plainte et dans la citation ; considérant que les faits sont graves, en ce que non-seulement il y aurait eu altération de pièces publiques, mais aussi en ce que l'auteur de ces altérations, quel qu'il soit, pouvait ainsi rendre plus difficiles les communications que *les avocats obtien-*

---

[1] *Voir* règles 31, 58 et 80. — L'arrêté dit, en outre, que le stage est prorogé d'une année.

nent habituellement et de confiance aux parquets de première instance et de la Cour;

« Mais considérant que l'intention de M.***, et l'on pourrait dire *son peu d'habitude* des formes judiciaires, peuvent, jusqu'à un certain point, atténuer la gravité des faits qui lui sont reprochés; qu'en effet la plainte ayant été rendue au nom d'une femme R *** qui dans la réalité était femme O *** et la citation ayant été donnée dans les mêmes qualités, il y avait lieu à rectification, et que M. ***, au lieu de recourir aux formes légales, paraît avoir cru et persiste à croire que, puisqu'il ne s'agissait que de rétablir la vérité, on pouvait sans inconvénient y arriver à l'aide de ratures et de renvois; considérant toutefois qu'une erreur de cette nature, qui a bien pu déterminer le ministère public à user d'indulgence envers M. ***, doit appeler l'attention du Conseil devant lequel cet avocat a été renvoyé » (arr. du 25 juin. . . .) '.

363. *Mandat.* —*Billets indiqués payables au domicile de l'avocat.* —Sur une plainte portée contre M.***, « il est constaté qu'il a accepté une procuration; que, s'étant chargé de recevoir des fonds pour le donneur du pouvoir, il a indiqué son propre domicile pour le paiement des billets souscrits par celui-ci, et qu'il y a eu altération et surcharge d'un billet de 7000 f. particulièrement souscrit au profit de M.*** » (arr. du 15 février 1815)².

' *Voir* règle 6.

² Si le Conseil eût pensé que M. *** fût auteur de l'altération ou de la surcharge, la peine la plus forte, c'est-à-dire la radiation, n'aurait pas été trop sévère; *voir* règle 31.

§. VI. — DE LA SUSPENSION [1].

365 [2]. Elle forme le troisième degré des peines disciplinaires ; elle peut être portée à un an (art. 18 de l'ordonnance du 20 novembre 1822) [3].

366. *Recherche de clientèle — Mandat. — Décisions précédentes du Conseil. — Espèce de récidive.* — « Considérant que l'avocat *ne doit pas s'offrir aux clients, mais qu'il doit attendre, pour leur prêter l'appui de son zèle et de ses talents, qu'ils soient venus réclamer son ministère;*

« Considérant que l'avocat, *quel que soit le genre d'affaires et de clients qu'il peut avoir, doit éviter scrupuleusement tout ce qui peut compromettre sa dignité et sa délicatesse, notamment, en le faisant sortir des bornes de sa profession pour devenir proxénète et agent d'affaires;*

« Considérant qu'il résulte des débats qui ont eu lieu et des vérifications faites par le rapporteur, que M. *** aurait contrevenu à ces deux règles de notre profession [4];

« Considérant que la position de M. *** est *aggravée* par les deux précédentes décisions du Conseil, qui ont ordonné, la première une interdiction d'un an, la deuxième une réprimande [5];

---

[1] On l'appelle aussi interdiction.

[2] Le nº 364 a été supprimé.

[3] Sur la question de savoir si les vacances sont comprises dans la suspension prononcée pour l'année judiciaire, *voir* ci-après, nº 370 à la note.

Quant à l'effet de la suspension, *voir* ci-après, nº 382.

[4] *Voir* règles 31, 58 et 60.

[5] Si la récidive n'est pas un cas d'aggravation légale d'après

« Le Conseil arrête : M. *** est interdit pour trois mois, et sera inscrit au dernier rang de sa colonne » (arr. du 27 mai 1828).

367. *Mandat accepté. — Indélicatesse. — Quittances données.* — « Considérant que l'ensemble de tous les faits reprochés par la plainte caractérise dans la personne de M. *** une conduite peu délicate, en ce que, n'ayant été introduit dans l'affaire que par T***, qu'il savait être le véritable mandataire de la dame O***, et y avoir un intérêt personnel, il semblerait avoir voulu l'en évincer, pour s'en rendre le directeur exclusif, soit par lui-même, soit par son fils ; mais que, surtout, il a manqué à ce qu'il devait à l'honneur et à l'indépendance de sa profession, *en se constituant le mandataire du prétendu cessionnaire T***, en recevant et donnant quittance à ce titre, et en se soumettant ainsi à toutes les conséquences d'une comptabilité incompatible avec les fonctions et les devoirs de l'avocat;*

« Le Conseil arrête : Art. 1ᵉʳ. M. *** est interdit pour six mois. Art. 2. Dans le mois à dater de la notification dudit arrêté, M. *** sera tenu de justifier au Conseil de la reddition et de l'apurement du compte de recette et de dépense qui lui est demandé par L***, et d'en rapporter sa décharge » (arr. du 26 janvier 1825)[1].

368. *Honoraires. — Billet souscrit. — Défense abandonnée.* — Le Conseil donne défaut contre M. *** ; et considérant que la Dˡˡᵉ B*** prétend que, sur une accusation de ....., elle avait choisi M. ***

les règlements, on conçoit qu'elle doit être prise en considération par le Conseil. *Voir* ci-après nᵒˢ 370 et 382.

[1] *Voir* règle 33.

pour avocat; que celui-ci, pour obtenir la mise en liberté provisoire de l'accusée, aurait, sous le nom d'un tiers, fourni un cautionnement de 500 francs; que, pour le couvrir, elle lui aurait souscrit deux billets, de mille francs chaque; qu'elle lui aurait fait verser une somme de mille francs en deux fois par une dame N***, et lui aurait aussi remis différents objets mobiliers...;

« Considérant que, le 6, M. ***, qui savait devoir paraître devant le Conseil, s'est chargé, devant la Cour d'assises, d'une affaire pour un sieur ***, dont il aurait reçu des honoraires, *et qu'il aurait quitté la Cour sans se faire remplacer dans la défense de son client;*

« Considérant, sur le fait de billets souscrits par la Dᶫᶫᵉ B*** au profit de M. ***, que celui-ci l'avait nié dans la séance du....; que, sur les nouveaux renreignements, il a été forcé d'avouer qu'*il y avait eu souscription d'un billet de mille francs à son profit,* pour valeur reçue en espèces, et qu'il a même produit le billet de mille francs, lacéré en deux parties; que, sous ce rapport, M. *** a manqué aux devoirs de sa profession [1];

« Considérant qu'il a encore manqué à ces devoirs en se chargeant, pour le...., d'une affaire que sa présence au Conseil pouvait l'empêcher de plaider, qu'il n'a pas même eu le soin de se faire remplacer par un confrère, et qu'il a fallu qu'un avocat d'office, commis à l'audience, présentât la défense de L*** [2];

« Déterminé par ces motifs, le Conseil prononce

[1] *Voir* règle 103.
[2] *Voir* règle 91.

l'interdiction pendant un mois contre M. ✱✱✱ »(arr.
du 13 août 1839).

369. *Mandat.* — *Agence d'affaires.* — *Billet
exigé.* — *Honoraires.* — *Menaces de poursuites.* —
« En ce qui touche M. ✱✱✱ :

« Attendu qu'il résulte des pièces produites et de
son propre aveu, qu'il s'est chargé de *procurations
et qu'il a agi en qualité de mandataire dans les
affaires de la succession dont il s'agit ;* — attendu
que dans sa lettre du 31 mai 1831, écrite au sieur
O✱✱✱, l'un des intéressés dans la succession, il
demanda le maintien des pouvoirs qu'il avait antérieurement reçus, ou l'envoi de nouveaux, si les
précédents avaient été révoqués [1] ;

« Attendu que M. ✱✱✱ s'est fait souscrire par le
sieur B✱✱✱ un effet de.... francs pour avances
et honoraires et qu'à raison de cette obligation, il
a dirigé une action judiciaire et obtenu un jugement de condamnation à la cinquième chambre du
tribunal de.... [2] ;

« Attendu que ces divers faits sont contraires
aux règles de la profession d'avocat ;

« Arrête que M. ✱✱✱ est et demeurera interdit
de l'exercice de sa profession d'avocat, pendant un
an, à partir de la signification de la présente décision. »

« En ce qui touche M. ✱✱✱ (autre avocat);

« Attendu que sa demande à fin d'admission
au stage est du....; — que dans une requête
(date postérieure), où il prend la qualité d'avocat,
il demanda contre le sieur B✱✱✱ le paiement d'hono-

[1] *Voir* règle 31.
[2] *Voir* règle 103.

raires qu'il évalue à 2400 francs, demande qui n'a été abandonnée que par suite d'une transaction verbale [1] ;

« Attendu que dans une lettre du 9 juillet 1831, adressée au sieur B***, M. *** s'exprime d'une manière très-inconvenante de la part d'un avocat ; — qu'il insiste avec affectation sur un arrangement à faire avec les adversaires dans l'appréhension de prétendus procès que pouvait susciter M. R*** ; — qu'il termine par demander une réponse et une procuration sur-le-champ, en disant que M. R*** n'aurait jamais consenti à cet arrangement, s'il ne l'avait en quelque sorte trompé dans des calculs de différences qu'il lui a présentés et dont le faible lui est échappé ;

« Attendu que par cette conduite et ce langage M. *** a manqué essentiellement aux devoirs de l'avocat [2] ;

« Arrête que M. *** est et demeure interdit de l'exercice de la profession d'avocat et du stage pendant un an, à compter de la signification du présent arrêté » (arr. du 14 février 1832) [3].

370. *Sommes reçues.—Restitution.—Manque de désintéressement.—Le désistement n'éteint pas l'action disciplinaire.* — « Considérant qu'il est demeuré

---

[1] *Voir* règle 76.

[2] *Voir* règles 4 et 31.

[3] Si le Conseil n'a pas prononcé la radiation conformément à la règle 96, ça été sans doute par deux motifs : 1°. à cause de l'abandon de la demande avant qu'elle fût portée en justice ; 2°. à cause de la jeunesse et de l'inexpérience du stagiaire.— Ici, par exception, le même arrêté statue sur deux plaintes portées contre deux avocats.

constant que, le 18 décembre 1832, le sieur H*** a
chargé M. *** de la défense d'un procès criminel,
alors en instruction ; que le sieur H*** a remis, le
matin de ce jour, à M. *** une somme de 30 francs
pour honoraires, et, le soir, une autre somme de
300 francs ; — considérant que, selon le sieur H***,
cette somme de 300 francs était destinée à servir de
cautionnement pour une mise en liberté provisoire ;
que selon M. ***, au contraire, c'était un *supplément d'honoraires ;* que quelque difficile qu'il soit
de supposer que, le même jour, deux sommes si
différentes aient été remises à titre d'honoraires, la
plaidoirie *dont elles auraient été la rémunération
n'ayant pas eu lieu,* il convient d'en restituer une
partie [1] ;

« Mais considérant que, nonobstant le désistement, l'action disciplinaire *demeure intacte et doit
s'exercer s'il y a lieu ;* que les obscurités qui environnent les faits sont de nature à provoquer de
graves soupçons sur la délicatesse de M. *** ; —qu'il
résulte en outre, tant de plaintes antérieures contre
cet avocat et dont l'une l'a exposé à des peines disciplinaires [2], que des explications données au Conseil,
que M. *** *est étranger aux idées de désintéressement qui doivent diriger l'avocat et n'a qu'une imparfaite connaissance des devoirs de sa profession* [3] ;

« Déterminé par ces motifs, le Conseil arrête :
M. *** sera interdit, pendant l'année judiciaire, de
l'exercice de la profession d'avocat » (arr. du....) [4].

---

[1] *Voir* règle 101.
[2] Voir *suprà,* n° 366, notre observation à la note.
[3] *Voir* règle 15.
[4] M. ***, ayant été suspendu pendant l'année judiciaire, de-

371. *Conférences hors du cabinet.—Oubli de la dignité de l'avocat.—Décisions antérieures.*—« Considérant que des difficultés s'étant élevées entre le sieur B*** et sa femme, M. *** fut chargé des intérêts du mari ; que le sieur B*** remit 5o francs à M. *** pour faire sommation à la dame B***, retirée chez un de ses parents, de réintégrer le domicile marital et pour suivre l'affaire ; que M. *** a avoué *qu'il s'était transporté plusieurs fois* chez la dame B***, mais qu'il a prétendu qu'il n'avait pas été chargé de faire des actes de procédure ; que cette dernière circonstance a néanmoins paru constante au Conseil [1], soit par la déclaration de B***, qui ne peut être suspecte puisqu'il ne réclame aucune remise d'honoraires, soit parce qu'il n'est pas possible que les 5o francs aient été remis pour une simple démarche, soit enfin par les précédents de M. ***, se chargeant toujours de faire autre chose que la profession d'avocat ;

« Considérant que l'avocat, *dans quelque position qu'il se trouve,* ne doit pas oublier la dignité de sa profession, et qu'il *est de principe que c'est dans le cabinet de l'avocat que doivent avoir lieu les conférences entre lui et ceux auxquels il peut donner ses conseils* [2] ;

« Considérant que les précédentes décisions du Conseil appellent sur M. *** une juste et nécessaire sévérité [3] ;

mande si les deux mois de vacances sont compris dans le temps de la suspension. Le Conseil décide affirmativement (arr. du 20. août 1833).

[1] *Voir* règle 31.

[2] *Voir* règles 58 et 80

[3] Voir *suprà,* n⁰ˢ 366 et 370 à la note.

« Le Conseil arrête : M. *** est interdit pour six mois et sera inscrit au dernier rang de sa colonne » (arr. du 10 juillet 1828).

372. *Plaidoyer. — Offense à la religion, à la morale publique, à la magistrature. — Censure précédente. — Le Conseil se saisit d'office.*

« Le Conseil de discipline de l'Ordre :

« Sur la connaissance qui lui est parvenue : 1°. des motifs de la réprimande adressée en audience publique par M. le président du tribunal à M. ***, plaidant pour le sieur O *** ; 2°. des conclusions à fin de suppression de plaidoyer prises par M. l'avocat du roi, à qui, sans ordonner cette suppression, le tribunal, par son jugement sur le fond, a réservé la poursuite ; 3°. du fait de l'impression de ce même plaidoyer non-seulement tel que M. *** l'avait prononcé, mais encore avec des notes additionnelles ; 4°. du fait de sa mise en vente et débit, avec l'assentiment de M. *** ;

« Considérant que la publicité de la réprimande et des conclusions qui viennent d'être rappelées a fait un devoir au Conseil, dans l'intérêt de la discipline de l'Ordre, de porter son attention sur les causes qui ont, à l'égard de M. ***, excité le mécontentement du tribunal et motivé le réquisitoire du ministère public, ainsi que la réserve qui lui a été faite de la poursuite par le jugement sur le fond de la cause ;

« Considérant que l'examen auquel le Conseil s'est livré a eu pour résultat affligeant de lui montrer dans M. *** un avocat qui s'était laissé, comme la preuve en sera établie plus bas, entraîner aux plus graves écarts ;

« Considérant que, sans doute, la liberté de la défense est un droit incontestable de l'avocat, mais que ce droit *a ses limites nécessaires dans le respect obligé pour tout ce que les lois et les bienséances publiques recommandent à ce respect*, de la part de tous, sous peine de répression légale [1];

« Considérant *qu'il ne s'agit point ici de juger la nature de la cause dont* M. *** *avait accepté la défense;* qu'il n'appartient au Conseil, dans l'exercice de ses fonctions, d'exprimer aucun sentiment à cet égard; mais que ce qui est de sa compétence, *c'est d'apprécier les atteintes qui, à l'occasion de la cause et sous le prétexte de la défense, auront été portées par* M. ***, *à la religion de l'État, à la morale publique, à l'honnêteté publique, à la dignité de la magistrature* [2];

« Considérant qu'en se renfermant dans les bornes de l'examen qu'il avait à faire, le Conseil a eu la douleur de reconnaître, d'abord dans le plaidoyer, et dans les notes additionnelles, une amère et fréquente dérision des choses et des personnes et de la religion de l'État, des outrages à la morale publique et à l'honnêteté publique, des irrévérences envers la magistrature; ensuite, dans les notes additionnelles, une partie des mêmes écarts plus caractérisés encore; en troisième lieu, dans l'impression du plaidoyer avec les notes, un dédain trop réel de la réprimande publique, que M. *** aurait dû considérer comme un salutaire avertissement; enfin, dans la mise en vente et débit, un fait indigne de l'avocat; — considérant que de pareils écarts, de

[1] *Voir* règle 28.
[2] *Voir* règles 48, 50, 127.

la part d'un avocat, vis-à-vis des magistrats, blessent toutes les bienséances de la profession devant eux, et sont gravement contraires à la discipline de l'Ordre ;

« Considérant que malgré la réprimande à lui adressée par M. le président du tribunal (et les conclusions du ministère public), M. *** a publié son plaidoyer par la voie de l'impression, avec les notes additionnelles dont il a été parlé plus haut... ;

« Considérant que M. *** a souffert la mise en vente et le débit de son plaidoyer, dans l'état où ce plaidoyer a passé sous les yeux du Conseil ;

« Considérant que déjà cet avocat a été l'objet d'une censure dans le sein du Conseil, le.... ¹ ;

« Considérant toutefois, qu'il n'est pas impossible d'admettre que M. *** ait rencontré, dans la nature de la cause dont il avait acccepté la défense, des écueils qu'il n'aura pas su éviter ; que, dans sa forte préoccupation en faveur de la thèse qu'il avait résolu de soutenir, il n'aura pas apprécié sainement la valeur des tristes auxiliaires, signalés plus haut, qu'il a appelés au secours de sa cause ; que l'exaltation visible de ses idées aura pu troubler son jugement au point de ne plus lui permettre de discerner les justes bornes dans lesquelles il devait, comme avocat, se renfermer ; que M. *** est jeune encore, ce qui explique l'indulgence dont le tribunal a usé envers lui ; enfin qu'on peut ne pas désespérer que le contact journalier avec les membres de l'Ordre et les exemples qu'il y recevra le ramènent au sen-

¹ Je n'ai pas pu retrouver la minute de cet arrêté. — *Voir* règle 18.

timent des devoirs dont il a eu le malheur de s'écarter [1] ;

« Par tous ces motifs, arrête à l'unanimité ce qui suit : M. ***, est interdit de sa profession pour un an » (arr. du 17 juillet 1828).

373. *Publication de mémoires non signés. — Offense à la morale publique. — Recherche de l'auteur.* — « Attendu que *si, en règle générale, un avocat ne peut être poursuivi judiciairement pour des mémoires dont il n'a pas voulu prendre la responsabilité, et qui sont revêtus de la seule signature de son client, il ne résulte cependant pas de ce principe que l'action disciplinaire soit impuissante pour rechercher si cet avocat en est le véritable auteur ;* qu'en effet, l'article 12 de l'ordonnance du 20 novembre 1822 charge le Conseil d'exercer *la surveillance que l'honneur et les intérêts de l'Ordre rendent nécessaire, et que l'honneur et les intérêts de l'Ordre seraient compromis si un avocat pouvait toujours, en se couvrant du nom de son client, se livrer aux excès les plus répréhensibles* [2] ; qu'en supposant même que cette défense pût être admise dans le cas où il s'agit d'une simple impresssion de mémoires, elle est inadmissible *lorsque l'avocat s'est fait publiquement distributeur de ces mémoires ; que par le fait de leur publication, il se les serait appropriés et en aurait assumé la responsabilité ;*

« Considérant que l'écrit publié dans l'affaire du sieur *** n'est pas, à la vérité, signé par M. ***,

[1] Sans désapprouver les motifs de cet arrêté, je dois faire observer que la nature de la cause a pu exercer alors quelque influence sur le Conseil.

[2] *Voir* règle 4.

mais qu'il *s'en est publiquement déclaré l'auteur ;*
qu'il l'a distribué dans le Palais, comme son ouvrage ; qu'il l'a répandu dans les lieux publics, et
l'a adressé dans plusieurs villes ;

Au fond, considérant qu'il n'appartient pas au
Conseil d'apprécier le mérite des imputations adressées par cet écrit aux diverses personnes qui y sont
indiquées, puisque plusieurs des faits, à raison desquels ils ont été publiés, paraissent encore faire
l'objet de poursuites dont les tribunaux sont saisis ;
mais que, quelle que soit la valeur des accusations en
elles-mêmes, l'avocat, rédacteur d'un écrit, ne peut
jamais sortir des bornes prescrites par la décence ;
que les écrits placés sous les yeux du Conseil contiennent à chaque page des expressions d'une inconvenance indécente (suivent les citations); que
tous ces passages sont un oubli complet de la dignité
de la profession d'avocat ;

« Considérant que les torts de M. ✳✳✳ se sont
aggravés par la publicité inconvenante qu'il a donnée
lui-même à une lettre dans laquelle *les qualifica-
tions les plus outrageantes lui sont adressées ;*

« Considérant néanmoins.... (qu'il existe des circonstances atténuantes);

« Le Conseil arrête : M.✳✳✳ est interdit pendant trois
mois de ses fonctions d'avocat » (arr. du 12 juillet).

374. *Mandat. — Irrévérence envers la magistrature. — Condamnation correctionnelle.* — « Délibérant sur l'objet des deux lettres de M. le procureur-général des...., ainsi que sur les pièces ayant
accompagné la première de ces lettres, dans laquelle
ce magistrat a déféré au Conseil M. ✳✳✳, comme
ayant manqué aux devoirs de la profession ;

« Considérant, que M. *** a accepté, ainsi qu'il le reconnaît, et que d'ailleurs la preuve, par lui écrite, en existe, *la procuration générale et spéciale* des héritiers Jean D***, oncle, *qu'il a fait usage de cette procuration* ¹, et, notamment, dans une circonstance où l'inconvenance d'avoir accepté le mandat s'est aggravée encore par celle de l'emploi qu'il en a fait ; que cette circonstance résulte du concours avec la déclaration des frères D***, du 19 juillet 1826, de la promesse conditionnelle de remise d'intérêts souscrite à leur profit le même jour par M.***, en la qualité, qu'il y a formellement prise, de fondé de la procuration générale et spéciale des héritiers Jean D*** ; que les termes dans lesquels est conçue cette promesse ne permettent pas de douter qu'elle n'ait été de la part de M. *** le prix de la déclaration nouvelle que faisaient, coïncidemment avec la même promesse, les frères D*** ; qu'à la vérité, ce n'était nullement dans son propre intérêt que M. *** se déterminait à en agir ainsi ; qu'il est même naturel de penser qu'un excès de zèle pour la cause des successibles, dans une demande en retrait contre un étranger, l'a entraîné à cette concession au profit des frères D*** ; mais qu'un tel acte, souscrit en vertu d'une procuration, par un avocat, n'en a pas moins été d'une *souveraine inconvenance* ;

« Considérant, d'un autre côté, que par suite d'un procès-verbal dressé le 17 juillet 1823, par le maire de la commune de...., M. ***, traduit en police correctionnelle, devant le tribunal de première instance de...., y avait été condamné par défaut, le 17 avril suivant, à la peine d'un mois d'emprisonne-

¹ *Voir* règle 31.

ment, *pour outrage commis envers un maire dans l'exercice de ses fonctions* [1] ; qu'ayant formé opposition à ce jugement, il a, malgré une citation donnée, à sa propre requête, au ministère public, et quoique alors présent dans la ville de ✶✶✶, laissé prononcer contre lui le débouté d'opposition à ce jugement ; qu'ayant interjeté appel devant la Cour royale de ✶✶✶, M. ✶✶✶ a d'abord fait défaut comme en première instance, qu'il a ensuite formé opposition, qu'il est enfin comparu, et qu'il est intervenu contre lui un arrêt contradictoire de cette Cour royale, *confirmatif du premier jugement;* qu'indépendamment du fait ainsi souverainement jugé et de l'exécution que l'arrêt a reçue, il y a dans cette conduite de M. ✶✶✶, relativement à un procès PERSONNEL intenté contre lui par le ministère public, *tout à la fois une indifférence répréhensible et les apparences d'un manque de respect pour la magistrature, dont un avocat doit, moins que personne, mériter jamais le reproche;* que, sans doute, telles n'ont point été les intentions ni les dispositions de M. ✶✶✶ ; qu'il est même permis d'attribuer les lenteurs de sa comparution, en définitive, à la distance des lieux ; mais que ces considérations ne peuvent changer les conséquences d'une condamnation *des motifs de laquelle le Conseil n'est pas le juge,* et que M. ✶✶✶, plus il soutient avoir eu des moyens de légitime défense, plus il doit s'imputer de n'avoir proposé ces moyens qu'à la dernière extrémité [2] ;

[1] *Voir* règle 50. Il y a une grande différence à établir entre la condamnation pour un tel fait et la condamnation pour délit politique. — Voir *suprà,* n° 315.

[2] *Voir* règle 127.

« Considérant que tous les faits constants qui précèdent ont une gravité réelle ;

« Considérant que les bons témoignages qui ont été rendus en faveur de M.*** par MM.*** *ne doïvent pourtant pas prévaloir sur l'obligation imposée au Conseil, de maintenir, dans l'intérêt de la dignité de l'Ordre, l'intégrité des règles de la discipline dont il est constitué le gardien ;*

« Arrête : M.*** est interdit pour six mois » (arr. du 16 août 1827).

375. *Offenses à la magistrature dans un mémoire.* — « Considérant qu'un des premiers devoirs pour tout Français, commandé par l'intérêt public et duquel dépend le maintien de l'ordre social, est le respect envers la magistrature ; *que ce devoir est plus rigoureux encore pour les avocats, appelés par leurs fonctions à être les organes des parties auprès des tribunaux* [1] ;

« Considérant que M.*** a méconnu cette obligation dans un mémoire intitulé : « Examen et réfutation de l'ordonnance rendue le 15 juin courant, etc.», revêtu de sa signature et dont il s'est reconnu l'auteur ; que ce mémoire contient des inculpations graves et des expressions injurieuses contre les juges qui avaient rendu l'ordonnance attaquée par le sieur P*** ;

« Considérant qu'il ne s'est pas borné à qualifier le contenu et les motifs de cette ordonnance, d'absurdes, de ridicules, de contraires au sens commun ; qu'il s'est porté jusqu'à cet excès d'irrévérence, de

___

[1] Ces deux premiers considérants caractérisent parfaitement le devoir de l'avocat envers la magistrature.

30

faire soupçonner la loyauté et la bonne foi des magistrats ;

« Que le Conseil n'hésiterait pas à prononcer la
radiation définitive de M. ***, s'il lui était prouvé
que l'inculpé avait conçu le projet coupable d'accuser la probité des juges ; mais considérant que
M. *** a protesté dans le sein du Conseil qu'il
n'avait pas eu la pensée et la volonté de faire sus-
pecter la pureté et la sincérité des magistrats ; que
ses protestations sont fortifiées par plusieurs passages du mémoire, dans lequel il a déclaré que le
sieur P*** n'élevait aucun doute sur l'intégrité des
premiers juges, et qu'il se plaignait seulement de
leur erreur ; qu'il a témoigné de vifs regrets sur les
écarts échappés, a-t-il dit, à une rédaction trop pré-
cipitée ;

« Le Conseil arrête : que M.*** est interdit pour
une année » (arr. du 27 juillet 1825) [1].

376. *Consultation imprimée. — Attaques contre
la religion.* — M. *** est renvoyé devant le Conseil,
par M. le procureur-général, pour avoir, dans une
consultation imprimée, émis plusieurs propositions
tendant à attaquer plusieurs des dogmes de la religion catholique ; le Conseil suspend M. *** pour
trois mois (arr. du 15 février .....) [2].

377. M. le procureur-général avait relevé comme
inconvenante la circonstance que la consultation
était annoncée chez l'auteur. *Le Conseil ne s'est
point arrêté à cette circonstance* [3] (arr. du 15 février
.....).

---

[1] *Voir* règle 127.
[2] *Voir* règles 48 et 128.
[3] Si cette circonstance ne paraît pas fournir en soi la matière

378. *Discours étranger à la profession.* — *Fait extérieur et étranger à la profession.* — *Compétence.* — « Considérant qu'il est nécessairement *dans les attributions du Conseil de discipline* d'examiner si, dans la manière dont M. *** a fait l'éloge funèbre du sieur ***, il n'a pas appliqué cet éloge aux actes publics de cet ex-conventionnel, et s'il n'a pas violé ainsi les principes d'honneur, de délicatesse et de fidélité à la monarchie, qui sont les devoirs les plus essentiels de la profession d'avocat et auxquels il est lié par son serment ;

« Considérant que *c'est une erreur de croire que la discipline de l'Ordre des avocats ne puisse s'exercer que sur les actes inhérents à la profession ;* que l'Ordre des avocats est une agrégation de jurisconsultes unis par les liens de l'honneur, consacrée, sous la protection des lois et des magistrats, à la défense des citoyens, qui ne peut admettre et conserver dans son sein que ceux qui non-seulement respectent les lois, *mais aussi qui n'offrent, dans leur conduite publique, rien qui puisse déshonorer leur noble profession ;* que, dès lors, si un avocat, par des actes publics, manifeste des doctrines de nature à porter atteinte aux principes fondamentaux de l'ordre social, il devient soumis à la juridiction de ses confrères ; qu'il en est de même si, par des actes désho-

---

d'un reproche disciplinaire, je pense qu'elle est contraire aux usages et aux convenances de la profession. L'avocat auteur d'un ouvrage peut, sans contredit, l'annoncer chez lui, mais le cas est tout différent : un ouvrage est d'intérêt général, une consultation se rattache nécessairement à un intérêt privé, à l'intérêt du client. Il ne faut pas, toutefois, aller jusqu'à assimiler cette simple annonce de la consultation à la mise en vente et au débit qui s'en feraient chez l'avocat. Voir *supra*, n° 372.

norants *devenus publics et notoires,* un avocat était tombé dans un état de dégradation et d'avilissement [1] ;

« Considérant que ces règles ont été constamment observées et qu'elles sont consacrées par les articles 12, 14 et 15 de l'ordonnance du 20 novembre 1822 ;

« Considérant que le discours prononcé par M.*** sur la tombe du sieur ***, le 24 juillet 1829, contient bien plus l'apologie de la vie publique du défunt que celle de sa vie privée ; que l'orateur s'empare de lui à sa naissance, et, après avoir rappelé en peu de mots ses premiers succès littéraires, le suit, en quelque sorte, pas à pas, dans sa carrière politique, à partir de son arrivée à la Convention nationale, en 1792, etc., etc. ;

« Le Conseil (après avoir rapporté diverses phrases du discours) arrête : M. *** est suspendu pour un an de l'exercice de sa profession d'avocat » (arr. du 20 août 1829) [2].

379. *Demande en grâce. — Moyens illicites. —*

---

[1] Voir *suprà*, règles 30, 35 et 48.

[2] M. Dupin jeune a rédigé, pour M.*** sur cette grave question, une consultation qui a été signée par plusieurs autres confrères, et qui conteste au Conseil le droit de connaître disciplinairement des actes et surtout *des opinions* qui sont *en dehors* de la profession. *Voir* cet écrit remarquable dans *la Profession d'avocat,* de M. DUPIN aîné, t. I, p. 573. La Cour a confirmé l'arrêté du Conseil le 14 janvier 1830. Malgré le respect que je porte à ces autorités, je partage l'avis de mes confrères, avec la distinction que j'ai exprimée dans les règles 30 et 48. Je rappelle que, pour apprécier justement la valeur des décisions, il convient de se référer à l'époque et aux circonstances lors desquelles elles sont intervenues. Voir *suprà*, p. 261.

Oubli de la délicatesse de l'avocat. — « Considérant que, si M. *** n'est pas l'auteur du projet tendant à obtenir la grâce du sieur O *** par des moyens *illicites*, il est toutefois suffisamment prouvé *qu'il n'a pas repoussé, comme il le devait, la communication de ce projet,* et que ses paroles ont dû laisser dans l'esprit des époux O *** l'espoir d'arriver au but qu'ils se proposaient par un sacrifice d'argent; — considérant que, par sa conduite et son langage en cette circonstance, M. *** s'est écarté des principes de moralité et de délicatesse qui sont la première loi de la profession d'avocat;

« Le Conseil arrête : La peine de l'interdiction temporaire d'une année est prononcée contre M. *** » (arr. du 17 mai .....)[1].

380. *Effet de la suspension.* — Elle ne fait pas disparaître le caractère de l'avocat et n'affranchit pas celui qui en est frappé des règles spéciales qui régissent la profession. A plus forte raison, elle ne le dispense pas de se conformer aux principes ordinaires de la probité; elle doit le rendre plus circonspect et plus sévère envers lui-même (arr. du 16 août 1837)[2].

§. VII. — RADIATION [3].

381. C'est la peine la plus grave qui puisse être prononcée contre l'avocat (art. 18 de l'ordonnance du 20 novembre 1822); c'est la perte de son état.

---

[1] *Voir* règle 4 et suiv.

[2] *Voir* ci-après , n° 383.

[3] « Ceux dont la conduite n'est point conforme à la pureté et « à la délicatesse que demande cette profession, dit Boucher d'Ar- « gis, non-seulement ne sont point admis dans le tableau , lors-

La radiation a été prononcée par le Conseil dans les espèces suivantes :

382. *Nom et adresse dans les affiches.* — *Agent d'affaires.* — « Considérant qu'à la date des 7, 14, 20 et 25 octobre 1836, on lit dans les Petites Affiches l'insertion suivante : « A vendre, un excellent café, « très-avantageusement situé, s'adresser à M. ***, « rue ....., de cinq à sept heures du soir » ;

« Considérant que M. *** a vainement cherché à expliquer ces insertions, en prétendant qu'elles auraient été faites *sans son consentement* et sans même qu'il en eût été instruit, si ce n'est après la publication ; que cette explication pourrait être admissible s'il n'y avait eu qu'une seule insertion, mais non quand il y en a eu quatre, échelonnées de huitaine en huitaine dans l'espace d'un mois ; que dans cet intervalle et au moins après la première insertion, sinon avant, le propriétaire du café qui envoyait aux renseignements chez M. *** a dû nécessairement se mettre en relation avec celui-ci, pour s'entendre avec lui sur la valeur du café et sur les avantages de son exploitation, et enfin sur le prix qu'il entendait en tirer ; qu'ainsi, il est impossible d'admettre que M. *** ait ignoré, sinon la première insertion, du moins les insertions suivantes, et qu'il a dès lors volontairement accepté ces insertions et la mission

« qu'ils n'y sont pas encore ; mais, s'ils y sont, *on les en raye;* « ce qui, dans l'opinion publique, emporte une note d'*ignomi-* « *nie,* fondée sur ce que ces sortes de radiations ne se font *qu'en* « *grande connaissance de cause.* » Édit. de DUPIN, p. 73. L'auteur suppose le cas d'une cause dégradante. Voir *supra,* p. 130 et 203.

qui en dérivait; qu'il résulte de ces faits que M. ∗∗∗
est agent d'affaires;

« Considérant qu'aux termes de l'art. 42 de l'ordonnance de 1822 : « *sont exclues* de la profession
d'avocat, toutes personnes exerçant la profession
d'agent d'affaires » (arr. du 8 février 1837)[1].

383. *Agent d'affaires.* — *L'état de suspension
n'est point une fin de non-recevoir.* — « Considérant que M. ∗∗∗ (pour repousser la plainte
portée contre lui) *ne peut exciper, à titre de fin
de non-recevoir,* ni de ce que les faits à lui reprochés sont antérieurs à un précédent arrêté du Conseil qui a prononcé contre lui la peine de la suspension pendant une année, ni de ce que l'acte incriminé a eu lieu à une époque où il était sous le poids
de la condamnation précitée; qu'en fait, l'arrêté
du Conseil dont il s'agit a été rendu le ...., et
que la procuration a été donnée par O∗∗∗ à M. ∗∗∗
le 7 avril 1834, c'est-à-dire postérieurement audit
arrêté; que si la procuration de O∗∗∗ a été acceptée
par M. ∗∗∗ le 7 avril 1834, *à une époque où il était
suspendu,* la réception de la somme de 5 000 francs
est du 24 décembre 1834, c'est-à-dire *d'une date
postérieure à l'expiration de sa peine,* et que c'est
cette réception et les faits qui l'ont suivie qui constituent les torts les plus graves de M. ∗∗∗;

« *Considérant, d'ailleurs, que la suspension
ne fait point disparaître le caractère d'avocat, et
n'affranchit point celui qui en est frappé des règles
spéciales qui régissent la profession;* qu'à plus forte
raison, elle ne le dispense pas de se conformer aux
principes ordinaires de la probité; qu'*au contraire,*

[1] *Voir* règle 33.

une pareille peine doit rendre plus circonspect et plus sévère envers lui-même l'avocat qui a eu le malheur de l'encourir [1] *;*

« Qu'ainsi la précédente condamnation, dont a cru pouvoir exciper M. ***, ne saurait lui fournir une fin de non-recevoir ni une excuse; que loin de là, elle le constitue en état de *récidive*, et d'une manière d'autant plus grave, qu'elle a été prononcée à raison d'un fait absolument de même nature que celui qui a donné lieu à la plainte du sieur O***; qu'elle appelle par conséquent une répression plus sévère » (arr. du 16 août .....) ;

384. *Faits d'agence d'affaires et d'indélicatesse. — Restitution d'honoraires.* —« Considérant qu'il résulte de tous ces faits : que M. *** 1°. a fait fonctions d'agent d'affaires, en se chargeant d'un mandat à l'effet de suivre une demande et d'en payer lui-même les frais; 2°. qu'il n'a pas exécuté ce mandat; 3°. que néanmoins, il a retenu pendant près de quatre ans les 400 francs qu'il avait reçus pour l'exécution de son mandat, et qu'il a ainsi nécessité et légitimé la plainte portée contre lui par la femme ***; qu'en se conduisant ainsi, M. *** a *méconnu tout à la fois la dignité, le désintéressement et la délicatesse de la profession d'avocat et prouvé qu'il lui est étranger* [2] *;*

« Considérant, d'ailleurs, que M. *** a déjà été traduit devant le Conseil, et s'était mis dans le cas d'avoir besoin d'une indulgence qui aurait dû lui mieux profiter » (arr. du 18 janvier 1826) [3];

---

[1] Voir *suprà*, n° 365 et 370, à la note.

[2] *Voir* les règles, notamment celle 31.

[3] Récidive. Voir *suprà*, n° 365, 370 et 383. — L'arrêté dit

385. *Abus de confiance.* — *Extorsions.* — *Oubli des règles et de la délicatesse de l'avocat.* — « Considérant que toute la conduite de M. *** envers M. H***, son client, caractérise non-seulement *un défaut de délicatesse, mais des fautes graves et une méconnaissance absolue des devoirs de la profession d'avocat;*

Que par acte devant notaire à Paris, du 17 novembre, M. *** s'est fait souscrire par M. H*** une obligation de ..... francs, valeur reçue, et dont cependant il reconnaît *qu'il n'a fourni aucune valeur*[1]; que M. *** explique cette obligation, en disant qu'il avait promis à M. H*** de se transporter à.... pour y suivre la réclamation que M. H*** devait faire dans ce pays, relativement au domaine de......, dont la mise en possession éprouvait des difficultés; que cette obligation était destinée par M. *** à faire des spéculations pour se procurer les fonds nécessaires au voyage projeté et appliquer le surplus à son indemnité; ce qui est disertement expliqué dans la lettre de M. *** à M. H***, où il dit : « si j'avais reçu, « j'aurais fait enregistrer mon obligation, à l'aide de

encore que M. *** restituera les honoraires, titres et pièces. On conçoit que la restitution, prononcée en même temps que la radiation, sera rarement exécutée, parce que ces arrêtés n'ont pas de sanction coercitive. Aussi, le Conseil est dans l'usage, sans prendre aucun engagement envers l'avocat cité, de le provoquer à cette restitution, avant que de statuer sur la plainte. En cela, il assure, autant qu'il dépend de lui, l'acte de justice que la partie plaignante serait obligée de réclamer devant les tribunaux.

[1] *Voir* règle 8; la simulation, même sans intention frauduleuse, est contraire à la vérité : par cette seule raison, elle est interdite à l'avocat.

« laquelle je me serais procuré des fonds que pour-
« tant je vais tâcher de faire ces jours-ci » ; que cette
obligation ne constitue pas seulement *un pacte
d'honoraires, mais une véritable extorsion*, en
ce que l'obligation est causée valeur reçue, et
que M.*** s'était, par ce moyen, ménagé la faculté
d'échapper à son annulation et d'en exiger le paiement..... ;

« Considérant qu'à ce fait principal se réunissent
les procédés irréguliers et abus de confiance relatifs
à un billet de 1 509 francs, dont M. H *** avait
fourni les fonds pendant son séjour à Paris, et que
cependant M. *** s'était fait souscrire à son profit
par MM. ***, sous prétexte d'en faire le recouvrement et d'en envoyer le montant à......, à M. H***,
après son départ de Paris ; qu'il est prouvé par les
quittances que M. *** a données de la valeur de ce
billet et par ses lettres à M. H***, 1°. que le........
.... il avait touché 750 francs, et que le lendemain 29, il écrivait à M. H *** qu'il n'avait encore
rien reçu ; 2°. qu'après avoir touché la totalité des
1 509 francs, il n'a fait passer à M. H*** qu'une
somme de 500 francs, en lui promettant envoi d'une
autre pareille somme, lequel envoi il n'a point effec-
tué, en sorte qu'il lui reste entre les mains 1 009 fr.
sur le recouvrement ; que néanmoins M. H*** ayant
tiré sur lui un mandat de 1 000 francs pour se remplir de cette somme, M. *** *en a souffert le protêt*
le 27 janvier ....., en déclarant, dans sa réponse,
que loin d'être débiteur de M. H***, il était au contraire son créancier de 916 francs ;

« Considérant que de ces faits il résulte que
l'Ordre des avocats ne peut plus reconnaître M. ***

pour un de ses membres » (arr. du 8 juillet 1812)[1].

386. *Spéculation sur des immeubles. — Actes de simulation. — Conseil statuant d'office.* — « Statuant *d'office* en matière de discipline ;

« **Et** considérant qu'il est notoire et avoué d'ailleurs par M. *** que, depuis plusieurs années, il s'est livré à des achats et reventes de *propriétés foncières;* que ces spéculations constituent par leur nature et leur multiplicité une *sorte de commerce,* essentiellement incompatible avec la profession d'avocat [2]; qu'il en est résulté, comme il le reconnaît encore, un désordre très-grave dans ses affaires et qu'il en est venu au point d'avoir deux domiciles ; l'un qui n'est qu'apparent, fictif, et n'offre aucun mobilier saisissable; l'autre réel, mais ignoré de ses créanciers et inaccessible à leurs poursuites ;

« Considérant qu'à l'occasion de deux procès personnels, dans lesquels M. *** a succombé devant la quatrième chambre du tribunal, le 19 février dernier, et devant la septième, le 28 du même mois, et d'un ordre qui se poursuit devant le tribunal de ...., sur le prix de biens aliénés par M.***, des faits ont été révélés, des documents ont été produits qui constatent que le dérangement de sa fortune l'a entraîné à *des simulations d'actes et autres expédients que la délicatesse condamne* » (arr. du 25 juin 1833) [3].

387. *Écrits. — Violation de serment. — Provocations au désordre.* — « Considérant que par la

---

[1] Il serait difficile de dire, dans le cas présent, laquelle de nos règles est violée : la violation de toutes y est flagrante.

[2] *Voir* règle 31.

[3] *Voir* règle 30.

publication de ses principes et par ses provocations
(énoncées dans une plainte au procureur du roi et
dans une requête à M. le garde des sceaux), M.***
a violé le serment prescrit par l'art. 14 du règlement
du 14 décembre 1810, et qu'il a lui-même prêté devant la Cour royale : « d'obéissance aux constitutions de l'État, de fidélité au Roi, de ne rien dire ou
publier de contraire aux lois, aux règlements, à la
sûreté de l'État et à la paix publique, de ne jamais
s'écarter du respect dû aux tribunaux et aux autorités publiques » (arr. du 8 juillet 1829) ¹.

388. *Actes incompatibles.* — *Indélicatesse habituelle.* — *Non-comparution.* — *Démission refusée.* —
« Considérant que, M.*** ayant été appelé à quatre
séances successives devant le Conseil de discipline
depuis la dernière dénonciation de M. le procureur-
général, M. *** s'est abstenu de comparaître au Conseil et a fait remettre à M. le bâtonnier un billet
sous la date du 2 mai dernier, contenant: *qu'il est
en ce moment appelé à des fonctions incompatibles
avec la qualité d'avocat à la Cour impériale de
Paris, et qu'il a averti M. le bâtonnier afin que le
Conseil prenne sa déclaration en considération;*
qu'il ne suffit pas à M. *** de déclarer qu'il renonce
à l'exercice de la profession d'avocat; *que le maintien des règles et de la discipline impose au Conseil
le devoir de prendre un arrêté précis relativement
aux dénonciations accumulées contre ledit M.*** ²;

« Attendu qu'il résulte des faits ci-dessus, que

---

¹ Cette affaire était politique.
² Voilà le parti que, pour l'honneur et le maintien de l'Ordre,
le Conseil doit toujours adopter en pareil cas. J'ai déjà exprimé
cette opinion plus haut, n° 255, à la note.

non-seulement M.*** a fait des actes incompatibles
avec l'exercice de la profession d'avocat, mais qu'il
a méconnu habituellement les devoirs d'honnêteté et
de délicatesse inhérents à cette profession » (arr. du
2 juin 1813).

389. *Consultation.* — *Moyens de fraude profes-
sés.* — *Circulaire.* — « Considérant que M. *** ne
s'est point contenté de discuter, dans sa consultation,
le point de droit qu'il avait à établir, mais qu'il a
indiqué aux fraudeurs (boulangers) *les moyens de
se soustraire à la recherche de la fraude et d'en
éluder la preuve, pour l'exercer avec impunité;*
qu'il a même énoncé ce résultat sur le frontispice qui
se trouve à la tête de son imprimé et auquel il a joint
son nom et son adresse; qu'il a, par une circulaire,
appelé les boulangers dans son cabinet et vendu sa
consultation, à raison de 40 sous l'exemplaire, à ceux
qui se sont rendus à son invitation; qu'il s'est même
transporté dans la demeure de quelques-uns de ceux
qui avaient refusé de venir chez lui, à l'effet de les
solliciter d'acheter sa consultation; que par toute
cette conduite, il a violé les devoirs de sa profession »
(arr. du 22 décembre 1813) [1].

390. *Honoraires.* — *Billet exigé.* — *Faits
d'agence.* — « Considérant qu'il résulte des pièces
produites par M.*** et de ses explications : 1°. que
pour s'assurer la rentrée des avances qu'il faisait et
de ses honoraires, M. *** s'est fait souscrire par le
sieur R*** un billet à ordre de la somme de 500 fr.,
daté du 24 octobre 1826 [2]; 2°. que n'ayant pas pu
se procurer, par la voie de la négociation, le mon-

[1] *Voir* règle 5.
[2] *Voir* règle 103.

tant de ce billet, M. *** a exigé du sieur R*** qu'il lui remît un lettre de change de ..... francs, datée du 12 novembre 1826, et tirée sur un sieur J***, à l'ordre d'un sieur P*** ; 3°. qu'en recevant cette lettre de change, M. *** s'est chargé de la remettre lui-même au sieur P***, qui devait la négocier et lui en remettre les fonds, en s'obligeant personnellement, s'il n'en recevait pas les fonds, à la rendre au souscripteur ; 4°. que la lettre de change n'ayant pas pu se négocier, M. *** a été mis en demeure de la restituer, tant par une invitation à se rendre chez le juge de paix, que par une lettre du sieur R*** ; que cependant la lettre de change a été protestée ; qu'à la suite du protêt, le sieur R***, le tireur et le premier porteur d'ordre ont été assignés devant le Tribunal de commerce, et que M.*** ne s'est mis en demeure d'offrir la restitution de la traite que depuis la plainte portée par le sieur R*** ;

« Qu'en exigeant un billet à ordre et une lettre de change pour sûreté de ses honoraires, M. *** a manqué à la dignité et au désintéressement qui doivent caractériser l'avocat ; qu'en se chargeant de procurer les fonds de la lettre de change, avec la conviction de l'insolvabilité du tireur et de l'accepteur, *il s'est prêté à tromper les tiers* qui pouvaient accepter la négociation ; qu'il s'est de plus entremêlé d'un genre d'opération inconciliable avec les devoirs de sa profession ;

« Considérant, de plus, qu'il résulte d'un *prospectus imprimé*, que M.*** s'est proposé au public comme *agent d'affaires,* puisque son établissement avait pour objet de former un bureau de consultations, de suivre des affaires à consulter et de se charger de l'avance des frais de procédure ; qu'à la vérité, M. *** a déclaré que le prospectus n'était pas son ouvrage, et qu'il avait été rédigé par M. ***, avocat à ...., mais que cette déclaration est contredite : 1°. par le fait que le prospectus a été imprimé à Paris ; 2°. par la déclaration de M. ***, que tous les exemplaires lui avaient été remis, et que, au lieu de les distribuer, il les avait vendus à l'épicier ; 3°. par l'impossibilité de croire qu'un prospectus qui le présentait comme auteur de l'établissement, et qui indiquait son unique adresse pour les abonnements, les envois et les demandes, ne soit pas son ouvrage, ou n'ait pas été imprimé de son aveu ;

« Considérant enfin que le ton des explications données par M. ***, dans le sein du Conseil, ne permet pas de penser qu'il ait le genre d'aptitude propre à justifier la confiance que la qualité d'avocat pourrait lui concilier ;.... » (arr. du 5 juillet 1827).

391. *Vie privée.* — *Immoralité.* — *Scandale.* — *Improbité.* — « Attendu que le Conseil n'a point à s'occuper des faits qui ont précédé le mariage de M. *** avec la veuve T***, *parce que ces faits, quelle qu'en soit au fond la moralité, appartenant à la vie privée, échappent par là même à la juridiction disciplinaire* [1] ;

« Mais attendu que le sieur M***, en prenant à ....., un passeport pour ....., le ....., plus de huit mois *avant la consommation du mariage*, y a désigné la veuve T*** *comme sa femme;* que cette fausse énonciation est devenue la matière d'un procès correctionnel, et que M. *** a été condamné,

[1] *Voir* règle 30.

par le Tribunal de première instance de ...., à trois
mois de prison ;

« Attendu que l'arrêt qui a prononcé l'infirmation du jugement *n'a pas effacé l'immoralité du fait
qui avait appelé les poursuites* [1], *et qu'il appartient
au Conseil, chargé d'exercer la surveillance que réclament l'honneur et les intérêts de l'Ordre, d'apprécier et de punir un scandale qui blesse aussi hautement l'honnêteté publique* [2] ;

« Attendu qu'on ne peut s'arrêter à l'allégation de
M.***, que le passe-port, avec les énonciations qu'il
contient, aurait été pris sous les inspirations de
M. T*** fils : 1°. parce que rien n'autorise à croire
que M. T*** fils ait donné un conseil dont l'accomplissement rendait indispensable le mariage qu'il re-
poussait de tous ses efforts; 2°. parce que M. ***
ne pourrait être excusé de s'être prêté à une combinaison qui répugnerait à la morale et surtout aux
devoirs de sa profession :

« En ce qui touche la plainte déposée par la
dame O***, attendu que Mᵐᵉ O*** articule : 1°. que,
vers la fin de 1832 elle consulta M. *** sur les
diligences à faire pour le recouvrement d'une
créance de 2 400 francs, qu'elle avait jusqu'alors
infructueusement poursuivi ; 2°. que M. ***, après
quelques jours de réflexion, proposa d'acheter la
créance; mais à condition qu'en raison des difficultés

---

[1] Nous avons dit, voir *suprà*, n° 342, que le Conseil ne se
croit pas lié dans sa juridiction disciplinaire, par les décisions
judiciaires qui ont été rendues sur la question ou le fait soumis à
son appréciation.

[2] Il y avait donc ici notoriété et scandale public, par conséquent exception admise par la règle 30.

que devait éprouver le remboursement des avances à faire et du temps à perdre, Mme O*** sacrifierait les deux tiers de la somme qui lui était due; 3°. que cette proposition ayant été acceptée, le sieur *** prépara un acte de cession, et que, pour échapper aux prohibitions que lui impose sa profession, il substitua à son nom le nom du sieur P***, alors huissier à . . . . . .; 4°. qu'après le recouvrement de la presque totalité de la créance, 200 francs seulement furent remis à madame O***, et que, malgré ses pressantes sollicitations, elle ne put rien obtenir de plus, M. *** donnant pour motif de ses refus que P*** avait dissipé les fonds et pris la fuite; 5°. qu'appelé devant le juge de paix du .... arrondissement, M. *** avait pris, en présence du greffier, l'engagement de payer les six cents francs promis, et qu'il avait ensuite refusé d'accomplir cette obligation ;

« Attendu que ces inculpations sont demeurées constantes pour le Conseil ; que les faits dénoncés et prouvés sont contraires non-seulement à la discipline du barreau, mais à la probité la plus vulgaire, et qu'ils blessent au plus haut degré les sentiments d'honneur et de loyauté qui doivent régler la conduite de l'avocat » (arr. du 31 mars 1835).

392. *Mandat. — Faits de fraude.* — « Considérant que M.*** aurait accepté de M. H*** la mission de faire rentrer 1061 francs 35 centimes, que celui-ci aurait avancés lors du décès d'une dame G***, qui était morte chez lui; que M.*** a touché cette somme et aurait fait divers paiements en annonçant au sieur H*** qu'il était entièrement libéré; que cependant celui-ci se voyant en butte à diverses ré-

31

clamations et se prétendant trompé par M.✳✳✳ aurait formé contre lui une demande en restitution de 469 francs 35 centimes ; considérant que, de fait, M.✳✳✳ aurait réclamé 40 francs pour honoraires ; et qu'après comparution des parties *en personne*, il a été rendu un jugement qui a décidé que M.✳✳✳ avait *injustement et frauduleusement retenu 465 fr. 90 cent. et qu'il n'y avait pas lieu à lui accorder des honoraires pour un mandat dont il avait abusé ;*

« Considérant que l'acceptation d'un mandat est contraire aux règles de la profession ; que le sieur✳✳✳ ne détruit pas les faits de fraude qui lui sont imputés par un jugement qui paraît définitif[1] ; que les motifs pour lesquels le sieur ✳✳✳, d'ailleurs régulièrement prévenu, demande une remise, ne sont pas suffisants pour éloigner la décision » (arr. du 11 mai ...., par défaut).

393. *Dettes.* — *Moyens frauduleux pour résister aux poursuites.* — M.✳✳✳, déjà interdit pendant un an, par un précédent arrêté du Conseil, est de nouveau traduit pour avoir employé contre le créancier qui le poursuivait en saisie immobilière, *des moyens de résistance contraires à la délicatesse.* Le Conseil prononce sa radiation, après avoir constaté le fait et par un motif général qu'il importe de remarquer : « Considérant que M.✳✳✳ n'a aucune excuse à tirer « du mauvais état de sa fortune et des revers qu'il « dit avoir essuyés ; que, si ce n'est pas toujours un « tort de devoir et de ne pouvoir se libérer, *c'est* « *une faute grave et très-répréhensible pour un*

---

[1] Le Conseil peut invoquer les décisions judiciaires, si elles servent à justifier l'action disciplinaire. En cela, il n'y a point de contradiction.

« *avocat d'employer, pour se soustraire aux pour-*
« *suites, des ressources qu'il ne devrait même con-*
« *seiller à personne ;* que l'honneur de l'Ordre
« est compromis par une pareille conduite ; et que
« M.*** ne lui offre aucune garantie pour l'avenir »
(arr. du 24 mai 1831).

394. *Négociation d'emprunts.—Prêts usuraires.*
— *Contrainte par corps.* — M.*** est rayé du tableau : « attendu qu'il résulte des faits constatés sur
les plaintes portées contre lui , qu'il se mêle de négocier des emprunts pour autrui ; qu'il *use de mauvaises voies* pour prêter lui-même et se procurer
des titres supérieurs aux sommes qu'il prête ; que,
pour échapper à ses créanciers, il leur indique *une
fausse demeure ;* qu'il souscrit des lettres de
change ; que, depuis plusieurs années, il est sous le
coup de la contrainte par corps, et que déjà il a été
emprisonné à ...., d'où il n'est sorti qu'en signant
de nouvelles lettres de change » (arr. du 23 novembre 1814).

395. *Actes de procédure. — Mandat. — Commission.* — « Attendu que M. *** a déjà été l'objet
de plusieurs plaintes présentées contre lui au Conseil ; qu'il résulte des renseignements recueillis par
M. le rapporteur, et qui sont à la connaissance de
plusieurs membres du Conseil, que M. *** est *dans
l'habitude de faire des requêtes pour des avoués et
de les signer ; qu'il accepte des mandats , des commissions ; qu'il ne connaît ni la dignité ni les devoirs
de la profession d'avocat ;* que l'honneur de l'Ordre
et *le cri public* demandent sa radiation de la liste
des avocats stagiaires » (arr. du 31 août 1816)[1].

[1] *Voir* règle 31.

396. *Non-comparution. — Omission du tableau.*
— « Attendu que plusieurs plaintes graves ont été successivement portées contre M. *** par les nommés *** *** ; que les faits exposés dans ces plaintes étaient de nature à entraîner la peine de la radiation contre l'avocat inculpé ; que M. ***, appelé une première fois devant le Conseil, à la suite de la plus ancienne de ces plaintes, a donné des explications qui n'ont pas paru satisfaisantes ; que, depuis, il a été plusieurs fois appelé devant le Conseil pour s'expliquer sur les faits bien plus graves consignés dans la plainte de H***, et qu'il a éludé sous divers prétextes de déférer aux décisions du Conseil qui lui avaient été notifiées par le secrétaire de l'Ordre ; qu'un dernier délai lui avait été accordé pour se présenter à la séance du 12 de ce mois, et qu'il s'est dispensé de comparaître en adressant au bâtonnier la lettre par laquelle *il demande son omission ;*

« Attendu que, dans de telles circonstances, il est évident que M. *** n'a demandé son omission du tableau que *pour décliner la juridiction du Conseil ;* que l'avocat qui a donné lieu contre lui à des plaintes graves, dont la plupart d'ailleurs se trouvent en partie justifiées, *ne peut être assimilé à celui qui, changeant de profession ou de résidence, demande que son nom soit omis du tableau ;*

« Mais attendu, qu'en résultat, l'omission *produit le même effet* que la radiation du tableau [1], et que,

---

[1] Il ne faut pas prendre ce dernier motif à la lettre. L'omission produit le même effet que la radiation disciplinaire, en ce sens qu'elle fait, comme celle-ci, disparaître du tableau le nom de l'avocat : voilà tout ce que veut dire l'arrêté. Mais l'omission laisse à celui-ci la faculté de se représenter plus tard ; la radia-

d'ailleurs, M.*** a obtenu le désistement des plaintes portées contre lui;... » (arr. du 26 juillet 1831).

§. VIII. — PROROGATION ET RÉVOCATION DU STAGE.

397. Nous avons dit, n° 251, que la peine disciplinaire que le Conseil se borne le plus ordinairement à infliger aux stagiaires, en ayant égard à leur inexpérience, est la prorogation du stage (art. 32 de l'ordonnance du 20 novembre 1822). Cette prorogation peut être prononcée, selon les circonstances, pour une partie ou même pour la totalité des trois années du stage.

La révocation du stage a lieu, lorsque le Conseil ne prononce pas seulement que le stagiaire recommencera son stage, mais ordonne qu'il sera *rayé* de la liste des stagiaires [1].

Voici diverses espèces de prorogation et de révocation :

I. POUR CAUSE D'INEXACTITUDE.

398. Le Conseil arrête que M. ***, attendu son inexactitude à la conférence, continuera son stage pendant un an de plus (arr. du 28 août 1828) [2]. —

tion, non. Dans l'espèce, les faits n'avaient pas été suffisamment constatés.

[1] On aperçoit de suite la différence essentielle qui existe, entre la prorogation même totale, et la radiation du stage. La simple prorogation du stage maintient le stagiaire sur la liste, alors même qu'elle lui fait perdre tout le bénéfice du temps commencé; au contraire, la radiation ou révocation du stage, l'effaçant de la liste, le dépossède de son état. Et si elle a une cause flétrissante, elle lui ferme à jamais l'accès de la profession.

Dans tous les cas, le Conseil appelle préalablement devant lui le stagiaire inculpé, pour entendre ses explications.

[2] *Voir* ce qu'on entend par *assiduité*, *suprà*, p. 293. *Voir* aussi le n° 399.

Même décision (arr. des 29 avril et 7 janvier 1840).

Celui de M. *** est prorogé de deux ans pour même cause (arr. du 6 mai 1830).

399. Les chefs de la première colonne font rapport qu'ils ont convoqué, à deux reprises différentes, les stagiaires de cette colonne, au nombre de quarante-deux, et que vingt-trois seulement se sont présentés ; ils invitent le Conseil à prendre des mesures à l'égard des autres, *dont l'absence fait présumer qu'ils ont renoncé au stage* : d'autant plus, que les renseignements pris attestent qu'ils ne fréquentent ni les audiences, ni la bibliothèque, ni les conférences. Le Conseil arrête que l'admission au stage des dix-neuf stagiaires absents est *révoquée*, et qu'ils en seront informés par le secrétaire (arrêté du 1er mars 1815) [1].

Même décision, contre vingt-deux stagiaires de la deuxième colonne (arr. du 8 mars 1815).

II. POUR CAUSE D'INCOMPATIBILITÉ.

400. *Clerc d'avoué.* — Le stage de M. *** est prorogé d'un an, attendu qu'il a travaillé chez l'avoué pendant le même temps, comme deuxième clerc appointé (arr. des 28 août 1828 et 14 janvier 1840).

L'admission au stage de M. *** est rapportée, jusqu'à ce qu'il ait cessé de travailler comme clerc d'avoué (arr. des 16 novembre 1811, 25 novembre 1812 et 6 décembre 1827).

Le stage de M. *** est suspendu, attendu qu'il est clerc d'avoué ; le stage ne reprendra que lorsque la cléricature aura cessé (arr. du 6 juillet 1814).

---

[1] C'est cette facilité de surveiller les stagiaires, que l'on obtiendra par leur classement en colonnes. Voir *suprà*, p. 360, note.

M.*** ayant travaillé chez l'avoué comme clerc titulaire et appointé, pendant son stage, le Conseil décide que ce stage sera recommencé (arrêté du 8 décembre 1840).

401. *Relations commerciales.* — Le Conseil décide que M. ***, avocat stagiaire, ne sera point admis au tableau, que même le temps du stage ne lui sera pas compté, par les motifs que ses relations avec la Compagnie commerciale du Soleil étaient incompatibles avec la profession d'avocat; il décide aussi que le stage de M. *** recommencera à dater de ce jour, sous la condition que ses relations avec cette Compagnie cesseront (arr. du 15 janvier 1833).

III. cas divers.

402. *Compte courant avec un officier ministériel.* — *Retenue de pièces pour honoraires.* — *Récépissé de pièces.* — « Considérant que M. *** a méconnu et violé les règles de la profession : 1°. en se mettant en rapport et en compte courant avec un huissier, pour des actes du ministère de celui-ci que l'avocat peut bien conseiller, mais non prendre à sa charge[1]; 2°. en alléguant, pour se faire payer des honoraires, un usage contraire à la pureté des principes de l'Ordre, qui ne permettent pas à l'avocat de retenir des pièces comme gage d'honoraires[2]; 3°. en s'obligeant, par écrit, à demeurer dépositaire du titre jusqu'à la réalisation d'une condition prévue, quand son ministère est de pure confiance; qu'un récépissé de sa part, avec l'engagement personnel de les rendre, peut l'exposer à des actions

[1] *Voir* règle 85.
[2] *Voir* règle 94.

qui compromettraient son indépendance et même sa
liberté[1] ; mais, considérant que M. *** a pu s'égarer
ainsi par *inexpérience*, et que, tout en désapprou-
vant sa conduite, on peut espérer que, par une prolongation de son temps d'épreuve, il apprendra à
pratiquer les devoirs de sa profession ;

« Déterminé par ces motifs, le Conseil arrête : le
stage de M. *** est prorogé d'une année, et il recevra dans le sein du Conseil l'avertissement de se conduire plus régulièrement à l'avenir » (arr. du 26
avril 1827)[2].

403. *Démarches inconvenantes.* — *Pacte d'honoraires.* — « Le Conseil, saisi par le renvoi de M. ***,
conseiller à la Cour royale, considérant que, des
pièces produites et des déclarations de M. ***, il est
demeuré certain pour le Conseil : qu'un sieur ***,
accusé de vol, avait pour frère le domestique de
dames liées avec la famille de M. ***, et que c'est par
suite de ces rapports que M. *** a été chargé de la
défense de *** ; que, dans les conférences qu'il eut
avec l'accusé, M. *** réclama des honoraires dont le
chiffre fut fixé à 100 francs en cas de gain du procès
et à 50 francs s'il était perdu ; que l'accusé déclara
qu'il n'avait pas d'argent, mais qu'il paierait sur le
produit d'un immeuble encore indivis dans sa famille, et qui n'avait pu être vendu faute d'amateurs ;
que M. *** s'est adressé à une tante de ***, a écrit à
M. ***, notaire à L...., et a fait venir dans la prison
un notaire pour recevoir une procuration de ***,
pour arriver à faire vendre par celui-ci, et pour 130

---

[1] *Voir* règle 93.
[2] L'avertissement est une des peines prononcées par l'art. 18
de l'ordonnance du 20 novembre 1822. Voir *suprà*, p. 203.

francs, sa part dans l'immeuble ; que les fonds envoyés à M. *** ont, par les frais de procuration, de port d'argent et les honoraires retenus par celui-ci, réduit à bien peu de chose ce qui a pu revenir à *** ; que la position de M. *** et celle de *** donnent plus de gravité à ces faits [1] ;

« Qu'*il y a violation des règles de la profession à stipuler ainsi un honoraire plus ou moins considérable, selon la perte ou le gain d'un procès* [2] ; que les moyens employés pour arriver au paiement de ces honoraires sont aussi contraires au devoir de l'avocat ;

« Considérant, d'un autre côté, la jeunesse de M. ***, et que *** n'a élevé aucune plainte et s'est même, dans sa correspondance, montré reconnaissant envers son défenseur ; enfin, qu'aucun fait dolosif n'a eu lieu ;

« Déterminé par ces motifs, le Conseil arrête : Art. 1er. Le stage de M. *** sera prolongé de trois ans, à partir de ce jour. Art. 2. M. le bâtonnier écrira à M. ***, conseiller, pour lui annoncer l'arrêté pris par le Conseil » (arr. du 24 novembre) [3].

404. *Pacte de partage. — Mandat déguisé. — Révélation.* — « Considérant, sur la plainte portée contre lui, qu'il résulte des explications données par M.*** : 1°. que, par ordonnance du Roi du .... il lui a été alloué une somme de .... mille francs pour une révélation par lui faite au Gouvernement, ayant eu pour objet, porte l'ordonnance, de maintenir le domaine de l'État dans la possession et jouissance

[1] *Voir* règle 31.
[2] *Voir* règle 105.
[3] Suivant la jurisprudence du Conseil. Voir *suprà*, p. 282.

d'un bien engagé, dont l'engagiste aurait obtenu l'envoi en possession par erreur ou par fraude, après l'entier remboursement de la finance; 2°. qu'il a fait cette révélation étant avocat stagiaire, il est vrai, mais en se fondant tant sur la loi qui l'autorisait que sur le bruit répandu, dans le lieu de la situation de la forêt de M....., de l'existence ancienne de la quittance dudit remboursement, et particulièrement sur les renseignements qu'une personne tierce avait eu l'occasion de lui fournir;

« Considérant que, si la révélation, dans les cas autorisés par la loi, ne peut avoir rien de répréhensible, elle peut le devenir dans des circonstances particulières; que, de l'aveu de M. ***, l'existence de la quittance par lui révélée n'est parvenue réellement à sa connaissance que par la déclaration qui lui a été faite par une tierce personne, de laquelle il a dépendu de faire la révélation directement au Gouvernement, d'où il suit qu'*en se chargeant de faire cette révélation*, M. *** n'a pu agir et se présenter que comme *un mandataire,* ou un intermédiaire intéressé, avec déguisement de cette qualité [1]; que M. *** est, en effet, convenu qu'il n'avait droit qu'à une partie de la récompense qui serait accordée pour prix de la révélation, et qu'il y avait eu, avant qu'il la fît, *un pacte de partage* entre lui et la tierce personne qui l'avait instruit de l'existence de la quittance; que M. *** n'a pas voulu nommer cette tierce personne, mais qu'il a déclaré au Conseil qu'il ne pouvait assurer qu'elle n'eût pas été, à une époque quelconque, *du nombre des conseils de la dame* ***, qui

---

[1] *Voir* règle 31. — Ici, le déguisement du mandat salarié est une circonstance aggravante, puisqu'elle implique la fraude.

se trouve, par l'effet de la révélation de M. ***, *dépossédée* de la forêt dont elle avait obtenu l'envoi en possession : de sorte qu'il résulterait de cette grave circonstance, que M. *** se serait chargé d'une révélation qui, si elle eût été faite par un ancien conseil de la dame ***, aurait été repoussée par le Gouvernement, comme constituant un abus de confiance [1] ;

« Considérant enfin que, sous tous ces rapports, la conduite de M. ***, qui paraît avoir été honorable d'ailleurs, caractériserait le mépris ou l'oubli des principes de délicatesse et de désintéressement, sans lesquels il est impossible d'exercer dignement la profession d'avocat ;

« Le Conseil arrête que la demande d'admission au tableau de M. *** est rejetée, et que M. *** est supprimé de la liste des stagiaires » (arrêt du 22 décembre 1824) [2].

405. *Signature de lettres de change. — Contrainte par corps prononcée.* — M. *** n'étant pas comparu après trois citations consécutives, le Conseil le *raye* du stage, attendu que M. *** a signé un billet à ordre au profit de la plaignante ; qu'il l'a laissé protester, et qu'il a encore souscrit une lettre de change de 400 francs, pour laquelle il a été condamné par corps et poursuivi, ce qui a déterminé sa disparition (arr. du 27 juin 1822) [3].

406. *Billet. — Honoraires.* — Sur la plainte por-

---

[1] Autre circonstance aggravante.

[2] On voit que le Conseil, en refusant le tableau, prononce *très-explicitement* la radiation du stage ; cela ne contredit pas l'opinion que nous avons exprimée plus haut, p. 349, note.

[3] *Voir* règle 33.

tée contre M. ***, stagiaire, il est établi qu'il s'est fait remettre de l'argent en avance de travaux *qu'il n'a pas exécutés*, et, qu'obligé de souscrire des billets de restitution, il ne les a point acquittés. Des renseignements pris attestent, d'ailleurs, que M. *** a peu le sentiment des convenances dans l'exercice de sa profession. Par ces motifs, le Conseil arrête que son admission au stage est révoquée (arr. du 22 février 1815)[1].

407. *Demande en révision.* — Le même stagiaire ayant adressé au Conseil des observations sur l'arrêté du 15 janvier précédent, le Conseil, après avoir entendu le rapporteur, *maintient* son arrêté (arr. du 26 février 1833)[2].

408. *Envoi d'arrêté.* — M. *** ayant été rayé du stage, il s'est agi de savoir si l'arrêté serait envoyé à M. le procureur-général, qui en avait demandé la communication. Le Conseil, après en avoir délibéré, a décidé que l'arrêté sera envoyé par le bâtonnier à M. le procureur-général, *mais sans tirer à conséquence* (arr. des 18 et 25 juillet 1822)[3].

CHAPITRE V.

DEVOIRS ET ASSISTANCE DU CONSEIL.

409. Le Conseil n'est pas seulement investi d'un pouvoir disciplinaire sur les membres de l'Ordre, il

---

[1] Même règle.

[2] En principe nous avons vu, *suprà*, p. 353, que la demande, à fin de révision d'un arrêté relatif à l'admission au tableau, est recevable, si elle repose sur des faits et moyens nouveaux. Il y a ici même raison.

[3] En effet, ces arrêtés n'étant pas susceptibles d'appel, la communication ne peut pas en être exigée par le ministère public. Voir *suprà*, p. 324.

leur doit encore son appui. Le premier de ces devoirs est toujours pénible à remplir ; si l'autre l'est quelquefois, il a aussi des compensations.

410. L'assistance du Conseil s'applique aux intérêts généraux de l'Ordre et aux intérêts particuliers de chaque confrère.

Le Conseil accorde aux barreaux étrangers le concours de ses lumières, lorsqu'ils lui font l'honneur de le réclamer [1].

§. Ier. — INTÉRÊTS GÉNÉRAUX DE L'ORDRE.

411. J'entends, par ces intérêts, tout ce qui touche à l'honneur de l'Ordre, soit qu'il s'agisse des devoirs que les avocats, considérés collectivement, ont à observer, soit qu'il s'agisse des droits qu'il leur importe de maintenir.

I. DÉFENSES D'OFFICE.

412. Nous avons vu que les unes sont obligatoires pour l'avocat ; les autres, non.

Qu'elles soient obligatoires ou volontaires, le Conseil a toujours regardé ces sortes de défenses comme le plus impérieux de nos devoirs, et il est intervenu toutes les fois qu'il a été besoin d'en assurer la bonne exécution [2].

DEVANT LES TRIBUNAUX CRIMINELS.

413. Le 11 décembre 1816, le Conseil, informé des abus qui se sont introduits dans la défense des accusés et des prévenus, et voulant les faire cesser, a arrêté ce qui suit :

[1] *Voir* ci-après, n° 452 et suiv.
[2] *Voir* règle 62.

« Art. 1ᵉʳ. Les avocats inscrits sur le tableau, ou admis au stage, sont appelés à prêter leur ministère pour la défense des accusés et des prévenus dans la Cour d'assises de Paris et les chambres de police correctionnelle.

« Art. 2. A cet effet il sera, pour chaque trimestre, dressé, par le Conseil de l'Ordre, une liste qui sera remise à M. le procureur-général et à M. le procureur du roi.

« Cette liste contiendra le nom des avocats parmi lesquels MM. les présidents et juges seront invités à choisir et nommer d'office les conseils et défenseurs des accusés et prévenus, à défaut par eux d'avoir fait eux-mêmes le choix.

« Art. 3. L'objet de cette disposition étant de procurer aux accusés et prévenus une défense gratuite et désintéressée, les avocats, *soit nommés d'office, soit choisis par les accusés et prévenus, s'abstiendront de recevoir aucun honoraire de ceux qui auront déclaré n'avoir pas moyens suffisants d'existence* [1]. »

414. En 1829, M. le procureur-général dénonça au Conseil plusieurs avocats soupçonnés d'avoir reçu des honoraires pour des défenses d'office, contre le vœu de la loi et de l'arrêté. Le Conseil prit, le 17 décembre 1829, une nouvelle décision que le procès-verbal mentionne en ces termes : « Instruit des abus paraissant s'être introduits dans la défense des personnes assignées devant le Tribunal de police correctionnelle ou traduits devant la Cour d'assises, le Conseil, voulant maintenir la dignité de l'Ordre et le désintéressement qui doit diriger la défense des

[1] *Voir* ci-dessus, règle 62.

accusés, nomme une commission composée de
M. Gairal, président, et de MM. Caubert, Charrié,
Gaudry et Petit, secrétaire, à l'effet de s'enquérir des
faits, soit près des magistrats, soit près de toute
personne qui pourrait en avoir connaissance ; de reconnaître les abus qui auraient eu lieu, les personnes
qui s'en seraient rendues répréhensibles, et de proposer les moyens qu'elle croira convenables pour les
prévenir ou réprimer [1]. »

415. En 1839, M. le président des assises ayant
manifesté l'opinion que le choix que l'accusé a fait
d'un avocat ne dispense pas l'avocat nommé d'office
de se présenter, le Conseil, après en avoir mûrement
délibéré, a décidé que les avocats nommés d'office,
au sein ou en dehors du Conseil, ne sont pas tenus
d'assister les accusés, lorsque ceux-ci auront fait
choix d'un défenseur (arr. du 16 avril 1839). On
comprend, en effet, qu'alors l'assistance cesse d'être
légalement nécessaire et qu'elle pourrait gêner l'indépendance de l'avocat choisi [2].

[1] Je n'ai trouvé la trace d'aucun arrêté ultérieur, pas même
d'un rapport de la commission qui a dû s'occuper de l'affaire ; il
ne paraît donc pas que l'abus ait été constaté. Au reste, je dirai
que, s'il a existé réellement, il a cessé par suite du nouvel état
de choses. Depuis que les stagiaires sont devenus aussi nombreux,
un très-grand nombre, animés du louable désir de s'exercer à
la parole, s'adressent aux magistrats pour être chargés des défenses d'office sur la recommandation du bâtonnier, et ils plaident
presque toutes ces affaires. Le bâtonnier continue d'envoyer la
liste trimestrielle.

[2] *Voir* notre observation sur la règle 62, note 3.

M. *** ayant fait une proposition qui a pour objet l'admission
des avocats à l'audience à huis-clos des Cours d'assises, le Conseil autorise le rapporteur à prendre à ce sujet des renseigne-

DEVANT LES CONSEILS DE GUERRE.

416. Sur la demande de MM. les rapporteurs près les Conseils de guerre de Paris, le Conseil arrête que le bâtonnier désignera quelques membres du barreau qui consentent à plaider d'office et gratuitement pour les prévenus (arr. d'août 1837). M. le procureur-général, approuvant la mesure, a écrit au bâtonnier, le 6 octobre 1837, pour lui adresser ses remercîments [1].

DEVANT LES TRIBUNAUX CIVILS.

417. L'Ordre s'est toujours empressé de remplir cet autre devoir, bien que non obligatoire, à l'audience ou pour des affaires de cabinet, comme il le fait pour les consultations aux indigents, dans la conférence des avocats [2].

418. Sur la demande d'une dame ***, le Conseil décide que le bâtonnier lui indiquera un avocat, sauf à vérifier si elle rapporte un certificat d'indigence (arr. du 13 décembre 1821).

Même décision (arr. du 8 juillet 1819).

J'ai eu moi-même l'honneur d'être nommé par M. Tripier, alors président de chambre à la Cour royale, et tout récemment, par M. le bâtonnier. Je pourrais citer beaucoup d'autres exemples.

ments auprès de M. le président des assises (arr. du 15 novembre 1827). La proposition n'a pas eu de suite.

[1] Cette mesure, qu'aucune loi ne rend obligatoire, s'exécute depuis, à la grande satisfaction des Conseils de guerre.

[2] Voir *suprà*, règle 62, et l'art. 41 du décret du 14 décembre 1810, *suprà*, p. 102, ainsi que les notes.

II. — REPRÉSENTATIONS DIVERSES AUX MAGISTRATS [1].

419. *Communication de pièces entre confrères.* — « Le Conseil, vu la lettre de M. le président du Tribunal de première instance, adressée à M. le bâtonnier, en date du 24 janvier 1829, et notamment les passages suivants :

« *Il arrive souvent qu'après qu'une cause a été plaidée et qu'elle a été continuée à un jour plus ou moins éloigné pour la prononciation du jugement, des mémoires, des observations ou des conclusions motivées sont joints par les parties, sans qu'il en ait été donné connaissance aux adversaires. — Pour faire cesser cette espèce d'abus, le tribunal croit devoir inviter le bâtonnier à prévenir MM. ses confrères que dorénavant tous les mémoires, observations ou conclusions motivées qui seront fournis soit dans le cours des plaidoiries, soit après les plaidoiries terminées, devront faire mention de la copie qui en aura été fournie à l'adversaire, et qu'à défaut de cette mention, le tribunal n'y aura aucun égard.* »

« Après quoi, M. le président ajoute : *qu'il connaît trop la franchise et la loyauté qui caractérisent l'honorable profession d'avocat, pour ne pas être convaincu qu'une pareille mesure obtiendra l'assentiment du bâtonnier, et qu'il s'empressera de prendre tous les moyens nécessaires pour seconder à cet égard les intentions du tribunal ;* »

« Considérant, reprend le Conseil, que ce que demandent M. le président et le tribunal, en ce qui

---

[1] *Voir* règle 120.

concerne la franchise, la loyauté et l'exactitude des communications entre avocats, leur est prescrit par un usage immémorial et une tradition constante ; que celui qui manque à cette règle de confraternité et de bonne justice ne peut trouver d'excuse dans la considération que le mémoire, les conclusions, les notes produits auraient été transcrits ou imprimés par les soins de l'avoué ou de toute autre personne chargée de la direction du procès ; qu'il doit communiquer lui-même à son confrère tout ce qui sort de sa plume pour l'instruction de la cause dont il est chargé ; que l'avocat qui aurait à se plaindre en pareil cas de l'inobservation de ce devoir de la part d'un de ses confrères, pourrait s'adresser au Conseil et lui en demander réparation ;

« Considérant qu'il importe, au surplus, de faire connaître à tous les membres de l'Ordre, tant à ceux inscrits au tableau qu'aux stagiaires, les plaintes du Tribunal de première instance sur les productions non communiquées et l'invitation faite en son nom, à cet égard, par M. le président du tribunal ;

« Mais, quant à la partie de la lettre de M. le président par laquelle il demande qu'au bas du mémoire, des conclusions ou des notes produits, *l'avocat déclare que la communication a eu lieu :* considérant qu'il doit suffire de rappeler à ceux des avocats qui les auraient oubliées ou méconnues, les règles et maximes retracées dans les motifs qui précèdent ; considérant que les productions de conclusions, mémoires et notes, à quelque époque qu'elles aient lieu, ne sont pas ou ne doivent pas être du fait de l'avocat ; qu'il se peut même qu'il ne soit pas l'auteur de ce mode d'instruction dont il faut supposer qu'il n'aurait pas manqué de donner connaissance à son confrère, s'il était son ouvrage; considérant que la même raison qui déterminerait le tribunal à ajouter foi à la seule déclaration écrite de l'avocat qu'il a communiqué à son confrère, doit suffire pour faire admettre, sans qu'il soit besoin de cette déclaration, la présomption que la communication a eu lieu; que tel a été l'usage observé au barreau, même pour les communications de pièces à raison desquelles jamais les avocats n'ont désiré ni exigé de récépissé; considérant que ce mode d'opérer, s'il était adopté et suivi, conduirait à *une sorte de postulation* et à un empiétement des fonctions de l'avocat sur celles de l'officier ministériel *et effacerait la limite séparative des deux professions* [1];

« Le Conseil arrête :

« 1°. Qu'un placard manuscrit, apposé dans la pièce qui précède la bibliothèque, rappellera à tous les membres de l'Ordre qu'*ils se doivent respectivement communication des mémoires, notes* ou *conclusions motivées, écrits* ou *imprimés,* émanés d'eux et produits soit pendant le cours des plaidoiries, soit aux délibérés qui précèdent les jugements ou arrêts; que le Tribunal de première instance, et particulièrement M. le président se plaignent de l'oubli de cette règle, destinée à prévenir de dangereux abus, et à entretenir les liens d'une franche confraternité;

« 2°. Que M. le bâtonnier est chargé d'adresser copie du présent arrêté à M. le président, en l'assu-

---

[1] On retrouve, avec plaisir, dans ce motif et ceux qui précèdent, l'expression des sentiments de délicatesse et d'honneur que le Conseil se plaît à reconnaître à ses confrères, parce que lui-même en est vivement pénétré.

rant que le Conseil partage sa sage prévoyance, sa
sollicitude pour l'administration de la justice, et qu'il
est prêt à le seconder par l'emploi de tous les
moyens en son pouvoir, *mais conformes à l'honneur
et à la délicatesse de la profession* » (arr. du 12 février 1829) [1].

420. *Placets d'audience.* —Un membre du Conseil expose que M. le président de la cinquième
chambre du tribunal paraît avoir pris la détermination de ne faire sortir les affaires du rôle de sa
chambre, qu'après avoir vu l'attestation *écrite par
l'avocat sur le dossier, qu'il est chargé de la cause.*
Le Conseil, en rendant justice aux intentions qui
peuvent avoir déterminé cette mesure, estime que
M. le bâtonnier doit se rendre auprès de M. le président, et lui représenter qu'il est contraire aux
usages de la profession qu'un avocat se charge *par
écrit* des pièces d'une affaire [2]; que le but que le
magistrat se propose peut être obtenu, s'il exige
que les notes présentées par les avoués pour la
sortie du rôle portent la mention : *que tel avocat
est chargé.* C'était là l'usage du Châtelet (arr. du 19
février 1829).

421. *Entrée du parquet.* — Le Conseil arrête
que le bâtonnier priera M. le président du tribunal
de donner des ordres : 1°. pour que personne ne
soit introduit dans le parquet destiné aux avocats, si
l'on n'est en robe et en habit noir; 2°. pour qu'il n'y

---

[1] Le Conseil arrête que les avocats seront invités à envoyer
leurs mémoires et consultations à la bibliothèque du tribunal de
première instance. Cet arrêté sera affiché. (Arr. du 17 janvier
1828.)

[2] *Voir* règle 93.

soit introduit que le nombre d'avocats qu'il peut contenir (arr. du 1er juin 183o) [1].

422. *Exécution de la loi.* — Le bâtonnier communique une lettre de M. le procureur du roi, relativement à un sieur ***, qui n'étant ni avocat stagiaire, ni inscrit au tableau, a plaidé et indisposé le tribunal par des faits d'inconduite personnelle. Le Conseil décide que le bâtonnier répondra en indiquant à M. le procureur du roi que l'abus de profession sera évité, si le président de chaque chambre, lorsque l'individu qui se présente pour plaider *n'est pas connu de lui, exige l'exhibition de son diplôme* ou la mention de son admission au stage et de la date de cette admission (arr. du 17 janvier 1822) [2].

423. *Mercuriale.* — Le bâtonnier instruit le Conseil que M. le premier avocat-général, en l'absence de M. le procureur-général, lui a demandé, pour faire servir cette communication d'élément à la prochaine mercuriale, que le bâtonnier lui fît connaître ce qu'il peut savoir s'être *passé en bien et en mal dans le sein de l'Ordre,* pendant le cours de la dernière année judiciaire. Le bâtonnier donne lecture des termes dans lesquels il a cru convenable à la dignité de l'Ordre et à la sienne propre que la réponse eût lieu. Le Conseil approuve sa conduite (arr. du 13 novembre 1823). *V.* la note sur le n° 424.

424. *Statistique du Conseil.* — 20 novembre 1838. — M. le procureur-général ayant rappelé une première lettre, par laquelle il demandait au Conseil

---

[1] Il serait bien utile que cette réclamation fût reproduite aujourd'hui, car les clercs et les étrangers continuent d'envahir les avenues du parquet. *Voir* règle 127.

[2] Même règle et règle 150.

de lui adresser l'*état des décisions* qu'a prises le Conseil dans le cours de la dernière année, celui-ci adopte le projet d'une réponse soumise par le bâtonnier [1].

425. *Perquisition chez un avocat.* — *Réponse du bâtonnier à M. le procureur-général* [2]. — « M.***, avocat, ayant cru devoir porter plainte à M. le garde des sceaux, relativement *à une perquisition pratiquée à domicile*, a adressé au Conseil de discipline une copie de cette plainte, en appelant sur elle son attention. Vous avez bien voulu communiquer à M. Chaix-d'Est-Ange, nommé par moi rapporteur de cette affaire, toutes les pièces qui

---

[1] Je n'ai pas retrouvé la minute de ces réponses importantes, et, dans cette circonstance, je rappelle combien il est nécessaire, pour le maintien de nos précédents, que les minutes de pareils documents soient conservées aux archives. Au reste, l'opinion du Conseil me paraît avoir été celle-ci, que j'adopte pour mon compte :

Quant à la mercuriale, si M. l'avocat général voulait exécuter cet art. 44 de l'ord. du 20 novembre précédent, qui est restée, depuis, dans un profond oubli (voir *suprà*, p. 221), il demandait trop ou pas assez. Le bien et le mal qui se passent au sein de l'Ordre, selon ses expressions, ne doivent pas être livrés à la publicité de l'audience, parce que nos affaires sont des affaires intérieures et de famille. Le bien seul pouvait être communiqué, mais pour être transmis au ministre de la justice, avec recommandation spéciale aux termes du règlement. Quant à l'état des décisions, la même raison, prise de leur nature toute secrète, ne permettait pas qu'il fût adressé à M. le procureur-général. Nous lui devons copie des arrêtés disciplinaires, d'après l'ord., puisqu'elle lui donne le droit d'en appeler (voir *suprà*, p.206, le stage excepté); mais le Conseil ne statue pas seulement en matière de discipline. Or, c'était une statistique générale, une espèce de compte rendu qu'on l'invitait à fournir.

[2] Voir *infrà*, n° 456, même réponse sur une affaire analogue.

pouvaient s'y rattacher. Je m'empresse, M. le procureur-général de les rétablir entre vos mains, en
vous remerciant de cette communication.

« Le Conseil a examiné, avec un soin extrême,
la conduite de l'avocat contre lequel on avait cru
devoir prendre une si grave mesure. Il est, en effet,
certains actes qui doivent échapper à la répression
de la justice ordinaire, mais qui peuvent néanmoins
provoquer les investigations et mériter les censures
de la juridiction disciplinaire. Nous avons été heureux de reconnaître, par l'examen attentif des pièces
de la procédure, que les éléments de preuve manquaient à l'appui de la prévention dirigée contre
M. ***, et qu'ainsi le Conseil lui-même ne trouvait
rien, en définitive, qui pût lui être reproché.

« C'est ici peut-être l'occasion d'attirer votre attention, M. le procureur-général, sur la manière dont s'exécutent, dans la pratique, les mandats
de la justice criminelle, et sur la position particulière d'un avocat qui a le malheur de se voir
soumis à de pareilles investigations; non pas, je
me hâte de le dire, qu'il puisse entrer dans la
pensée du Conseil de l'Ordre de réclamer au profit
d'un avocat des droits et des priviléges exception-
nels. Mais, tout en reconnaissant que, si les avocats
sont soumis au droit commun, il ne faut cependant pas oublier que chacun de nous est dépositaire
de secrets qui ne sont pas les siens, que parmi nos
papiers se trouvent mêlées des pièces confiées à
notre foi et d'où peuvent dépendre l'honneur d'une
famille ou le salut d'un accusé. Ce n'est pas une
raison, sans doute, pour que les magistrats arrê-
tent leur action et renoncent à l'emploi des moyens

légaux qu'ils croient indispensables; mais assurément, c'est une raison pour ne les mettre en usage
qu'avec une grande prudence et dans le cas seulement de nécessité absolue.

« Une controverse s'est élevée sur la question de
savoir si, pour l'exécution d'un mandat de perquisition, le juge instructeur peut, comme il est arrivé
à l'égard de M. ***, au lieu d'exécuter lui-même son
mandat, déléguer à cet effet un officier de police
judiciaire, auxiliaire de M. le procureur du roi. Nous
ne prétendons pas nous jeter dans l'examen d'une
question délicate qui divise les auteurs et la jurisprudence, mais nous voulons en appeler à votre
sagesse et vous demander, M. le procureur-général,
si du moins, lorsqu'il s'agit d'une perquisition à
faire dans le domicile et les papiers d'un avocat,
il ne serait pas convenable que *ce fût le magistrat
lui-même* qui se présentât pour exécuter son mandat. N'étant pas lié, comme un agent ordinaire,
par un ordre supérieur, il serait juge de la façon
dont la perquisition devrait être faite, juge des ap-
plications qui lui seraient données, des pièces
qu'il devrait examiner, de tous les tempéraments
enfin que les circonstances lui permettraient d'apporter à l'exécution de sa propre décision.

« Telles sont, M. le procureur général, les observations que nous a suggérées cette affaire. Je
suis chargé de vous les transmettre, bien certain
que vous en comprenez le but et l'importance. »
(Lettre du. . . . 1840, délibérée en conseil) [1].

_____

[1] *Voir* règle 134.

III. — MAINTIEN DES ATTRIBUTIONS.

425 *bis.* M.***, ancien avoué, se disant actuellement avocat à ... et ayant été repoussé dans sa demande à fin d'admission au tableau de Paris, se présente aux audiences pour plaider, en se fondant sur l'ordonnance de 183o qui permet aux avocats de plaider dans toute la France, sans autorisation du ministre. Le Conseil pense que M. *** *abuse de la disposition de l'ordonnance* [1], et il charge le bâtonnier de dénoncer le fait à M. le procureur-général, afin que ce magistrat veuille bien y mettre obstacle (arr. du .... 1833) [2].

426. M. ***, ayant formé une demande en stage, se présente aux audiences pour plaider, sans attendre qu'il ait été statué sur cette demande. Le Conseil, selon sa jurisprudence, charge le bâtonnier d'informer du fait M. le procureur général, afin que ce magistrat avise aux moyens d'empêcher un pareil abus (arr. du .... janvier 1841) [3].

427. Le Conseil informé que souvent, en première instance et en appel, les avoués plaident dans des causes autres que celles déterminées spécialement par l'ordonnance du 27 février 1822, [4] charge M. Parquin de faire un rapport à ce sujet. (arr. du 13 mai 183o). Il ne paraît pas que le rapport ait eu lieu.

428. Le 4 mai 1841, un membre fait observer que

---

[1] Voir *suprà*, p. 233, l'art. 4 de cette ordonnance et nos observations.

[2] *Voir* règle 150.

[3] Même règle 150.

[4] Voir *suprà*, p. 175.

plusieurs de nos jeunes confrères, dans l'intérêt desquels, surtout, l'ordonnance a été rendue, se plaignent qu'elle reste sans exécution. Le Conseil n'étant pas en nombre, la délibération a été ajournée; mais, le . . . . février 1842, les mêmes réclamations ayant été reproduites, le Conseil a pris l'arrêté suivant :

« Après avoir entendu le rapport de M. de Vatimesnil, l'un de ses membres, sur diverses infractions à l'ordonnance du 27 février 1822, et après en avoir délibéré :

« Considérant qu'il résulte de ladite ordonnance, rapprochée des lois et règlements antérieurs, qu'en principe général, dans les affaires civiles, le droit de défendre, devant les cours et tribunaux, appartient exclusivement aux avocats; que le ministère des avoués se borne à postuler et à conclure, que la faculté de plaider ne leur appartient qu'à titre d'exception, et seulement dans les cas suivants :

« 1°. Ceux de ces officiers qui étaient licenciés et avoués, avant le décret du 2 juillet 1812, continuent de jouir du droit de plaider dans les affaires où ils occupent, conformément aux articles 32 de la loi du 22 ventôse an XII, 9 du décret du 2 juillet 1812, et 1er de l'ordonnance du 27 février 1822;

« 2°. Les autres avoués peuvent plaider, lorsqu'ils exercent leur ministère dans des tribunaux de première instance, où il a été reconnu, selon les formes déterminées par les art. 2, 3 et 4 de l'ordonnance du 27 février 1822, que le nombre des avocats inscrits au tableau ou stagiaires est insuffisant;

« 3°. Dans les Cours royales et dans les tribunaux de première instance, où le nombre des avocats est suffisant, les avoués qui ne sont pas compris dans la première des exceptions ci-dessus peuvent, conformément à l'article 5 de ladite ordonnance, plaider, dans les affaires où ils occupent, les demandes incidentes qui sont de nature à être jugées sommairement, et tous les incidents relatifs à la procédure : mais ils ne peuvent plaider au fond dans aucune cause, soit ordinaire, soit sommaire :

« Considérant que les règles ci-dessus exprimées sont consacrées par une jurisprudence constante ;

« Considérant qu'il résulte tant des rapports, que des renseignements recueillis par le Conseil, qu'en contravention à ces règles, plusieurs avoués près le Tribunal de la Seine plaident habituellement devant ce tribunal ;

« Considérant qu'aucun de ces officiers ministériels n'était licencié et avoué avant le décret du 2 juillet 1812 ; que le Tribunal de la Seine n'est pas dans le cas prévu par les articles 2, 3 et 4 de l'ordonnance du 27 juillet 1822 ; que la plupart des affaires dans lesquelles ces avoués plaident journellement ne sont ni des demandes incidentes de nature à être jugées sommairement, ni des incidents relatifs à la procédure, mais des contestations au fond, et principalement des affaires dites d'*observation* qui ont presque toutes le caractère de causes ordinaires et dont l'objet est souvent d'une grande importance ;

« Qu'ainsi les avoués dont il s'agit ne se trouvent dans aucun des cas d'exception ci-dessus énoncés ;

« Considérant que, le Conseil étant expressément chargé par l'article 12 de l'ordonnance du 20 novembre 1822 d'exercer la surveillance que l'honneur et les intérêts de l'Ordre rendent nécessaire, il est de son devoir de provoquer la répression des contraventions qui portent atteinte aux droits du barreau;

« Arrête ce qui suit : — Les infractions ci-dessus énoncées seront signalées à M. le procureur-général près la Cour royale de Paris, à M. le président et à M. le procureur du roi près le Tribunal de la Seine.

« Ces magistrats seront priés de prendre les mesures nécessaires pour qu'elles ne se renouvellent pas; et dans le cas où elles se renouvelleraient, M. le procureur-général et M. le procureur du roi seront invités à poursuivre la répression. »

429. Un avocat ayant proposé au Conseil d'aviser pour que défenses soient faites aux licenciés, qui ne sont inscrits ni au tableau ni au stage, de prendre le titre d'avocats, en l'alliant au titre de fonctions incompatibles, telles que celles d'*agréé*, d'*huissier*, etc., le Conseil arrête : qu'une démarche sera faite, dans ce but, auprès de M. le procureur-général par une commission composée de M. Marie, bâtonnier, et de MM. Dupin, Paillet et Lavaux [1].

---

[1] La démarche n'a pas été faite. Cependant il importe aux intérêts de l'Ordre, il importe encore plus à sa considération, que le Conseil prenne à cet égard une mesure. M. Phil. Dupin, vº *Avocat, Encycl. du Droit*, p. 374, pense que la loi ne s'oppose point à l'alliance des deux titres ; que l'addition du titre d'avocat à la qualité d'avoué, par exemple, n'est qu'*un non-sens qui ne nuit à personne*. Je ne puis pas partager l'avis de mon savant confrère, et je vais exposer mes motifs :

Aucune loi n'a jusqu'à présent défini *le titre d'avocat*. Nous avons vu, p. 151, que la première qui l'ait rétabli, depuis la suppression de l'Ordre, c'est la loi du 22 ventôse an XII. Cette loi dit seulement qu'il sera formé un *tableau des avocats* (art. 29),

§. V. — RÉCLAMATION CONTRE LE PROJET
DE PATENTE.

430. En 1834, le Gouvernement ayant conçu le projet d'imposer une patente aux avocats, le Conseil

et qu'ils prêteront serment avant d'entrer en fonctions (art. 31). En exécution de cette loi (art. 38), le décret du 14 décembre 1810 a réglé le mode de formation du tableau. L'art. 9 du décret porte que ceux qui seront inscrits au tableau formeront *seuls l'Ordre des avocats.* L'art. 12 ajoute que, pour être inscrit au tableau, il faut avoir prêté serment et fait un stage. L'art. 13 dispose : « Les licenciés en droit qui *voudront être reçus avocats* « se présenteront à notre procureur-général, au parquet ; ils « lui exhiberont leur diplôme de licence et le certificat de leurs « inscriptions aux Écoles de droit, délivré conformément à « l'art. 32 de notre décret du 4 complémentaire, an XIII. » L'or-donnance royale du 20 novembre 1822, qui abroge le décret de 1810, reproduit à peu près ces dispositions. Elle exige aussi la prestation de serment et le stage pour l'inscription au tableau. Son article 38 déclare : « Les licenciés en droit sont *reçus avo-* « *cats* par nos Cours royales ; ils prêtent serment. » Enfin, d'a-près les articles 39 et suivants : « Les avocats inscrits au tableau « *peuvent seuls plaider.* » Que conclure de la combinaison de ces articles ? Il en résulte, sans nul doute, que les simples licen-ciés n'ont pas le droit de prendre le titre d'avocat ; mais il en résulte de plus que, *s'ils ont prêté serment,* il est impossible de leur refuser ce titre aux termes des articles 13 du décret et 38 de l'ordonnance, qui ne subordonnent *leur réception* qu'à une seule condition, à la prestation de serment. C'est ainsi que les règle-ments sont entendus par la Cour royale, car M. le premier pré-sident, en donnant aux licenciés acte de leur prestation de ser-ment, accompagne toujours sa formule de cette allocution : *Avocats, passez au barreau.* Si les licenciés, reçus avocats de par le serment, ne deviennent membres de l'Ordre et aptes à plaider qu'autant qu'ils ont été inscrits au tableau, ils n'en ont pas moins le droit de se dire avocats ; et l'on comprend qu'ils at-tachent un prix à cette qualité, toute seule, parce qu'elle est hono-

s'est empressé de nommer une commission pour
s'occuper d'un travail à ce sujet (arr. du 18 février
1834).

rable. Il faut bien que nous reconnaissions comme avocats , sinon
comme confrères , ces hommes qui n'ont de l'avocat que le nom :
la loi le veut.

Mais prétendra-t-on que le titre d'avocat puisse impunément
s'allier à toutes les professions ? C'est ici que naît l'abus contre
lequel le Conseil a juste raison de s'élever, et je pense, comme lui,
que la possession du titre est inconciliable avec l'exercice de
toutes les fonctions dont l'incompatibilité est déclarée par les
règlements (art. 42 de l'ordonnance). Le texte de l'ordonnance,
dira-t-on, parle de l'incompatibilité, en tant seulement que celle-
ci s'attache à l'exercice de la *profession* d'avocat. La réponse est
que l'esprit de la loi sur l'incompatibilité s'applique de même au
titre. En effet , lorsqu'un agent d'affaires , un huissier, etc., se
permet d'ajouter à sa qualité celle d'avocat, il annonce assez
l'intention où il est d'exploiter mensongèrement et frauduleusement , non le titre, qui ne rapporte rien , mais la *profession,* qui
est utile. Donner à la loi une autre interprétation , ce serait lui
faire injure , ce serait supposer qu'elle a voulu autoriser l'usurpation du ministère de l'avocat, pourvu que cette usurpation fût
couverte par la dégradation publique du titre dont elle proclame
elle-même la dignité ! Sous l'ancien droit, notre opinion ne souffrait pas de difficulté. Voir Boucher d'Argis , *suprà*, p. 98, et le
Nouveau Denizart, v° *Avocat,* que nous avons déjà cités; *voir*
aussi règle 124.

Enfin, quelle sera la mesure à prendre ? Il ne serait pas digne,
je l'avoue , que l'Ordre exerçât une action judiciaire, pour poursuivre l'alliance du titre avec des fonctions incompatibles, alliance
qui devient une usurpation véritable. Il ne convient pas non
plus que, pour faire réprimer l'abus qui émanerait d'officiers ministériels , l'Ordre s'adresse à leurs chambres de discipline ,
parce qu'elles pourraient refuser leur intervention ou ne l'accorder qu'avec mollesse. Mais je suis convaincu que le ministère
public consentira toujours, par un sentiment de bienveillance
et de justice, à lui prêter son appui. Le ministère public ne verra,
dans le fait , ni un délit d'usurpation de titre , ni une tentative

Le 30 décembre suivant, il décide, en conséquence, qu'il sera réclamé contre le projet, et nomme une nouvelle commission. M. Marie est chargé de rédiger le mémoire. La rédaction de ce mémoire est approuvée (arr. du 20 février 1835). Le Conseil arrête qu'il sera imprimé aux frais de l'Ordre, et tiré à deux mille exemplaires (arr. du 3 mars suivant) [1].

§. II. — INTÉRÊT PARTICULIER DES CONFRÈRES.

431. Le Conseil assiste les confrères selon que la circonstance le réclame, par son intervention judiciaire, par des protestations, par des démarches officieuses, ou par des avis.

I. INTERVENTION JUDICIAIRE, ET PROTESTATIONS.

1°. *Affaire de MM.* ***.

432. Par arrêt du 24 mars 1829, la Cour de la Seine avait statué en ces termes, à l'égard de

---

d'escroquerie, aux termes des art. 258 et 405 du Code pénal; mais il y verra un fait *de discipline* qui tombe sous sa censure, il en préviendra certainement le retour.

[1] Ce projet, inouï jusque-là, a été ajourné indéfiniment, c'est-à-dire abandonné. Dans le mémoire, plein d'excellentes raisons, que MM. Franque et Chauvin ont imprimé comme pièce historique en tête de leur *Code de l'Avocat,* le Conseil présentait un argument décisif, selon moi : la patente, disait-il, est un *impôt;* et tout impôt doit être assis sur un produit certain. Or, comment exiger d'un avocat la patente, lorsque les règles de sa profession lui refusent une action en paiement de ses honoraires, *sous peine d'être rayé du tableau,* ou, ce qui est même chose, de perdre son état. Les considérations ne manquaient pas non plus ; elles sont dans nos règles : j'y renvoie.

deux avocats *non entendus par elle, ni appelés* ¹ :

« Considérant qu'il est articulé par W*** (l'accusé) que M. ***, dont il avait fait choix, lui a renvoyé ses pièces, dimanche 22 de ce mois, en lui annonçant qu'il ne pouvait se charger de sa défense; que, de fait, cet avocat ne se présente pas à l'audience ; — considérant, d'une part, que M. *** (autre avocat), avait annoncé par une lettre au président qu'il avait besoin de se préparer pour sa défense, mais que W*** a déclaré à l'audience qu'il ne l'avait ni appelé ni choisi pour avocat; qu'ainsi, par suite de ces circonstances, W*** est dans ce moment privé d'un conseil;

« La Cour, faisant droit sur la demande de W***, ordonne que l'affaire sera renvoyée à la prochaine session.

« Considérant, en outre, que les diverses allégations et les pièces produites par l'accusé *seraient de nature à inculper l'honneur et la délicatesse des deux avocats qui y sont nommés,* la Cour, sans qu'il soit rien préjugé à cet égard, ordonne que les lettres, pièces et documents remis par W*** *seront envoyés au Conseil de discipline de l'Ordre des avocats,* pour servir et valoir ce que de raison; ordonne que le présent arrêt sera exécuté à la diligence du procureur-général du roi. »

Le 13 avril 1829, le Conseil, étant saisi de l'affaire par M. le procureur-général, entend les deux avocats, et rend l'arrêté suivant :

« Le Conseil : 1°. relativement à la forme dans laquelle il a été saisi ;

¹ Cette affaire ayant soulevé les plus importantes questions dans l'intérêt de l'Ordre, je crois utile de la rapporter avec détail.

« **Déclare**, que c'est *avec le sentiment d'une profonde douleur* qu'il a vu le mode adopté pour le saisir des reproches adressés aux deux avocats inculpés ; que, *dans l'usage constamment suivi par la Cour et par les tribunaux*, les renvois en pareille matière se sont toujours faits par l'intermédiaire de M. le procureur-général et de M. le procureur du roi ;

« Qu'en s'éloignant de cet usage et en rendant publiquement un arrêt, même sans rien préjuger, on imprime d'avance aux avocats inculpés une prévention dont la justification la plus complète, dans le sein du Conseil, n'efface pas toujours les traces ;

(Au fond, le Conseil examine, avec un soin scrupuleux, la conduite des deux avocats ; — puis, il statue en ces termes :)

« Le Conseil arrête qu'il n'y a pas lieu à plainte, et que copie du présent arrêté sera transmise par M. le bâtonnier à M. le procureur-général, mais seulement après que la Cour aura prononcé sur l'accusation portée contre W★★★. »

Le ministère public [1] s'étant pourvu contre l'arrêté, la Cour royale, chambres assemblées et à huis-clos, infirme cette décision le 5 mai suivant, sans entendre ni appeler le Conseil, par un arrêt ainsi conçu :

« La Cour, statuant sur les conclusions du procureur-général du roi ;

« En ce qui touche le premier paragraphe dénoncé :

« *Considérant qu'il n'appartenait pas au Conseil de discipline de l'Ordre des avocats de censurer la*

----

[1] M. Jacquinot-Pampélune était alors procureur-général.

33

forme suivant laquelle il avait été saisi par la Cour d'assises ;

« En ce qui touche le deuxième paragraphe :

« Considérant que les termes en sont aussi contraires aux convenances qu'au respect dû aux magistrats, respect dont l'Ordre des avocats est tenu de donner l'exemple aux justiciables ;

« Ordonne que les deux paragraphes dénoncés sont et demeurent supprimés ;

« Ordonne qu'à la diligence du procureur-général, le présent arrêt sera annexé à la minute de l'arrêté du Conseil de discipline, et que mention en sera faite en marge dudit arrêté. »

Dans sa séance du 2 juin suivant, le Conseil arrête qu'il sera formé opposition à cet arrêt, au nom de l'Ordre représenté par le bâtonnier, et celui-ci nomme une commission pour rédiger la requête d'opposition.

La Cour reçoit l'opposition, et ordonne que le Conseil sera entendu, devant toutes les chambres assemblées.

Le Conseil décide qu'il se rendra en corps à l'audience, et *la rédaction du discours* que le bâtonnier adressera à la Cour est arrêtée (arr. des 17 et 21 juillet) [1].

---

[1] Voici le texte de ce discours, que je rapporterai sans réflexions (je l'ai copié dans l'arrêt) :

« Messieurs,

« Le Conseil de l'Ordre des avocats a l'honneur de se présenter à la Cour :

« D'abord, pour la remercier de l'accueil qu'elle a bien voulu faire à sa réclamation, en recevant son opposition ;

« Ensuite, pour lui réitérer les protestations du Conseil contre

Le même jour, 21 juillet 1829, nouvel arrêt de la Cour qui statue en ces termes :

« La Cour, toutes chambres assemblées, statuant sur l'opposition du Conseil de discipline de l'Ordre des avocats à l'exécution de l'arrêt du 5 mai dernier ;

« Vu la requête d'opposition, et notamment le passage suivant :

« *Le Conseil de discipline, à qui l'arrêt du 24 mars et les documents y relatifs ont été transmis, a compris que, dépositaire des intérêts les plus chers de l'Ordre, il n'était pas le maître de consacrer, par son silence, le mode adopté par la Cour d'assises pour saisir sa juridiction; il a pensé que des avocats qui n'étaient point aux débats ne pouvaient pas être ainsi placés, par un arrêt, en état public de prévention, et a il cru concilier toutes les convenances en mettant l'expression de sa douleur à la place de l'expression de ses devoirs;*

« *Que si, dans l'accomplissement de ce que le Conseil a considéré comme un devoir rigoureux, il s'est glissé des expressions qui soient de nature à jeter les plus légers doutes sur les sentiments de respect pour la Cour, dont les avocats sont profondément pénétrés, le Conseil déclare hautement qu'il les désavoue ;....*

« Ouï le Conseil de discipline par l'organe de Me Louis, bâtonnier, et de Me Delacroix-Frainville,

toutes expressions de ses délibérations qui auraient pu encourir la désapprobation de la Cour ;

« Enfin, pour lui renouveler les sentiments de respect et de vénération qu'il n'a cessé de professer pour elle, et dont il donnera toujours l'exemple. »

doyen, ensemble le procureur-général du roi en ses conclusions ;

« Considérant que, si la requête d'opposition est rédigée dans les termes du respect pour la Cour, dont l'Ordre des avocats donne l'exemple aux justiciables, cette requête n'en renferme pas moins une doctrine erronée que le Conseil de discipline a regardé comme un devoir de professer ;

« Qu'en effet, dans sa requête, comme dans sa délibération, le Conseil *s'attribue illégalement le droit de censurer la forme* suivant laquelle il avait été saisi par la Cour d'assises, forme régulière, et d'ailleurs motivée par la publicité de l'inculpation ;

« Reçoit le désaveu consigné en ladite requête, et renouvelé dans des termes aussi respectueux que touchants, par le bâtonnier et le doyen de l'Ordre des avocats ;

« En conséquence, ordonne que les deux passages de la délibération, dénoncée le 5 mai 1829, seront réputés non écrits ;

« Ordonne qu'à la diligence du procureur-général du roi, le présent arrêt sera notifié au Conseil de discipline pour être annexé *au registre* de ses délibérations [1]. »

23 juillet. — Le Conseil arrête que le bâtonnier, au nom de l'Ordre, se pourvoira en cassation contre les arrêts des 25 mai et 21 juillet.

---

[1] C'est en entendant prononcer cet arrêt que le vénérable Delacroix-Frainville s'écria : « *L'Ordre n'a pas de registres !* »

L'Ordre s'est étonné, je dois le dire, de la déclaration timide que le Conseil est venu faire en son nom, et que la Cour a consignée, dans ses motifs, comme étant le *désaveu* du premier mouvement qui avait inspiré l'arrêté du 13 avril. La fermeté des expressions n'en exclut pas la convenance.

Devant la Cour de cassation, une fin de non-recevoir a été proposée contre le pourvoi, et prise de la
nature disciplinaire de l'affaire; mais le rapporteur,
M. le couseiller de Maleville, examinant le fond
du procès (parce qu'il n'admettait pas la fin de non-
recevoir), a traité plusieurs questions importantes
pour l'Ordre et les a résolues en sa faveur. Cette
discussion étant très-étendue, nous nous bornerons
à énoncer ici les questions [1] :

1°. Les Conseils de discipline ne sont-ils pas investis du droit exclusif de prononcer, soit comme
juges souverains, soit à charge d'appel, sur les fautes
imputées à des membres de l'Ordre des avocats?

2°. La juridiction du Conseil a-t-elle été légalement saisie par l'arrêt de la Cour d'assises, du 24 mars
1829?

3°. Tout corps constitué n'a-t-il pas le droit de
protester contre un mode employé pour saisir sa juridiction, qui constituerait une atteinte aux droits
de ceux dont il est le représentant et le défenseur
nécessaire?

4°. Ne faut-il pas distinguer dans la délibération
du Conseil de discipline, en date du 13 avril 1829,
la protestation faite dans l'intérêt général de l'Ordre, de la disposition qui prononce sur les accusations portées contre M. *** et contre M. ***?

5°. La Cour a-t-elle pu, par son arrêt du 25 mai
1829, statuer sur la protestation consignée dans la
délibération du 13 avril, sans avoir préalablement
entendu le Conseil?

6. La Cour n'a-t-elle pas fait, par cet arrêt du

[1] On peut voir le texte de ce rapport aux Archives. Le Conseil
en a invoqué l'autorité, dans l'affaire de M. Parquin. Voir
infrà, n° 436.

25 mai et par celui du 21 juillet, une fausse application des articles 12, 14 et 15 de l'ordonnance
royale du 12 novembre 1822?

7°. La disposition de l'arrêt qui ordonne la tran-
scription sur les registres des délibérations du Conseil de discipline de l'Ordre des avocats, et celle du
21 juillet qui ordonne l'annexe, ne constitueraient-
elles pas une fausse application de la loi du 12 novembre 1790, et par cela même un abus de pouvoir?

20 avril 1830. — Arrêt de la section des requêtes,
qui déclare le pourvoi *non recevable* par les motifs
suivants [1] :

« Attendu qu'il s'agit, dans l'espèce, d'une décision
disciplinaire prise par la Cour royale en assemblée
générale et dans la chambre du Conseil, après avoir
entendu les inculpés, conformément à l'art. 52 de
la loi du 20 avril 1810, auquel se réfère l'art. 27 de
l'ordonnance royale du 20 novembre 1822;

« Attendu que, d'après ces dispositions législa-
tives et toutes celles de la matière, les décisions par
forme de discipline concernant soit des magistrats,
soit des membres du barreau, ne sont que des mesures de police intérieure; que toute publicité y est
interdite; que la plupart des formes judiciaires ne
leur sont pas applicables; qu'elles n'ont ni les caractères ni les effets des actes de la juridiction ordinaire des tribunaux; d'où il suit qu'elles ne sauraient
être rangées dans la classe des jugements et arrêts
proprement dits, contre lesquels est ouvert le recours en cassation;

[1] La Cour a déclaré le même principe par d'autres arrêts, notamment, le 5 avril 1841. *Voir* ci-dessus, p. 241.

« Par ces motifs, la Cour déclare le pourvoi non recevable, et condamne les demandeurs en l'amende. Ainsi fait, jugé et prononcé à l'audience publique de la Cour de cassation, chambre des requêtes, le 20 avril 1830. »

2°. *Affaire de M. ***.*

433. Le 20 septembre 1831, un arrêt de la Cour d'assises est rendu contre M. ***, en ces termes :

« La Cour, après avoir entendu M. l'avocat-général du roi, ensemble M. *** dans ses moyens de défense;

« Considérant que, aux termes de la loi, au président seul appartient la direction des débats, et qu'il ne peut être interrompu ni contrôlé dans l'exercice de cette fonction, sans atteinte au pouvoir dont il est investi par la loi dans l'intérêt de la justice et de la vérité;

« Considérant qu'à l'audience de ce jour, où comparaissaient les nommés D*** et D***, et au moment où le président procédait à l'examen du prévenu D***, il a été interrompu une première fois par M. ***, défenseur dudit D***; qu'averti que cette interruption était un manquement à ses devoirs, et qu'il ne devait pas se la permettre, M. *** ne s'est pas moins successivement permis une seconde, puis une troisième interruption, malgré les invitations réitérées du président; qu'il s'est ainsi écarté d'une manière grave des devoirs de sa profession et a méconnu l'avertissement de l'article 311 du Code d'instruction criminelle;

« *Vu les articles* 16 *et* 18 *de l'ordonnance du* 20 *novembre* 1822, ainsi conçus, etc.;

« L'interdit de ses fonctions d'avocat jusqu'au
1ᵉʳ novembre prochain; ordonne qu'expédition du
présent arrêt sera transmise au procureur-général
du roi, pour en assurer et surveiller l'exécution. »

Le Conseil, ayant examiné les circonstances qui
ont déterminé l'arrêt, sur le rapport de M. Gairal,
pense que la condamnation n'est pas suffisamment
motivée, et que, d'ailleurs, la Cour d'assises était
incompétente pour la prononcer. En conséquence,
il autorise M. *** à se pourvoir en cassation. Il
décide de plus que M. Marie, membre du Conseil,
s'entendra avec le rapporteur pour rédiger une délibération sur le pourvoi (arr. du 13 décembre
1831)¹.

Le 2 août 1836, la section des requêtes a rejeté
le pourvoi par le motif : « Que la compétence de la
« Cour était légalement établie par les lois invoquées
« dans l'arrêt attaqué, lois dont cet arrêt a fait une
« juste application à la cause. »

3°. *Affaire de M. H***.*

434. 3 décembre 1832. — « Le Conseil, vu la réclamation à lui adressée par M. H***, à l'occasion
des paroles prononcées par M. le premier président
de la Cour royale, à l'audience du 20 novembre
dernier;

« Considérant qu'il résulte des renseignements
recueillis par le Conseil, que M. le premier président *aurait reproché à* M. H*** *d'avoir* manqué à son
serment, en défendant des conspirateurs ou des accusés politiques; que le fait ainsi reproché à M. H***

¹ Le Conseil a fait les frais du pourvoi. Je n'ai pas retrouvé
aux archives la délibération relative à ce pourvoi.

ne peut appeler sur lui aucun blâme; qu'en effet, c'est non-seulement un droit, *mais même un devoir de la profession d'avocat, de défendre les accusés, quels qu'ils soient;*

« Considérant que l'allocution prononcée par M. le bâtonnier dans la séance d'ouverture de la conférence des avocats, dans laquelle il a fait allusion aux paroles de M. le premier président, et dont le Conseil a ordonné l'impression à l'unanimité, doit être considérée *comme une manifestation non équivoque de l'opinion du barreau et doit satisfaire* M. H★★★;

« Déclare qu'il n'y a lieu à statuer. »

4°. *Affaire de M. M★★★.*

435. 18 avril 1833. — « Le Conseil de l'Ordre des avocats à la Cour royale de Paris; sur l'exposé des faits par M. M★★★ qu'à l'audience de la première chambre du lundi 15 du courant, l'avoué d'une cause dont M. ★★★ s'était chargé, ayant demandé la remise par le motif que l'avocat était appelé dans le même moment à plaider devant la Cour d'assises, M. le premier président a refusé cette remise dans les termes suivants :

« *Non. C'est pour la Cour d'assises que l'avocat nous a quittés; votre client vaut bien* C★★★ *et nous valons bien la Cour d'assises. Il est déplorable que les avocats s'occupent d'affaires politiques; ils feraient mieux de se consacrer aux causes civiles. C'est là leur affaire....;* — que sur l'insistance de l'avoué, M. le premier président, se déterminant à accorder la remise, a ajouté; » *c'est pour vous,* M⁰★★★, *pour vous seul, car nous savons tous votre*

manière franche et loyale de penser et votre atta-
chement à l'ordre public.....;

« Considérant que M. le premier président, en exprimant : *qu'il est déplorable que les avocats s'oc-cupent d'affaires politiques ; qu'ils feraient mieux de se consacrer aux affaires civiles, que c'est là leur affaire,* a méconnu les droits et les devoirs de la profession d'avocat, puisque la loi, d'accord avec l'humanité, prescrit à tous les membres du barreau de prêter le secours de la défense aux accusés, sans exception; que l'intérêt général de la société ré-clame contre la désertion des causes politiques, enseignée par M. le premier président;

« Considérant que ces paroles adressées à l'avoué : *c'est pour vous, Mᶜ ***, pour vous seul, que j'ac-corde la remise, car nous savons tous votre manière franche et loyale de penser et votre attachement à l'ordre public,* constituent, par l'opposition qu'elles établissent entre les personnes, une injure grave pour M. *** ; que cette injure est d'autant plus inexcusable, que l'avocat qui en était l'objet se trouvait absent de l'audience ;

« Que si la considération dont M. *** est investi à juste titre n'en peut recevoir aucune altération, il n'importe pas moins que l'Ordre des avocats s'élève avec force contre l'atteinte portée à l'honneur et à l'indépendance du barreau, dans la personne d'un de ses membres :

« Considérant, d'ailleurs, que ce n'est pas la pre-mière fois qu'il est arrivé à M. le premier président d'attaquer la liberté de la défense et la dignité de l'Ordre ;

« Arrête ce qui suit : Le Conseil PROTESTE, *au*

nom de l'Ordre des avocats, contre la profession de principes, attentatoires aux droits du barreau, et contre les expressions injurieuses pour M. ***, que s'est permises M. le premier président.

« Copie de la présente protestation sera adressée par M. le bâtonnier à M. le premier président [1]. »

5°. *Affaire de M. Parquin* [2].

436. M. Parquin, bâtonnier, ayant prononcé, le 28 novembre 1833, à l'ouverture de la conférence, un discours de rentrée, M. le procureur-général [3] le traduisit *directement*, pour fait *de discipline*, devant la Cour royale, chambres assemblées.

Le Conseil fut d'autant plus affecté de voir sa justice prévenue et mise en suspicion, qu'il n'entendait point approuver les passages incriminés dans le discours du bâtonnier; mais il crut voir aussi, dans la démarche du ministère public, une question grave d'intérêt général, un empiétement sur sa propre

[1] La copie a été envoyée, et M. le premier président n'a pas répondu. Le ministère public lui-même n'a pas cru devoir attaquer l'arrêté. On sait que Dumoulin ayant été mulcté à l'audience, par M. le président de Thou, le bâtonnier se présenta devant M. de Thou, au nom de l'Ordre, et se plaignit de l'offense dans des termes que la politesse de nos mœurs condamnerait aujourd'hui. Voir *suprà*, règle 29. Le magistrat écouta l'allocution sans murmurer, et à la première audience, il fit à Dumoulin, plaidant, une réparation solennelle.

[2] Cette affaire, qui a élevé entre l'Ordre et la magistrature un fâcheux conflit dont les traces ne sont pas encore effacées, a été longuement rapportée dans le recueil de Sirey, vol. 1834, part. 1, p. 457. Cependant il est impossible, à raison de son haut intérêt, qu'elle ne trouve pas une place ici.

[3] M. Persil.

compétence. Il prit, dès le 3 décembre, l'arrêté suivant :

« Le Conseil de discipline, communication prise du réquisitoire de M. le procureur-général contre M. le bâtonnier, ensemble de la citation donnée à ce dernier :

« Considérant qu'aucune disposition législative ne confère à la Cour le droit de statuer, en premier et seul degré de juridiction, sur des faits qui se seraient passés *hors de son audience ;* que le principe contraire résulte formellement de l'ordonnance du 20 novembre 1822 ;

« Considérant que M. ***, en acceptant la juridiction de la Cour, déserterait un droit qu'il importe à l'Ordre de maintenir ;

« Le Conseil (sans s'occuper du mérite d'une plainte dont il peut avoir à connaître plus tard) arrête à l'unanimité que M. *** *doit, dans l'intérêt de l'Ordre, décliner la compétence de la Cour,* et pour l'assister dans la présentation de ce moyen, commet MM. Mauguin, Hennequin et Philippe Dupin. »

Le 5 décembre, le bâtonnier, assisté des délégués qui représentaient l'Ordre, se rendit à l'audience de la Cour ; voici comment l'arrêt constate ce qui s'est passé :

M. le procureur-général, rappelant et incriminant divers passages du discours de M. Parquin, conclut contre lui à l'application de telle peine disciplinaire qu'il appartiendra.

M. Mauguin, au nom de M. Parquin, décline la compétence de la Cour par les conclusions suivantes:
« Attendu que, d'après les art. 12 et 15 de l'ordon-

nance du 20 novembre 1822, les Conseils de discipline sont seuls compétents pour connaître, en premier ressort, des fautes et infractions commises par
des avocats inscrits au tableau ; attendu qu'il n'est
établi d'exception à cette règle, par les articles 16
et 17, que pour les fautes et infractions commises à
l'audience ou pour les actes qui constitueraient des
délits ou des crimes ; attendu, en ce qui concerne
les fautes ou infractions commises hors l'audience,
qu'aux termes des art. 24, 25 et 27, la Cour n'en
peut connaître que par voie d'appel et dans les cas
prévus par l'ordonnance ; attendu dès lors que rien
n'autorisait M. le procureur-général à citer directement Me Parquin devant la Cour ; par ces motifs,
il plaise à la Cour se déclarer purement et simplement incompétente, sauf à M. le procureur-général
à se pourvoir ainsi qu'il avisera. »

La Cour, après en avoir délibéré, rend son arrêt
en ces termes : « Statuant sur l'exception d'incompétence proposée par Me Parquin ;

« Considérant que les Cours et Tribunaux ont, sur
tous ceux qui concourent dans l'ordre de leurs attributions à l'administration de la justice, un droit de
surveillance et de répression par voie de discipline ;

« Que ce droit est consacré par l'art. 103 du décret du 30 mars 1808, d'après lequel chaque chambre connaît des fautes de discipline commises ou découvertes à son audience, et l'assemblée générale des
chambres de toutes les autres infractions ;

« Que les dispositions de cet article sont applicables aux avocats, puisqu'à l'époque de la promulgation dudit décret, la loi du 22 ventôse an XII, en
exigeant certaines conditions pour les fonctions

d'avocat, en ordonnant la formation d'un tableau et
en soumettant les avocats à un serment, avait rendu
à cette profession une existence légale ;

« Considérant que l'ordonnance royale du 20 novembre 1822, portant règlement sur l'exercice de
la profession d'avocat et la discipline du barreau, ne
prononce point l'abrogation expresse de l'art. 103
du décret du 30 mars 1808, et ne contient aucune
disposition inconciliable avec celle dudit article d'où
puisse résulter une dérogation tacite ;

« Que, si l'art. 16 de ladite ordonnance rappelle
en termes exprès le droit des Cours et Tribunaux de
réprimer dans chaque chambre les fautes commises
ou découvertes à leur audience, et garde le silence
sur leur droit de réprimer en assemblée générale
celles qui ont été commises hors des audiences, on
n'en saurait inférer que ce dernier droit a cessé de
leur appartenir ; que l'abrogation de ce droit ne
pourrait résulter que d'une disposition précise et
non d'une simple réserve surabondamment insérée
dans l'ordonnance susdatée ;

« Considérant d'ailleurs que, d'après l'art. 15, la
juridiction des Conseils de discipline s'exerce d'office
ou sur les plaintes qui lui sont adressées, mais qu'aucune disposition de l'ordonnance ne les charge de
statuer sur l'action disciplinaire intentée à la requête
du procureur du roi ;

« Que ce magistrat, instruit par les plaintes des
particuliers ou par la voix publique de faits de nature
à donner lieu à des peines de discipline, peut sans
doute se borner à transmettre au Conseil les plaintes
qu'il a reçues ou à provoquer de sa part l'exercice
de sa juridiction d'office, mais qu'il peut aussi agir

en son nom, et que, dans ce cas, la Cour est seule compétente pour statuer sur ces réquisitions ;

« Que la juridiction directe, appartenant aux Cours et Tribunaux, trouve son application naturelle, lorsqu'un avocat est inculpé d'avoir manqué au respect qu'il doit à la Cour et dont il a promis de ne jamais s'écarter dans le serment qu'il prête avant d'entrer en fonctions, en vertu de l'art. 31 de la loi du 22 ventôse an XII, et de l'art. 38 de l'ordonnance du 20 novembre 1822 ;

« Que le procureur-général ne peut, dans ce cas, être obligé de s'adresser au Conseil de discipline et d'attendre sa décision pour saisir la Cour par voie d'appel ; que dans ce système l'action du ministère public pourrait être paralysée par l'inertie du Conseil contre laquelle la législation ne prononcerait aucun recours ;

« Que cette marche serait également contraire à la dignité de la Cour, qui ne saurait être réduite à attendre d'un corps placé sous sa surveillance la répression des actes d'irrévérence dont elle aurait été l'objet et qui est investie de tous les pouvoirs nécessaires pour faire respecter son autorité ;

« Rejette l'exception d'incompétence ; ordonne qu'il sera procédé sur le fond. »

M. le président ayant alors donné la parole à Me Parquin, pour qu'il ait à s'expliquer sur les faits à lui imputés par le réquisitoire de M. le procureur-général, Me Parquin déclare qu'il ne croit pas devoir s'expliquer quant à présent, et il demande à la Cour la permission de se retirer avec ses conseils ; *ce qu'il fait.....*

La Cour, après en avoir délibéré séance tenante, prononce ainsi son deuxième arrêt :

« Statuant sur les réquisitions de M. le procureur-général (en l'absence de Me Parquin) :

« Considérant que le discours prononcé le 28 novembre dernier à l'ouverture de la conférence des avocats par Me Parquin, en sa qualité de bâtonnier de l'Ordre, et reproduit fidèlement, ainsi que ledit Me Parquin l'a reconnu, dans la *Gazette des Tribunaux* du lendemain, contient plusieurs passages répréhensibles ;

« Qu'ainsi l'on y remarque ces paroles : « Quand « au lieu de ce calme, de cette gravité, de cet esprit « de recueillement et de méditation qui peuvent « seuls faire comprendre les procès, et rendre jus- « tice, je rencontre l'irréflexion, l'emportement, « les interruptions, les sarcasmes, les distractions « insultantes et les allocutions amères, alors il ne « m'est pas possible de ne pas ressentir un vif mé- « contentement, de ne pas déplorer cet intolérable « oubli des bienséances, cette abjuration inouïe des « devoirs, j'ai presque dit de la pudeur du magis- « trat ; »—que de telles paroles contiennent d'offen-santes imputations contre la Cour ;

« Que plus loin, en parlant de l'arrêté du Conseil de discipline de l'Ordre, le 18 avril dernier, Me Parquin s'est exprimé en ces termes : « Une décision « mémorable, dont la place est déjà retenue dans « les annales du barreau français alla jusque sur son « siége saisir l'offenseur et lui infligea un blâme « sévère ; et cette décision, ce blâme, ils ont été « acceptés en silence, et le procureur-général por- « tant, il y a peu de jours, la parole à la rentrée « des chambres, n'a pas trouvé un seul mot pour « nous répondre ; il n'a vu, il n'a remarqué en tout « ce que nous avons fait, que des éloges à nous don-

« ner, que le signe plus évident de notre crédit, de
« notre autorité, de notre droit ; »

« Que par là Mᵉ Parquin a fait non-seulement
l'éloge de cet arrêté, mais en a encore aggravé le
caractère et l'a présenté comme un précédent établissant le droit du Conseil de discipline d'en prendre
à l'avenir de pareils ;

« Qu'enfin il est même allé jusqu'à ajouter ces
mots : « Fasse le ciel, mais j'en doute encore, que la
« sévère leçon que nous avons donnée porte ses fruits,
« et que l'Ordre ne soit pas poussé par de nouvelles
« offenses à la nécessité de prendre d'autres et plus
« rigoureuses mesures » ;

« Considérant que, par ces reproches adressés publiquement aux magistrats, par les conséquences
qu'il a prétendu tirer de l'arrêté du 18 avril et par
les menaces qu'il s'est permises, Mᵉ Parquin s'est
écarté du respect dû à la Cour et dont, comme chef
de l'Ordre, il devait donner l'exemple, et que par
là il a manqué essentiellement aux devoirs de sa profession, tels qu'ils résultent des termes de son serment
d'avocat ;

« Considérant néanmoins qu'il est de la justice de
la Cour de prendre en considération les antécédents
de Mᵉ Parquin, dans le long exercice de sa profession;

« Faisant application de l'art. 18 de l'ordonnance
du 20 novembre 1822 : Prononce contre Mᵉ Parquin
la peine disciplinaire de l'avertissement, et le condamne aux dépens; ordonne que le présent arrêté sera
exécuté à la diligence du procureur-général du roi.

« Fait et prononcé à huis clos, toutes chambres
assemblées, le jeudi 5 décembre 1833. »

Dès le lendemain, 5 décembre, le Conseil prend

34

l'arrêté suivant : « Le Conseil informé que, par arrêt du jour d'hier, la Cour royale s'est déclarée *compétente* pour connaître d'une action directement portée devant elle contre un des membres de l'Ordre, pour un fait disciplinaire passé *hors l'audience,* arrête à l'unanimité : « M. Parquin se pourvoira sur-le-champ en cassation contre cet arrêt. »

10 décembre 1833. — Le pourvoi de M. Parquin ayant été formé en la forme criminelle, le Conseil décide qu'il sera régularisé en la forme *civile* [1] ; qu'à cet effet, MM. Mauguin, Hennequin et Philippe Dupin firent une démarche personnelle auprès de M. Scribe, avocat à la Cour de cassation, et de M. Roger, président du Conseil des avocats près cette Cour, pour les inviter à se charger de la défense.

Le 5 février 1834, le Conseil approuve le mémoire rédigé par M. Mauguin sur le pourvoi en cassation ; il décide que le mémoire sera signé par tous ses membres [2], imprimé à 4 000 exemplaires, et distribué à tous les barreaux de France. Le Conseil se rendra à l'audience de la Cour de cassation, pour assister aux débats.

Sur les conclusions de M. le procureur-général Dupin, le pourvoi fut admis par la section des requêtes. Pour un moment, le Conseil eut l'espoir du succès, mais cette illusion fut de courte durée, la section civile rejeta le pourvoi, le 22 juillet 1834,

[1] Le premier pourvoi n'était pas régulier. Ainsi jugé par un arr. de Grenoble, du 7 janvier 1836, cité plus haut, p. 235.

[2] C'étaient MM. Parquin, bâtonnier, Archambaud, doyen ; Gayral, Thévenin et Mauguin, anciens bâtonniers ; Couture, Colmet d'Aage, Lamy, Caubert, Hennequin, Gaudry, Mollot, Lavaux, Ph. Dupin, D. B. Leroy, Delangle, Marie, Chaix-d'Est-Ange, Duvergier, Crousse et Paillet.

contre les conclusions de ce magistrat [1]. Voici les motifs de l'arrêt :

« La Cour : — attendu que l'ordonnance du 20 novembre 1822, en instituant un conseil de discipline dans l'Ordre des avocats, et en investissant ce conseil d'une juridiction disciplinaire en premier ressort, a disposé, par son art. 14, que ce conseil *réprimerait d'office*, ou sur les plaintes qui lui seraient adressées, les infractions et les fautes commises par les avocats inscrits au tableau;

« Et que, dans l'espèce, à l'occasion d'un fait de ce genre qui n'était pas de nature à être déféré au Conseil de discipline de l'Ordre des avocats *sur la plainte d'une partie*, la Cour royale de Paris a pu, sur le réquisitoire du procureur-général, *considérer l'omission de statuer d'office par ce conseil de discipline, comme un refus implicite d'exercer une juridiction disciplinaire*, et prononcer elle-même sur le fait qui lui était dénoncé, sans violer aucune loi, ni les règles de la compétence; rejette, etc. »

Le Conseil, présent à l'audience, entendit la prononciation de l'arrêt, et le lendemain, s'étant réuni en séance, il arrêta qu'une *protestation*, signée par lui, serait soumise à tous les membres de l'Ordre contre l'accusation résultant de l'arrêt. Cette protestation, rédigée par le Conseil et couverte de plus de cent signatures, s'exprime ainsi :

« Lecture a été donnée de l'arrêt de la Cour de

---

[1] Par ces deux savants réquisitoires, M. Dupin s'est acquis un nouveau titre à la reconnaissance de ses anciens confrères; il leur a confirmé la preuve de son sincère attachement aux principes constitutifs de l'Ordre, tout en remplissant avec conscience ses devoirs de magistrat. *Voir* ces réquis. dans Sirey, vol. 1834.

cassation, rendu sur le pourvoi formé par M. Parquin.

« Il a été exposé que l'arrêt exprimait au Conseil, qui n'était pas en cause, le reproche d'avoir négligé l'accomplissement des devoirs qui lui étaient imposés comme corps disciplinaire, puisqu'on a cherché à justifier *en fait* par cette imputation de négligence, un empiétement de juridiction que la Cour de cassation ne pouvait, d'après sa propre jurisprudence, justifier *en droit*.

« Sur quoi, le Conseil, après en avoir délibéré, a pensé que le simple rapprochement des faits et des dates suffisait pour mettre, dans la plus éclatante évidence, l'erreur matérielle sur laquelle repose l'arrêt de rejet.

« En effet, la conférence des avocats a été ouverte le 28 novembre 1833. Le discours qui y fut prononcé par le bâtonnier alors en exercice n'a été publié que par les journaux du 29. — Le Conseil de discipline ne devait tenir séance que le mardi suivant 3 décembre. — Mais dès le 30 novembre, le lendemain de la publication du discours, l'activité de M. le procureur-général avait provoqué, de M. le président Lepoitevin, une ordonnance portant indication du jour et de l'heure où M. Parquin pourrait être cité devant la Cour. Cette ordonnance fut rendue et la citation donnée immédiatement, dans la matinée du 30, avec une célérité dont on trouverait difficilement un autre exemple. — Dès lors, il y avait impossibilité pour le Conseil de se saisir d'une poursuite qui était déférée à la Cour. Il ne pouvait que faire décliner la compétence, et il le fit sans délai.

« Au *premier jour* des séances, le mardi 3 décembre, les membres du Conseil, réunis sous la présidence de M. le doyen, M. Parquin s'abstenant, prirent à l'unanimité un arrêté dont voici les termes (v. *suprà*, page 524) :

« Le jeudi suivant, M. Parquin, assisté de MM. Mauguin, Hennequin et Ph. Dupin, se présente devant la Cour. De l'arrêt même de la Cour résultent les faits suivants :

« M. le président a demandé à M. Parquin, s'il se réconnaissait auteur du discours prononcé à l'ouverture de la conférence des avocats, le 28 novembre dernier, tel qu'il a été inséré dans la *Gazette des Tribunaux* du lendemain.

« M. Parquin a dit que, s'il répondait à cette question, ce n'était que par déférence pour la Cour, mais sans que sa réponse pût aucunement engager la discussion au fond et préjudicier au déclinatoire qu'il était dans l'intention de proposer.

« Après la réponse de M. Parquin, M. Mauguin s'est levé, a pris et déposé des conclusions tendantes à ce qu'il plût à la Cour se déclarer purement et simplement incompétente, sauf à M. le procureur-général à se pourvoir ainsi qu'il aviserait. Ces conclusions ont été développées par lui et combattues avec insistance par M. le procureur-général.

« Ainsi, dès le début de ces tristes débats, loin de déserter la juridiction qui lui était confiée, le Conseil la revendiquait avec calme, mais avec force.

« Il est à remarquer que M. le procureur-général, qui connaissait bien le motif de ses poursuites, n'a pas pensé un seul instant à les fonder sur une prétendue négligence qu'il savait bien n'exister pas. Il

a au contraire, déclaré avec une netteté qui avait le
mérite de la franchise, que, s'il avait saisi la Cour
directement, c'est que la dignité de ce corps de
magistrature lui avait paru y être intéressée.

« La Cour royale elle-même n'a point cherché, dans
de vains subterfuges, le prétexte de la compétence
qu'elle s'attribuait; sans adresser au Conseil le reproche de lenteur ou de déni de justice, elle a proclamé : « Que les cours et tribunaux ont sur tous
ceux qui concourent, dans l'ordre de leurs attributions, etc. »; (voir les motifs de l'arrêt, *suprà*, p. 525).

« C'était là du moins une simple erreur de droit.
La Cour de cassation elle-même, section civile, l'avait
proclamé par sa jurisprudence dans une cause qui
offrait, avec la cause actuelle, une parfaite analogie.

« Le Conseil ne dut point hésiter. Dépositaire
et défenseur des droits de l'Ordre, il prescrivit à
M. Parquin de se pourvoir en cassation.

« L'arrêt fut exécuté. Le pourvoi fut admis. Il a
été porté à la section civile. Le Conseil a assisté aux
discussions, et témoigné par sa présence qu'il revendiquait son droit de juridiction, et qu'il était prêt à
l'exercer.

« Ainsi, depuis le commencement jusqu'à la fin,
il n'y a eu ni lenteur ni hésitation dans sa marche,
et le procès lui-même n'existe que parce que, dès le
principe et sans interruption depuis, le Conseil a
voulu remplir la mission qu'on l'accuse d'avoir dé-
laissée.

« Aussi, les juges *du fait,* qui ont prétendu exercer
une juridiction exclusive de celle du Conseil, ne lui
ont-ils jamais adressé aucun reproche d'omission.

Et, chose singulière, ce sont les juges *du droit* qui ont créé cette accusation.

« Les faits sont rétablis. Il a suffi de raconter pour réfuter. Les faits et les dates ont une puissance que rien ne peut détruire.

« Dans cet état de choses, les membres du Conseil de discipline ont, à *l'unanimité*, *protesté* contre l'imputation qui leur est faite dans l'arrêt de la section civile de la Cour de cassation ; et forts de la conscience qu'ils n'ont point trahi leurs devoirs, ils soumettent le présent exposé à l'appréciation de leurs confrères, leurs pairs et leurs juges naturels. »

Le bâtonnier ne s'est pas pourvu, au fond, contre l'arrêt par défaut du 5 décembre 1833, mais il a donné sa démission, et il a été *réélu*, le 4 août suivant [1].

[1] Telle fut la fin de ce procès, que le Conseil n'a point provoqué, mais qu'il a dû soutenir. Qu'en avons-nous recueilli ? — Il a été jugé, par deux arrêts, après une lutte longue et pénible, que la Cour royale a le droit d'appeler *à sa barre* et de condamner chacun de nous, notre bâtonnier tout le premier, pour des faits *passés hors l'audience ;* qu'elle peut ainsi mettre en suspicion et rendre illusoire la juridiction paternelle dont notre Conseil est investi par les règlements, qu'elle le peut même dans sa propre cause ; qu'enfin sa décision, si rigoureuse qu'elle soit, se trouve à l'abri de tout recours devant la Cour de cassation, parce que cette décision est réputée intervenir en matière disciplinaire. Et le fondement de cette jurisprudence, on est allé le puiser dans cet ancien décret que j'ai déjà signalé antérieur à l'organisation de l'Ordre, ne s'occupant nominativement que des officiers ministériels, et que les règlements postérieurs ont virtuellement abrogé ! Il est encore résulté de ces fâcheux débats une espèce de désaccord entre nous et la magistrature, car, c'est par suite qu'ont cessé nos rapports annuels de déférence et de visite avec ses chefs. Auparavant la situation de l'Ordre était calme et

6°. *Affaire de M. D* ★★★.

437. Le 6 octobre 1836, un arrêt de la Cour d'assises statua ainsi [1] :

« En ce qui touche Mᵉ ★★★ :

« Considérant qu'aux termes de l'art. 103 du décret du 30 mars 1808, les Tribunaux et les Cours ont le droit de réprimer les fautes de discipline qui auraient été commises ou découvertes à leurs audiences; que l'article 16 de l'ordonnance du 20 novembre 1822 déclare formellement qu'il n'est pas dérogé à cette disposition ;

« Considérant qu'il résulte de l'instruction et des débats que Mᵉ ★★★, défenseur de l'accusé A....., a

forte. L'Ordre avait été blessé dans la personne de l'un de ses membres, et l'attaque avait été dignement repoussée par le Conseil. Le zèle exagéré d'un autre confrère, honorable lui-même, a failli remettre tout en question [*]. Nous avons pu nous appliquer cette maxime du poëte :

> Mieux vaut un ennemi,
> Qu'un imprudent ami.

Cette fois, le Conseil aurait-il dû, à son tour, garder le silence? Non, il a cru ses droits de juridiction menacés, compromis, il les a défendus avec courage, avec mesure. Heureusement, les traces de ce conflit, né au milieu des irritations d'une époque difficile, s'effacent chaque jour, et pour mon compte j'exprime ici le vœu que les derniers nuages disparaissent bientôt. J'ai la conviction que le barreau et la magistrature ne peuvent qu'y gagner. Je rappelle à ce sujet que l'un de nos bâtonniers, M. Teste, étant devenu garde des sceaux en 1840, son prédécesseur alla le visiter, à l'occasion de l'avénement, avec une députation du Conseil.

[1] *Voir* la relation plus étendue dans SIREY, 1837, tom. id., p. 1, p. 11.

[*] *Voir* ci-dessus n° 435.

dit dans le cours des audiences des 28 et 29 septembre dernier :

« 1°. En s'adressant au président : *Monsieur le* « *président vous n'entendez rien en comptabilité* »;

« 2°. En répondant à une observation de M. l'avo- « cat général : *Voyons les connaissances profondes* « *de M. l'avocat-général en comptabilité; ce sera* « *curieux* »;

« 3°. A M. le président, qui lui imposait silence : « *C'est une inconcevable tyrannie ou despotisme!* »

« 4°. Au président qui lui refusait la parole : « *Vous n'êtes pas le maître d'empêcher une observa-* « *tion qui doit rectifier un fait; ce serait aussi un* « *scandale* »;

« Considérant que ces paroles sont irrespectueuses et offensantes envers les magistrats; qu'ainsi Me★★★ s'est écarté de la modération qui lui était prescrite par l'art. 311 du Code d'instruction criminelle, et a contrevenu à l'obligation que lui imposait le serment qu'il a prêté, conformément à l'art. 38 de l'ordonnance du 20 novembre 1822, de ne jamais s'écarter du respect dû aux tribunaux et aux autorités publiques;

« Vu l'art. 18 de l'ordonnance du 20 novembre 1822, ainsi conçu : ...; faisant à Me★★★ l'application des peines disciplinaires prononcées par cet article dont lecture a été donnée par le président, l'interdit de ses fonctions pendant une année; ordonne que le présent arrêt sera exécuté à la diligence du procureur-général. »

M. ★★★ se pourvoit en cassation contre cet arrêt. Le Conseil auquel il s'adresse nomme un rapporteur, et sur le rapport de M. Ph. Dupin, après plusieurs séances, les 9, 12, 16 et 21 novembre 1836, il prend un arrêté dont voici le résumé : —« Son pourvoi (de M. ***) repose sur quatre moyens principaux :

« 1° Les paroles imputées à M. *** n'ayant pas été entendues par les magistrats, ou par le ministère public, ni constatées par un procès-verbal d'audience régulier, ni découvertes à l'audience même, n'étaient pas du nombre de celles auxquelles s'appliquent les dispositions du décret du 30 mars 1808.

« 2°. La Cour d'assises a commis un excès de pouvoir, faussement interprété les mêmes articles et violé l'art, 227 du Code d'instruction criminelle, en ordonnant la jonction de la cause de M. *** et de celle du gérant de la *Gazette des Tribunaux.*

« 3°. La Cour d'assises a commis un excès de pouvoir, et faussement interprété les articles 91 du Code de procédure civile, 391, 15 et 16 de la loi du 25 mars 1822 ; 311 du Code d'instruction criminelle, 103 du décret du 30 mars 1808, en permettant à son président de faire subir à M. *** un *interrogatoire* à l'occasion d'un *compte-rendu* inséré dans la *Gazette des tribunaux.*

« 4°. La Cour d'assises a commis un excès de pouvoir, faussement interprété les mêmes articles et les articles 75 du Code d'instruction criminelle, 16, 18 et 43 de l'ordonnance du 20 novembre 1822, en refusant d'entendre les témoins cités par le gérant de la *Gazette,* sur tout ce qu'ils savaient, et en déclarant, d'après les preuves ainsi acquises, M. *** coupable du délit d'offense envers les magistrats.

« Ces moyens ont paru au Conseil suffisants pour motiver la cassation de l'arrêt.

« *Ils intéressent d'ailleurs puissamment l'indépen-*

dance de la profession d'avocat et les garanties pro-
tectrices de la liberté de la défense.

« En effet, on comprend que la nécessité de maintenir la dignité de l'audience et le respect dû aux dé-
positaires de la puissance publique dans l'exercice de
leurs fonctions ait fait donner aux magistrats le
droit de réprimer à l'instant même soit les injures,
soit les actes irrévérentieux ou les paroles outrageantes qui les auraient blessés. Mais il faut que ce
soit à l'instant même, pour réprimer un scandale
flagrant et pour protéger la majesté du prétoire. Là
est le principe de cette juridiction extraordinaire.
Mais peut-on venir deux jours, un mois, six semaines
après, venger une perturbation tolérée ou inaperçue?
Le Conseil ne le pense pas. Au premier cas, il y a
remise de l'offense; dans la deuxième hypothèse,
l'offense n'a aucune gravité, puisqu'elle n'a occa-
sionné aucun scandale. Tout motif d'urgence dispa-
raît et les voies ordinaires de discipline suffisent, si
l'on veut revenir sur ce passé.

« Un seul cas ferait exception : c'est celui où la connaissance du fait inculpé se manifesterait au magistrat par un incident d'audience (art. 103 du décret
du 30 mars 1808); mais ici rien de pareil. C'est par
la lecture du journal dans son cabinet que le magistrat aurait été averti après coup. Il y avait donc lieu
à renvoi devant le Conseil de discipline, et rien de
plus.

« Enfin ce mélange de l'instruction d'un délit
avec l'instruction d'un fait de discipline, cette réunion de deux actes de nature différente, soumis à
des peines diverses, réglés par des procédures [sé-
parées, tendent à altérer profondément le pouvoir

disciplinaire et peuvent dénaturer entièrement son
caractère.

« Quant aux autres moyens, et notamment à celui
tiré de ce que les témoins n'ont été admis à déposer
que sur une partie des faits à leur connaissance, les
réflexions présentées dans l'espèce qui précède en
indiquent suffisamment la gravité.

« Déterminé par ces motifs, le Conseil arrête que,
pour marquer l'importance que l'Ordre attache à la
solution des questions soulevées par le pourvoi de
M. ***, le bâtonnier, M. le doyen de l'Ordre, et
M. le rapporteur assisteront M. *** aux audiences
de la Cour de cassation. »

Le pourvoi en cassation fut rejeté par un arrêt de
la section criminelle, du 24 décembre 1836, ainsi
motivé :

« La Cour : sur le premier moyen, pris de la violation de l'art. 227, C. instr. crim., en ce que la
Cour d'assises a ordonné la jonction de l'action disciplinaire intentée contre le demandeur avec la
poursuite dirigée contre le gérant de la *Gazette
des Tribunaux,* pour infidélité et mauvaise foi dans
le compte rendu de ses audiences :

« Attendu que les dispositions du Code d'instruction criminelle, pour la jonction, ne sont point
limitatives; que le président et la Cour d'assises
peuvent donc ordonner cette jonction, toutes les
fois qu'ils la croient nécessaire pour la découverte
de la vérité ou pour la bonne administration de la
justice, même hors les cas prévus par l'art. 227 du
même code; que cette mesure est plus particulièrement justifiée dans l'espèce, où le jugement des deux
poursuites dont était saisie la Cour d'assises dépen-

dait de la vérification des mêmes points de fait; que
la différence dans la nature des deux poursuites,
dont l'une était correctionnelle et l'autre purement
disciplinaire, n'a pu priver la Cour d'assises du
droit de se procurer, par la jonction, un moyen
d'instruction qu'elle jugeait nécessaire, puisque à
l'égard de l'une comme à l'égard de l'autre les magistrats devaient tendre au même but, la manifestation de la vérité;

« Sur le troisième moyen, pris de la violation des
art. 75 et 317. C. instr. crim., en ce que la Cour
d'assises a refusé d'entendre les témoins cités par le
gérant de la *Gazette des Tribunaux* sur toutes les
circonstances de fait qui faisaient l'objet de la
double prévention :

« Attendu que les tribunaux, autorisés, par l'art. 16
de la loi du 25 mars 1822, à appliquer eux-mêmes
les dispositions de l'art. 7 de la même loi, relatives
au compte rendu de leur audience, ne peuvent être
tenus de faire fléchir, devant les dépositions de témoins, leur conviction personnelle sur les faits
qui se sont passés devant eux; que toute instruction
orale est donc superflue, lorsque leurs souvenirs
n'ont nul besoin d'être ni éclairés ni raffermis; qu'il
n'y a lieu d'y recourir que lorsqu'ils n'ont point eu
connaissance des faits ou n'en ont conservé qu'un
souvenir incertain; qu'ainsi il est laissé à leur conscience d'admettre ou de rejeter la preuve testimo-
niale; que, par une conséquence nécessaire, si
parmi les faits mentionnés dans le compte rendu il
en est à l'égard desquels leur conviction soit formée,
tandis qu'elle ne l'est pas sur d'autres, ils peuvent
valablement admettre la preuve pour ceux-ci, et la

rejeter pour ceux-là; qu'ainsi la Cour d'assises a pu ordonner que les témoins seraient entendus sur les discours attribués par la *Gazette des Tribunaux* au demandeur, et qu'ils ne le seraient pas sur ceux qu'elle avait attribués à l'un des membres de la Cour; qu'il n'y a en cela aucune violation des art. 75 et 317 C. instr. crimin., puisque les obligations résultant pour le témoin du serment par lui prêté restent entières, quant aux faits dont la preuve est déclarée admissible;

« Attendu que la jonction ordonnée par la Cour d'assises, dans l'espèce, n'a apporté aucun changement à la nature de la juridiction qu'elle exerçait envers le gérant de la *Gazette des Tribunaux;* que cette juridiction toute spéciale a dû, par conséquent, conserver les règles qui lui sont propres; qu'il n'en est résulté aucun préjudice pour le demandeur, puisque, en matière de faute de discipline commise à l'audience, la preuve doit être soumise aux mêmes règles qu'en matière de compte rendu, c'est-à-dire rejetée ou admise, selon que les souvenirs de la Cour sont suffisants ou insuffisants pour établir sa conviction;

« Sur les deuxième et quatrième moyens, pris de la violation des articles 103 du décret du 30 mars 1808, et 16 de l'ordonnance du 20 novembre 1822, en ce que les paroles imputées au demandeur n'ont pas été entendues des magistrats à qui elles ont été révélées après coup par un article de journal, et en ce qu'elles n'ont été l'objet d'aucune répression ni d'aucune réserve à l'audience où elles ont été prononcées :

« Attendu que, par l'arrêt attaqué, le demandeur

est reconnu coupable d'avoir, comme défenseur de l'accusé A....., et dans le cours des audiences des 28 et 29 septembre dernier, en s'adressant au président de la Cour d'assises et à l'avocat-général, tenu des propos irrespectueux et offensants envers les magistrats ; que non-seulement il ne résulte point dudit arrêt que ces propos aient été tenus confidentiellement, mais que même cette hypothèse est inconciliable avec les déclarations de fait qu'il contient ;

« Attendu, en droit, que les paroles offensantes de l'avocat à l'audience ne perdent pas le caractère de faute de discipline qui leur appartient, pour n'être pas parvenues à l'oreille du juge ; que toutes les fois qu'au lieu d'être dites sous le secret de la confidence, elles sont prononcées assez haut pour être entendues d'une partie du public, il y a atteinte portée à la dignité de l'audience et au respect dû à la justice ; que l'appréciation d'un tel fait rentre naturellement dans les attributions du Tribunal à l'audience duquel il a eu lieu, d'après le principe général qui veut que tout juge soit armé du droit de faire respecter l'autorité dont il est dépositaire dans l'intérêt de tous ;

« Que l'article 103 du décret du 30 mars 1808, et l'article 16 de l'ordonnance du 20 novembre 1822, qui, par application de ce principe, autorise les tribunaux à connaître des fautes de discipline commises à leur audience par des avocats, n'exigent point, comme condition de cette compétence, que la faute à réprimer ait été découverte à l'audience, ni qu'elle soit réprimée ou du moins l'action disciplinaire intentée à la même audience où elle a été commise ;

« Que ces restrictions, qui ne sont point dans le

texte de la loi, ne sauraient être suppléées qu'autant qu'elles pourraient s'appuyer sur quelque autr disposition législative ; mais que tout ce qui résulte des autres lois sur le pouvoir disciplinaire attribué aux Cours et Tribunaux, notamment de l'art. 23 de la loi du 17 mai 1819, et des mots, « en statuant sur le fond », qui s'y trouvent, c'est que la faute de discipline doit être réprimée par le Tribunal saisi du procès dans lequel elle est soumise ; qu'il résulte bien de là que la compétence du Tribunal pour l'action disciplinaire cesse absolument du moment où il est dessaisi du procès principal ; mais que tant qu'il en est saisi le droit de répression reste entier ;

« Que si, en général, le silence des magistrats et du ministère public, à l'égard des paroles prononcées devant eux par l'avocat, rend ultérieurement toute action disciplinaire contre lui, à raison des mêmes paroles, non-recevable, c'est uniquement parce qu'il y a présomption qu'elles ont été appréciées et jugées non répréhensibles ou excusables ; mais que lorsqu'il est établi, comme dans l'espèce, par une déclaration formelle du Tribunal encore saisi de la cause principale, qu'il ne les a point entendues, il s'ensuit qu'aucune appréciation n'a pu en être faite, et qu'ainsi aucune fin de non-recevoir ne peut être opposée ;

« Attendu, dès lors, que les circonstances invoquées par le demandeur n'ont pu, sous aucun rapport, rendre illégale l'application qui lui a été faite, par la Cour d'assises de la Seine, des dispositions des art. 103 du décret du 30 mars 1808, et 16 de l'ordonnance du 20 novembre 1822 ;

« Rejette le pourvoi. »

II. DÉMARCHES OFFICIEUSES, AVIS DONNÉS, CAS DIVERS.

Plainte du procureur - général. — Admonition. — Protestation contre un arrêt de la Cour d'assises. — Appel d'un arrêt du Conseil par le ministère public.—Prévention de complicité de banqueroute.—Dépôt ordonné judiciairement de pièces remises par les clients.—Témoignage sur des faits confiés à l'avocat.— Honoraires. — Barreau étranger. — Arbitre rapporteur.

438. Le 9 septembre 1822, après l'arrêt de la Cour d'assises de Paris, dans l'affaire de la Rochelle, M. le procureur-général Bellart traduisit, devant le Conseil de l'Ordre, les cinq avocats qui avaient défendu les principaux accusés, et leur imputa d'avoir manqué aux devoirs de la profession, en plaidant de fausses doctrines, en calomniant les autorités, en présentant même un système contraire à l'intérêt de leurs clients. Cette plainte, où respirent d'ailleurs les sentiments les plus nobles sur la profession d'avocat, était empreinte d'une telle vivacité, que le Conseil, après deux délibérés, dans ses séances des 7 et 14 novembre 1822, ne crut pas devoir statuer, ni entendre les avocats [1]. On ne trouve aucune décision dans les archives, et tout porte à croire que, par des démarches officieuses, le Conseil parvint à déterminer M. le procureur - général à délaisser sa plainte.

439. M.*** ayant protesté contre une admonition du président des assises à son égard, le Conseil arrête qu'il n'y a lieu de donner suite à la protestation, sauf à demander à MM. les présidents des as-

[1] Deux des défenseurs ignoraient même l'existence de la plainte, lorsque je leur en ai parlé dans ces derniers temps.

sises, qu'ils veuillent bien continuer de témoigner à l'Ordre *les égards auxquels il a droit* (arr. du 17 janvier 1828)[1].

440. Un arrêt de la Cour d'assises ayant frappé M.*** d'une suspension disciplinaire, pour des faits d'audience dans un procès politique, une lettre est adressée par plusieurs autres confrères pour soumettre au Conseil diverses propositions relatives à cet arrêt. Le Conseil décide qu'une commission de cinq membres s'occupera de l'affaire, et la commission est *élue au scrutin*[2] (arr. du 24 décembre 1833). Le Conseil, après avoir entendu le rapport de la commission, décide qu'il n'y a lieu à délibérer (arr. du 31 décembre suiv.). Toutefois, le Conseil approuve, à l'unanimité, la consignation qui a été faite par M. le bâtonnier sur le pourvoi de MM.*** (arr. du 14 janvier 1834).

441. Le Conseil délibère sur la question de savoir si le bâtonnier se rendra à la séance de la Cour, où doit se juger l'appel interjeté par le ministère public contre l'arrêté qui a prononcé sur l'affaire de M.***; il est unanimement d'avis que l'Ordre doit rester étranger à la discussion (arr. du 30 mars 1826)[3].

442. M.***, avocat stagiaire, étant traduit devant la Cour d'assises comme prévenu de complicité dans une banqueroute frauduleuse, demande qu'un mem-

---

[1] Le dossier manque. Il y a lieu de penser que le Conseil n'aura pas jugé les motifs particuliers assez graves.

[2] Ce mode d'élection est une exception faite à la règle générale, et la seule que j'aie rencontrée dans nos *Précédents*. Les commissions sont toujours nommées par le bâtonnier. *Voir supra*, p. 273.

[3] Les circonstances ne sont pas connues.

bre du Conseil soit nommé pour *assister son avocat*
à la Cour d'assises ; le Conseil, prenant en considération les antécédents peu favorables de M.***, rejette
sa demande (arr. du 24 novembre 1840).

443. M.***, membre du Conseil, informe le
Conseil qu'ayant produit, en plaidant, une pièce que
la partie adverse a prétendu être fausse, le tribunal
a remis la cause à quinzaine ; que dans l'intervalle le
ministère public a fait notifier à M. *** une ordonnance portant qu'il serait tenu de déposer la pièce
au parquet, et qu'il s'y est refusé, en invoquant l'indépendance de sa profession, et soutenant qu'il
n'était comptable de la pièce *qu'à son client ou à
l'avoué duquel il la tenait*. Le Conseil a unanimement
applaudi à la conduite de M.***, et néanmoins, pour
prévenir un conflit toujours regrettable entre l'Ordre et la magistrature, il a invité le bâtonnier à ar-
ranger cette affaire avec M. le procureur du roi (arr.
du 6 mars 1816) [1].

444. Un juge d'instruction ayant adressé à M.***,
membre du Conseil, une sommation de comparaître
devant lui pour remettre des pièces dont il était saisi
en sa qualité d'avocat, M.*** a protesté verbale-

---

[1] Il est à regretter que le procès-verbal, qui, seul, mentionne
l'arrêté, n'exprime pas les motifs de l'approbation donnée à la
conduite de l'avocat. Quoi qu'il en soit, je pense, et l'arrêté ne
me paraît pas contredire mon opinion, que, dans l'espèce, le
dépôt de la pièce devenait obligé, dès que l'ordonnance de dépôt
avait été rendue ; l'art. 452 du Code d'instruction criminelle
est formellement impératif sur ce point. C'est en ce sens aussi
que j'ai cru devoir présenter la règle 133. J'ai ajouté que, dans
tous les cas, l'avocat, s'il est en doute sur la conduite qu'il
doit tenir, fait sagement d'en référer au Conseil. L'arrêté me
semble ne rien dire de plus.

ment contre la sommation, attendu qu'il ne tenait
ces pièces que *de la confiance de son client*. Le Conseil approuve la réponse et la protestation (arr. du
11 juin 1833)¹.

445. M. *** consulte le Conseil sur la question
de savoir s'il peut déposer comme témoin, ou plaider comme avocat, sur une affaire dans laquelle il a
été appelé à donner un conseil aux deux parties. Le
Conseil décide, d'après les circonstances, que M.***
ne peut ni déposer comme témoin, ni plaider comme
avocat (arr. du 6 août 1833)².

446. Le Conseil consulté par M.***, avocat, sur
la question de savoir s'il doit déposer dans un procès
correctionnel, sur des faits dont il aurait eu connaissance comme *avocat*, est d'avis que M. *** ne doit
pas déposer (arr. du 29 janvier 1839)³.

447. M. *** ayant été cité devant la justice de
paix par un de ses clients *en répétition* d'honoraires,
consulte le Conseil, et le Conseil, après l'avoir entendu, décide qu'il doit défendre à la citation. Le
motif du Conseil est pris dans la double circonstance
que M. *** a prêté son ministère au demandeur, et
que déjà, bien que le bâtonnier eût reconnu que les
honoraires avaient été légitimement reçus par lui,
M. *** a eu la générosité de remettre la somme réclamée à M. le curé de Saint-Eustache pour les pauvres (arr. du 8 janvier 1824)⁴.

---

¹ *Voir* la note précédente.

² *Voir* règle 108.

³ *Voir* même règle.

⁴ J'ai émis l'opinion que des honoraires volontairement offerts
par le client ne peuvent pas être répétés, sous le prétexte
d'exagération, si l'avocat s'est occupé de l'affaire. Je rappelle que

448. M.***, avocat, ayant consulté le Conseil sur la question de savoir si M.***, qui avait été avocat au tableau de Paris, peut être obligé de faire un stage devant une autre Cour, le Conseil décide qu'il n'y a pas lieu à statuer sur cette demande, *attendu que chaque barreau a ses règles et est maître de son tableau* (arr. du 15 juillet 1834)[1].

449. Consulté par un confrère, le Conseil décide : qu'il est convenable que l'avocat, qui est nommé *arbitre rapporteur* par le Tribunal de commerce, accepte cette mission ; mais qu'il ne peut point accepter d'honoraires, et qu'il doit déclarer au bas de son avis, qu'il n'y a lieu *à taxe* de son travail (arr. du 28 août 1832)[2].

450. Le Conseil émet l'opinion que des honoraires peuvent être reçus dans l'espèce suivante[3] : M. *** demande s'il peut accepter la mission de *tiers expert* qui lui est confiée par *le tribunal*, dans une affaire où il s'agit d'apprécier les rapports d'une maison de banque avec un autre commerçant. Le Conseil décide que M. *** peut accepter la mission, et prêter serment en cette qualité ; il lui laisse le soin de concilier ce qu'exigent les convenances de la profession avec le mode ordinairement suivi dans le

telle est aussi la jurisprudence du Conseil. Voir *suprà*, nos 340, 354 et 370.—*Voir* aussi la règle 101, et mes observations.

[1] Voir *suprà*, le principe posé n° 201.

[2] *Voir* l'arrêté et la note qui suivent.—*Voir* règle 41.

[3] Je pense que cette seconde décision doit être suivie préférablement à la précédente. La réception d'honoraires dans les deux cas n'a, selon moi, rien qui puisse compromettre la délicatesse de l'avocat. Il est à croire que, dans la première espèce, il s'élevait quelques difficultés à raison de la position spéciale des parties.—*Voir* même règle 41.

règlement des honoraires d'experts (arr. du 11 juin 1833)[1].

§. III. — AVIS DONNÉS AUX BARREAUX ÉTRANGERS.

451. Le Conseil a pour jurisprudence de délibérer sur les questions qui lui sont adressées par les barreaux des Cours royales; mais il ne croit pas devoir s'en occuper, si elles lui sont soumises par les avocats de ces Cours, individuellement, ou même par les barreaux de première instance, surtout ceux qui sont hors du ressort de la Cour royale de Paris.

452. La règle de conduite adoptée par le Conseil est fondée sur ces deux motifs : 1°. que les règlements ne lui imposent pas le devoir de délivrer des consultations, si ce n'est aux indigents; 2°. que la surveillance dont il est chargé et les affaires qu'il est appelé à examiner ne lui en laisseraient pas le temps[2].

[1] M. le procureur-général de la Cour royale d'Orléans et un stagiaire près cette Cour ayant soumis au Conseil la question de savoir si un stagiaire peut se pourvoir par appel contre la décision du Conseil de discipline qui fait cesser le stage, le Conseil arrête *qu'il ne peut ni ne doit s'occuper de cette question* (arr. du 9 février 1814).—Si le Conseil n'a pas exprimé son avis sur la question, ce n'est pas qu'elle lui ait paru douteuse; mais il a suivi, en cela, sa règle habituelle de conduite; il ne croit pas devoir intervenir dans les conflits auxquels l'Ordre est étranger, et il fait sagement. Nous en citerons plus loin, p. 552 et 553, deux autres exemples.

[2] Ces motifs se trouvent exprimés dans sa lettre, qu'on va lire sous le n° 454. — *Voir* aussi la lettre n° 456 et les n°[s] 459 et 460.

Le Conseil a pourtant répondu à des questions graves, soumises par des barreaux de première instance. Voir *suprà*, les lettres aux barreaux d'Épinal, de Dreux, d'Arras.

C'est pour concilier, autant qu'il dépend de lui, ses obligations avec ses sentiments de confraternité, qu'il a fait une exception à l'égard des barreaux de Cours royales.

Voici diverses espèces qui offrent des solutions utiles à connaître :

I. COMMUNICATION DE PIÈCES AU MINISTÈRE PUBLIC.

453. Le bâtonnier de Colmar ayant consulté le Conseil, celui-ci charge son bâtonnier de lui répondre en ces termes [1] :

« J'ai communiqué au Conseil de l'Ordre, que j'ai l'honneur de présider, la lettre que vous m'avez écrite, le 19 décembre dernier. Le Conseil, sensible à votre confiance, a conféré sur les différents points que votre lettre contient, et m'a chargé de vous transmettre son opinion et ses réflexions, non comme une délibération officielle, mais comme une *communication confidentielle et amicale.*

« Je vous répéterai d'abord ce que mon prédécesseur (M. Bonnet) avait eu l'honneur de vous marquer, car rien n'a changé depuis ce temps ni à notre opinion, ni à notre conduite avec Messieurs les gens du Roi. Sans contredit, et s'il n'est question que *du devoir,* c'est aux avoués *seuls* qu'est imposée l'obligation de communiquer les causes à Messieurs du parquet, et aussi, à notre Cour de Paris; le plus souvent ce sont eux qui font les communications. Cette obligation pour eux est démontrée par la na-

---

[1] Cette lettre et toutes les autres qui suivent sont délibérées et lues en conseil ; elles équivalent, par conséquent, à de véritables arrétés.—On trouvera plus loin d'autres lettres consultatives sur des questions spéciales.

ture des choses et par l'article 90 du tarif. Ainsi,
quand MM. les avocats-généraux font quelques réquisitions ou se plaignent de quelques négligences,
c'est toujours aux avoués qu'ils s'adressent ou contre
les avoués qu'ils requièrent. Mais comme MM. les
procureur-général et avocats-généraux sortent presque tous de notre sein, vivent avec nous dans la
meilleure intelligence, il arrive quelquefois que volontairement, et pour éviter un circuit de trans-
mission, nous leur remettons nous-mêmes à l'audience, ou même à leur parquet, nos dossiers, *sans
autre explication*[1].

« Quant à la communication *orale* des moyens de
fait et de droit, le Conseil de l'Ordre l'a trouvée tout
à fait étrange, insolite et impossible. Ce serait forcer l'avocat à plaider deux fois sa cause, souvent
même différemment, et ce serait même tout à fait
impraticable pour l'intimé dont la plaidoirie est
dépendante du mode d'attaque de l'appelant... »
(15 janvier 1820)[2].

II. IL N'Y A LIEU A DÉLIBÉRER SUR LA DEMANDE.

454. Une consultation ayant été demandée par le
bâtonnier de Grenoble, le Conseil charge le bâtonnier de Paris de lui faire la réponse suivante :

« Après une mûre délibération, le Conseil de discipline, en me chargeant de vous transmettre toute
sa sensibilité sur les témoignages d'honorable estime
que vous lui donnez, et toute la réciprocité bien
siencère des siens à votre égard, a pensé *qu'il ne*

---

[1] *Voir* règle 130.
[2] Ce qui suit dans la lettre n'a plus d'application aujourd'hui.

pouvait prendre aucune part active aux difficultés qui se sont élevées entre M. le procureur-général de la Cour royale de Grenoble et l'Ordre des avocats attachés à cette Cour. Vous-même, Monsieur et honoré confrère, vous paraissez avoir pressenti la convenance de ce parti, puisque vous nous annoncez seulement que vous recevriez avec plaisir les documents que le Conseil des avocats de Paris jugerait à propos de vous transmettre. Mais, à cet égard même, le Conseil a considéré que ses attributions sont déterminées par l'ordonnance du Roi du 20 novembre 1822; *que ses fonctions, sa surveillance et ses relations se bornent à ce qui concerne l'Ordre des avocats de Paris;* qu'au surplus, notre tableau a été formé en vertu de l'ordonnance par les anciens bâtonniers et le Conseil de discipline alors en exercice, sans aucune contradiction élevée par M. le procureur-général, et même sans que nous ayons connu la circulaire de M. le garde des sceaux.

« Ces diverses considérations, jointes à l'opinion que nous avons de la sagesse et de l'habileté de ceux à qui appartient en ce moment la discussion du point de discipline contesté, ont déterminé le Conseil à reconnaître *qu'il n'y avait lieu à délibérer de sa part sur l'objet à lui exposé* » (17 avril 1823) [1].

455. Les avocats du barreau de Nancy ayant écrit pour consulter le Conseil sur difficultés élevées par M. le procureur-général de Nancy, relativement à la liste des éligibles, le Conseil arrête *qu'il ne peut*

---

[1] On voit encore par cette lettre et la suivante que le Conseil s'attache à ne répondre qu'aux questions de principe, et ne veut pas intervenir dans les difficultés qui lui semblent personnelles. Voir *suprà*, à la note, p. 550.

pas intervenir dans ces difficultés (arr. des 28 janvier et 11 février 1819).

III. POSTULATION. — SAISIE DE PAPIERS. — NON-LIEU A DÉLIBÉRER.

456. Un avocat du ressort de la Cour de Limoges étant prévenu de se livrer à la postulation, M. le procureur du Roi *fit saisir et enlever ses papiers.* Le bâtonnier de Limoges consulta le Conseil sur la question de savoir si cette mesure n'était pas attentatoire aux droits de l'Ordre. Sur quoi le Conseil décide à l'unanimité *qu'il ne peut prendre part à cette affaire.* Voici par quels motifs :

« 1°. Les corporations d'avocats sont indépendantes les unes des autres. Un même esprit doit bien les animer dans tout ce qui concerne l'intérêt général de la profession ; *mais l'espèce de solidarité qui dérive de cet intérêt commun, ne peut s'établir qu'entre les compagnies d'un même rang. Or, il s'agit ici d'un avocat qui appartient à un tableau de premier ressort* [1].

« 2°. La postulation est un abus déshonorant pour la profession : elle a le plus grand intérêt à ce qu'il ne soit pas toléré. Par eux-mêmes, les Conseils de discipline parviendraient bien difficilement à s'en procurer la preuve. Loin d'arrêter le zèle du ministère public, en pareil cas, il nous importe aujourd'hui de le stimuler [2].

« 3°. *Sans doute, une perquisition est désagréable pour un avocat, mais il partage en cela le sort de*

---

[1] Voir *suprà,* n° 452 et à la note.
[2] *Voir* règles 31 et 150.

tous les individus soumis à l'empire de la loi. L'inno-
cent la fera cesser à l'instant même, en mettant à
découvert tout ce que renferme son cabinet, *sauf à
faire respecter le secret de ses clients* [1].

« Il nous coûte, M. le bâtonnier, de ne pas partager l'opinion de confrères pour lesquels nous
sommes péuétrés de la plus profonde estime; mais
nous espérons qu'en réfléchissant, ils finiront par
penser comme nous » (24 juillet 1824).

IV. CONSULTATIONS SUR PAPIER TIMBRÉ.

457. Les avocats de Metz ayant écrit au Conseil
pour avoir son avis sur la question de savoir si les
consultations doivent être écrites sur papier timbré,
le Conseil répond que les renseignements obtenus
du ministre des finances sont dans le sens de la négative. V. *Attributions* (arr. du 6 mai 1824) [2].

V. ATTRIBUTIONS.

458. Sur la consultation des avocats d'Aix, le
Conseil décide que l'avocat, inscrit seulement au tableau d'un tribunal de première instance, ne peut
pas défendre par écrit *en cause d'appel* (13 décembre 1821).

VI. ESPÈCES DIVERSES.

459. Les avocats de Chinon demandant une consultation, le Conseil décide qu'il n'y a lieu à délibé-

---

[1] L'affaire de M. *** a présenté, en 1840, la même question.
Voir *suprà*, n° 425, et les règles 133 et 134.

[2] Dans l'usage, nos consultations sont écrites et signées sur
papier non timbré, à moins qu'elles ne doivent faire pièce du
procès, comme dans les requêtes civiles, dans les instances
d'homologation sur transactions de mineurs, etc.

rer, attendu qu'ils doivent, par déférence, s'adresser au barreau de la Cour royale d'Orléans, de laquelle *ils ressortent* (arr. du 23 février 1825) '.

460. Un avocat de Nancy ayant consulté le Conseil sur diverses questions, le Conseil arrête qu'il ne répondra pas, *son usage étant de répondre seulement au bâtonnier ou aux Conseils de discipline de Cours royales* (arr. du 13 novembre 1816) ².

Même décision, à l'égard d'un avocat de Gray, qui, ayant été censuré par le garde des sceaux, consultait le Conseil sur sa situation et le mérite de la mesure adoptée (arr. du 29 novembre 1821).

Même décision, à l'égard de M. ★★★, ancien bâtonnier de Toulouse (arr. du 16 novembre 1841).

VII. ASSISTANCE ENVERS DES CONFRÈRES D'UN AUTRE BARREAU.

461. Les avocats de Versailles s'étant plaints au Conseil que les avoués de cette ville ont organisé un concert pour les contraindre à se retirer, et que quelques-uns de nos confrères favoriseraient cette combinaison, en allant y plaider, même pour les causes du plus mince intérêt, le Conseil a décidé qu'il n'y avait pas lieu, d'après les faits constatés, de faire de reproches à ceux-ci; qu'il suffirait que le bâtonnier s'adressât à leurs sentiments de délicatesse, et leur témoignât, au nom du Conseil, le désir qu'ils n'acceptassent pas d'affaires pour le tribunal de Versailles, s'il leur apparaissait qu'on voulût, en effet, les associer indirectement à l'exécution du

---

' *Voir* nᵒˢ 452, 454, 456.
² *Voir* les nᵒˢ ci-dessus.

projet signalé par le barreau de Versailles (arr. du
... février 1842) [1].

CHAPITRE VI.

PROPRIÉTÉS ET REVENUS DE L'ORDRE.

462. L'Ordre possède propriétairement une bibliothèque, le mobilier qui la garnit, et quelques rentes sur l'État [2].

[1] La question rentrait jusqu'à un certain point dans le pouvoir disciplinaire.

—En 1824, une consultation fut demandée au Conseil par la Cour de Naples. Il s'agissait de savoir si les testaments olographes faits à Lyon en 1800 étaient valables. Le Conseil examina la question, et, sur le rapport très-approfondi de M. Delacroix-Frainville, il la décida négativement (arr. du 15 juillet 1824). Je ne connais pas un autre cas semblable.

[2] Un arrêté du conseil général des hospices, du 25 juillet 1821, a autorisé, moyennant un supplément de dotation à fournir, le rétablissement, dans l'hôpital des Incurables, d'un lit qui avait été fondé, en 1607, par M. Levergeur de la Grange au profit de l'Ordre des avocats; ce supplément, de 3 900 francs, a été versé dans la caisse des hospices le 1er août 1821, par le bâtonnier, en conformité d'un arrêté du Conseil du 7 juin précédent. Le 10 août 1825, le Conseil prit un arrêté pour autoriser le bâtonnier à solliciter la concession d'un autre lit, dans le même hospice, moyennant le versement d'une nouvelle somme de 6 000 francs : cet arrêté n'a pas pu recevoir son exécution.

Le 1er février 1826, le conseil général des hospices a mis un deuxième lit à la disposition du *comité consultatif* de l'administration, sur la demande des avocats qui en faisaient partie, et à la considération de leur dévouement tout désintéressé pour cette administration ; mais la nouvelle concession n'a pas été accordée au profit de l'Ordre spécialement. Elle n'est, d'ailleurs, que temporaire et révocable . bien que la plus grande partie des membres du comité consultatif fasse encore partie de l'Ordre. Telle est la

463. Ses revenus consistent :

Dans les arrérages de ces rentes, dans la perception d'un droit de 25 francs sur chaque prestation de serment d'avocat devant la Cour royale, dans le produit des cotisations annuelles.

464. En retour, il a des charges considérables à payer ;

Il fournit des pensions, des secours, des dons volontaires ;

Il pourvoit à l'entretien et à l'agrandissement de sa bibliothèque ;

Il a des frais d'agence.

465. Au Conseil appartient exclusivement l'administration des propriétés et revenus de l'Ordre.

§. Iᵉʳ — PROPRIÉTÉS ET REVENUS [1].

I. *Bibliothèque.*

466. Aussitôt la réorganisation de l'Ordre, le Conseil s'est occupé de former une bibliothèque dans le local qui lui fut assigné au Palais. Les pre-

---

réponse qui a été transmise, en 1839, au trésorier, que le Conseil avait chargé de prendre des renseignements à cet égard.

C'est le bâtonnier qui dispose du lit appartenant à l'Ordre, lorsque ce lit vient à vaquer.

[1] L'ancienne bibliothèque des avocats au Parlement existait, depuis quatre-vingt-deux ans, dans les hautes salles du palais de l'Archevêché, lorsqu'on supprima l'Ordre en 1790. Elle fut dispersée depuis dans les dépôts du Gouvernement, en exécution du décret du 12 juillet 1793. Elle possédait environ vingt-quatre mille volumes, et de précieux manuscrits. Le premier fonds en avait été formé, en 1708, avec des livres et des deniers légués par M. de Riparfonds, célèbre avocat. L'Ordre l'avait augmentée et enrichie chaque année. Notre bibliothèque renferme aujourd'hui douze mille volumes environ. Voir *infrà*, nº 75, à la note.

miers fonds en furent faits avec les livres et les sommes que M. Ferey, ancien confrère, avait eu la générosité de lui léguer, en 1807 [1]. Le 27 avril 1811, jour de sa première séance, le Conseil nomma un bibliothécaire [2] et un bibliothécaire adjoint [3]. Il prit aussi un arrêté qui traçait diverses dispositions réglementaires, qui ont depuis été modifiées [4].

467. 23 décembre 1812, on propose d'exiger que les avocats ne pourront se présenter à la bibliothèque qu'en robe; il est arrêté, qu'ils y viendront *en noir*.

8 juin 1820, invitation sera faite de se conformer à cet arrêté.

Sur des observations du bâtonnier tendantes à empêcher l'introduction, au sein de la bibliothèque, de personnes *étrangères à l'Ordre*, le Conseil arrête qu'à compter du 1er avril suivant, aucun avocat ne pourra pénétrer dans la bibliothèque, pour y travailler, s'il n'est revêtu *de sa robe*. Cet avis sera affiché dans la chambre (arr. du 3 janvier 1822).

468. C'était une opinion répandue au Palais, que la plus grande partie des livres qui composaient l'ancienne bibliothèque des avocats se trouvait dans la bibliothèque de la Cour de cassation. Le 3 août 1820, le Conseil arrêta que réclamation de ces livres

[1] Voir *supra*, p. 154, et ci-après p. 568.

[2] M. Popelin, membre du Conseil.

[3] M. Dupin aîné, qui n'en faisait pas partie. C'est à ses soins, particulièrement, que nous devons la première mise en ordre de la bibliothèque.

En 1815, le Conseil agréa deux stagiaires sous le titre d'adjoints et de collaborateurs de M. Fournel, bibliothécaire; il les chargea de surveiller chaque jour la bibliothèque (arr. du 8 février).

[4] Voir *infrà*, n° 477 et suiv., le texte de ces règlements.

serait faite à M. le premier président de Sèze; mais une lettre de ce magistrat lui répondit, le 21 décembre suivant, que la réclamation n'est pas fondée [1].

469. Le Conseil a fixé à 3 000 fr. la somme qui doit être employée chaque année, par le conservateur, à acheter et faire relier des livres pour la bibliothèque, sauf à lui à en *référer au Conseil*, s'il y a nécessité d'obtenir un crédit supplémentaire (arr. du 8 mars 1837 (*voir* aussi l'art. 8 du règlement du 27 novembre 1811, *infrà*, n° 477).

470. Le bibliothécaire (aujourd'hui le conservateur) désigne le libraire qui est chargé de procurer les livres nécessaires (arr. du 4 décembre 1811).

471. Tous les ouvrages dont les auteurs font hommage au Conseil, sont placés dans la bibliothèque.

473[2]. M.***, libraire, ayant fait hommage au Conseil d'un manuscrit judiciaire dont il est possesseur, et qui a pour titre, continuation du *Nouveau Denizart*, en témoignant le désir que quelques membres de l'Ordre veuillent bien revoir le manu-

---

[1] Depuis cette réponse, M. Dupin, en publiant son ouvrage *sur la profession d'Avocat,* reproduit, tom. Iᵉʳ, p. 140, la prétention des avocats; il assure même que l'estampille de l'Ordre existe encore sur les livres conservés par la Cour de cassation, et il s'écrie : *Titulus perpetuò clamat.* Les motifs de M. le premier président sont consignés dans un long rapport signé par le bibliothécaire de la Cour, rapport qui se trouve dans nos archives et qui assure, au contraire, que la Cour ne possède aucun livre de l'ancienne bibliothèque des avocats. Quoi qu'il en soit, il faut reconnaître que les lois de la Révolution, ayant déclaré propriété de l'État tous les objets mobiliers et immobiliers qui appartenaient aux établissements publics, le Gouvernement aurait pu valablement donner une partie de notre bibliothèque à la Cour de cassation.

[2] Le n° 472 est supprimé.

scrit, et le faire imprimer, le Conseil refuse l'offre faite, attendu que l'ouvrage est une propriété dont le sieur *** ne peut ni ne doit, dans l'état de ses affaires, se dépouiller gratuitement (arr. du 6 juillet 1814).

474. Un confrère (M. Montcavrel) est chargé de faire une table des nombreux mémoires, manuscrits et imprimés qu'elle possède (arr. du 21 janvier 1840).

475. Plusieurs avocats stagiaires ayant demandé que la biliothèque fût ouverte pendant les vacances, le Conseil refusa d'abord d'y consentir (arr. du 8 mars 1831). Cependant cette demande lui a été renouvelée par eux, et il a été décidé que la bibliothèque sera ouverte pendant les vacances, *mais les jours d'audience civile seulement,* sauf au bibliothécaire à solliciter un congé, après avoir assuré, pour le temps de son absence, le service de la bibliothèque (arr. du 16 juillet 1833).

476. M. ***, substitut de M. le procureur du roi, ayant demandé au bâtonnier, pour M.***, avocat à la Cour royale d'Angers, la permission de fréquenter la bibliothèque pendant son séjour à Paris, le bâtonnier accorde cette permission (arr. du ... mars 1826).

477. Il ne doit être placé dans la bibliothèque aucun buste, tableau, ou gravure, sans une décision préalable du Conseil (arr. du 8 mars 1831) [1].

---

[1] Le même jour, le Conseil y a fait placer le buste original de Gerbier, sculpté en terre, et offert à l'Ordre par la fille de cet illustre avocat. Depuis, le Conseil a accordé d'autres autorisations, notamment pour le portrait lithographié de M. Gauthier, décédé en 1829.

36

478. M ***, avocat à la Cour de cassation, ayant voulu déposer à la bibliothèque une consultation rédigée par lui, pour obtenir des signatures d'avocats à la Cour royale, le bâtonnier s'y refusa, et le Conseil approuva le refus (arr. du 29 novembre 1827).

479. Dès 1823, le nombre des livres et des avocats ayant considérablement augmenté, le service et la conservation de la bibliothèque exigèrent la présence continuelle d'un préposé spécial. En conséquence, le Conseil arrêta qu'un bibliothécaire appointé par l'Ordre serait attaché à la bibliothèque, et placé sous la surveillance du bâtonnier (arr. du 16 janvier 1823)'.

480. Voici le texte des règlements arrêtés par le Conseil, et qui régissent actuellement la bibliothèque.

481. Il serait inutile de rapporter le texte entier du premier règlement du 27 novembre 1811; il suffit de transcrire les art. 7 et 8, qui sont *encore observés* à l'égard du conservateur remplaçant le bibliothécaire d'alors : Art. 7. « Les dépenses de la biblio-« thèque seront payées, par le trésorier de l'Ordre, « directement aux fournisseurs et ouvriers, sur des « mémoires et factures réglés par le bibliothécaire « ou son adjoint, et visés par M. le bâtonnier. Art. 8. « Aucune dépense extraordinaire, et qui « excéderait la fixation annuelle, ne pourra être « faite sans autorisation ou approbation spéciale du « Conseil de discipline. »

482. 26 avril 1824, nouveau règlement :

' C'est alors que le membre du Conseil qui est chargé de la direction de nos livres a pris le titre de *conservateur de la bibliothèque*.

Art. 1. « La bibliothèque des avocats n'est pas publique ; y sont seulement admis les avocats inscrits sur le tableau et ceux faisant leur stage, et MM. les magistrats qui le désireront.

Art. 2. « Elle est ouverte tous les jours de l'année judiciaire, depuis neuf heures et demie du matin jusqu'à trois heures et demie, à l'exception néanmoins des dimanches, jours fériés, et de ceux où il n'y a pas de Palais.

« Pendant les deux mois de vacances, elle est ouverte les mercredi, jeudi, vendredi et samedi, de dix heures à deux [1].

Art. 3. « On ne pourra y causer, ni rien y faire qui puisse distraire ceux qui travaillent.

Art. 4. « Ceux qui désireront la communication de quelques livres ne doivent pas les prendre eux-mêmes dans les armoires ni sur les tables : ils s'adresseront directement au bibliothécaire auquel ils seront tenus de les remettre, après s'en être servi.

Art. 5. « Le bibliothécaire veillera, sous sa responsabilité, à ce qu'on n'écrive pas sur les livres et à ce qu'ils ne soient ni maculés, ni déchirés ; il est autorisé à les retirer des mains de ceux qui contreviendraient au présent article.

Art. 6. « Le bibliothécaire ne communique que deux volumes à la fois.

Art. 7. « Une demi-heure avant la clôture de la salle, les livres ne sont plus communiqués.

Art. 8. « Chaque personne, en sortant, remet au bibliothécaire les livres qui lui ont été communiqués.

---

[1] Voir *suprà*, n° 475, l'arrêté du 16 juillet 1833, qui modifie cet article.

Art. 9. « On ne pourra, en aucun temps, ni sous aucun prétexte, même pour l'audience, sortir de livres de la bibliothèque, qu'avec la permision de M. le conservateur, et en donnant un reçu par écrit [1].

Art. 10. « On n'entrera dans la bibliothèque qu'en robe, ou, tout au moins, en habit noir [2]. Le bibliothécaire en refusera l'entrée à ceux qui se présenteraient sans être vêtus de l'une ou de l'autre manière.

Art. 11. « Le jour de conférence, la bibliothèque sera fermée une demi-heure avant l'ouverture; elle sera aussi fermée à deux heures, le jour de l'assemblée du Conseil, pour la salle du fond.

Art. 12. « Le bibliothécaire aura, seul, les clefs des armoires où sont renfermés les livres, et nul autre que lui ne pourra en faire usage.

Art. 13. « Le bibliothécaire tiendra note des contraventions qui pourront être commises au présent règlement, et il en fera son rapport par écrit au Conseil, qui statuera, à cet égard, ce qu'il jugera convenable.

Art. 14. « Il sera incessamment dressé un catalogue ou inventaire, par double, des livres et manuscrits actuellement existants dans la bibliothèque, lequel catalogue ou inventaire sera arrêté et signé tant par M. le bâtonnier que par le bibliothécaire.

Art. 15. « A la suite de l'un de ces doubles, le bibliothécaire se chargera des volumes et manuscrits y contenus, lequel double restera déposé dans les

[1] Abrogé par les deux règlements postérieurs.
[2] Conforme à l'arrêté du 23 décembre 1812. *Voir* ci-dessus p. 559.

archives de l'Ordre, pour y avoir recours en cas de besoin.

Art. 16. « A la fin de chaque année judiciaire, et dans les premiers jours de septembre, il sera fait un récolement du contenu dans le catalogue ci-dessus, et le bibliothécaire sera et demeurera garant et responsable des objets qui se trouveront en déficit par le résultat dudit récolement.

Art. 17. « Le bibliothécaire tiendra note des livres et manuscrits qui seront achetés ou donnés pour la bibliothèque, pendant le cours de l'année; et, à la fin de ladite année, il inscrira par addition lesdits livres sur les deux doubles du catalogue, laquelle addition sera signée tant par lui que par M. le bâtonnier, et le bibliothécaire s'en chargera comme il est dit ci-dessus. »

483. 13 avril 1829, autre arrêté. « Le Conseil, après avoir entendu les observations de plusieurs de ses membres; considérant que la facilité accordée jusqu'à présent d'emporter les livres de la bibliothèque a produit des abus très-préjudiciables qu'il importe de prévenir; que le nombre des volumes empruntés est considérable et va tous les jours en augmentant; que l'usage à faire en commun d'une propriété commune, telle que la bibliothèque, ne peut s'accorder avec l'usage particulier que chacun en fait en emportant des livres, et que tous les jours les personnes venant à la bibliothèque pour consulter un ouvrage le trouvent absent ou incomplet; qu'il est même arrivé que des volumes empruntés ont été involontairement oubliés ou égarés, et que plusieurs ouvrages se sont ainsi trouvés ou perdus, ou dépareillés; ARRÊTE :

566   IIIᵉ PARTIE. DES PRÉCÉDENTS.

Art. 1ᵉʳ. « L'article 9 du règlement de la bibliothèque des avocats est rapporté.

Art. 2. « Aucun livre ne pourra sortir de la bibliothèque. »

484. 10 juillet 1832. « Sur le rapport de M. le conservateur, le Conseil arrête :

Art. 1ᵉʳ. « A l'avenir, les livres de la bibliothèque seront consultés sans déplacement. Il est défendu au bibliothécaire d'en confier, *même sur reçu*, à MM. les avocats pour les emporter soit à domicile, soit même aux audiences.

Art. 2. « Dans la quinzaine de ce jour, M. le bibliothécaire devra faire rentrer les livres sortis, et ces livres ne pourront être retenus sous aucun prétexte. »

485. 16 avril 1839, dernier arrêté : « Considérant que la faculté[1], jusqu'ici accordée aux avocats, d'emporter les livres de la bibliothèque, soit à domicile, soit aux audiences, entraîne de graves abus ; qu'ainsi plusieurs ouvrages importants ont cessé d'être complets, que d'autres ont été intentionnellement lacérés ; que, notamment dans des ouvrages de doctrine et dans des recueils d'arrêts, plusieurs feuillets ont été enlevés ; considérant en outre que le déplacement des livres au profit de quelques avocats empêche le plus grand nombre de les consulter lorsqu'ils en ont besoin ; considérant qu'il importe, dans l'intérêt de tous, de faire disparaître ces abus ;

« Le Conseil arrête :

Art. 1ᵉʳ. « Il est défendu au bibliothécaire de

[1] *De tolérance*, car le précédent règlement s'y opposait.

laisser emporter, sous quelque prétexte que ce soit, les livres de la bibliothèque.

Art. 2. « Le conservateur a le droit de délivrer des permissions. Toutefois, ces permissions ne pourront s'appliquer qu'aux livres de droit ancien et aux livres de littérature et de science. Dans tous les cas, elles ne seront valables que pour huit jours. Ce délai passé, les livres devront être réintégrés à la bibliothèque;

Art. 3. « Le bibliothécaire est chargé de l'exécution du présent arrêté. En cas d'infraction aux dispositions de cet arrêté, il en fera son rapport au conservateur, lequel en fera lui-même rapport au Conseil, pour y être statué ce qu'il appartiendra [1]. »

II. RENTES SUR L'ÉTAT.

486. Elles ont été acquises successivement et inscrites au nom de l'Ordre, avec ses économies de chaque année, et le produit des legs qui lui ont été faits [2].

487. C'est le Conseil qui autorise ces acquisitions, et le trésorier qui les opère (*voir* notamment les arr. des 15 mars 1815, 12 juin 1816, 25 août 1835) [3].

---

[1] L'article 4 et dernier ne renferme qu'une disposition transitoire

[2] *Voir* legs, p. 568.

[3] Si l'Ordre voulait vendre ces rentes, le pourrait-il, et comment? Je pense qu'il aurait ce droit, en se conformant aux dispositions de la loi du 24 mars 1806. Si la rente est au-dessous de 50 francs, le bâtonnier, comme représentant légal de l'Ordre (voir *suprà*, n° 25), pourrait la vendre sans autorisation de justice. Si elle excède 50 francs, il devrait se pourvoir d'une autorisation judiciaire. Cette loi ne parle, il est vrai, que des *mineurs et interdits*, mais elle a été appliquée, par un avis du Conseil d'État du 15 septembre 1807, aux curateurs de successions vacantes, et par un autre avis du 17 novembre suivant, aux héri-

III. LEGS FAITS A L'ÓRDRE.

488. Les legs faits à l'Ordre ne lui viennent que des avocats, et les avocats ne sont pas riches ; c'est dire assez que ces legs ont été peu importants. En compensation, ils nous ont laissé des souvenirs qui honorent l'Ordre, autant que les testateurs eux-mêmes.

489. Voici quels ont été ces legs :

Legs de M. Ferey, de 1807 ; — il comprenait toute sa bibliothèque de droit, et une somme de 3 000 fr. en argent. On peut lire le texte de cette disposition, qui exprime, en termes fort touchants, ses vœux pour le rétablissement de l'Ordre, dans la *Profession d'avocat*, t. 1, p.

Legs de M. Trumeau, en 1813 ; — 20 000 fr., réduits à 15 000 fr. sur la demande des héritiers (arr. des 17 novembre 1813 et 9 novembre 1814).

Legs de M. Gueroult, en 1825 ; — les classiques de Lemaire.

Legs de M. Gicquel, en 1825; — « Je lègue, dit-« il, à mes confrères que je n'ai cessé d'aimer tous, « malgré quelques écarts que je me reproche et dont « je leur demande ici le pardon et l'oubli, cent volu-« mes à choisir dans ma bibliothèque [1] »

---

tiers bénéficiaires. Je crois qu'il y a même raison de décider pour les administrateurs d'établissements publics, auxquels l'Ordre des avocats est assimilé par la loi. Voir *infrà*, n° 487, et mon traité sur *les Bourses de commerce*, n°s 215 et suiv.

[1] Le 2 février 1825, le Conseil prit l'arrêté suivant : « Après avoir entendu le rapport de M. Delacroix-Frainville, ancien bâtonnier et doyen de l'Ordre, et après en avoir délibéré, le Conseil a considéré qu'il est trop sensible aux motifs qui ont dicté à M. Gicquel cette disposition, pour ne pas accueillir avec grati-

Legs de notre doyen, M. Delacroix-Frainville, en
1832; — « Je termine ces dispositions particulières,
« en priant mes chers confrères de l'Ordre des avo-
« cats d'accepter une somme de mille francs pour
« notre bourse de secours, et de considérer cette lé-
« gère offrande comme un dernier hommage que je
« rends à la noble profession que j'ai eu l'honneur
« d'exercer avec eux pendant près de 60 ans[1]. Je les
« prie aussi de recevoir la dernière expression des
« sentiments d'estime et d'amitié qui ont été la base
« de nos relations, ainsi que de ma profonde grati-
« tude pour les égards de bienveillance dont ils ont
« bien voulu honorer ma vieillesse. »

Legs de M. Picasse, en 1840; — 200 fr. de rente
perpétuelle.

tude ce témoignage de l'amitié d'un confrère qui jouissait de
toute notre estime et qui a mérité tous nos regrets; mais en acceptant ce legs, l'intention du Conseil est seulement de manifester le prix qu'il attache à consigner dans sa bibliothèque un honorable souvenir de son estimable confrère, et comme il doit suffire pour cela de choisir, dans les livres de M. Gicquel, un ou plusieurs des ouvrages qui ne se trouveraient point dans la bibliothèque de l'Ordre, sans déprécier celle du testateur, par un pré-
lèvement trop considérable, M. le bâtonnier est autorisé à se conformer à ce vœu du Conseil pour l'exécution du legs.

« Le Conseil arrête en même temps que, désirant donner à
la fille de M. Gicquel, son unique héritière, un témoignage ré-
ciproque d'estime et d'attachement pour un confrère dont les
talents et les vertus ont constamment honoré notre profession, il
autorise M. le bâtonnier à offrir à madame P..... un présent
convenable en bijoux ou argenterie, en la priant de l'accepter
comme gage des sentiments de l'Ordre des avocats pour la mémoire de son respectable père;

« Arrête aussi que copie de la présente délibération sera
adressée à madame P..... par M. le bâtonnier. »

[1] *Voir* la note 1, p. 571.

490. Le Conseil délibère sur l'acceptation ou la répudiation du legs fait à l'Ordre [1].

491. En principe, l'Ordre doit demander au Gouvernement l'autorisation nécessaire pour accepter le legs, conformément à l'art. 910 du Code civil et par la raison que l'Ordre est considéré comme un établissement d'utilité publique (arr. du 25 nov. 1812 [2]).

A l'occasion du legs de M. Picasse, la question a été de nouveau discutée, et décidée de la même manière (arr. du 24 mars 1841).

492. Le bâtonnier, étant le représentant légal de l'Ordre, accepte ou répudie le legs [3].

493. Toutes les diligences nécessaires concernent le trésorier (arr. des 8 juillet 1811 et 11 nov. 1812).

494. M. Bourgeois, avocat, ayant légué sa bibliothèque au stagiaire que le Conseil en jugerait le plus digne, le Conseil décide que les stagiaires seuls voteront pour lui indiquer le choix du stagiaire appelé à recueillir le legs (arr. du 7 février 1832) [4].

IV. COTISATION.

495. Elle consiste dans le paiement annuel de la somme de 15 fr., que le trésorier est autorisé à réclamer de chacun des avocats inscrits au tableau et au stage.

496. Elle a été établie aussitôt après la réorganisation de l'Ordre, et comme moyen de subvenir à ses

[1] C'est ainsi qu'il a répudié le legs universel fait par madame veuve ***, pensionnaire de l'Ordre (arr. du 15 mars 1823).

[2] En conséquence de cette décision, un décret impérial a autorisé le legs Trumeau, le 29 juin 1813. *Voir* le texte *Prof. d'Avocat,* t. Iᵉʳ, p. 600.

[3] *Voir* aussi le décret de 1813 sur ce point.

[4] M. Deshoudets a été désigné.

dépenses, à raison de 12 fr. par an. Le Conseil l'a portée à 15 fr., le 8 juillet 1811. Depuis, elle est devenue une charge *de droit*, sans qu'il soit besoin pour le Conseil de la voter chaque année [1].

497. Le trésorier peut être autorisé par le Conseil à en faire remise aux confrères qui se trouvent hors d'état de la payer.

498. Les avocats qui ne paient pas la cotisation, après avertissement par lettre du trésorier, sont omis du tableau ou du stage, sauf le cas d'exception ci-dessus. La jurisprudence du Conseil est constante sur ce point (*V.* not. arrêtés des 8 mai 1816, 31 août 1820, 9 janvier 1823, 14 février 1838, et 24 novembre 1840) [2].

499. La proposition, faite par M. ***, de porter à 50 fr. la cotisation annuelle, pour arriver à l'augmentation des pensions, suivant un système qu'il indiquait, est rejetée par le Conseil (arr. du 17 novembre 1840).

V. DROIT DE SERMENT.

500. Ce droit qui s'appelait droit de *chapelle* [3], est autorisé par le décret du 3 octobre 1811, ainsi conçu :

[1] Autrefois, la cotisation existait également. Il était d'usage que le bâtonnier nommé fît don à l'Ordre d'une somme de cent pistoles ou 1 000 livres, pour être employées au profit des avocats ou de leur famille dans *le besoin*. Celui qui n'acceptait pas les fonctions, remettait la même somme. Nouv. DENIZART, v° *Avocat*, §. III, n° 6.

[2] Voyez *supra*, p. 361, comment l'omission est prononcée.

[3] Sous Louis XII, l'usage s'établit de faire célébrer une messe à la rentrée des audiences du Parlement. On appela cette messe du Saint-Esprit ou messe *rouge*, parce que les magistrats y assistaient en robes rouges. — En 1406, Arnault de Corbie, alors

Art. 1ᵉʳ. « A compter de la publication du présent décret, il sera perçu un droit de 25 francs sur chaque prestation de serment des avocats qui seront reçus à notre Cour impériale de Paris.

Art. 2. « Le produit de ce droit sera spécialement affecté : 1°. aux dépenses de la bibliothèque des avocats et du bureau de consultations gratuites; 2°. aux secours que l'Ordre des avocats jugera convenable d'accorder à d'anciens confrères qui seraient dans le besoin, ainsi qu'à Jeurs veuves et orphelins.

Art. 3. « La perception ci-dessus ordonnée sera faite par le greffier en chef de notre Cour impériale, qui en remettra le produit *au trésorier* ¹ de l'Ordre des avocats. »

501. Un arrêté du Conseil alloue une remise de cinq cent. par fr. au commis greffier de la Cour, pour la perception du droit lors de la prestation du serment (arr. du 4 décembre 1811).

502. M. *** demande a être exempté du paiement des droits d'admission au stage, ou du moins que ce paiement soit différé. Le Conseil décide que l'admission sera suspendue jusqu'au paiement (arr. du 23 avril 1833).

chancelier et qui avait été avocat, voulant assurer un fonds à la célébration de ces messes, institua une contribution de deux écus sur la réception de chaque avocat, et d'un écu sur celle de chaque procureur. Cette contribution était applicable à la chapelle du Palais. — Louis XII voulut assister à la messe de rentrée ou du Saint-Esprit (FOURNEL, t. II, p. 268).

Un arrêt du règlement, du 24 novembre 1598, fit défense de présenter au serment et d'immatriculer les avocats, *avant* qu'ils eussent acquitté le droit de chapelle (BOUCHEL, Voir *suprà*, n° 153).

¹ Je ne connais pas d'autre texte qui parle nommément du trésorier de l'Ordre.

Néanmoins le Conseil a autorisé le trésorier à faire la restitution du droit de chapelle à un stagiaire digne d'intérêt, et qui se trouvait dans un état de gêne bien reconnu (arr. du ... juillet 1840).

§. II. — CHARGES ET DÉPENSES.

1. *Pensions.*

503. En principe, la pension doit être votée par le Conseil, en connaissance de cause, et sur le rapport du trésorier.

504. Elle n'est accordée qu'à l'avocat inscrit au tableau de Paris, à sa veuve ou à ses enfants orphelins [1].

505. Cependant des exceptions ont été faites en faveur de chacune des deux sœurs de M. ***, ancien bâtonnier (arr. du 25 janvier 1821), et de la petite-fille de M. ***, dont la veuve était déjà pensionnaire (arr. du 5 avril 1827).

506. Le 22 mars 1831, le Conseil, en supprimant cette dernière pension, a décidé, *comme précédent*, qu'à l'avenir, du vivant du chef de famille, la pension ne doit être accordée *qu'à celui-ci*, sauf quelques exceptions rares, et sauf à augmenter cette pension, si les circonstances l'exigent [2].

507. La pension dont la somme a été successivement augmentée, à mesure que le revenu de l'Ordre s'est accru, se trouve aujourd'hui portée pour le *maximum* à 600 fr. (art. 4 du ..... 1840).

508. Le Conseil accorde la pension en tout *ou*

[1] Ce précédent est conforme à la pensée du décret du 3 octobre 1811, art. 2. *Voir* ci-dessus, p. 572.

[2] Une pareille décision écarte, à plus forte raison, l'exception des deux sœurs.

partie selon les besoins du demandeur. La liste de
nos pensionnaires en fournit des exemples [1].

509. Le pensionnaire ne perd pas son droit à la
pension, bien que, depuis la pension obtenue, il
cesse d'être inscrit au tableau et d'habiter Paris
(arr. du ... avril 1841) [2].

510. La veuve d'un ancien avocat, devenu et
décédé magistrat, n'a plus droit à la pension (arr.
du ... février 1839).

511. Le trésorier paie les pensions par trimestre,
il ne doit pas faire d'avances sur un trimestre, avant
qu'il soit commencé (arr. du 9 décembre 1830).

II. SECOURS.

512. Comme les pensions, les secours sont votés
par le Conseil, en connaissance de cause, et sur la
proposition du trésorier.

513. En principe, le Conseil n'est pas un bureau
de bienfaisance, il est le dépositaire et l'administrateur des fonds de l'Ordre : les secours doivent donc
être réservés pour les avocats appartenant ou ayant
appartenu à l'Ordre, et à leurs familles (arr. du
11 juillet 1822).

514. Par *famille*, il faut entendre leurs veuves
ou enfants orphelins : c'est pourquoi le Conseil a

---

[1] Par une faveur toute particulière, le Conseil a fait offrir, en
1831, une pension de 1 200 francs à la fille d'un ancien et célèbre avocat, qui se trouvait réduite à l'indigence, après avoir
occupé dans le monde une position brillante.

[2] Cette décision ne peut pas, suivant moi, tirer à conséquence ; il faut du moins que la retraite de l'avocat ait une cause
honorable et un but d'économie.

refusé un secours à M. ***, frère d'un ancien avocat (arr. du 8 février 1821).

La position et la moralité du demandeur sont pourtant à considérer.

515. Le secours n'est accordé qu'à l'avocat inscrit ou stagiaire, non au simple *licencié* (arr. du 3 novembre 1831).

516. Le Conseil prévient les demandes de secours, lorsqu'il sait qu'elles sont arrêtées par le sentiment d'une honorable réserve. Il fait alors offrir ces secours par le trésorier, avec tout le ménagement convenable. Son vœu est toujours d'aider les confrères malheureux, autant que les revenus de l'Ordre le permettent.

517. *Par exception,* et dans des circonstances graves, des secours ont été accordés à des confrères appartenant à d'autres barreaux, même à des avocats étrangers.

518. Le Conseil ordonne qu'il sera pourvu, par la caisse de l'Ordre, à l'inhumation des confrères décédés dans l'indigence (*V.* notamment arr. du 14 février 1824; autre de 1841).

III. DONS VOLONTAIRES.

519. Le Conseil décide que la spécialité des fonds de l'Ordre ne permet pas de souscrire, pour une somme quelconque, en faveur des victimes de l'explosion de la rue Saint-Denis (arr. du 2 mars 1836).

520. Le Conseil arrête qu'il sera délibéré en assemblée spéciale, convoquée pour la huitaine, sur la question de savoir quelle destination doivent rece-

¹ Voir *supra,* p. 151, ce que nous entendons par *licencié.*

voir les fonds de l'Ordre, et si l'on peut les appliquer
à des besoins généraux. Cet arrêté ajoute : il a déjà
décidé, en assemblée spéciale, que les fonds *doivent
être consacrés exclusivement aux besoins et aux intérêts de l'Ordre,* sans qu'il soit possible de les en
distraire (arr. du 9 avril 1839) [1].

521. Cependant, tout en maintenant le principe
que les fonds de l'Ordre sont exclusivement affectés
aux besoins de ses membres, le Conseil a cru pouvoir se rendre l'organe de leurs sentiments généreux, et s'associer, en leur nom, au soulagement
des infortunes publiques ou à la consécration des
pensées nationales. C'est ainsi qu'à toutes les époques,
il a voté des dons volontaires proportionnés à la
situation plus ou moins prospère de nos finances [2].

522. Lorsque le Conseil ne s'est pas cru suffisamment autorisé à disposer des fonds de l'Ordre pour
une somme quelconque, ou au delà d'une certaine
somme, il a permis que des souscriptions *particulières* fussent ouvertes au sein de l'Ordre, dans les
mains du trésorier ou de quelques confrères : c'est

---

[1] Le procès-verbal ne mentionne pas si la délibération annoncée a eu lieu.

[2] En 1813 , 10 000 francs pour l'équipement de cavaliers ;
1828, 3 000 francs pour l'établissement dont le but était de faire
cesser la mendicité à Paris ; 1830, 6 000 francs pour les blessés ,
veuves et orphelins de Juillet ; 1831, 6 000 francs pour l'emprunt
national ; 1832, 1 900 francs pour les blessés des 5 et 6 juin ;
1833, 100 francs par an pour la société des jeunes détenus ;
1835, 700 francs pour le monument du chancelier de L'Hôpital ;
1837, 1 000 francs pour les ouvriers de Lyon ; 1838, 300 francs
pour le monument de Molière ; 1839, 1 000 francs pour les victimes de la Martinique ; 1840, 1 000 francs pour les victimes de
l'inondation ; 1841, 200 francs pour la colonie de Mettray.

ce qui a eu lieu pour l'incendie de Salins, en 1825 ; pour le projet d'extinction de la mendicité, en 1828 ; pour le monument de Molière, en 1838 ; etc.

IV. DÉPENSES DIVERSES.

523. Ce sont les achats de livres, les dépenses de reliure, les appointements du bibliothécaire et de l'agent, les salaires du garçon de bureau, les frais d'impression du tableau et des discours, les frais de bureau, etc.

Nota. J'ai annoncé, p. 239, que je transcrirais ici le texte de l'arrêté du Conseil, du 7 avril 1835, relativement aux défenses d'office devant la Cour des Pairs ; mais il m'a été impossible de me procurer la copie de cet arrêté, même à la Cour royale.

FIN.

37

TABLE DES MATIÈRES.

La lettre *p* indique la page ; — la lettre *R* la règle ; — la lettre *n* renvoie à la note de la page.

A.

D.

F.

G.

H.

38

J.

L.

M.

N.

O.

P.

S.

T.

U.

V.

FIN DE LA TABLE.

www.ingramcontent.com/pod-product-compliance
Lightning Source LLC
Chambersburg PA
CBHW060818220326
41599CB00017B/2217